FORTALEZA
PARA
HOY

JOHN MacARTHUR

Autor de éxitos de ventas del *New York Times*

FORTALEZA
PARA
HOY

Lecturas diarias para enriquecer la fe

Para vivir la Palabra

MANTÉNGANSE ALERTA;
PERMANEZCAN FIRMES EN LA FE;
SEAN VALIENTES Y FUERTES.
—1 CORINTIOS 16:13 (NVI)

Publicado por:

Editorial Nivel Uno
Miami, FL USA
www.editorialniveluno.com

©2020 Derechos reservados

ISBN: 978-1-941538-41-8

Desarrollo editorial: *Grupo Nivel Uno, Inc.*
Diseño interior: *Grupo Nivel Uno, Inc.*

Copyright © 1997 by John MacArthur
Publicado originalmente en inglés bajo el título:
        Strength for Today
        por Crossway
        1300 Crescent Street
        Wheaton, Illinois 60187

Printed in the United States of America
Impreso en Estados Unidos de América

20 21 22 23 25 VP 9 8 7 6 5 4 3 2 1

A Jubilant Sykes,
cuyo amor, lealtad y majestuosa música
me ha ministrado a través de los años.

INTRODUCCIÓN

Durante muchos años tuve el deseo de producir un libro que pudiera usarse como una guía devocional diaria, que ofreciera mucho más que las típicas anécdotas temáticas que emplean la mayoría de los devocionales. Ese libro tendría que reflejar el propósito de mi vida: un enfoque profundo de la exposición bíblica. Publiqué *Acercándonos a Dios* con el objeto de satisfacer ese deseo. Estaba convencido de que la acogida de esa obra sería buena, pero me sorprendió lo abrumadora que fue. A partir de esa respuesta inicial, cada año me siento más complacido por el hecho de que miles de lectores puedan beneficiarse diariamente de sus breves y ricos estudios de la Palabra de Dios.

Dado que *Acercándonos a Dios* pudo satisfacer una necesidad tan evidente, parecía lógico publicar otro devocional que pudiera centrarse en algunos de los otros temas clave de las Escrituras que no pude cubrir en el primer libro. *Fortaleza para hoy* hace precisamente eso, aprovechar otros pasajes importantes que he enseñado a lo largo de los años.

Este nuevo devocional está diseñado como su predecesor: debe usarse los 365 días del año. Cada mes se dedica a los pasajes de las Escrituras que enseñan sobre un tema en particular, incluidos puntos como la seguridad de la salvación, la humildad y cómo lidiar con el sufrimiento. Cuando haya pasado un año estudiando este material, usted habrá adquirido una comprensión firme de algunos de los temas relevantes de la Biblia.

Sin embargo, no vea esto como un simple ejercicio intelectual. El verdadero beneficio de estudiar la Palabra de Dios son las aplicaciones prácticas que se extraen de ella. Por tanto, al estudiar un pasaje —versículo por versículo— encontrará que el tema de cada día es independiente y se aplica directo a su vida.

A medida que use este libro diariamente, aprenderá cómo abordar las Escrituras por cuenta propia, desarrollando las habilidades de aprendizaje que necesita para abrir la Biblia y descubrir sus ricas y maravillosas verdades. Tal exposición repetida a la Palabra de Dios le ha de entrenar a pensar bíblicamente, y eso es lo que —al final— hará que su vida espiritual se distinga.

Es mi oración que continúe siendo una persona «que mira atentamente en la perfecta ley, la de la libertad, y persevera en ella, no siendo oidor olvidadizo, sino hacedor de la obra» (Santiago 1:25). ¡Que este devocional sea un estímulo maravilloso en esa búsqueda!

EL COMPROMISO CON LAS NORMAS DE DIOS

*«Yo pues, preso en el Señor, os ruego que andéis como es
digno de la vocación con que fuisteis llamados».*
EFESIOS 4:1

**Así como las organizaciones tienen reglas que sus miembros deben
seguir, Dios tiene normas por las que los cristianos deben vivir.**

Cuando alguien es parte de un grupo, está obligado a seguir sus leyes o normas. A los ciudadanos estadounidenses se les requiere que obedezcan las leyes de los Estados Unidos. Los empleados deben cumplir con las reglas de su compañía. Se espera que los equipos atléticos escuchen a su entrenador.

La mayoría de nosotros queremos ser parte de un grupo, puesto que la pertenencia trae consigo aceptación. Ese deseo de adaptación puede ser bastante fuerte, tanto que a veces raya en lo peligroso. En el tiempo de Jesús, «aun de los gobernantes, muchos creyeron en él; pero a causa de los fariseos no lo confesaban, para no ser expulsados de la sinagoga» (Juan 12:42-43). Esos gobernantes estaban tan comprometidos con su sistema religioso que condenaron sus almas al seguir apegados a su código.

Algunas personas piensan que pertenecer a la iglesia es diferente. Quieren las bendiciones, los derechos y los privilegios de ser hijos de Dios, pero no están dispuestos a ajustarse a las normas bíblicas. Sin embargo, Dios espera que los cristianos vivan de cierta manera. Pablo les dijo a los creyentes de Corinto que sacaran de en medio de ellos a todos los que vivían de manera inmoral (1 Corintios 5:1-2). En 2 Tesalonicenses 3:6 dijo: «Os ordenamos, hermanos, en el nombre de nuestro Señor Jesucristo, que os apartéis de todo hermano que ande desordenadamente, y no según la enseñanza que recibisteis de nosotros».

Puesto que las personas pueden unirse tanto a equipos atléticos, como a empresas, y seguir sus reglas; ya que las personas pueden temer ser expulsadas de su sociedad y perder sus almas; dado que las personas pueden dedicarse a cosas que no tienen valor, ¿no deberían los cristianos hacer un compromiso aun mayor con lo que más importa? En Efesios 4:1-6, Pablo nos indica el modo en que podemos andar «como es digno de la vocación con que fuisteis llamados» (v. 1). Comprometámonos a obedecer a Dios a medida que aprendemos lo que Él requiere de nosotros.

Sugerencias para la oración: Pídale a Dios que le muestre las áreas en las que su compromiso con Él es débil y que le ayude a fortalecerlas.

Para un estudio más profundo: Lea Juan 9. ¿A qué estaban más comprometidos los padres del hombre ciego de nacimiento?

* ¿Qué efecto tuvo ese compromiso en ellos?

CONVIÉRTASE EN LO QUE USTED ES

«Yo pues, preso en el Señor, os ruego que andéis como es digno de la vocación con que fuisteis llamados».

EFESIOS 4:1

La vida cristiana es convertirse en lo que ya Cristo hizo de usted.

Supongamos que después que fue salvado, el Señor estampó en su frente lo siguiente: «Mírenme. Soy hijo de Dios». ¿Cómo le afectaría eso? Es probable que no tengamos una marca física como esa, pero llevamos el nombre de Cristo en este mundo. Cuando confiamos por primera vez en el Señor Jesucristo, nos volvimos parte de su familia (Gálatas 4:1-7). Él «nos otorgó gratuitamente» su gracia (Efesios 1:6). Él «nos bendijo con toda bendición espiritual en los lugares celestiales en Cristo» (1:3). Y tenemos una herencia rica y gloriosa en el cielo (1:18). Como hijos de Dios, en verdad tenemos muchos derechos, honores y privilegios, pero Él espera que nos comportemos como hijos suyos. Así como los niños honran a sus padres obedeciéndolos, nosotros honramos a Dios andando como hijos dignos de Él. Nuestras acciones deben ser aprobadas por Él. Nuestros deseos deben ser los suyos. Nuestras metas y objetivos deben ser sus metas y sus objetivos.

Uno de mis profesores en el seminario me dijo una vez que toda la vida cristiana se reduce a lo que uno es. Debido a que uno es hijo de Dios, debe actuar como tal. En efecto, la raíz de la palabra griega traducida como «digno», en Efesios 4:1, habla de igualdad y equilibrio. Debería haber una armonía perfecta entre lo que usted es y cómo vive. No cumplimos nuestro compromiso con Cristo cuando no vivimos de esa manera.

Recuerde, sin embargo, que nuestra obediencia a Dios no debe ser una simple conformidad a las reglas y regulaciones por temor u orgullo legalista. Al contrario, debe conformarse a la justicia por gratitud y un profundo amor por Cristo. Nuestro deseo de ser hijos dignos es el resultado de comprender y apreciar todo lo que Dios ha hecho por nosotros.

Filipenses 1:27 dice: «Solamente que os comportéis como es digno del evangelio de Cristo». En otras palabras, actúe en conformidad con el evangelio. La elevada realidad del evangelio exige un estilo de vida acorde a ella.

Sugerencias para la oración: Pídale al Señor que le ayude a actuar como hijo de Él.

Para un estudio más profundo: Lea 1 Juan 2:6. Cristo es nuestro supremo ejemplo del andar digno.

* Encuentre ejemplos en los evangelios en los que se muestre el compromiso de usted con el Padre.
* ¿Cómo puede seguir su ejemplo hoy?

DE LA DOCTRINA AL DEBER

*«Yo pues, preso en el Señor, os ruego que andéis como es
digno de la vocación con que fuisteis llamados».*
EFESIOS 4:1

No hay vida correcta sin principios correctos.

Imagínese a alguien que dice: «Tengo algo de dinero extra. Creo que le daré un buen cheque al gobierno». Absurdo, ¿no le parece? Sin embargo, cada año, los asalariados honrados llenan sus formularios y entregan parte de sus ingresos al gobierno, los impuestos. No es porque sean generosos, sino porque existe una ley, una doctrina, que dice que tienen que hacerlo.

A menos que las personas sepan la razón de lo que deben hacer, es poco probable que se comprometan a hacerlo. Pablo lo entendió, por eso siempre enseñó doctrina y luego deber. El vocablo «pues» —en Efesios 4:1— relaciona la doctrina en los capítulos 1 al 3 con el deber en los capítulos 4 al 6. Doctrina y deber están inseparablemente unidos; el deber siempre fluye de la doctrina. La vida correcta se basa en principios correctos.

El apóstol Pablo le dijo a la iglesia colosense: «No cesamos de orar por vosotros, y de pedir que seáis llenos del conocimiento de su voluntad en toda sabiduría e inteligencia espiritual» (1:9). ¿Con qué propósito? «Para que andéis como es digno del Señor» (v. 10). El conocimiento espiritual, la sabiduría y el entendimiento constituyen el camino de un andar digno.

Cuando los pastores enseñan el deber sin enseñar doctrina, debilitan la Palabra de Dios porque con ello eliminan el motivo. Pueden despertar emociones, pero eso no implica un compromiso a largo plazo. La responsabilidad del pastor es enseñar la verdad de Dios y la responsabilidad del oyente es obedecerla.

Por supuesto, la fuente de la verdad de Dios es su Palabra: «Toda la Escritura es inspirada por Dios, y útil para enseñar, para redargüir, para corregir, para instruir en justicia, a fin de que el hombre de Dios sea perfecto, enteramente preparado para toda buena obra» (2 Timoteo 3:16-17). Conocer bien la Biblia y obedecerla es el medio que nos capacita para una vida recta.

Al pensar en nuestro digno caminar, evitemos el emocionalismo y el legalismo; en lugar de ello, enfoquémonos en vivir lo que aprendemos de un estudio minucioso y personal de la Palabra de Dios.

Sugerencias para la oración: Si ha descuidado el estudio de la Biblia, confiéselo a Dios y pídale que le dé un mayor deseo por aprender su Palabra.

Para un estudio más profundo: Lea Efesios 1 al 3 y enumere todo lo que somos o tenemos en Cristo. Consciente de lo que Dios le ha dado, ¿puede hacer algo menos que comprometerse completamente con Él?

EN GUARDIA CONTRA EL PECADO

«Yo pues, preso en el Señor, os ruego que andéis como es digno de la vocación con que fuisteis llamados».

EFESIOS 4:1

—

Conocer y obedecer la Palabra de Dios nos ayuda a caminar dignamente y nos resguarda del pecado.

Aunque tratamos acerca de la importancia de conocer la doctrina correcta antes de cumplir con el deber correcto, hay una forma de saber que la Biblia nos ayuda a caminar dignamente y es que nos protege del pecado. De vez en cuando puede que usted escuche a personas, con una actitud fatalista hacia el pecado, que dicen: «No pude evitarlo» o «El diablo me obligó a hacerlo». Tales excusas son absurdas para los cristianos, puesto que Dios nos ha dado los medios para resistir la tentación

El salmista dijo: «En mi corazón he guardado tus dichos, para no pecar contra ti» (Salmos 119:11). Sin conocimiento, estamos indefensos y somos vulnerables. Conocer la verdad de Dios, mediante el estudio y la aplicación, nos permite decirle no al pecado y sí a la justicia. Cualquiera que tenga fe en Jesucristo pero que no mantenga la Palabra de Dios constantemente a la vanguardia de su mente, se encontrará atrapado en el pecado una y otra vez.

Aunque debemos conocer la Palabra de Dios para defendernos del pecado y obedecer la voluntad de Dios, existe un peligro. Una vez que conocemos su verdad, somos responsables de lo que sabemos.

En 2 Pedro 2:21 se habla de los apóstatas, aquellos que sabían acerca de Jesucristo pero que volvieron a su vida anterior sin comprometerse con Él: «Mejor les hubiera sido no haber conocido el camino de la justicia, que después de haberlo conocido, volverse atrás del santo mandamiento que les fue dado». Santiago 4:17 dice: «Al que sabe hacer lo bueno, y no lo hace, le es pecado».

De modo que, no saber es mejor que conocer y no obedecer. Lo mejor, por supuesto, es conocer la Palabra y obedecerla, puesto que es nuestro alimento espiritual: «Desead, como niños recién nacidos, la leche espiritual no adultera-da, para que por ella crezcáis para salvación» (1 Pedro 2:2). Para el cristiano, descuidar la Palabra constituye inanición espiritual.

—

Sugerencias para la oración: Pida perdón por los momentos en que haya sabido lo correcto pero no lo hizo.

Para un estudio más profundo: Lea sobre un joven que cedió a la tentación en Proverbios 7. Compare eso con José, en Génesis 39. ¿Cuál fue la diferencia entre ellos?

* Medite en cómo se relaciona el Salmo 119:9 con ellos y con usted.

VEA LA VIDA DESDE UNA PERSPECTIVA DIVINA

*«Yo pues, preso en el Señor, os ruego que andéis como es
digno de la vocación con que fuisteis llamados».*

EFESIOS 4:1

**Para madurar en la fe, debemos aprender a ver
las cosas desde la perspectiva de Dios.**

Pablo era un prisionero de Roma. ¿Por qué entonces se llamó a sí mismo «prisionero *del Señor*»? Porque tenía la capacidad de ver todo en función de cómo afectaba eso a Cristo. No importa lo que sucediera en su vida, lo veía en relación a Dios. Sus preguntas eran: «¿Qué significa esto, Dios?» y «¿Cómo te afecta esto a ti?».

Cuando surge un problema en la vida, tendemos a decir: «¡Ay, ay de mí!» y nos preguntamos cómo nos afectará: *¿Me causará dolor? ¿Me va a costar dinero?* Muy a menudo pensamos solo a nivel terrenal. Pero, al igual que Pablo, deberíamos pensar a nivel celestial: *¿Qué está Dios tratando de enseñarme? ¿Cómo puedo glorificarlo en esto?* En efecto, una buena definición de madurez cristiana es: ver automáticamente todas las cosas a la luz de la perspectiva divina.

Esta perspectiva, esta conciencia de Dios, es la única forma correcta para que los cristianos vivan. David dijo: «A Jehová he puesto siempre delante de mí; porque está a mi diestra, no seré conmovido. Se alegró por tanto mi corazón, y se gozó mi alma; mi carne también reposará confiadamente» (Salmos 16:8-9). Debido a que David siempre fue consciente de la presencia de Dios, encontró alegría y seguridad, y ningún problema podía perturbarlo por mucho tiempo.

Pablo era igual: sabía que había una razón para su encarcelamiento y que Cristo sería glorificado por eso (ver Filipenses 1:12-14). A Pablo no le preocupaba cómo lo afectaba eso, por lo que podía regocijarse incluso en prisión.

«Sabemos que a los que aman a Dios, todas las cosas les ayudan a bien, esto es, a los que conforme a su propósito son llamados» (Romanos 8:28). Nada de lo que sucede es ajeno al control de Dios. Confiemos en que Él sabe lo que es mejor para nosotros.

Sugerencias para la oración: Si usted tiende a desanimarse o a quejarse cuando surgen los problemas, pídale a Dios que le perdone y le ayude a verlos desde la perspectiva de Él. Reconozca ante Dios que Él tiene el control de todo.

Para un estudio más profundo: La actitud del apóstol Pablo ante las dificultades se desarrolló mediante la experiencia que él mismo describe en 2 Corintios 12:2-10. ¿Qué le enseñó Cristo acerca de los problemas en el versículo 9 y cómo cambió eso la perspectiva de Pablo?

LA PASIÓN NUTRE AL ANDAR DIGNO

«Yo pues, preso en el Señor, os ruego que andéis como es digno de la vocación con que fuisteis llamados».

EFESIOS 4:1

La pasión por Cristo es lo que nos impulsa a llevar una vida ejemplar.

¿Qué piensa usted cuando oye la palabra *mendigo*? Es probable que se imagine a una persona demacrada vestida con harapos y con la mano extendida pidiendo dinero o comida.

¿Le sorprendería saber que el apóstol Pablo era un mendigo? Sin embargo no pedía dinero, al contrario, lo que pedía era que las personas siguieran a Cristo. La palabra traducida «suplicar» en este versículo significa «llamar a alguien con intensidad» o «suplicarle a alguien».

Pablo suplicaba a muchas personas. Le suplicó a Herodes Agripa que escuchara el evangelio (Hechos 26:3). A la iglesia en Roma, le dijo: «Así que, hermanos, os ruego por las misericordias de Dios, que presentéis vuestros cuerpos en sacrificio vivo, santo, agradable a Dios, que es vuestro culto racional» (Romanos 12:1). A los corintios les indicó: «Os rogamos en nombre de Cristo: Reconciliaos con Dios» (2 Corintios 5:20). Como Pablo estaba comprometido con el principio de la verdad divina, le imploraba a la gente que respondiera. No enfocó el ministerio con desapego o indiferencia.

Pablo nuevamente se siente obligado a mendigar en Efesios 4:1: «Os ruego que andéis como es digno de la vocación con que fuisteis llamados». No lo dice fríamente: «Que andéis como es digno». Les ruega. ¿Por qué? Porque cuando usted no anda como es digno, Dios no se glorifica en su vida, usted no es bendecido completamente, la iglesia no puede operar completamente y, por lo tanto, el mundo no puede ver a Jesucristo por lo que es. De manera que depende mucho de nuestro andar digno. Pablo nos suplica que mostremos cuán vital es eso.

La pasión de Pablo confirma una verdad importante: si bien el conocimiento es necesario en la vida cristiana, es nuestro deseo de ser como Cristo lo que nos impulsa a la rectitud. Cuando tengamos ese deseo, será natural que roguemos a los que nos rodean que sigan a Cristo también.

Sugerencias para la oración: Pídale a Dios que le dé el corazón del apóstol Pablo, que dijo: «Somos embajadores en nombre de Cristo, como si Dios rogase por medio de nosotros; os rogamos en nombre de Cristo: Reconciliaos con Dios» (2 Corintios 5:20).

Para un estudio más profundo: Lea Filipenses 3:7-14. ¿Qué caracterizaba el celo de Pablo?

* ¿Cuáles de estas características le faltan a usted? Busque formas de reforzarlas mientras estudia a diario la Palabra de Dios.

RECURSOS DIVINOS PARA UN ANDAR DIGNO

«Yo pues, preso en el Señor, os ruego que andéis como es
digno de la vocación con que fuisteis llamados».

EFESIOS 4:1

———

El estilo de vida digno solo es posible si se depende de los recursos de Dios.

A menudo, la palabra andar se usa en las Escrituras como un símbolo de la vida cristiana. Es simplemente una referencia a su conducta o estilo de vida cotidiano: un compromiso día a día —paso a paso—, para seguir a Cristo. Como cristianos, «andamos en vida nueva» (Romanos 6:4). Juan escribió: «Este es el amor, que andemos según sus mandamientos» (2 Juan 6). Pablo dijo que anduviésemos en buenas obras (Efesios 2:10) y que agradáramos a Dios en nuestro andar delante de Él (1 Tesalonicenses 4:1).

Lo que Pablo está diciendo en Efesios 4:1, es que «su estilo de vida sea digno de la vocación a la que usted es llamado».

Puede que se pregunte: «¿Es posible caminar de esa manera?». Sí, lo es, pero solo basado en lo siguiente: debe consagrarse a ser fortalecido con el poder del Espíritu Santo (Efesios 3:16), la Palabra de Cristo debe habitar en su corazón, el amor de Dios debe llenar su vida (vv. 17-19), y debe ser «lleno de toda la plenitud de Dios» (v. 19), que es el que «hace todas las cosas mucho más abundantemente de lo que pedimos o entendemos» (v. 20). Debemos vivir de acuerdo a los recursos que Dios nos ha dado para caminar dignamente. No lo haremos sencillamente por conocer teología ni por nuestro arduo esfuerzo.

¿Está tratando de vivir como creyente sin orar, sin estudiar la Biblia e incluso sin meditar mucho en Cristo, excepto los domingos? ¿Está tratando de ser justo sin confiar en el Espíritu Santo? Si es así, se frustrará en sus esfuerzos. Usted debe consagrarse cada día y cada momento al Señor, confiando en su fortaleza. Además, ¿por qué vivir con su propio poder cuando puede hacerlo por el poder de Dios?

———

Sugerencias para la oración: Agradezca a Dios por darle al Espíritu Santo, que le concede el poder de andar dignamente ante Él y ante los demás.

* Ore cada día que el Espíritu Santo le fortalezca para vivir de una manera que agrade a Dios.

Para un estudio más profundo: Lea Gálatas 5:16-25. Según lo que entendió del estudio de hoy, ¿qué significa «andar por el Espíritu»?

* ¿De qué le ampara andar por el Espíritu?

ELEGIDO Y LLAMADO DIVINAMENTE

*«Yo pues, preso en el Señor, os ruego que andéis como es
digno de la vocación con que fuisteis llamados».*

EFESIOS 4:1

Nosotros no elegimos a Dios; Él nos escogió a nosotros.

¿Cuál es «la vocación [o llamamiento] con que fuimos llamados»? Esa vocación
es simplemente la posición que tenemos como cristianos. Pablo les dijo a los
corintios que eran «llamados a ser santos» (1 Corintios 1:2). Pedro instruyó a
sus lectores a procurar «hacer firme vuestra vocación y elección» (2 Pedro 1:10).
El nuestro es un «supremo llamamiento» (Filipenses 3:14), es «un llamamiento
santo» (2 Timoteo 1:9) y «un llamamiento celestial» (Hebreos 3:1).

¿Quién nos llamó? Jesús tiene la respuesta: «Ninguno puede venir a mí, si el
Padre que me envió no le trajere» (Juan 6:44). Además dijo: «No me elegisteis
vosotros a mí, sino que yo os elegí a vosotros» (15:16). Aquellos «a los que
[Dios] predestinó, a éstos también llamó; y a los que llamó, a éstos también
justificó; y a los que justificó, a éstos también glorificó» (Romanos 8:30). Dios
nos llamó, respondimos con fe y nos salvó.

Supongamos que después de investigar todas las religiones del mundo, una
persona elige el cristianismo. Si el cristianismo no fuera más que una simple
elección personal para ser salvo, esa persona tendría cierto nivel de compromiso, es decir, «ya que he decidido hacerlo, vale la pena hacerlo». Pero si soy
cristiano porque antes de que el mundo comenzara, el Dios soberano del universo me eligió para que pase la eternidad en su presencia, eso crea un nivel de
compromiso mucho mayor.

Si una mujer soltera se le acerca a un soltero, le dice que tiene características
que ella admira y le pregunta si le interesaría casarse con ella, habría algo extraño
en ese cortejo. Pero supongamos que el hombre se acerca a la mujer primero y le
dice: «He ido de un extremo a otro del mundo, y veo que tu carácter y tu belleza
superan a todos los demás. ¿Te casarías conmigo?», sabemos que todo está bien.

Amplíe esa ilustración considerando la perspectiva de Dios. No le preguntamos a Dios si podíamos llegar a un acuerdo de salvación. De entre todas las
personas del mundo, Él nos eligió para que recibiéramos su misericordia. Esa
es una vocación suprema, santa y celestial. Tal llamado exige una respuesta de
compromiso, ¿no es así?

Sugerencias para la oración: Agradezca a Dios por elegirle y llamarle.

Para un estudio más profundo: Lea Romanos 8:29-39. ¿Cómo respondió Pablo
al conocimiento del llamado de Dios para su vida?

   * ¿Cómo debería el llamado de Dios afectar la actitud de usted?

IMPORTANCIA DE LA HUMILDAD

«Con toda humildad».

EFESIOS 4:2

La humildad es fundamental para el crecimiento espiritual y la bendición.

No es un secreto que los problemas familiares van en aumento. Los esposos y las esposas tienen conflictos. Los hijos se rebelan contra sus padres. Por desdicha, la mayoría de las soluciones propuestas solo se ocupan de los asuntos periféricos en vez del problema central, que es el orgullo. Nunca habrá unidad ni felicidad en una familia si no hay humildad en ella.

La humildad no solo es esencial en las familias; también es un ingrediente básico para todas las bendiciones espirituales. El libro de Proverbios es rico en tal enseñanza. «Cuando viene la soberbia, viene también la deshonra; mas con los humildes está la sabiduría» (11:2). «A la honra precede la humildad» (15:33). «Riquezas, honra y vida son la remuneración de la humildad y del temor de Jehová» (22:4). Santiago nos dice: «Dios resiste a los soberbios, y da gracia a los humildes» (4:6). Con demasiada frecuencia olvidamos lo importante que es la humildad.

¿Sabía usted que el orgullo fue el primer pecado? Un ángel llamado Lucifer trató de exaltarse a sí mismo por encima de Dios: «Subiré al cielo; en lo alto, junto a las estrellas de Dios, levantaré mi trono, y en el monte del testimonio me sentaré, a los lados del norte; sobre las alturas de las nubes subiré, y seré semejante al Altísimo» (Isaías 14:13-14). En este pasaje vemos que Lucifer insistió varias veces, pero Dios le dijo: «No, no lo harás», y lo expulsó del cielo. Lucifer, «hijo de la mañana», se convirtió en Satanás, «el acusador».

Cada pecado, cualquiera que sea, contiene orgullo en su raíz, porque todo pecado desafía a Dios. ¿Qué podría ser más orgulloso que decir: «No seguiré las normas de Dios»? De modo que, para vencer al pecado, también debemos enfrentar nuestro orgullo.

Es imposible salvarse sin humildad. A Dios no le impresionan las credenciales; usted debe acercarse a Dios y decirle: «Soy pecador y sé que no soy digno de nada». No hay otra forma de entrar a la familia de Dios, no hay otra manera de andar una vez que estás allí.

Aunque haya leído su Biblia, haya orado, asistido a la iglesia toda su vida e incluso fundado iglesias, si no anda con humildad, no andará dignamente. El andar digno comienza «con toda humildad».

Sugerencias para la oración: Considere en qué modo se manifiesta el orgullo en algunas áreas de su vida, confiéselas a Dios y pídale perdón.

Para un estudio más profundo: Lea Lucas 18:9-14. Compare las actitudes del recaudador de impuestos y el fariseo. ¿Cuál le agradó a Dios y por qué?

EJEMPLOS DIGNOS PARA EL MUNDO

«Permanezca el amor fraternal».

HEBREOS 13:1

Los cristianos deben vivir lo que profesan para testificar al mundo.

El predicador del siglo diecinueve, Alexander Maclaren, dijo una vez: «El mundo toma su noción de Dios más que todo de aquellos que dicen que pertenecen a la familia de Dios. Nos leen mucho más a nosotros que a la Biblia. A nosotros nos ven, mientras que solo saben de Jesucristo lo que escuchan de Él». La sana doctrina bíblica, aunque es muy importante como fundamento que es, no es conveniente completamente por sí misma para influenciar al mundo en aras del evangelio de Cristo.

Los cristianos de hoy podrían aprender mucho de los primeros creyentes, cuyas vidas fueron una reprimenda para las sociedades inmorales y paganas que los rodeaban. Los incrédulos en esas culturas hallaban extremadamente difícil encontrar fallas en los cristianos, porque cuanto más los observaban, más los veían viviendo por los altos principios morales que la iglesia profesaba.

Los cristianos en aquellos días eran obedientes a las instrucciones de Pedro: «Porque esta es la voluntad de Dios: que haciendo bien, hagáis callar la ignorancia de los hombres insensatos» (1 Pedro 2:15). También escucharon el consejo de Pablo a Tito: «Presentándote tú en todo como ejemplo de buenas obras; en la enseñanza mostrando integridad, seriedad, palabra sana e irreprochable, de modo que el adversario se avergüence, y no tenga nada malo que decir de vosotros» (Tito 2:7-8).

Jesús les ordenó a sus discípulos originales y a nosotros: «Así alumbre vuestra luz delante de los hombres, para que vean vuestras buenas obras, y glorifiquen a vuestro Padre que está en los cielos» (Mateo 5:16). Por supuesto, Jesús pensaba en las buenas obras que eran genuinas y que provenían de una enseñanza bien fundamentada.

Estos versículos deberían recordarnos, por lo tanto, que la doctrina y la práctica deben ir de la mano. El autor de la Carta a los Hebreos pasa, con cierta naturalidad, de la doctrina y la exhortación general a las amonestaciones específicas del capítulo 13. El amor entre los creyentes es su punto de partida, el cual debería ser el nuestro a medida que intentamos tener un andar digno y creíble ante el mundo que observa.

Sugerencias para la oración: Pídale a Dios que le ayude a mantener un equilibrio bíblico entre la doctrina y la práctica.

  ✷ Ore para que Él corrija aquello en lo que que ha perdido el equilibrio.

Para un estudio más profundo: Memorice Santiago 1:25. Use una Biblia de estudio y busque versículos que traten con «la ley de la libertad».

AMÉMONOS UNOS A OTROS

«Permanezca el amor fraternal».

HEBREOS 13:1

**La principal norma moral del cristianismo es el
amor, especialmente entre los creyentes.**

El amor de los creyentes es algo que brota naturalmente de la vida cristiana y debe ser lo normal en la comunión dentro de la iglesia. Sin duda alguna, es posible que recuerde que después que fue salvo, se le hizo muy natural y emocionante amar a los otros cristianos y querer estar cerca de ellos. Sin embargo, tal actitud es extremadamente difícil de mantener. Este amor, que es un regalo del Espíritu de Dios, debe nutrirse o no crecerá; en realidad, hasta puede marchitarse. Es por eso que el apóstol Pedro nos exhorta de la siguiente manera: «Habiendo purificado vuestras almas por la obediencia a la verdad, mediante el Espíritu, para el amor fraternal no fingido, amaos unos a otros entrañablemente, de corazón puro; siendo renacidos, no de simiente corruptible, sino de incorruptible, por la palabra de Dios que vive y permanece para siempre» (1 Pedro 1:22-23).

Pablo nos enseña el mismo concepto de cultivar y practicar el amor mutuo cuando escribe: «Pero acerca del amor fraternal no tenéis necesidad de que os escriba, porque vosotros mismos habéis aprendido de Dios que os améis unos a otros; y también lo hacéis así con todos los hermanos que están por toda Macedonia. Pero os rogamos, hermanos, que abundéis en ello más y más» (1 Tesalonicenses 4:9-10).

Pablo también nos da la definición básica del amor fraternal, veamos lo que afirma: «Amaos los unos a los otros con amor fraternal; en cuanto a honra, prefiriéndoos los unos a los otros» (Romanos 12:10). En pocas palabras, el amor fraternal consiste en ocuparnos de nuestros hermanos cristianos más que de nosotros mismos. Y tal amor presupone que tendremos una actitud de humildad (Filipenses 2:3-4).

Así que el versículo de hoy en la Carta a los Hebreos simplemente apoya lo que Pablo y Pedro dijeron en otro lugar. La advertencia del escritor de que deberíamos dejar que el amor fraterno permanezca nos dice que este tipo de amor ya existe. Nuestro desafío hoy y cada día no es descubrir el amor mutuo, sino permitir que permanezca y que se incremente.

Sugerencias para la oración: Pídale a Dios que le ayude a reavivar el amor que solía ser fuerte con un amigo cristiano, pero que ahora quizás no lo es.

Para un estudio más profundo: Lea 1 Samuel 18 al 20. ¿Qué tenía de especial el amor y la amistad entre David y Jonatán?

❋ ¿Cuál fue el resultado final de esa relación (ver especialmente 20:8-17)?

IMPORTANCIA DEL AMOR FRATERNAL

«Permanezca el amor fraternal».

HEBREOS 13:1

———

**El amor genuino entre los cristianos testifica
—al mundo— de Dios y de nosotros mismos.**

La importancia del amor fraternal va mucho más allá de las paredes de su iglesia o salón de reuniones. En Juan 13:35, Jesús dice: «En esto conocerán todos que sois mis discípulos, si tuviereis amor los unos con los otros». En efecto, Dios ha hecho del amor entre los creyentes la vara de medir por la cual el mundo puede determinar si nuestra profesión cristiana es genuina. Por eso es tan importante que tengamos una actitud desprendida y antepongamos, con sinceridad, los intereses de nuestros hermanos y hermanas en Cristo.

Si usted es padre, sabe lo divertido que es cuando sus hijos se aman y se preocupan por los demás. Tales relaciones armoniosas hacen una familia muy unida y cumplen las palabras del salmista: «¡Mirad cuán bueno y cuán delicioso es habitar los hermanos juntos en armonía!» (Salmos 133:1). Dios se complace y es glorificado cuando los hermanos cristianos se aman y ministran juntos en armonía.

Ni el autor de la Carta a los Hebreos ni el apóstol Juan equiparan al amor con un afecto sentimental y superficial. Como ya se sugirió, el compromiso práctico marca el verdadero amor fraternal. Si usted no tiene ese compromiso, es lógico cuestionar su relación con Dios (1 Juan 3:17). Negarse a ayudar a un compañero creyente cuando uno puede, razona Juan, revela que realmente no lo ama. Y si no lo ama, el amor de Dios no puede estar en el corazón de uno, lo que prueba que no pertenece a Dios. Esta lógica es aleccionadora y persuasiva. Debería motivarnos aun más a ver la importancia de practicar el amor fraternal: «Hijitos míos, no amemos de palabra ni de lengua, sino de hecho y en verdad. Y en esto conocemos que somos de la verdad, y aseguraremos nuestros corazones delante de él» (1 Juan 3:18-19).

———

Sugerencias para la oración: Pídale perdón al Señor por los momentos en que no mostró amor fraternal o cuando fue reacio a ayudar a otro cristiano necesitado.

Para un estudio más profundo: Lea Lucas 6:31-35 y observe cómo se extiende nuestro deber de amar aun más allá de la esfera de los hermanos creyentes. ¿Qué tipo de recompensa resulta?

LA HOSPITALIDAD COMO MUESTRA DE AMOR

«No os olvidéis de la hospitalidad, porque por ella
algunos, sin saberlo, hospedaron ángeles».
HEBREOS 13:2

La hospitalidad debe ser característica de todos los cristianos
puesto que, cada vez que la mostramos, servimos al Señor.

Si usted es cristiano, su responsabilidad de amar a los demás no es solo con los creyentes. El apóstol Pablo es muy explícito y directo al respecto cuando indica: «Mirad que ninguno pague a otro mal por mal; antes seguid siempre lo bueno unos para con otros, y para con todos» (1 Tesalonicenses 5:15). «Con todos» incluye incluso a sus enemigos. La palabra «algunos», mencionada en el versículo de hoy, puede referirse tanto a los incrédulos como a los creyentes. El escritor de Hebreos dice que casi nunca sabemos el impacto completo que tiene la hospitalidad; por lo tanto, debemos estar alertas y diligentes siempre porque nuestras acciones pueden incluso influenciar a algunos en aras de la salvación.

La última parte de Hebreos 13:2 —sin saberlo, hospedaron ángeles—, destaca aun más el hecho de que nunca podemos saber cuán significativo o útil puede ser un acto de hospitalidad. Abraham no tenía idea de que dos de los tres hombres que pasaron por su tienda eran ángeles y que el tercero era el Señor mismo, pero aun así se desvió de su camino para mostrar su hospitalidad (Génesis 18:1-5). La principal motivación sigue siendo el amor, por el bien de aquellos a quienes ayudamos y para la gloria de Dios.

El Señor Jesús dice: «De cierto os digo que en cuanto lo hicisteis a uno de estos mis hermanos más pequeños, a mí lo hicisteis» (Mateo 25:40). Como cristianos, servimos a Cristo cuando alimentamos a los hambrientos, acogemos al extraño, vestimos al desnudo y visitamos a alguien en prisión. Rechazar a las personas, que tienen necesidades reales —sean creyentes o no—, es lo mismo que darle la espalda a Cristo (v. 45). La hospitalidad cariñosa es, por lo tanto, más que una opción; es un mandato.

Sugerencias para la oración: Ore para que Dios le dé un mayor deseo de mostrar hospitalidad y que pueda ministrarle a una persona específica.

Para un estudio más profundo: Lea Génesis 18:1-15. Escriba las maneras positivas en que Abraham lidió con la oportunidad de mostrar amor a los extraños.

  * ¿Cuán bien trató Sara con esa situación?
  * ¿Cómo se relaciona el ejemplo de su actitud con Hebreos 13:2?

IDENTIFÍQUESE CON LOS NECESITADOS

«Acordaos de los presos, como si estuvierais presos juntamente con ellos; y de los maltratados, como que también vosotros mismos estáis en el cuerpo».

HEBREOS 13:3

Como también somos seres humanos, Dios hace posible que simpaticemos con otros que podrían estar soportando dificultades.

La Confesión Apostólica, una antigua declaración de la iglesia, dice: «Si un cristiano es condenado a trabajo forzado por causa de Cristo, no lo olvides; envíale algo para que se mantenga; para recompensar al soldado de Cristo». Usted puede ver en esta cita que la iglesia primitiva tomó en serio su responsabilidad de ayudar a las personas que sufrían persecución. Con el fin de obtener dinero para liberar a un compañero creyente, algunos cristianos primitivos incluso se vendían como esclavos.

Es poco probable que tengamos que enfrentar medidas tan extremas. Pero podemos aprender de la actitud del corazón que provocó tal acción. El punto es que debemos hacer lo que podamos para comprender lo que otros están pasando. No tenemos que experimentar la misma inanición, encarcelamiento o tratamiento severo que están soportando para simpatizar con ellos. Ser humano —«en el cuerpo», como dice el versículo de hoy—, y sufrir nuestras propias heridas debería ser suficiente incentivo para ayudar a otros.

Usted puede mostrar amor y empatía hacia alguien, al menos, en tres maneras. La primera es que puede, sencillamente, «estar con la persona» como amigo para alentarla cuando anda en problemas.

Una segunda forma de mostrar empatía es brindar ayuda directa. Los filipenses compartieron con el apóstol Pablo en su aflicción apoyando económicamente su ministerio en otros lugares (Filipenses 4:14-16). De ese modo también lo alentaron en lo espiritual.

Tercero, puede mostrar empatía a través de la oración. Las palabras finales del apóstol Pablo a los colosenses —«Acordaos de mis prisiones» (Colosenses 4:18)—, fueron un llamado a la oración. Era el único medio restante por el cual la iglesia podía apoyarlo con efectividad.

Si tenemos el ejemplo de Cristo, que no es «un sumo sacerdote que no pueda compadecerse de nuestras debilidades» (Hebreos 4:15), ¿cómo es posible que podamos ignorar las heridas de los demás, en especial las de otros creyentes? Al contrario, la empatía sincera debe ser una parte normal de nuestro servicio al Señor.

Sugerencias para la oración: Ore por un mayor estado de alerta y sensibilidad hacia aquellos que usted conoce y que podrían estar sufriendo.

Para un estudio más profundo: Basado en la historia del buen samaritano en Lucas 10:29-37, ¿cuáles son las actitudes y acciones esenciales de un buen vecino?

CONTENTAMIENTO, LO OPUESTO A LA CODICIA

«Sean vuestras costumbres sin avaricia, contentos con lo que tenéis ahora».
HEBREOS 13:5

**Si está satisfecho con lo que Dios le ha dado, no será
una persona codiciosa o amante del dinero.**

Una vez, un hombre que acudió a la oficina de mi iglesia, me confesó su pecado con la gula. Cuando le dije que no parecía tener sobrepeso, respondió: «Lo sé. No es que coma demasiado, sino que quiero comida. Constantemente la anhelo. Es una obsesión».

La codicia es muy similar a la actitud glotona de ese hombre. Usted no tiene que adquirir muchas cosas, o incluso nada, para ser codicioso. Si anhela adquirir cosas y enfoca toda su atención en cómo puede obtenerlas, usted es culpable de codicia.

No es malo ganar o poseer riquezas. En el Antiguo Testamento, Abraham y Job tenían una enorme fortuna. Una cantidad de fieles creyentes del Nuevo Testamento también eran bastante ricos. El problema surge cuando asumimos una actitud codiciosa que anhela dinero por encima de todo lo demás. Pablo nos advierte al respecto cuando afirma: «Porque raíz de todos los males es el amor al dinero, el cual codiciando algunos, se extraviaron de la fe, y fueron traspasados de muchos dolores» (1 Timoteo 6:10). Amar al dinero es quizás la modalidad más común de codicia; es similar a codiciar las riquezas materiales en diversas formas.

No importa cómo se manifieste, ese tipo de codicia genera el mismo resultado espiritual: desagrada a Dios y nos separa de Él. Más ingresos, una casa más grande, ropa más agradable, un automóvil lujoso pueden tentarnos a todos.

Sin embargo, el Señor quiere que usted sea libre del materialismo que controla con tanta facilidad a sus vecinos no cristianos. De todos modos, sus posesiones terrenales solo son temporales. Las perderá todas un día, lo suficientemente pronto. Por eso, Dios nos dice que debemos estar «contentos con lo que tenemos» (Hebreos 13:5), y percatarnos de que tenemos «una mejor y perdurable herencia en los cielos» (10:34) en nuestra salvación.

Sugerencias para la oración: ¿Hay alguna codicia o materialismo en su vida en la actualidad? Confiésela al Señor y ore para que le dé un renovado deseo de confiar en Él más que en una riqueza incierta.

Para un estudio más profundo: Lea Lucas 12:13-34. Haga una lista de las cosas que ilustran cómo se preocupa Dios por nuestras necesidades materiales.

* ¿Cómo contrasta usted la actitud del rico insensato con lo que Jesús enseña en el versículo 31?

CÓMO DISFRUTAR EL CONTENTAMIENTO

«Sean vuestras costumbres sin avaricia, contentos con lo que tenéis ahora; porque él dijo: No te desampararé, ni te dejaré; de manera que podemos decir confiadamente: El Señor es mi ayudador; no temeré lo que me pueda hacer el hombre».

HEBREOS 13:5-6

Su relación con Dios le permite disfrutar de satisfacción genuina.

En vista de la lección anterior, usted puede que pregunte: «¿Pero cómo puedo disfrutar y estar satisfecho con lo que tengo?». Puede comenzar dándose cuenta de la bondad de Dios y creyendo que Él cuidará de usted, ya que es uno de sus hijos. Puede reclamar de nuevo la promesa que está en Romanos 8: «Sabemos que a los que aman a Dios, todas las cosas les ayudan a bien, esto es, a los que conforme a su propósito son llamados» (v. 28).

Segundo, usted debe percatarse realmente de que Dios es omnisciente: Él conoce todas las cosas y todas sus necesidades particulares. Él conoce sus necesidades individuales mucho antes que usted, incluso antes que usted ore por ellas. Jesús afirma: «Vuestro Padre sabe que tenéis necesidad de estas cosas» (Lucas 12:30).

Además, usted puede disfrutar el contentamiento recordando que lo que quiere o necesita es una cosa y lo que se merece es otra. El patriarca Jacob confesó: «Menor soy que todas las misericordias y que toda la verdad que has usado para con tu siervo» (Génesis 32:10). Su contentamiento será mayor aun si considera que el favor o bendición más pequeño de Dios para usted es más de lo que merece.

En definitiva, sin embargo, el verdadero contentamiento será suyo si tiene una comunión vital con Dios a través de Jesucristo. Entonces, como pasaba con el apóstol Pablo, las cosas temporales no importarán mucho: «Ciertamente, aun estimo todas las cosas como pérdida por la excelencia del conocimiento de Cristo Jesús, mi Señor, por amor del cual lo he perdido todo, y lo tengo por basura, para ganar a Cristo» (Filipenses 3:8).

Sugerencias para la oración: Dios puede o no otorgarle una nueva bendición hoy o esta semana. En cualquier caso, ore para que eso le contente.

Para un estudio más profundo: ¿Qué dicen los siguientes versículos de Eclesiastés —2:24; 3:12-13; y 8:15— sobre el contentamiento?

* ¿Qué dice el Salmo 37:7 acerca de nuestra actitud cotidiana?

LA GENTILEZA: PODER BAJO CONTROL

«Andad… con toda… mansedumbre».

Efesios 4:1-2

**El antídoto para nuestra sociedad vengativa y violenta
es la mansedumbre o gentileza bíblica.**

Una popular pegatina en los parachoques de los autos dice: «No te enojes. Cálmate». Las personas demandan lo que aprecian como sus derechos, sin importar en qué modo perjudique esa exigencia a los demás. Algunos van a los tribunales para sacarles hasta el último centavo a quienes los lastimaron. Cada año se cometen más y más crímenes violentos. Necesitamos una fuerte dosis de verdad bíblica para curar esas actitudes. La solución bíblica es la gentileza.

El mundo podría interpretar la dulzura o la mansedumbre como cobardía, timidez o falta de fortaleza. Sin embargo, la Biblia la describe como una virtud no vengativa, amarga ni implacable. Es una sumisión silenciosa —espontánea— a Dios y a los demás sin la autoafirmación rebelde y rencorosa que caracteriza a la naturaleza humana.

La palabra griega traducida como «gentileza» se usaba para hablar de un analgésico suave. Se usaba en referencia a una brisa fresca, ligera. También describe a alguien que es cariñoso, agradable y amable.

Sin embargo, la gentileza no es debilidad. Es poder bajo control. Un león de un circo tiene la misma fuerza que uno que anda libremente en África, pero ha sido domesticado. Toda su energía está bajo el control de su amo. De la misma manera, el león que reside en la persona gentil ya no busca su propia presa o sus propios fines; es sumiso a su Amo. Ese león no ha sido destruido, solo ha sido moldeado.

La mansedumbre es una faceta del fruto del Espíritu (Gálatas 5:23). También es una clave para la sabiduría. Santiago afirma: «Muestre por la buena conducta sus obras en sabia mansedumbre» (3:13). El versículo 17 dice: «La sabiduría que es de lo alto es … pacífica, amable, benigna, llena de misericordia y de buenos frutos, sin incertidumbre ni hipocresía».

Aun cuando la gentileza no se valora en nuestra sociedad, es crucial para nuestra piedad. Búsquela de manera diligente y en oración.

Sugerencias para la oración: Si usted tiende a ser vengativo o inclemente, pídale perdón a Dios y su ayuda para perdonar a los que le lastimen. Trate de ser amable con ellos.

Para un estudio más profundo: En la mayor parte de 1 Samuel, el rey Saúl intenta asesinar a David. Lea 1 Samuel 24. ¿Cómo mostró David su gentileza frente a su hostil enemigo?

LA IRA CORRECTA

«Andad... con toda... mansedumbre».

EFESIOS 4:1-2

Nuestra ira debe ser controlada y solo por motivos correctos.

Después de la lección anterior, uno puede pensar que los cristianos siempre deben estar callados y ser pasivos, sin molestarse ni enojarse por nada. En realidad, los creyentes tienen derecho a enojarse, pero solo bajo ciertas condiciones. Efesios 4:26 dice: «Airaos, pero no pequéis; no se ponga el sol sobre vuestro enojo». De manera que hay cierto tipo de enojo que no es pecaminoso. Que debe estar bajo control y debe resolverse con rapidez.

Proverbios 25:28 declara: «Como ciudad derribada y sin muro es el hombre cuyo espíritu no tiene rienda». La persona que pierde el control es vulnerable. Esa clase de personas caen en cada tentación, fracaso y debilidad que se les presenta. Por otro lado, «Mejor es el que tarda en airarse que el fuerte; y el que se enseñorea de su espíritu, que el que toma una ciudad» (16:32). El que gobierna su espíritu tiene poder y energía, pero controla ambas cosas. Ese mismo poder y esa energía desenfrenados no crean nada más que caos y pecaminosidad. Aquellos que se enojan con facilidad carecen de gentileza.

La gente amable, por otro lado, controla sus energías y sus fortalezas, pero tienen algo difícil. Alejarse del pecado o condenar el mal. Cuando la persona que es gentil se somete al Señor, se enoja por cosas que ofenden a Dios, no a sí misma. Si alguien le ofende directamente, no busca venganza. Pero cuando Dios es difamado, el león que yace dentro de esa persona ruge. Esa clase de enojo se llama justa indignación. Bajo el control de Dios, la ira reacciona cuando debe hacerlo, por la razón correcta y por el tiempo propicio.

Sugerencias para la oración: Pida perdón si puede enojarse por razones incorrectas. Comprométase a ser gentil cuando normalmente estallaría en enojo.

* Si no se enoja cuando ve el mal, pídale a Dios que le haga sensible a lo que Él detesta.

Para un estudio más profundo: En el mismo momento en que Moisés recibía la ley de Dios en el Monte Sinaí, los israelitas estaban practicando la idolatría y el libertinaje. Lea Éxodo 32. ¿Cuál fue la reacción de Moisés ante el pecado de ellos?

* ¿Guardó rencor contra ellos (vv. 31-32)?
* ¿Cómo puede el ejemplo de Moisés ser un patrón para usted?

CRISTO, EJEMPLO DE GENTILEZA

«Andad… con toda… mansedumbre».

EFESIOS 4:1-2

Jesús es el mejor ejemplo de gentileza. Se enojaba cuando Dios Padre era deshonrado, pero no cuando lo era Él, el Hijo.

Jesucristo es nuestro ejemplo supremo de gentileza. Pablo se refiere específicamente a ello en 2 Corintios 10:1. El propio Jesús dijo de sí mismo: «Soy manso [gentil] y humilde de corazón» (Mateo 11:29).

Jesús mostraba indignación cuando era apropiado, pero era una ira oportuna. Cuando descubrió que el templo estaba lleno de gente que vendía animales para el sacrificio a precios exorbitantes, los expulsó, derribando las mesas con todo y el dinero de los mercaderes (Mateo 21:12). Él les dijo: «Escrito está: Mi casa, casa de oración será llamada; mas vosotros la habéis hecho cueva de ladrones» (v. 13). Luego, les dijo a los escribas y fariseos: «¡Serpientes, generación de víboras! ¿Cómo escaparéis de la condenación del infierno?» (23:33). No se quedó de brazos cruzados mientras profanaban el templo. Pronunció juicio contra los hipócritas que blasfemaban a Dios.

Aunque Jesús se enojaba cuando blasfemaban a Dios, no tomaba represalias ni condenaba a los que lo atacaban. «Cristo padeció por nosotros, dejándonos ejemplo, para que sigáis sus pisadas … cuando padecía, no amenazaba, sino encomendaba la causa al que juzga justamente» (1 Pedro 2:21-23). Cuando el templo de Dios fue profanado, Jesús lo limpió. Pero cuando el templo de su cuerpo fue mancillado, soportando la agonía de la cruz, con burladores por todos lados, todo lo que dijo fue: «Padre, perdónalos, porque no saben lo que hacen» (Lucas 23:34). Esa es la gentileza suprema, el desapego total.

Es muy fácil contraatacar cuando alguien nos critica o nos agrede, pero esa no es la forma en que el cristiano —que tiene gentileza— emplea para tratar de caminar con dignidad. El único momento en que debemos dejar que el león que llevamos dentro ruja, es cuando la honra de Dios está en juego. Jesús perdonó a aquellos que lo crucificaron. ¿Cómo podemos hacer menos a los que nos hieren?

Sugerencias para la oración: Todos fallamos en seguir el ejemplo de gentileza que Cristo da. Ore para que Dios le ayude cada día a reflejar más y más la gentileza de Cristo.

Para un estudio más profundo: Lea el relato del arresto y la crucifixión de Cristo en Mateo 26:47 al 27:50. ¿Tenía Jesús poder para devolver el golpe (26:53)?

❈ Encuentre todas las instancias en las que Cristo mostraba su gentileza.

¿ES USTED MANSO?

«Andad... con toda... mansedumbre».

EFESIOS 4:1-2

**Si desea ser una persona caracterizada por la
mansedumbre, empiece observando sus actitudes.**

Hemos determinado que la mansedumbre o gentileza es esencial para aquellos
que quieren andar dignos. ¿Cómo puede saber si usted es gentil? Veamos algunas preguntas útiles para que pueda evaluarse con franqueza.

Primero que nada, ¿practica usted el autocontrol? ¿Gobierna su propio espíritu (Proverbios 16:32) o su temperamento, a menudo, estalla? Cuando alguien
le acusa de algo, ¿se defiende al instante o se inclina más a considerar si hay algo
de verdad en lo dicho?

Segundo, ¿se enfurece solo cuando Dios es deshonrado? ¿Se enoja con el
pecado o cuando la Palabra de Dios es tergiversada por falsos maestros?

Luego, ¿siempre intenta hacer las paces? Las personas gentiles son pacificadoras. Efesios 4:3 dice que son «solícitos en guardar ... el vínculo de la paz». Si
alguien cae en pecado, ¿le condena o chismea acerca de esa persona? Gálatas
6:1 nos instruye a restaurar a los hermanos que pecaron «con espíritu de mansedumbre». El chisme y la condena dividen a los creyentes; el perdón y la restauración los unen. La gente amable no comienza peleas; las terminan.

En cuarto lugar, ¿acepta críticas sin retaliación? Si la crítica es correcta o
incorrecta, usted no debe responder. Es más, puede agradecerles a sus críticos,
puesto que la crítica puede mostrarle sus debilidades y ayudarle a crecer.

Por último, ¿tiene una actitud correcta con los que no son salvos? Pedro afirma: «Estad siempre preparados para presentar defensa con mansedumbre y
reverencia ante todo el que os demande razón de la esperanza que hay en vosotros» (1 Pedro 3:15). Si somos perseguidos, es fácil que pensemos: *No pueden
tratarme así; soy un hijo de Dios.* Pero Dios quiere que nos acerquemos a los
inconversos con gentileza, conscientes de que Dios hizo eso con nosotros antes
de que fuéramos salvos (Tito 3:3-7).

Considere cuidadosamente sus respuestas a estas preguntas y comprométase
a distinguirse por la gentileza. Recuerde que «un espíritu afable y apacible... es
de grande estima delante de Dios» (1 Pedro 3:4).

Sugerencias para la oración: Si alguna de las preguntas anteriores señalan deficiencias en su gentileza, pídale a Dios que fortalezca esa área.

Para un estudio más profundo: Pablo solía ser criticado por aquellos que querían usurpar su autoridad sobre la iglesia. Estudie la respuesta de Pablo a tales
personas en 2 Timoteo 2:24-26.

⁎ Medite en la aplicación de este pasaje a lo que ocurre en su vida.

PACIENCIA BÍBLICA

«Andad… con paciencia».

Efesios 4:1-2

Los cristianos pacientes soportan circunstancias negativas, se enfrentan a personas difíciles y aceptan el plan de Dios para todo.

En nuestra cultura instantánea, tipo microondas, que reclama las cosas «ya», la paciencia es difícil de conseguir. Nos enojamos si esperamos demasiado tiempo en la fila del supermercado o si quedamos atrapados detrás de un chofer que maneja muy lento.

Sin embargo, el pasaje bíblico de hoy nos dice que debemos caracterizarnos por la paciencia. La palabra griega traducida como «paciencia» significa literalmente «mesurado». Una persona paciente no se enoja con facilidad ni pierde los estribos.

Hay tres aspectos que trata la paciencia bíblica. Primero, la paciencia nunca cede a las circunstancias negativas. Dios le dijo a Abraham que lo convertiría en una gran nación y le daría Canaán a sus descendientes (Génesis 12:2, 7). Cuando Dios prometió eso, Abraham y Sara no tenían hijos. Tuvieron que esperar mucho más allá de sus años fértiles antes de que Dios les diera uno. Pero la Carta a los Hebreos 6:15 dice: «Y habiendo esperado con paciencia, [Abraham] alcanzó la promesa». «Tampoco dudó, por incredulidad, de la promesa de Dios, sino que se fortaleció en fe, dando gloria a Dios» (Romanos 4:20). Confió en Dios y esperó con paciencia a que cumpliera su promesa.

Un segundo aspecto de la paciencia es lidiar con personas difíciles. Pablo dice que seamos «pacientes para con todos» (1 Tesalonicenses 5:14). Nuestra reacción normal es estar a la defensiva cuando nos provocan. Pero una persona paciente sobrelleva insultos, persecución, trato injusto, difamación y odio. No se puede comenzar una pelea con alguien paciente. Que defiende a Dios, no a sí mismo, sabiendo que Él pagará todos los males en el momento oportuno.

Tercero, la paciencia acepta el plan de Dios para todo. No cuestiona a Dios. La persona paciente dice: «Señor, si esto es lo que has planeado para mí, está bien». Romanos 8:28 afirma que: «Sabemos que a los que aman a Dios, todas las cosas les ayudan a bien». Como Dios tiene el control, podemos ser pacientes y esperar que haga su voluntad.

Sugerencias para la oración: Pídale a Dios que le ayude a reconocer cuándo puede impacientarse. Cuando lleguen esos tiempos, ore por fortaleza para soportarlos.

Para un estudio más profundo: Santiago 5:10 dice que los profetas fueron ejemplos de sufrimiento y paciencia. Lea lo que dos profetas tuvieron que soportar en Isaías 6:9-12 y Jeremías 1:5-19.

 ⁂ ¿Cómo podrían ellos ser ejemplos para usted mientras intenta ser fiel frente a las pruebas de la vida?

CRISTO, EJEMPLO DEL QUE ES PACIENTE

«Andad… con paciencia».

EFESIOS 4:1-2

—

Jesús es nuestro mayor ejemplo de paciencia, en todo lo que soportó, para comprar nuestra redención.

Pablo nos dice aquí que el andar digno es con paciencia y una vez más vemos que Jesús la modeló para nosotros. A lo largo de los evangelios, Él mostró repetidas veces los tres aspectos de la paciencia que exploramos en la lección anterior. Primero, soportó circunstancias negativas. Antes de que viniera al mundo, estaba con el Padre en la gloria celestial, donde los ángeles lo alababan y adoraban continuamente. Dejó un lugar de perfección absoluta y amor para ir a otro donde se burlaban de Él, donde lo odiaban, lo rechazaban, lo blasfemaban y hasta lo crucificaron. Él «sufrió la cruz» (Hebreos 12:2) a pesar de que tenía poder para escapar de ella.

Jesús también enfrentó a personas difíciles. La noche antes de su crucifixión, después de tres años de enseñar sobre el amor y el servicio, sus discípulos discutían acerca de cuál de ellos era el más grande (Lucas 22:24). Sin embargo, Jesús no se dio por vencido con ellos. Más aun, oró por aquellos que lo escupieron y se burlaron de Él en la cruz: «Padre, perdónalos, porque no saben lo que hacen» (23:34). Quería que sus asesinos fueran perdonados para que estuvieran con Él en el cielo por siempre.

En el huerto de Getsemaní, pocas horas antes de ser clavado en la cruz, Jesús mostró su disposición a aceptar el plan del Padre. Así que oró: «Padre mío, si es posible, pase de mí esta copa; pero no sea como yo quiero, sino como tú» (Mateo 26:39). Pudo soportar un sufrimiento inimaginable porque sabía que era la voluntad de Dios.

Deberíamos estar muy agradecidos a Cristo por «toda su clemencia» (1 Timoteo 1:16), porque nuestro pecado lo ha ofendido una y otra vez. Él pudo habernos enviado al infierno el primer momento en que pecamos, pero su Espíritu nos llevó con paciencia al arrepentimiento. Debido a su paciencia, debemos comprometernos a seguir su ejemplo perfecto.

—

Sugerencias para la oración: Ore para que Dios cada día le dé fuerzas para ser paciente en todo, tal como Cristo.

Para un estudio más profundo: Hebreos 12:3 nos dice que consideremos «a aquel que sufrió tal contradicción de pecadores contra sí mismo, para que vuestro ánimo no se canse hasta desmayar». El ejemplo de paciencia que modela Cristo nos anima a soportar cuando suframos. Encuentre otras demostraciones de su paciencia en los evangelios y considere en qué modo puede afectar el ejemplo de Cristo a su actitud durante las pruebas.

EL EFECTO DE LA PACIENCIA

«Andad… con paciencia».
EFESIOS 4:1-2

La paciencia es crucial para nuestro testimonio.

Las virtudes de Efesios 4:2-3 le permiten a la iglesia de Jesucristo tener un poderoso testimonio. Muchos piensan que la clave del evangelismo es seguir un curso o método específico pero, de acuerdo a Jesús, la mejor manera de hacer que la gente crea en el evangelio es a través de nuestro amor y nuestra unidad (Juan 17:21). Aunque los métodos de evangelización son importantes, a menudo no son tan efectivos como podrían serlo debido a la mala reputación de la iglesia entre los incrédulos. Si la iglesia estuviera llena de personas que tuvieran genuina humildad, gentileza y paciencia, otros estarían más inclinados a escuchar lo que decimos.

Sir Henry Stanley viajó a África en 1872 para encontrar al doctor David Livingstone, el famoso misionero y explorador, que había perdido el contacto con la comunidad europea. Después que lo halló, Stanley pasó varios meses con Livingstone, que en ese momento era un anciano. Aparentemente Livingstone no le dijo mucho a Stanley sobre cosas espirituales, solo continuó con su ocupación con los africanos. Stanley observó que a lo largo de los meses que estuvo viéndolo, no entendía los hábitos de Livingstone, especialmente su paciencia. Stanley no podía entender la simpatía de Livingstone por los africanos paganos, que lo habían agraviado tantas veces. Por el bien de Cristo y su evangelio, David Livingstone fue paciente, infatigable y vehemente. Se dedicó a su Maestro.

En su relato *Cómo encontré a Livingstone*, Stanley escribió: «Su religión no es del tipo teórico, sino que es una práctica constante, franca y sincera. No es ni ostentoso ni ruidoso, pero se manifiesta de una manera hábil y tranquila, y siempre está en funcionamiento… En él la fe exhibe sus rasgos más hermosos; rige su conducta no solo con sus sirvientes, sino también con los nativos… y con todos los que tienen contacto con él».

No estoy sugiriendo que nunca hable del evangelio. Pero asegúrese de que lo que dice tendrá un efecto mucho mayor cuando viva en armonía con lo que enseña el evangelio. Si el mundo pudiera ver una imagen clara de Jesucristo a través de la unidad de la iglesia y su gente humilde, gentil y paciente, ¡nuestra evangelización se aceleraría con eficacia!

Sugerencias para la oración: Ore para que viva de una manera que glorifique a Dios y atraiga a otros al Salvador.

Para un estudio más profundo: Lea Mateo 5:13-16. ¿Qué quiso decir Cristo con eso de ser sal y luz en el mundo?

* Medite en cómo obedecer el mandato del versículo 16.

AMOR PACIENTE

«Soportándoos con paciencia los unos a los otros en amor».

EFESIOS 4:2

Para andar digno, debemos perdonar a nuestros enemigos y amarlos.

El término indulgencia no se usa mucho en la actualidad y, por lo tanto, es desconocido para algunos de nosotros. La palabra griega para la frase «con paciencia [o indulgencia]» significa «suprimir con silencio». Conlleva la idea de lanzar algo como una sábana sobre el pecado. La Primera Carta de Pedro 4:8 dice: «El amor cubrirá multitud de pecados», y Proverbios 10:12 declara: «El odio despierta rencillas; pero el amor cubrirá todas las faltas». Una persona indulgente no proclama los pecados de los demás, sino que los perdona. La paciencia tiene cabida para los fracasos de los demás. El que es tolerante también ama a las personas a pesar de los errores que podrían haber hecho.

Ágape, la palabra usada para «amar» en este versículo, es el amor que da pero que no exige. Es el tipo de amor que busca el mayor bien para el otro, sin importar el costo. Dios mostró su *ágape* al darnos a su único Hijo (Juan 3:16). Jesús dijo: «Nadie tiene mayor amor que este, que uno ponga su vida por sus amigos» (15:13). *Ágape* es benevolencia inconquistable y bondad invencible; es desapego por completo.

Tal vez la descripción más grande del amor paciente sea el resumen que Jesús expone en Mateo 5:43-45: «Oísteis que fue dicho: Amarás a tu prójimo, y aborrecerás a tu enemigo. Pero yo os digo: Amad a vuestros enemigos, bendecid a los que os maldicen, haced bien a los que os aborrecen, y orad por los que os ultrajan y os persiguen; para que seáis hijos de vuestro Padre que está en los cielos». Antes de que nos salvara, éramos enemigos de Dios, pero Él estuvo dispuesto a enviar a su Hijo de todos modos (Romanos 5:10). Como somos hijos de Dios, también debemos buscar el mayor bien de nuestros enemigos, cueste lo que cueste. Tal costo debería incluir algo más que aguantar la calumnia y la persecución de nuestros enemigos. El genuino amor paciente asumirá la tarea más difícil: amar a los que nos odian.

Sugerencias para la oración: Agradézcale a Dios por mostrar un amor paciente al enviar a Cristo a morir por los pecadores que no lo merecen.

* Ore por sus enemigos y para que Dios le dé fuerza para amarlos como debe.

Para un estudio más profundo: Además de Cristo, el ejemplo más claro de amor paciente es la actitud de Esteban hacia aquellos que lo apedrearon. Lea su historia en Hechos 6 al 7 y observe su amor hacia sus verdugos.

* Medite en las personas a las que les cuesta amar y ore para que Dios le muestre a usted formas específicas de manifestarles amor.

PRESERVE LA UNIDAD CON DILIGENCIA

«Solícitos en guardar la unidad del Espíritu en el vínculo de la paz».

Efesios 4:3

———

**La unidad del Espíritu debe ser mantenida sinceramente
por los cristianos amorosos, gentiles y pacientes.**

El pasaje bíblico de hoy describe el objetivo del andar digno: la unidad del Espíritu. Jesús oró por los cristianos «para que todos sean uno; como tú, oh Padre, en mí, y yo en ti, que también ellos sean uno en nosotros; para que el mundo crea que tú me enviaste» (Juan 17:21). Nuestro testimonio ante el mundo depende de la unidad que tengamos como creyentes.

El mundo está lleno de discordia, animosidad, amargura y resentimiento. Si en medio de él hay un oasis de unidad y armonía, la gente se preguntará qué tenemos nosotros. Esa es la oportunidad en la que debemos decir: «Esto es lo que Cristo puede hacer». El mundo necesita ver que la iglesia no es solo otro club social, sino una institución de Dios, nacida sobrenaturalmente, sostenida sobrenaturalmente, con un destino sobrenatural.

Nuestra unidad depende de las virtudes que hemos estado estudiando este mes: aguante, paciencia y amor tolerante. Sin ellos, la unidad es imposible. Además, nuestra unidad requiere diligencia. La palabra traducida como «solícitos» en Efesios 4:3 conlleva ideas tanto de celo como de urgencia: «Trabajemos en ello y trabajemos en ello ahora». Necesitamos dedicación completa. Pero no diga primero: «Dirigiré el comité» o «Haré los carteles». Este es un pasaje personal, y si quiere apresurarse y empezar a trabajar en unidad, debe comenzar con su corazón. Comprométase primero a andar dignamente uniendo su vida con su teología.

Me duele la desunión y la discordia en la iglesia de hoy. Una de las causas principales es el enfoque en distintivos denominacionales: lo que nos divide. En vez de eso, deberíamos centrarnos en los distintivos bíblicos: lo que nos une. Necesitamos humillarnos y aprender a amarnos unos a otros. Eso no sucederá iniciando un movimiento ecuménico global, sino cuando nos convirtamos en lo que Dios quiere que seamos. Trabajar en la unidad es una tarea de tiempo completo que exige la máxima dedicación y obediencia de cada cristiano.

———

Sugerencias para la oración: Ore para que Dios unifique a su iglesia en todo el mundo y que eso comience con usted.

Para un estudio más profundo: Lea acerca de la unidad de la iglesia primitiva en Hechos 2:42-47 y 4:32-37. ¿Qué caracterizaba a esos creyentes?

* ¿Cuáles de sus características necesita usted para laborar?

EL VÍNCULO DE LA PAZ

«Solícitos en guardar la unidad del Espíritu en el vínculo de la paz».

EFESIOS 4:3

La clave para la paz en la iglesia es el amor desinteresado.

La gente casi siempre se engaña a sí misma con la paz cuando no hay paz verdadera (Jeremías 8:11). Sin embargo, podemos mostrarle al mundo que Jesús es el verdadero pacificador si tenemos una comunidad de creyentes pacíficos, amorosos y unidos. Los demás se darán cuenta de que Cristo debe ser el enviado por Dios, dado que solo Dios puede hacer una paz verdadera y duradera.

«El vínculo de la paz» es lo que mantiene cohesionada nuestra unidad. La palabra griega traducida como «vínculo» se refiere a un cinturón. Representa el cuerpo de Cristo envuelto en el cinturón de la paz, una paz que nace del amor.

El vínculo de la paz que tenemos es vital para nuestro testimonio. Como cristianos, «tenemos paz para con Dios» (Romanos 5:1) y «el ministerio de la reconciliación» (2 Corintios 5:18); tenemos el privilegio de decirles a otros cómo pueden tener paz con Dios. Si no tenemos paz entre nosotros, ¿por qué nos considerarían los incrédulos para encontrar la paz con Dios?

La iglesia de Corinto nos enseña cómo *no* tener paz. Los miembros tenían una «fiesta de amor», después de la Santa Cena. En apariencia, sin embargo, los que llevaban comida se hartaban y se emborrachaban, dejando a los creyentes más pobres con hambre (1 Corintios 11:17-22). Esos glotones no solo deshonraban al Señor sino que también lastimaban a sus compañeros creyentes, causando resentimiento y conflicto.

Durante sus servicios de adoración, todos querían atención. Pablo lamenta al decir: «Cada uno de vosotros tiene salmo, tiene doctrina, tiene lengua, tiene revelación, tiene interpretación» (1 Corintios 14:26), pero todos querían hablar a la vez. No estaban interesados en edificarse entre ellos, sino en que los escucharan. El resultado fue un lío, ruido y confusión.

La desarmonía de los corintios era evidente en diferentes maneras, pero la causa principal era la misma: el egoísmo.

Entonces, ¿de dónde viene la paz? Del desapego, la característica principal del amor cristiano. Filipenses 2:3 dice: «Nada hagáis por contienda o por vanagloria; antes bien con humildad, estimando cada uno a los demás como superiores a él mismo». Debemos humillarnos y enfocarnos en las necesidades de los demás. Cuando eso suceda, habrá armonía y unidad.

Sugerencias para la oración: Confiese cualquier egoísmo y pídale a Dios que le ayude a crecer en amor desinteresado.

Para un estudio más profundo: ¿Con qué compara Romanos 8:6 la paz? Memorice este versículo en los próximos días.

BUSQUE ACTITUDES RECTAS

*«Yo pues... os ruego que andéis como es digno de la vocación
con que fuisteis llamados, con toda humildad y mansedumbre,
soportándoos con paciencia los unos a los otros en amor, solícitos
en guardar la unidad del Espíritu en el vínculo de la paz».*
EFESIOS 4:1-3

**Dios está más interesado en lo que somos, porque
ello determina lo que hacemos.**

Estos versículos revelan una verdad básica: la vida cristiana no se trata principalmente de lo que hacemos, sino de lo que somos. Cuando Pablo enseña acerca del andar digno, acerca de cómo vivimos cada día, no se refiere a las acciones, sino a las actitudes.

Es posible tener lo que llamo «fruto de la acción» —como la alabanza (Hebreos 13:15), el dar (Filipenses 4:17), la evangelización (Romanos 1:13) y otras buenas obras (Colosenses 1:10)— sin tener el «fruto de la actitud», que es el fruto del Espíritu: «amor, gozo, paz, paciencia, benignidad, bondad, fe, mansedumbre, templanza» (Gálatas 5:22-23). Mucha gente puede hacer buenas obras sin justicia interna. Pero eso es legalismo; es la hipocresía de la que la Biblia habla tanto. El camino correcto hacia la verdadera espiritualidad es, ante todo, tener actitudes apropiadas. El Espíritu Santo trabaja a través de nuestras actitudes para producir acciones correctas.

Por desdicha, muchos cristianos no consideran este punto. Para ellos, ser cristiano es principalmente una lista que comprende ir a la iglesia, llevar una Biblia y muchos «no hacer»: no maldecir, no beber, no asesinar. Ven el comportamiento aparente como cristianismo en lugar de la manifestación del mismo. No cultivan las gracias internas.

Por supuesto, Dios quiere que tengamos vidas rectas. Pero a aquellos con acciones meramente aparentes, Jesús dijo: «¡Ay de vosotros... hipócritas! porque limpiáis lo de fuera del vaso y del plato, pero por dentro estáis llenos de robo y de injusticia... Limpia primero lo de dentro del vaso y del plato, para que también lo de fuera sea limpio» (Mateo 23:25-26).

No se convierta usted mismo en esclavo de la religión aparente. Asegúrese de hacer sus buenas obras por amor a Dios y a los demás, como parte del derramamiento del fruto espiritual en su vida.

Sugerencias para la oración: Si ve hipocresía en usted, pídale a Dios que la purgue. Ore y busque con diligencia el fruto del Espíritu.
Para un estudio más profundo: Jesús advirtió acerca de la pecaminosidad interna en Mateo 5:21-22, 27-30 y de la justicia externa en 6:1-18 y 7:1-5. ¿Cómo es que Proverbios 4:23 es un antídoto para aquellos?

NUESTRA UNIDAD EN EL ESPÍRITU

«Un cuerpo, y un Espíritu, como fuisteis también llamados en una misma esperanza de vuestra vocación; un Señor, una fe, un bautismo, un Dios y Padre de todos, el cual es sobre todos, y por todos, y en todos».

EFESIOS 4:4-6

Todos los cristianos somos parte del mismo Cuerpo, con el mismo Espíritu, que es nuestro compromiso con la vida eterna.

Todo lo que Dios diseñó para la iglesia se basa en la unidad de los creyentes. Pablo lo enfatiza al enumerar siete «unos» en estos versículos. La clave es una: la causa del andar digno.

¿Cuántos cuerpos de Cristo hay? No hay un cuerpo presbiteriano, un cuerpo bautista y uno metodista; ni hay un cuerpo de California, un cuerpo de Utah y uno de Kansas. Solo hay un Cuerpo: *la* iglesia. «No hay judío ni griego; no hay esclavo ni libre; no hay varón ni mujer; porque todos vosotros sois uno en Cristo Jesús» (Gálatas 3:28). Sea cual sea su etnia, credo, nacionalidad o idioma, cuando se convierte en cristiano, se vuelve uno con todos los demás creyentes.

El siguiente punto de Pablo es que solo hay un Espíritu, que habita en cada creyente. La Primera Carta a los Corintios 6:19 dice: «¿O ignoráis que vuestro cuerpo es templo del Espíritu Santo, el cual está en vosotros?». Nosotros estamos siendo «juntamente edificados para morada de Dios en el Espíritu» (Efesios 2:22). Individualmente somos el templo del Espíritu; colectivamente somos la morada del Espíritu.

«También fuimos llamados en una misma esperanza de vuestra [nuestra] vocación». Tenemos un solo llamado eterno, un solo destino eterno y el Espíritu Santo garantiza nuestra esperanza celestial. «Fuisteis sellados [en Cristo] con el Espíritu Santo de la promesa, que es las arras de nuestra herencia» (Efesios 1:13-14). Él es nuestro pago inicial, la primera entrega de nuestra herencia eterna.

Efesios 4:4 se enfoca en el ministerio del Espíritu Santo con nosotros: somos colocados en un Cuerpo por el Espíritu, un Espíritu mora en nosotros y nuestra única esperanza está garantizada por el Espíritu Santo.

Sugerencias para la oración: Agradezca a Dios por el ministerio del Espíritu Santo en la iglesia y en su vida.

Para un estudio más profundo: La Primera Carta a los Corintios, capítulo 12, tiene mucho que decir acerca de la unidad de la iglesia. Lea ese capítulo con atención, señalando en particular lo que el Espíritu hace en el Cuerpo y cuál es nuestra responsabilidad como creyentes individuales.

NUESTRA UNIDAD EN CRISTO

«Un Señor, una fe, un bautismo».

EFESIOS 4:5

**Todos los cristianos tienen un Señor común, creencias
comunes y un testimonio público común.**

Hemos visto lo que los cristianos tienen en común a través del Espíritu. El versículo de hoy nos enseña lo que compartimos a través de Cristo.

Los cristianos tienen únicamente «un solo Señor»: Jesucristo. Hechos 4:12 dice: «Y en ningún otro hay salvación; porque no hay otro nombre bajo el cielo, dado a los hombres, en que podamos ser salvos». Pablo afirma en Romanos 10:12: «Pues el mismo Señor es Señor de todos».

Nuestra «fe única» es simplemente el contenido de lo que la Palabra revelada de Dios nos dice que debemos creer. Y el enfoque principal de las Escrituras es Cristo. Aunque tenemos muchas denominaciones y congregaciones, solo hay una verdadera fe cristiana. Esta fe es a lo que se refiere Judas 3 cuando nos exhorta a «contender ardientemente por la fe que ha sido una vez dada a los santos».

¿Por qué entonces las iglesias difieren tanto en lo que enseñan? Parte de eso proviene de un estudio inadecuado o falta de diligencia. El problema es nuestra humanidad: somos personas caídas y falibles, lo que puede dar variedad a nuestro entendimiento de las Escrituras. Por eso es tan importante que no nos aferremos demasiado a «nuestra marca» de cristianismo y que siempre pensemos en los asuntos bíblicamente y los discutamos con cortesía.

Los cristianos también tienen «un solo bautismo». Esto no se refiere al bautismo del Espíritu puesto que eso estaba implícito en Efesios 4:4 con las palabras «un cuerpo». (Como lo explica 1 Corintios 12:13, todos fuimos colocados en el Cuerpo de Cristo por el bautismo del Espíritu.) «Un bautismo» en el versículo 5 se refiere al bautismo en agua. Cuando alguien cree en el único y verdadero Señor, debe ser bautizado como una expresión pública de su fe. El bautismo público fue una parte esencial del testimonio de la iglesia primitiva ante el mundo. No es menos esencial hoy.

Sugerencias para la oración: Agradezca a Dios por Jesucristo, por nuestra fe cristiana y por nuestro bautismo, mediante lo cual nos identificamos con Cristo y su pueblo.

Para un estudio más profundo: Los corintios no entendían la unidad como creyentes. Lea 1 Corintios 1:10-17. ¿Cuáles fueron los síntomas de sus divisiones?

* ¿Qué les ordenó Pablo que hicieran?
* Si hay divisiones en su iglesia, conviértase en un pacificador.

NUESTRA UNIDAD EN EL PADRE

*«Un Dios y Padre de todos, el cual es sobre todos,
y por todos, y en todos».*

EFESIOS 4:6

**Solo hay un Dios, y tendremos un fuerte testimonio si
lo adoramos y nos aferramos a lo que nos une.**

El último punto de la unidad cristiana que Pablo menciona en Efesios 4:4-6 es que los cristianos tienen «un Dios y un Padre». En la época de Pablo, la gente creía en muchos dioses; por eso es que enfatiza la singularidad de nuestro Dios. Ninguna persona u objeto puede compararse con Dios porque Él está «sobre todos», lo que significa que es el creador y controlador soberano del universo; Él es «por todos», es el sostén providencial del universo; y Él está «en todos», lo cual se refiere a su presencia personal que mora en lo interno.

A lo largo del Antiguo Testamento, Dios enfatiza su singularidad: «Aprende pues, hoy, y reflexiona en tu corazón que Jehová es Dios arriba en el cielo y abajo en la tierra, y no hay otro» (Deuteronomio 4:39). «Yo soy Jehová, y ninguno más hay; no hay Dios fuera de mí» (Isaías 45:5). Los israelitas estaban rodeados de naciones que adoraban a muchos dioses, por eso Dios tenía que advertirles continuamente sobre la idolatría y juzgarlos cuando la practicaban.

La adoración de Israel al único Dios verdadero debía ser el punto central de su unidad. Eso era para diferenciarlos de las naciones que los rodeaban. Al adorarlo solo a Él, no solo permanecerían fuertes como nación, sino que serían testigos a los gentiles de la grandeza de Dios.

Como cristianos, tenemos el mismo Padre; y como Israel, nuestra unidad se basa en Él, así como en los otros «enumerados» en Efesios 4:4-6: un cuerpo, un espíritu, una esperanza de nuestra vocación, un Señor, una fe y un bautismo. Cuando nos aferremos a estos, seremos un poderoso testigo ante el mundo.

Sugerencias para la oración: Alabe a Dios por su singularidad, porque solo Él está por encima de todos, a través de todos y en todos.

Para un estudio más profundo: Los Salmos no solo son ricos en instrucción acerca de Dios, sino que también son excelentes medios para alabarlo. Lea un salmo por día durante los próximos meses y anote lo que aprenda acerca de Dios. Cada vez que el salmista alabe a Dios, haga de ello su oración. Cuando haya terminado de leer todos los Salmos, sabrá, honrará y amará a Dios más que nunca.

LO QUE MÁS IMPORTA

«Que andéis como es digno de la vocación con que fuisteis llamados».

Efesios 4:1

**Comparado con la dignidad con que Cristo andaba,
realmente nada es más importante.**

Repasemos lo que Pablo nos enseñó en Efesios 4:1-6. Dios nos ha elegido y nos ha llamado a ser parte de su familia, por lo que espera que actuemos como hijos suyos. Él quiere que caminemos como personas dignas de Cristo y unificados.

Para seguir la voluntad de Dios en eso debemos, con su ayuda, lidiar con nuestro pecado y desarrollar virtudes piadosas. Nuestras vidas deben estar marcadas primero por «toda humildad» (v. 2). Nos volvemos humildes cuando nos vemos como pecadores indignos y vemos la grandeza de Dios y de Cristo. El orgullo siempre será una tentación, pero podemos resistirnos si recordamos que no tenemos nada de qué enorgullecernos; cada cosa buena que tenemos es de Dios. Solo Él merece la gloria; no podemos acreditarnos nada.

La humildad produce «gentileza», que es poder bajo control. La gente amable se somete voluntariamente a Dios y a los demás. Pueden enojarse por lo que deshonra a Dios, pero perdonan a quienes los lastiman.

La «paciencia» fluye de la gentileza. Una persona paciente soporta circunstancias negativas, se topa con personas difíciles y acepta el plan de Dios para todo.

Debemos «amar» a los demás con un amor comprensivo. El amor cristiano es desinteresado; la tolerancia nos impide chismear sobre los fracasos de los demás y nos hace amar a nuestros enemigos.

La «unidad» (v. 3) es el objetivo del digno andar y solo los creyentes diligentes que persiguen esas virtudes dignas contribuirán a tal unidad. Debido a que tenemos un Cuerpo, un Espíritu, una esperanza, un Señor, una fe, un bautismo y un Padre, debemos comportarnos como un pueblo unido. Solo entonces tendremos el testimonio efectivo que Dios quiere para nosotros.

Solo una cosa importa desde el momento en que usted se convierte en cristiano hasta el día en que ve a Jesús: que su andar es digno de Él. Lo que posee, lo que sabe y lo que hace para ganarse la vida no es tan importante.

Sugerencias para la oración: Pídale a Dios que le dé la determinación de andar con dignidad cada día.

Para un estudio más profundo: Lea Hebreos 11 y hasta algunos pasajes relacionados del Antiguo Testamento, y observe lo que era representativo en los paseos de los principales personajes con el Señor.

PERSIGA EL CONOCIMIENTO DE DIOS

«Ciertamente, aun estimo todas las cosas como pérdida por la excelencia del conocimiento de Cristo Jesús, mi Señor, por amor del cual lo he perdido todo, y lo tengo por basura, para ganar a Cristo».

FILIPENSES 3:8

El mayor deseo de Dios con nosotros es que tratemos —con diligencia— de conocerlo.

Conocer a Dios y todo lo que Él ha revelado sobre sí mismo es la búsqueda más elevada de la vida. «El temor de Jehová es el principio de la sabiduría, y el conocimiento del Santísimo es la inteligencia» (Proverbios 9:10). Tal concreción debería ser, realmente, el punto de partida para todas las demás cosas que se persigan en la vida.

Cuando David le dio su trono a su hijo Salomón, su principal consejo fue que conociera a Dios: «Y tú, Salomón, hijo mío, reconoce al Dios de tu padre, y sírvele con corazón perfecto y con ánimo voluntario; porque Jehová escudriña los corazones de todos, y entiende todo intento de los pensamientos. Si tú le buscares, lo hallarás; mas si lo dejares, él te desechará para siempre» (1 Crónicas 28:9).

Conocer a Dios no solo determina la calidad de la vida presente, sino también el destino de la vida en la eternidad. Jesús dice: «Y esta es la vida eterna: que te conozcan a ti, el único Dios verdadero, y a Jesucristo a quien has enviado» (Juan 17:3). La vida eterna es simplemente conocer a Dios de una manera íntima por el resto de la eternidad. Eso empieza aquí en la tierra, cuando creemos en Cristo y participamos de su misma naturaleza y vida.

¿Cómo podemos conocer a Dios? El Señor dice: «me buscaréis y me hallaréis, porque me buscaréis de todo vuestro corazón» (Jeremías 29:13). Salomón nos enseña: «Si clamares a la inteligencia, y a la prudencia dieres tu voz; si como a la plata la buscares, y la escudriñares como a tesoros, entonces entenderás el temor de Jehová, y hallarás el conocimiento de Dios» (Proverbios 2:3-5). Esta búsqueda de Dios debe ser nuestra principal prioridad en la vida. De lo contrario, es muy fácil que nos distraigamos con la búsqueda del dinero, el éxito profesional, el poder personal y el prestigio, o cualquier esfuerzo terrenal que requiera nuestro tiempo y energía.

Sugerencias para la oración: Agradezca al Señor porque lo conoce en persona.
Para un estudio más profundo: Lea 2 Pedro 1:1-11. ¿Cuáles son los beneficios para aquellos que conocen a Dios?
  * ¿Qué cualidades deberían ser evidentes en usted?

LA ESENCIA DE LA IDOLATRÍA

«Estas cosas hiciste, y yo he callado; pensabas que de cierto sería yo como tú; pero te reprenderé, y las pondré delante de tus ojos».

SALMOS 50:21

La idolatría es más que adorar a un objeto inanimado; es tener una concepción indigna de Dios.

La sociedad occidental, con toda su cultura y conocimiento científico, está en la misma trampa satánica que gobierna la vida de un aborigen que se postra ante una roca. Todos tenemos nuestros dioses. Muchos adoran al dios del materialismo, del sexo o del entretenimiento. Por supuesto, detrás de todo esto está la adoración a uno mismo.

Sin embargo, la esencia de la idolatría es tener pensamientos acerca de Dios que no son dignos de Él. Usted puede estar creando un dios, pero también puede estar convirtiendo al verdadero Dios en algo que no es, o pensando algo acerca de Dios que no es real.

Dios les dijo a los malvados en el Salmo 50:21: «Pensabas que de cierto sería yo como tú». Eso es precisamente lo que algunos se han imaginado acerca de Dios. Han retratado a Dios de acuerdo a la propia y pecaminosa imagen que tienen de Él. Los cristianos negligentes también pueden hacer eso.

En su libro *El conocimiento del Dios santo*, A. W. Tozer escribe: «La historia de la humanidad probablemente mostrará que ningún pueblo jamás ha estado por encima de su religión y la historia espiritual del hombre comprobará positivamente que ninguna religión ha sido mayor que su idea de Dios. La adoración es pura o básica, ya que el adorador tiene pensamientos elevados o bajos acerca de Dios. Por esta razón, la cuestión más seria que tiene la iglesia siempre es Dios mismo y lo más portentoso de cualquier hombre no es lo que en un momento dado pueda decir o hacer, sino lo que concibe —en lo profundo de su corazón— que es Dios».

A medida que aprendamos acerca de Dios —en este mes— pídale que elimine los conceptos erróneos que usted pueda albergar respecto de Él. Sea diligente para aprender lo que Dios dice acerca de sí mismo y no lo que usted u otros crean que Él es.

Sugerencias para la oración: Alabe a Dios por ser el único Dios.

* Ore por el perdón si se ha dedicado más a cualquier otro dios o si alberga ideas sobre Dios que no son dignas de Él.

Para un estudio más profundo: Los antiguos griegos tenían cientos de dioses. Solo por si acaso, los atenienses construyeron un altar para el dios desconocido. Lea Hechos 17:16-34. ¿Cómo trató Pablo a los que adoraban dioses falsos?

* ¿Cómo puede usted usar el ejemplo de Pablo cuando se presenta ante los incrédulos de hoy?

DIOS ES ESPÍRITU

«Dios es Espíritu; y los que le adoran, en espíritu
y en verdad es necesario que adoren».

JUAN 4:24

Dios es una persona, aunque no tiene rasgos físicos.

Al comenzar nuestro estudio de Dios, debemos entender que Él es una persona, no una fuerza cósmica incognoscible. En su Palabra, Dios es llamado Padre, Pastor, Amigo, Consejero y se le ha dado muchos otros nombres. Dios siempre se conoce como «Él», no como «eso». Además, tiene características personales: piensa, actúa, siente y habla.

Aprenderemos tres aspectos de la persona de Dios en los próximos días: Dios es espíritu, Dios es uno y Dios es tres personas. Primero, Dios no tiene cuerpo físico como nosotros: «Dios es espíritu» (Juan 4:24), y «un espíritu no tiene carne ni huesos» (Lucas 24:39). Pablo afirma que Él es «invisible» (1 Timoteo 1:17). Dios se representó a sí mismo como luz, fuego y nube en el Antiguo Testamento y encarnado en Jesucristo —en forma humana— en el Nuevo Testamento. Pero esas revelaciones visibles no revelaron la totalidad ni la plenitud de la naturaleza divina.

Es probable que usted cuestione versículos como el Salmo 98:1, que dice: «Su diestra lo ha salvado, y su santo brazo», o el de Proverbios 15:3, que afirma: «Los ojos de Jehová están en todo lugar». Esas descripciones que muestran los versículos como esos se llaman antropomorfismos, palabra griega que indica «hombre» y «forma». Tales descripciones nos inducen a imaginarnos a Dios como si fuera un hombre, puesto que Dios ha elegido describirse a sí mismo de una manera que podamos comprender. Si no adaptaba su revelación a nuestro nivel finito, no tendríamos ninguna esperanza de entenderlo. Sin embargo, no se deben interpretar los antropomorfismos al pie de la letra. De lo contrario, usted tendrá una visión falsa de Dios que le roba su verdadera naturaleza y su verdadero poder. Observe el Salmo 91:4, que dice: «debajo de sus alas estarás seguro». Dios ciertamente no es un pájaro y, además, «Dios no es hombre» (Números 23:19). Es espíritu.

Sugerencias para la oración: Agradézcale a Dios por haber permitido que criaturas físicas como nosotros lo conozcan.

Para un estudio más profundo: Aunque Dios es invisible, «las cosas invisibles de él, su eterno poder y deidad, se hacen claramente visibles desde la creación del mundo» (Romanos 1:20). Lea la respuesta de un hombre piadoso a la revelación natural de Dios en el Salmo 104.

DIOS ES UNO

«Oye, Israel: Jehová nuestro Dios, Jehová uno es».
Deuteronomio 6:4

Solo hay un Dios verdadero.

Cuando Dios liberó a Israel para llevarlo a la tierra prometida, dijo: «No tendrás dioses ajenos delante de mí» (Éxodo 20:3). Más tarde, Moisés les dijo a los israelitas: «Jehová es Dios, y no hay otro fuera de él» (Deuteronomio 4:35) y «Jehová nuestro Dios, Jehová uno es» (6:4). Israel debía creer en el único Dios.

Sin embargo, Jesús afirmó que era Dios. ¿Será que Jesús es el Dios número dos? De ningún modo. En Marcos 12:29-30, Jesús citó Deuteronomio 6:4-5: «Oye, Israel: Jehová nuestro Dios, Jehová uno es. Y amarás a Jehová tu Dios de todo tu corazón, y de toda tu alma, y con todas tus fuerzas». Si Jesús fuera otro Dios, podría haber dicho: «Divide tu lealtad entre nosotros dos». Pero Jesús dice que debemos amar a Dios con una dedicación indivisible. Por lo tanto, concuerda con Moisés en que solo hay un Dios. Sin embargo, también afirma: «Yo y el Padre uno somos» (Juan 10:30).

Pablo asimismo trata sobre la unidad de Dios en 1 Corintios 8. Los sacerdotes paganos, en Corinto, vendían la carne que había sido sacrificada a los ídolos. Algunos cristianos nuevos se ofendieron al ver a otros cristianos comer esa carne. En respuesta, Pablo les dijo: «Acerca, pues, de las viandas que se sacrifican a los ídolos, sabemos que un ídolo nada es en el mundo» (v. 4). Como el ídolo representaba a un dios inexistente, no había nada de malo en ingerir la comida. Así que continuó: «y que no hay más que un Dios. Pues aunque haya algunos que se llamen dioses, sea en el cielo, o en la tierra (como hay muchos dioses y muchos señores), para nosotros, sin embargo, sólo hay un Dios, el Padre, del cual proceden todas las cosas, y nosotros somos para él; y un Señor, Jesucristo, por medio del cual son todas las cosas, y nosotros por medio de él» (vv. 4-6). ¿Cómo pueden ser todas las cosas de Dios el Padre, por quien existimos, y del Señor Jesucristo, por quien existimos? Porque los dos son uno.

Sugerencias para la oración: Alabe a Dios como lo hizo David: «Por tanto, tú te has engrandecido, Jehová Dios; por cuanto no hay como tú, ni hay Dios fuera de ti» (2 Samuel 7:22).

Para un estudio más profundo: Lea Ezequiel 6. ¿Cuál fue la respuesta de Dios a la idolatría de Israel?

* ¿Cómo se siente Dios con respecto a cualquier cosa que pueda ocupar el primer lugar en el corazón de usted en vez de Él?

DIOS ES TRES

«La gracia del Señor Jesucristo, el amor de Dios, y la comunión
del Espíritu Santo sean con todos vosotros. Amén».

2 Corintios 13:14

Aunque hay un solo Dios, Él existe en tres Personas: Dios
el Padre, Dios el Hijo y Dios el Espíritu Santo.

Dios es uno, pero Él existe en tres Personas distintas. Llamamos a esto la Trinidad, una contracción de «tri-unidad», que significa «tres en uno». La palabra Trinidad no aparece en la Biblia, pero la existencia de Dios como tres Personas en un solo Dios es clara en las Escrituras.

La evidencia del Antiguo Testamento de la pluralidad de Dios se puede encontrar en el primer verso: «En el principio creó Dios...» (Génesis 1:1). La palabra hebrea usada para Dios es Elohim, que es un sustantivo plural. Isaías 42:1 habla del Mesías: «He aquí mi siervo, yo le sostendré; mi escogido, en quien mi alma tiene contentamiento; he puesto sobre él mi Espíritu; él traerá justicia a las naciones». El Mesías dice en Isaías 48:16: «me envió Jehová el Señor, y su Espíritu».

El Nuevo Testamento es más explícito sobre la naturaleza triuna de Dios. Después del bautismo de Jesús, el Espíritu de Dios descendió sobre Él como una paloma, y el Padre dijo: «Este es mi Hijo amado, en quien tengo complacencia» (Mateo 3:17). El Padre, el Hijo y el Espíritu Santo están juntos en la misma escena.

Jesús dice: «Y yo rogaré al Padre, y os dará otro Consolador, para que esté con vosotros para siempre: el Espíritu de verdad» (Juan 14:16-17). Pablo cierra 2 Corintios diciendo: «La gracia del Señor Jesucristo, el amor de Dios, y la comunión del Espíritu Santo sean con todos vosotros» (13:14). Pedro declara que los creyentes son elegidos «según la presciencia de Dios Padre en santificación del Espíritu, para obedecer y ser rociados con la sangre de Jesucristo» (1 Pedro 1:2).

Por tanto Dios es uno, pero es tres. Este es un profundo misterio que ninguna ilustración humana puede describir adecuadamente y ninguna explicación científica puede probar. La Trinidad es algo que debemos asumir con fe, porque Dios lo ha enseñado en las Escrituras.

Sugerencias para la oración: Alabe a Dios porque está muy por encima de nuestra comprensión finita, pero ha decidido revelarse a nosotros.

Para un estudio más profundo: Lea Juan 14 a 16. ¿Qué enseña Jesús acerca de su relación con el Padre y el Espíritu?

* ¿Qué aprende usted aquí acerca de las diversas funciones o ministerios de cada miembro de la Trinidad?

DIOS ES SANTO

«No hay santo como Jehová».
1 Samuel 2:2

**La santidad de Dios significa que Él trasciende todo y
es completamente justo y separado del mal.**

La santidad es indiscutiblemente el atributo más significativo de Dios. Los ángeles no cantan: «Eterno, eterno, eterno». Al contrario, cantan: «Santo, santo, santo, es el Señor» (Apocalipsis 4:8, cf. Isaías 6:3). Su santidad resume todo lo que Él es. El salmista dice: «Santo y temible es su nombre» (Salmos 111:9). Moisés canta: «¿Quién como tú, oh Jehová, entre los dioses? ¿Quién como tú, magnífico en santidad» (Éxodo 15:11). Y Ana ora: «No hay santo como Jehová» (1 Samuel 2:2).

¿Qué significa que Dios es santo? La palabra traducida como «santo» en la Biblia proviene de una raíz que significa «separación». El ser y el carácter de Dios trascienden todo lo demás. Él no está sujeto a las flaquezas ni a las limitaciones de su creación. Dios es completamente sin pecado. No solo se conforma a un estándar santo; Él *es* el estándar.

La justicia de Dios está relacionada con su santidad. La santidad es el estándar y la justicia es su cumplimiento activo. O podría usted decir que su santidad representa su absoluta separación de todo lo que es pecaminoso y que su justicia es la manifestación de esa santidad.

David entendió cuán santo y justo es Dios. Por eso dice: «Justo es Jehová en todos sus caminos» (Salmos 145:17), y «tu justicia, oh Dios, hasta lo excelso» (Salmos 71:19).

Por desdicha, muchos malinterpretan por completo la justicia de Dios. Si realmente entendieran cuán santo es Dios, ¿cree que vivirían de la manera en que lo hacen? Pero ignoran el estándar de Dios, pensando que Él realmente no los juzgará porque básicamente —ellos— son buenas personas. Pero «Dios es juez justo, y Dios está airado contra el impío todos los días» (Salmos 7:11). Como Dios es santo, la pena por cualquier pecado, por pequeño que parezca el mismo, es la muerte (Romanos 6:23).

No deje que el mundo corrompa su visión de Dios. No trate su pecado a la ligera. Al contrario, confiéselo, olvídelo y trate de complacer a un Dios santo.

Sugerencias para la oración: Pídale a Dios que pueda detestar el pecado como lo aborrece Él.

Para un estudio más profundo: Lea el Libro de Habacuc. ¿Cuáles son los cuestionamientos del profeta? ¿Cuáles son las respuestas de Dios?

* Estudie en detalle la respuesta de Habacuc en el capítulo 3.

LA SANTIDAD DE DIOS REVELADA

«Justo es Jehová en todos sus caminos, y misericordioso en todas sus obras».

SALMOS 145:17

—

La santidad de Dios es evidente en todo lo que hace, particularmente en la creación, la ley, el juicio y la salvación.

Todo el propósito del Antiguo Testamento es revelar la santidad y la justicia de Dios, que es completamente perfecto y puro. De hecho, la palabra hebrea para «santo» se usa más de seiscientas veces en el Antiguo Testamento con el fin de indicar perfección moral.

¿Cuáles son algunas áreas en las que vemos la santidad de Dios? Primero, la vemos en la perfección original de su creación: «Vio Dios todo lo que había hecho, y he aquí que era bueno en gran manera» (Génesis 1:31). Toda la creación estaba en sintonía con el carácter sagrado de Dios.

Más adelante, Dios instituyó su ley moral para el pueblo de Israel. En ella estableció las reglas referentes al culto y a la sociedad. Prescribió las penas por el asesinato, el adulterio y el robo. Condenó la mentira, la codicia y muchos otros pecados. Había muchas reglas que revelaban un Dios que es infinitamente recto y sin error, defecto o tolerancia por el pecado. La ley mostraba el carácter de Dios: «La ley a la verdad es santa, y el mandamiento santo, justo y bueno» (Romanos 7:12).

La santidad de Dios será demostrada «cuando se manifieste el Señor Jesús desde el cielo con los ángeles de su poder, en llama de fuego, para dar retribución a los que no conocieron a Dios, ni obedecen al evangelio de nuestro Señor Jesucristo; los cuales sufrirán pena de eterna perdición, excluidos de la presencia del Señor y de la gloria de su poder» (2 Tesalonicenses 1:7-9). El juicio que Dios ha de hacer con el pecado es un reflejo de su santidad; Él debe castigarlo.

La suprema expresión de la santidad de Dios es que envió a su Hijo a morir en la cruz (ver Romanos 8:3-4). Dios pagó el precio más alto, el único precio que pudo satisfacer su santidad. Jesucristo es Él mismo «el Santo y justo» (Hechos 3:14); por tanto, solo Él podía «quitar de en medio el pecado» (Hebreos 9:26). La santidad de Dios es tan infinita, y nuestra falta de santidad es tan grande, que solo el sacrificio del Dios-hombre podría pagar la enormidad de nuestro pecado.

—

Sugerencias para la oración: Agradezca a Dios que envió a su Hijo a morir por nuestros pecados, para que podamos ser «santos y sin mancha delante de él» (Efesios 1:4).

Para un estudio más profundo: Algunas de las leyes de Dios para los israelitas se dan en Éxodo 21 a 23. Considere, en particular, las sanciones por violar esas leyes. ¿Qué le enseña este pasaje sobre el carácter de Dios?

CONVIÉRTASE EN SANTO

«Como aquel que os llamó es santo, sed también vosotros santos en toda vuestra manera de vivir; porque escrito está: Sed santos, porque yo soy santo».
1 PEDRO 1:15-16

Dios requiere santidad y en Cristo nos proporciona los medios para alcanzarla.

Como hemos aprendido, Dios es santo, y la santidad absoluta es el estándar para cualquiera que desee estar en su presencia. «Porque ... Dios no perdonó a los ángeles que pecaron, sino que ... los entregó a prisiones de oscuridad» (2 Pedro 2:4). Igualmente, los que rechazan a Dios son enviados «al fuego eterno preparado para el diablo y sus ángeles» (Mateo 25:41).

¿Cómo puede alguien llegar a ser santo? Solo hay una manera: a través de la fe en Jesucristo. Es por medio del sacrificio de Cristo por nosotros que Dios puede atribuirnos santidad (2 Corintios 5:21). La Primera Carta a los Corintios 6:11 dice: «Y esto erais algunos; mas ya habéis sido lavados, ya habéis sido santificados, ya habéis sido justificados en el nombre del Señor Jesús, y por el Espíritu de nuestro Dios». Ahora somos llamados santos, como lo afirma la palabra griega usada en la Escritura para referirse a «santo».

Así que, por la gracia de Dios, somos posicionalmente santos. Sin embargo —y al contrario— casi nunca lo somos en la práctica. Pero la Biblia indica lo siguiente: «Sed también vosotros santos en toda vuestra manera de vivir» (1 Pedro 1:15) y «Apártese de iniquidad todo aquel que invoca el nombre de Cristo» (2 Timoteo 2:19). Debemos apartarnos de la manera en que el mundo vive. Necesitamos que los demás sepan que la forma en que viven los cristianos es diferente.

Cuando llevemos vidas santas, tendremos paz. «No hay paz ... para los impíos» (Isaías 57:21), pero Dios nos disciplina «para lo que nos es provechoso, para que participemos de su santidad» (Hebreos 12:10). Y esa disciplina «después da fruto apacible de justicia» (v. 11). Si le falta paz, es probable que haya permitido que el pecado se interpusiera entre Dios y usted. Si es así, siga el ejemplo de David en el Salmo 51:9-10 y ore por un corazón limpio. También debe pasar tiempo con aquellos que llevan una vida santa (Proverbios 13:20, cf. 1 Corintios 15:33).

Sugerencias para la oración: Agradézcale nuevamente a Dios por haberlo hecho posicionalmente santo en Cristo.

Para un estudio más profundo: Responda las siguientes preguntas, basadas en 2 Corintios 5:14-21: ¿Qué hizo Cristo por nosotros en la cruz?

* ¿Qué pasó con nosotros cuando fuimos salvos?
* ¿Cómo deberíamos vivir en consecuencia?

DIOS NO CAMBIA

«Pero tú eres el mismo, y tus años no se acabarán».

SALMOS 102:27

Dios no cambia nunca, por eso se puede confiar en que hará lo que dice.

Solo Dios es inalterable (o como dicen los teólogos, inmutable). El salmista dice: «Ellos [los cielos y la tierra] perecerán, mas tú permanecerás … tú eres el mismo, y tus años no se acabarán» (Salmos 102:26-27). Aunque Israel merecía la destrucción por su pecado, Dios fue fiel a su pacto con Abraham, diciendo: «Yo Jehová no cambio; por esto, hijos de Jacob, no habéis sido consumidos» (Malaquías 3:6). Santiago llama a Dios «Padre de las luces, en el cual no hay mudanza, ni sombra de variación» (1:17).

¿Qué pasa con esos versículos que dicen que Dios cambió de opinión (como, Amós 7:3, 6; Jonás 3:10)? Veamos un ejemplo. Jonás advirtió a la malvada ciudad de Nínive de un juicio inminente. La gente se arrepintió de inmediato, de modo que cuando «vio Dios lo que hicieron, que se convirtieron de su mal camino … se arrepintió del mal que había dicho que les haría, y no lo hizo» (3:10). ¿Quién cambió? ¡La gente de Nínive! La naturaleza de Dios para castigar el mal y recompensar el bien siguió siendo la misma, pero el objeto cambió.

Usted no puede culpar al sol por derretir la cera y endurecer la arcilla. El problema está en la sustancia de la cera y la arcilla, no en el sol. De manera similar, nuestra posición ante Dios determina cómo actúa Él con nosotros.

¿Qué significa eso del carácter inmutable de Dios? Para los incrédulos, significa juicio. Cuando Dios dice: «El alma que pecare, esa morirá» (Ezequiel 18:20) y «la paga del pecado es muerte» (Romanos 6:23), lo dice en serio. Cuando afirma que el infierno es eterno (Mateo 25:46; Apocalipsis 20:10, 13-15), es porque lo es.

Para los cristianos, su inmutabilidad significa seguridad. Si Él me amó en el pasado, me ama ahora y me amará siempre. Si me perdonó y me salvó, lo hizo para siempre. Si me prometió algo, su promesa permanece para siempre. Si la Biblia dice: «Mi Dios, pues, suplirá todo lo que os falta» (Filipenses 4:19), sabemos que el poder que suplió las necesidades de Pablo es el mismo que suplirá las nuestras. Dios le dijo a Israel: «Con amor eterno te he amado» (Jeremías 31:3), por lo que su amor por nosotros es el mismo.

Sugerencias para la oración: Alabe a Dios por su inmutabilidad y agradézcale por la seguridad que le brinda.

Para un estudio más profundo: Encuentre algunas promesas que Dios hace a sus hijos en las Escrituras y pida fe para creer en ellas, aun cuando creer sea difícil.

DIOS ESTÁ EN TODOS LADOS

«Pero ¿es verdad que Dios morará sobre la tierra? He aquí
que los cielos, los cielos de los cielos, no te pueden contener;
¿cuánto menos esta casa que yo he edificado?».
1 REYES 8:27

Dios está en todas partes; no está confinado por el espacio.

No importa cuán grande sea el universo, Dios es más grande. Su ser llena todo el infinito. Él es omnipresente, presente en todas partes. Dios dice: «¿No lleno yo, dice Jehová, el cielo y la tierra?» (Jeremías 23:24). Salomón dijo en la dedicación del templo: «He aquí que los cielos, los cielos de los cielos, no te pueden contener» (1 Reyes 8:27). No hay límites de tiempo ni espacio para su presencia.

Algunos pueden oponerse a la doctrina de la omnipresencia, diciendo: «¿No es cierto que el pecado en el mundo mancillará a un Dios omnipresente?». No. Dios está en los corazones de los pecadores, convenciéndolos de pecado. También está en el infierno, donde «puede destruir el alma y el cuerpo» (Mateo 10:28). Aunque la esencia de Dios está en todas partes, Él nunca se mezcla con la impureza. De manera similar, Jesús vivió entre pecadores y fue «tentado en todo según nuestra semejanza, pero [estaba] sin pecado» (Hebreos 4:15).

Isaías exhorta a la gente a buscar «a Jehová mientras puede ser hallado» (55:6); sin embargo, Proverbios 15:29 dice: «Jehová está lejos de los impíos». ¿Cómo puede estar cerca de algunas personas y lejos de los demás cuando está en todas partes todo el tiempo? Para responder a eso, debemos distinguir entre la esencia de Dios y su relación con las personas. Él está en todas partes en su esencia, pero con los individuos específicos está lejos o cerca relacionalmente. Cuando nos convertimos en cristianos, Cristo habita en nosotros. Dios puede llenarnos de su plenitud (Efesios 3:19), y el Espíritu que vive en nosotros también puede llenarnos (1:13; 5:18). Pero antes de que el Espíritu de Dios more en nosotros relacionalmente, su esencia nos convenció de pecado y nos salvó.

El Antiguo Testamento nos dice que Dios habitó entre las alas de los querubines en el arca del pacto. Ese lugar era un símbolo de la presencia de Dios. Hoy la iglesia representa la presencia de Dios en la tierra. En el Milenio, el gobierno de Cristo en el trono de David en Jerusalén representará la presencia de Dios. En el cielo, su presencia estará representada por el trono de Apocalipsis 4 y 5. Recuerde, sin embargo, que el símbolo de la presencia de Dios nunca restringe su esencia.

Sugerencias para la oración: Alabe a Dios porque es omnipresente y agradézcale por vivir en usted.
Para un estudio más profundo: ¿Qué enseña el Salmo 139:7-18 acerca de la omnipresencia de Dios?
* ¿Cuál fue la respuesta de David (vv. 17-18)?

DIOS SIEMPRE ESTÁ CON NOSOTROS

«Cercano está Jehová a todos los que le invocan,
a todos los que le invocan de veras».

SALMOS 145:18

**Comprender la omnipresencia de Dios debería alentarnos
en tiempos de angustia y evitar que pequemos.**

Es un gran consuelo como cristiano saber que Dios siempre está presente en mí, tanto en esencia como relacionalmente. No importa cuál sea la prueba, Él está ahí. A veces puede parecer lejano, pero en realidad no lo está. Su promesa para nosotros es: «No te desampararé, ni te dejaré» (Hebreos 13:5). Dios siempre está con nosotros para apoyar nuestro servicio a Él. Cuando Dios llamó a Moisés para proclamar su mensaje y sacar a Israel de la esclavitud, Moisés protestó por su falta de habilidades para hablar (Éxodo 4:10). Pero Dios dijo: «Yo estaré con tu boca, y te enseñaré lo que hayas de hablar» (v. 12). Jesús nos ordena: «Por tanto, id, y haced discípulos a todas las naciones ... y he aquí, yo estoy con vosotros todos los días, hasta el fin del mundo» (Mateo 28:19-20). Si duda que tiene el poder para testificar, recuerde que tiene el mismo recurso que cualquier evangelista: ¡la presencia y el poder de Dios!

La presencia constante de Dios es también un escudo contra el pecado. «No os ha sobrevenido ninguna tentación que no sea humana; pero fiel es Dios, que no os dejará ser tentados más de lo que podéis resistir, sino que dará también juntamente con la tentación la salida, para que podáis soportar» (1 Corintios 10:13). Nada hay que nos tiente que Él no nos dé la fuerza para resistirlo.

La omnipresencia de Dios también debería motivarnos a perseguir la santidad. La mayoría de nosotros preferimos pecar cuando nadie mira. Pero cuando pecamos, ya sea de pensamiento, palabra o acción, pecamos en presencia de Dios. «Los ojos de Jehová están en todo lugar, mirando a los malos y a los buenos» (Proverbios 15:3). «Sus ojos están sobre los caminos del hombre, y ve todos sus pasos. No hay tinieblas ni sombra de muerte donde se escondan los que hacen maldad» (Job 34:21-22). No haga nada que no quiera que Dios vea, ¡porque de todos modos lo verá!

Sugerencias para la oración: Agradezca a Dios por la comodidad que le brinda a través de su presencia continua.
Para un estudio más profundo: Hebreos 13:5 es una cita de Deuteronomio 31:6. Lea Deuteronomio 31:1-8. ¿Cuál fue la base de la advertencia de Moisés en cuanto a «ser fuerte y valiente»?

DIOS TIENE PODER ILIMITADO

«Tuya es, oh Jehová, la magnificencia y el poder, la gloria, la victoria y el honor; porque todas las cosas que están en los cielos y en la tierra son tuyas. Tuyo, oh Jehová, es el reino, y tú eres excelso sobre todos».

1 CRÓNICAS 29:11

Dios tiene poder ilimitado y control definitivo sobre todo.

No hay límite para el poder de Dios. Apocalipsis 19:6 dice: «El Señor nuestro Dios Todopoderoso reina». De hecho, un nombre hebreo para Dios es *El Shaddai* (*El* significa «Dios»; *Shaddai* significa «todopoderoso»). Otra palabra para «todopoderoso» es «omnipotente».

Dios puede hacer cualquier cosa sin esfuerzo. Para Él no es más difícil crear un universo que hacer una mariposa. Nos cansamos cuando trabajamos, pero el poder infinito de Dios nunca disminuye: «[El creador de los confines de la tierra] No desfallece, ni se fatiga con cansancio» (Isaías 40:28).

Dios no solo tiene poder ilimitado sino también la autoridad para usarlo. «Nuestro Dios está en los cielos; todo lo que quiso ha hecho» (Salmos 115:3). Pero el poder, la autoridad y la voluntad de Dios están en armonía con su naturaleza. Él no puede pecar, tampoco puede aceptar a los pecadores impenitentes. Tales acciones contradirían su santidad.

La gente a menudo cuestiona lo que Dios hace porque no entiende que Él puede hacer cualquier cosa que desee. Preguntan: «¿Por qué Dios hizo eso?». A menudo he respondido: «Porque quiso». Él mostró su soberanía —su control definitivo de todo— al conceder misericordia a algunos como Isaac y Jacob, mientras endurecía los corazones de otros como Faraón (Romanos 9:6-21). A aquellos que se oponen al derecho de Dios para controlar tales cosas, Pablo les dijo: «Oh hombre, ¿quién eres tú, para que alterques con Dios? ¿Dirá el vaso de barro al que lo formó: ¿Por qué me has hecho así? ¿O no tiene potestad el alfarero sobre el barro...?» (vv. 20-21).

No cuestione nunca el uso que Dios hace de su poder. Él tiene el control y «Justo es Jehová en todos sus caminos, y misericordioso en todas sus obras» (Salmos 145:17). Podemos confiar en que haga lo que haga, es lo mejor.

Sugerencias para la oración: Alabe a Dios por su poder y soberanía infinitos.

Para un estudio más profundo: Lea Isaías 40:21-31. ¿Cómo ha demostrado Dios su poder?

* ¿Cómo ha demostrado su soberanía? ¿Qué consuelo debería darle eso a usted?

EVIDENCIAS DEL PODER DE DIOS

«Alumbrando los ojos de vuestro entendimiento, para que sepáis cuál es la esperanza a que él os ha llamado, y cuáles las riquezas de la gloria de su herencia en los santos, y cuál la supereminente grandeza de su poder para con nosotros los que creemos, según la operación del poder de su fuerza».

EFESIOS 1:18-19

El poder de Dios se ve en la creación, la preservación, la redención y la resurrección.

Piense en toda la energía que obtenemos del sol y multiplíquela por las innumerables estrellas que habitan en el espacio. Dios, por su gran poder, creó todas ellas sin ningún esfuerzo: «Por la palabra de Jehová fueron hechos los cielos, y todo el ejército de ellos por el aliento de su boca» (Salmos 33:6). Solo habló y fueron hechos.

El poder de Dios también preserva el universo. Cristo «sustenta todas las cosas con la palabra de su poder» (Hebreos 1:3), y «todas las cosas en él subsisten» (Colosenses 1:17). El caos se manifestaría si sus manos no sostuvieran el orden de la creación (Salmos 104; Jeremías 31:35-36).

El poder de Dios fue maravillosamente mostrado en la cruz. Satanás fue sometido, la muerte fue conquistada y la pena por nuestros pecados fue pagada. El evangelio «es poder de Dios para salvación a todo aquel que cree» (Romanos 1:16). Cuando fuimos salvos, Dios hizo de cada uno de nosotros «una nueva criatura» (2 Corintios 5:17). No solo eso, sino que «el que comenzó en nosotros la buena obra, la perfeccionará hasta el día de Jesucristo» (Filipenses 1:6). El poder de Dios nos salvó y nos da fuerza para vivir de manera agradable a Él.

El poder de Dios también se hace evidente en la resurrección. ¿Sabía usted que un día Dios va a resucitar a cada ser humano que alguna vez haya vivido? Los justos serán resucitados a la vida eterna y los injustos a la condenación eterna (Juan 5:28-29; Apocalipsis 20:11-15). Miles de millones de personas, hace tiempo muertas, serán resucitadas. ¡Qué tremendo poder!

Sugerencias para la oración: Alabe a Dios por el poder que ha mostrado en su bella creación.

* Gracias a Dios que por su poder le hizo una nueva creación y algún día le elevará a la vida eterna.

Para un estudio más profundo: El Salmo 33 es una canción de alabanza a Dios por su poder y su soberanía. Analice lo que enseña sobre el poder de Dios y léalo como su propia oración de alabanza.

NUESTRA RESPUESTA AL PODER DE DIOS

«Pero los que esperan a Jehová tendrán nuevas fuerzas; levantarán alas como las águilas; correrán, y no se cansarán; caminarán, y no se fatigarán».

ISAÍAS 40:31

Confiar en el poder de Dios nos da confianza para vivir como cristianos.

¿Cuál debería ser nuestra respuesta al poder de Dios? Primero, debemos adorarlo. Nuestra respuesta debe seguir lo que Dios le dijo a Israel: «Mas a Jehová, que os sacó de tierra de Egipto con grande poder y brazo extendido, a éste temeréis, y a éste adoraréis, y a éste haréis sacrificio» (2 Reyes 17:36).

Comprender el poder de Dios también debería darnos confianza: «Todo lo puedo en Cristo que me fortalece» (Filipenses 4:13). Debido a su fortaleza, podemos desplegar nuestra vida cristiana todos los días con confianza. Dios «es poderoso para hacer todas las cosas mucho más abundantemente de lo que pedimos o entendemos, según el poder que actúa en nosotros» (Efesios 3:20).

Nuestra esperanza eterna descansa en el poder de Dios. Su poder nos salvó y nos «levantará en el día final» (ver Juan 6:40). Ese día debería ser la gran esperanza del cristiano porque, a pesar de cualquier problema que tengamos en la tierra, nuestro destino celestial está seguro.

Cuando soy tentado a preocuparme, me reconforta recordar que el poder de Dios es mayor que cualquier problema que tenga. El salmista dice: «Alzaré mis ojos a los montes; ¿De dónde vendrá mi socorro? Mi socorro viene de Jehová, que hizo los cielos y la tierra» (Salmos 121:1-2). El Dios que hizo todo, ciertamente puede encargarse de nuestros problemas.

El poder de Dios también nos da la victoria espiritual. Pablo nos instruye a «ser fuertes en el Señor y en el poder de su fuerza» (ver Efesios 6:10). Cuando llega el adversario y usted está en guardia, no pelee contra él; vaya y dígaselo al comandante, el que lidera la batalla. Dios traerá la victoria porque «mayor es el que está en nosotros, que el que está en el mundo» (1 Juan 4:4). Satanás puede ser poderoso, pero no puede competir con Dios.

Por último, entender el poder de Dios nos da humildad. Pedro nos exhorta a «humillarnos nosotros mismos ... bajo la poderosa mano de Dios, para que él nos exalte en el momento apropiado» (ver 1 Pedro 5:6). Apartados del poder de la gracia de Dios, no somos nada y no podemos hacer nada (ver Juan 15:5).

Sugerencias para la oración: Agradezca a Dios por cada una de esas formas en que usa su poder para nuestro beneficio.

Para un estudio más profundo: Lea el Salmo 121. ¿De qué manera nos muestra Dios su poder?

DIOS SABE TODO

«Grande es el Señor nuestro, y de mucho poder;
y su entendimiento es infinito».

SALMOS 147:5

Dios sabe todo y, por tanto, conoce nuestro pecado.

A nuestro tiempo presente se le ha llamado «la era de la información». Las computadoras trabajan todo el día almacenando exceso de información de todas las ramas del conocimiento. Y esa avalancha de datos crece cada vez más. Sin la ayuda de tecnología avanzada, podríamos procesar e interpretar solo una pequeña fracción de ella.

Por el contrario, Dios es omnisciente; Él sabe todo. Nuestra Escritura de hoy dice: «Su entendimiento es infinito». Isaías pregunta: «¿Quién enseñó al Espíritu de Jehová, o le aconsejó enseñándole? ¿A quién pidió consejo para ser avisado? ¿Quién le enseñó el camino del juicio, o le enseñó ciencia, o le mostró la senda de la prudencia?» (40:13-14). La respuesta a todas esas preguntas es «Nadie».

Como su conocimiento es infinito, Dios nunca aprende nada, ni olvida nada. Cuando usted ora, no le está diciendo a Dios algo que Él no sepa. Simplemente opta por trabajar a través de nuestras oraciones.

Dios conoce cada detalle de nuestras vidas. Jesús dice: «Aun los cabellos de vuestra cabeza están todos contados» (Lucas 12:7). Dios no tiene que contarlos porque —intrínsecamente— sabe cuántos hay. Él también conoce todos nuestros pensamientos (Isaías 66:18). David dice: «Pues aún no está la palabra en mi lengua, y he aquí, oh Jehová, tú la sabes toda» (Salmos 139:4). En ese mismo salmo, David continúa diciendo: «Aun las tinieblas no encubren de ti» (v. 12). No puede esconder nada del conocimiento de Dios.

La omnisciencia de Dios debería ser un impedimento para nuestro pecado. Piense en algunos de los males que cometió en su infancia, cuando sus padres no estaban cerca. Nunca hubiera hecho esas cosas delante de ellos porque no quería ser castigado. Y es posible que haya salido con algunas cosas. Pero «Dios traerá toda obra a juicio, juntamente con toda cosa encubierta, sea buena o sea mala» (Eclesiastés 12:14). A pesar de que el castigo eterno por el pecado ha sido pagado por Cristo, Dios todavía nos disciplina cuando pecamos (Hebreos 12:5-11). ¿Hay algo en su vida de lo que se avergonzaría si Dios lo supiera? Si es así, arrepiéntase, porque Él lo sabe.

Sugerencias para la oración: Alabe a Dios por su conocimiento infinito.
Para un estudio más profundo: Lea la alabanza de David por la omnisciencia de Dios en Salmos 139:1-6. ¿Qué áreas específicas del conocimiento de Dios menciona?

LA SEGURIDAD DE LA OMNISCIENCIA DE DIOS

«Le dijo la tercera vez: Simón, hijo de Jonás, ¿me amas? Pedro se entristeció
de que le dijese la tercera vez: ¿Me amas? y le respondió: Señor, tú lo
sabes todo; tú sabes que te amo. Jesús le dijo: Apacienta mis ovejas».

JUAN 21:17

Como Dios sabe todas las cosas, conoce nuestras
luchas y nos ayudará a vencer.

Es reconfortante saber que aun en la inmensidad del universo, no estoy perdido en la insignificancia; Dios me conoce en persona. ¿Se ha preguntado si sabe que usted está ahí? Algunas personas piadosas en la época de Malaquías se lo preguntaron. Malaquías habló palabras de juicio contra los malvados, pero los creyentes fieles temían que Dios los olvidara y que ellos también fueran consumidos por la ira de Dios. «Entonces los que temían a Jehová hablaron cada uno a su compañero; y Jehová escuchó y oyó, y fue escrito libro de memoria delante de él para los que temen a Jehová, y para los que piensan en su nombre. Y serán para mí especial tesoro, ha dicho Jehová de los ejércitos, en el día en que yo actúe; y los perdonaré, como el hombre que perdona a su hijo que le sirve» (Malaquías 3:16-17). Dios tiene un libro y no olvida quién le pertenece. Sé que Dios me conoce y que le pertenezco.

David también encontró consuelo en la omnisciencia de Dios. Él dijo: «Mis huidas tú has contado; pon mis lágrimas en tu redoma; ¿No están ellas en tu libro?» (Salmos 56:8). Era costumbre que las lloronas contratadas en los funerales en el tiempo de David atraparan sus lágrimas en una botella, tal vez para confirmar que se ganaban el dinero. David sabía que ninguna de sus pruebas pasó inadvertida para Dios. Él no solo sabe de ellas, también se interesa por ellas.

A veces puede que se sienta frustrado en su caminar cristiano al ver el pecado en su vida. Pero, por dicha para nosotros, Dios sabe que todavía lo amamos a pesar de nuestros defectos. En Juan 21, Pedro siguió tratando de convencer a Cristo de que lo amaba, aunque sus palabras y acciones no siempre lo probaban. Finalmente, Pedro dijo: «Señor, tú lo sabes todo; tú sabes que te amo» (v. 17). Pedro apeló a la omnisciencia del Señor. Nosotros podemos hacer lo mismo cuando tropezamos.

Sugerencias para la oración: Agradezca a Dios por conocer e interesarse por sus luchas.

Para un estudio más profundo: Lea Job 42:1-6. ¿Qué reconoció Job acerca de Dios?

* ¿Qué le llevó eso a hacer?

EL AMOR INFALIBLE DE DIOS

«El que no ama, no ha conocido a Dios; porque Dios es amor».

1 JUAN 4:8

El amor de Dios es incondicional y justo.

Hoy vemos y escuchamos mucho sobre el amor en los libros, las revistas, la televisión y las películas. Si no conociera eso mejor, pensaría que nuestra sociedad es la más amorosa de la tierra. Sin embargo, gran parte de ese «amor» no es más que lujuria disfrazada de afecto o egoísmo vestido de amabilidad. Pero el versículo de hoy nos dice que «Dios es amor»; el carácter de Dios define el amor. Para aclarar cualquier confusión sobre el amor, solo necesitamos ver quién es Dios. Y luego, por supuesto, tenemos que tratar de amar a los demás como Dios nos ama.

En primer lugar, el amor de Dios es incondicional y no correspondido. «Mas Dios muestra su amor para con nosotros, en que siendo aún pecadores, Cristo murió por nosotros» (Romanos 5:8). Dios nos amó aun cuando éramos pecadores, no teníamos justicia y no podíamos amarlo ni podíamos hacerlo. Dios no nos ama porque lo merezcamos o porque lo amamos, sino porque su naturaleza es amar.

Sin embargo, que Dios nos ame no significa que consienta el pecado. Así como los padres terrenales disciplinan a los niños que pecan, «Porque el Señor al que ama, disciplina, y azota a todo el que recibe por hijo» (Hebreos 12:6). El amor verdadero no se entrega a la injusticia, la confronta. Este tipo de amor arduo no siempre es divertido, pero ayuda a mejorar: «Es verdad que ninguna disciplina al presente parece ser causa de gozo, sino de tristeza; pero después da fruto apacible de justicia a los que en ella han sido ejercitados» (v. 11).

Estudiaremos más el amor de Dios en la próxima lección, pero ahora es natural que examinemos cómo lo estamos haciendo nosotros para mostrar amor. ¿Es incondicional nuestro amor o no se lo prodigamos a quienes nos lastiman? ¿Amamos solo a los que nos aman? Jesús dice: «Porque si amáis a los que os aman, ¿qué mérito tenéis? Porque también los pecadores aman a los que los aman» (Lucas 6:32). Amar a quienes nos aman es fácil. Cristo amó a los que tenían enemistad con Él, por lo que también espera que amemos a nuestros enemigos.

Sugerencias para la oración: Agradezca a Dios por su gran amor a nosotros y por su mayor manifestación en la persona de Cristo.

Para un estudio más profundo: La Primera Carta de Juan tiene mucho que decir sobre el amor de Dios por nosotros y nuestro amor por Él y por los demás. Lea todo el libro, anote cada mención de la palabra amor.

EL AMOR SACRIFICIAL DE DIOS

«Porque de tal manera amó Dios al mundo, que ha dado a su Hijo unigénito, para que todo aquel que en él cree, no se pierda, mas tenga vida eterna».

JUAN 3:16

El amor de Dios es vicario y sacrificial.

Hoy continuamos un breve estudio de un tema que trae alegría a cada cristiano: el amor de Dios. Tanto Pablo como Juan llaman a su amor «grande» (Efesios 2:4, 1 Juan 3:1), porque solo un gran amor proporcionaría un sacrificio tal como el que hizo Dios en Cristo.

Ya hemos visto que el amor de Dios es incondicional, no correspondido y justo. El amor de Dios también es vicario; lleva el dolor de los demás. En una profecía acerca de Cristo, Isaías escribió: «Ciertamente llevó él nuestras enfermedades, y sufrió nuestros dolores» (53:4). Cristo soporta nuestras penas terrenales y —lo más significativo aun— soportó el dolor y el castigo por nuestros pecados.

El verdadero amor es un amor sacrificado que da sin esperar nada a cambio. Dios da muchas cosas buenas a todos y dio el mayor regalo de todos, su Hijo. Como enseña Juan 3:16, el amor fue lo que lo motivó a enviar a Cristo a morir; porque quería proporcionarnos la salvación.

Insisto, debemos examinarnos tras ver el amor de Dios. Gálatas 6:2 dice: «Sobrellevad los unos las cargas de los otros, y cumplid así la ley de Cristo». ¿Está usted animando y ayudando a otros cristianos en dificultad? Además, pregúntese si ama sin importar el sacrificio. Algunos «amarán» hasta el punto en que les duela o que les sea conveniente, pero no más. Sin embargo, Jesús nos ordena: «Amad, pues, a vuestros enemigos, y haced bien, y prestad, no esperando de ello nada; y será vuestro galardón grande, y seréis hijos del Altísimo; porque él es benigno para con los ingratos y malos» (Lucas 6:35). El amor no siempre es fácil, pero siempre es lo mejor.

Se podría decir mucho más sobre el amor de Dios. Incontables libros e himnos han sido escritos al respecto. En estos pocos párrafos solo podemos obtener una comprensión básica. Pero deje que esta introducción sirva como punto de partida para un estudio de toda la vida acerca del amor de Dios. Es uno de los mejores temas que hay en la Biblia; no se lo puede perder

---

Sugerencias para la oración: Ore por fortaleza para soportar las cargas de los demás y amar con amor sacrificial.

Para un estudio más profundo: Jesús habla sobre su amor por nosotros en Juan 15:9-17. ¿De qué manera debemos responder al amor de Dios?

* Basado en estos versículos, piense en formas específicas en que pueda mostrar su amor por Dios y por los demás.

EL SIGNIFICADO DE LA GRACIA

«Y pasando Jehová por delante de él, proclamó: ¡Jehová!
¡Jehová! fuerte, misericordioso y piadoso; tardo para
la ira, y grande en misericordia y verdad».

ÉXODO 34:6

———

La gracia de Dios es el favor inmerecido que muestra a los pecadores.

La gracia de Dios siempre ha sido un foco de alabanza para los creyentes. El versículo de hoy es citado varias veces en el libro de los Salmos y en otras partes de las Escrituras (por ejemplo, Nehemías 9:17, 31; Salmos 86:15; 103:8; 145:8). Pablo se muestra agradecido por la abundante gracia de Dios en 1 Timoteo 1:14 y Juan escribe: «Porque de su plenitud tomamos todos, y gracia sobre gracia» (Juan 1:16). Hoy algunos de nuestros himnos favoritos son «Gracia admirable», «Lluvias de gracia» y «Maravillosa gracia».

¿Qué es exactamente la gracia? Es simplemente el favor gratuito, inmerecido y no merecido que recibimos de Dios. Es un regalo dado por Dios no porque lo merezcamos, sino solo porque Dios —por su gran amor— quiere dárnoslo.

La gracia es evidente para los cristianos en dos maneras principales. La primera es por elección, salvación o don. Dios «quien nos salvó y llamó con llamamiento santo, no conforme a nuestras obras, sino según el propósito suyo y la gracia que nos fue dada en Cristo Jesús antes de los tiempos de los siglos» (2 Timoteo 1:9). «Por gracia [somos] salvos por medio de la fe; y esto no de vosotros, pues es don de Dios» (Efesios 2:8). Esta es la gracia de Dios para los pecadores, porque «cuando el pecado abundó, sobreabundó la gracia» (Romanos 5:20).

La otra manera en que la gracia se manifiesta en nuestras vidas es en forma de gracia habilitadora o sustentadora. No solo recibimos gracia para ser salvados; ahora vivimos en gracia. Es la gracia de Dios la que nos permite desarrollar la vida cristiana. Cuando Pablo pidió a Dios que le quitara un «aguijón en la carne» que lo debilitaba (2 Corintios 12:7), el Señor le dijo: «Bástate mi gracia, porque mi poder se perfecciona en la debilidad» (v. 9). Y, en otra parte, Pablo dice: «Todo lo puedo en Cristo que me fortalece» (Filipenses 4:13).

Recuerde, no nos hemos ganado ni la gracia salvadora ni la sustentadora. Nada de lo que podamos hacer puede hacernos merecedores de un poco más de gracia. Dios dice: «Tendré misericordia de quien tenga misericordia» (Éxodo 33:19). Esta verdad debería hacernos sentir más agradecidos porque nos salvó y nos sostiene a pesar de nuestro pecado.

———

Sugerencias para la oración: Agradezca a Dios por su gracia al salvarlo y sustentarlo.
Para un estudio más profundo: Lea Génesis 9:8-19. ¿Cómo extendió Dios la gracia a Noé y a su familia?
  * ¿Cuál fue la señal o símbolo visible?

LA MEDIDA DE GRACIA

«Mas cuando el pecado abundó, sobreabundó la gracia».

ROMANOS 5:20

Dios derrama gracia sobre los pecadores que se arrepienten.

¿Alguna vez pecó de una manera tan terrible que pensó que *Esta vez sí lo arruiné? ¿Querrá Dios perdonarme ahora?* A veces es fácil dejar que nuestros pecados pasados sean una carga para nosotros, incluso después de confesarlos y arrepentirnos. Pablo ofrece consuelo para aquellos que se sientan así, consuelo que se basa en el poder y la medida de gracia divina para nosotros.

Antes de que se convirtiera, Pablo (entonces conocido como Saulo) persiguió a la iglesia sin piedad (ver Hechos 8:3 y 9:1-2). Era «un blasfemo, perseguidor e injuriador» (1 Timoteo 1:13, ver también Gálatas 1:13). Si alguien podía estar más lejos de la gracia, era Pablo.

Sin embargo, Dios intervino y lo salvó (Hechos 9:3-19). ¿Por qué? «Pero por esto», dice Pablo, «fui recibido a misericordia, para que Jesucristo mostrase en mí el primero [de los pecadores] toda su clemencia, para ejemplo de los que habrían de creer en él para vida eterna» (1 Timoteo 1:16). Si Dios perdonó a Pablo, perdonará a cualquiera que confiese sus pecados y se arrepienta. Si mostró gracia abundante a un incrédulo agresor, también derramará gracia sobre sus hijos arrepentidos.

Dios no es tacaño con la gracia. Pablo alaba la «gracia, con la cual [Dios] nos hizo aceptos en el Amado» (Efesios 1:6), gracia «que hizo sobreabundar para con nosotros» (vv. 7-8). Hablando de la gracia sustentadora, Pablo dice: «Poderoso es Dios para hacer que abunde en vosotros toda gracia, a fin de que, teniendo siempre en todas las cosas todo lo suficiente, abundéis para toda buena obra» (2 Corintios 9:8). Observe las palabras que Pablo usa: «*toda gracia*», «*abunde*», «*todo lo suficiente*», «*todo*», «*toda buena obra*». La gracia de Dios es inagotable, tanto que las palabras no pueden expresarla a plenitud.

Los grandes pecados requieren de una gran gracia, pero Dios otorgará una gracia supremamente abundante a aquellos que buscan el perdón, porque «cuando el pecado abundó, sobreabundó la gracia» (Romanos 5:20). No deje que sus pecados pasados le pesen; aprenda a descansar sobre la gracia superabundante de Dios.

Sugerencias para la oración: Pídale a Dios que le enseñe a comprender su gracia más plenamente y le ayude a olvidar «lo que queda atrás» (Filipenses 3:13).

Para un estudio más profundo: Lea Romanos 6. ¿Cuál es el argumento que Pablo usa aquí?

* ¿Cómo vamos a vivir ahora que hemos recibido la gracia de Dios?

LA GRAN MISERICORDIA DE DIOS

«Bendito el Dios y Padre de nuestro Señor Jesucristo, que según
su grande misericordia nos hizo renacer para una esperanza
viva, por la resurrección de Jesucristo de los muertos».

1 PEDRO 1:3

Debido a su misericordia, Dios desea sacar a los
pecadores de su lamentable condición.

Hace varios años pasé alrededor de una semana en India. Cada día veía innumerables personas enfermas por inanición, viviendo en las calles sucias. No pude evitar sentir compasión por las personas que vivían en esa miseria.

En un sentido espiritual —sin embargo— antes de que Dios nos salvara, éramos más patéticos que cualquier mendigo en las calles de India. Espiritualmente, nosotros estábamos «muertos en [nuestros] delitos y pecados ... y éramos por naturaleza hijos de ira, lo mismo que los demás. Pero Dios, que es rico en misericordia, por su gran amor con que nos amó, aun estando nosotros muertos en pecados, nos dio vida juntamente con Cristo (por gracia sois salvos)» (Efesios 2:1, 3-5). Dios vio nuestra miserable condición y fue movido a hacer algo al respecto.

¿Cómo se compara la misericordia con la gracia? La misericordia respeta la miserable condición del ser humano; la gracia tiene respeto por la culpa del hombre, que ha causado esa condición. Dios nos da misericordia para cambiar nuestra condición y nos da gracia para cambiar nuestra posición. La gracia nos lleva de la culpa a la absolución; la misericordia, de la desdicha a la gloria.

¿No le alegra bastante saber que Dios no solo eliminó su culpa sino que también lo miró y tuvo compasión de usted? Y aún no ha terminado de extendernos su misericordia, como indica el profeta Jeremías: «Por la misericordia de Jehová no hemos sido consumidos, porque nunca decayeron sus misericordias. Nuevas son cada mañana; grande es tu fidelidad» (Lamentaciones 3:22-23). Además de que siempre podemos acercarnos «confiadamente al trono de la gracia, para alcanzar misericordia y hallar gracia para el oportuno socorro» (Hebreos 4:16).

Sugerencias para la oración: Agradezca a Dios por su gran misericordia, por el perdón y las bendiciones que tiene como hijo suyo.

Para un estudio más profundo: Lucas 15:11-32 contiene la famosa parábola del hijo pródigo, una ilustración conmovedora de la amorosa compasión de Dios. ¿Cuál era la condición del hijo cuando regresó?

* ¿Cuál fue la reacción de su padre?
* ¿Cómo nos responde Dios cuando nos dirigimos a Él en arrepentimiento y humildad?

SEA MISERICORDIOSO

«Sed, pues, misericordiosos, como también vuestro Padre es misericordioso».

LUCAS 6:36

Como recibimos la misericordia de Dios, estamos obligados a mostrar misericordia a los que tienen necesidades físicas o espirituales.

Jesús mostró su misericordia muchas veces cuando se dedicaba a sanar personas y a expulsar demonios. «Y dos ciegos que estaban sentados junto al camino, cuando oyeron que Jesús pasaba, clamaron, diciendo: ¡Señor, Hijo de David, ten misericordia de nosotros! ... Entonces Jesús, compadecido, les tocó los ojos, y en seguida recibieron la vista; y le siguieron» (Mateo 20:30, 34). También vemos que se conmovió profundamente en espíritu y lloró cuando vio el dolor causado por la muerte de Lázaro (Juan 11:33-36).

Su mayor misericordia se mostró, sin embargo, a aquellos que tenían necesidades espirituales. No solo sanó a un paralítico, sino que perdonó sus pecados (Lucas 5:18-25). También oró por sus verdugos, cuando dijo: «Padre, perdónalos; porque no saben lo que hacen» (Lucas 23:34).

Podemos mostrar misericordia a través de nuestros actos físicos. Juan dice: «Pero el que tiene bienes de este mundo y ve a su hermano tener necesidad, y cierra contra él su corazón, ¿cómo mora el amor de Dios en él? Hijitos míos, no amemos de palabra ni de lengua, sino de hecho y en verdad» (1 Juan 3:17-18).

También debemos mostrar misericordia en lo espiritual. Debido a que hemos experimentado la misericordia de Dios, debemos tener una gran preocupación por aquellos que no la han vivido. Mostramos misericordia espiritual cuando proclamamos el evangelio salvador de Jesucristo a los inconversos y cuando oramos para que Dios les muestre su misericordia.

También mostramos misericordia espiritual cuando confrontamos —de modo amoroso— a los cristianos pecadores: «Si alguno fuere sorprendido en alguna falta, vosotros que sois espirituales, restauradle con espíritu de mansedumbre» (Gálatas 6:1). Los cristianos pecadores traen oprobio a Cristo, por lo que caerán bajo la disciplina de Dios. En tales casos, es incorrecto no decir nada y dejar que el daño continúe.

Dios nos ha prometido, en Mateo 5:7, que recibiremos misericordia de Él si somos misericordiosos con los demás. Si hemos recibido la misericordia ilimitada de nuestro amoroso Dios, ¿cómo podemos negarle la misericordia a los demás?

Sugerencias para la oración: Ore para que hoy pueda mostrar misericordia.

Para un estudio más profundo: Lea Mateo 23:37-39. ¿Cuál era la condición de Jerusalén en el versículo 37?

* ¿De qué manera intensifica eso la naturaleza de la compasión y la misericordia de Cristo por su pueblo?

LA IRA DE DIOS

«Porque la ira de Dios se revela desde el cielo contra toda impiedad e injusticia de los hombres que detienen con injusticia la verdad».

ROMANOS 1:18

Dios odia el pecado y juzgará a los pecadores que no se arrepientan.

Ahora llegamos a un tema que es probable que no sea muy grato para discutir, pero es esencial si queremos tener una comprensión correcta de Dios, se trata de la ira de Dios. La idea de un Dios iracundo va en contra del ilusorio pensamiento de la naturaleza humana caída. Incluso gran parte de la evangelización actual solo se refiere a las alegrías y las bendiciones de la salvación, y no menciona que los que permanecen sin Dios están bajo su ira (Efesios 2:3).

Los atributos de Dios, en la perfección divina, son equilibrados. Si no tuviera ira justa, no sería Dios, así como no lo sería sin su amor misericordioso. Él ama perfectamente la rectitud y odia perfectamente el mal (Salmos 45:7).

Sin embargo, la ira de Dios no es como la nuestra. La palabra griega —que se usa en el Nuevo Testamento— para expresar la ira de Dios se refiere a una indignación rotunda y determinada. Dios no «pierde el control», aun cuando nosotros tendemos a ser emocionales y a descontrolarnos por nuestra ira.

Dios expresó su ira a la humanidad pecaminosa muchas veces, en épocas pasadas. Una vez, destruyó a toda la humanidad —excepto a Noé y su familia— en el gran Diluvio (Génesis 6 y 7). Destruyó a Sodoma y Gomorra por sus pecados (Génesis 18 y 19). El Señor le dijo al Israel infiel: «He aquí que mi furor y mi ira se derramarán sobre este lugar, sobre los hombres, sobre los animales, sobre los árboles del campo y sobre los frutos de la tierra; se encenderán, y no se apagarán» (Jeremías 7:20).

Algunas personas piensan neciamente que el Dios del Antiguo Testamento era un Dios de ira y el del Nuevo Testamento es un Dios de amor, pero su ira se enseña con la misma claridad en el Nuevo Testamento. Jesús dice: «El que cree en el Hijo tiene vida eterna; pero el que rehúsa creer en el Hijo no verá la vida, sino que la ira de Dios está sobre él» (Juan 3:36). En los tiempos del fin, Jesús volverá «para dar retribución a los que no conocieron a Dios, ni obedecen al evangelio de nuestro Señor Jesucristo» (2 Tesalonicenses 1:8). Dios es el mismo Dios, y siempre odiará al pecado.

Sugerencias para la oración: Alabe a Dios por su justo odio al pecado.
Para un estudio más profundo: Lea más sobre la ira de Dios en Romanos 1:18—2:16. ¿Qué causa específicamente su ira?
* ¿Cómo muestra su ira a los injustos?

DIOS ES VERAZ

«El que recibe su testimonio, éste atestigua que Dios es veraz».

JUAN 3:33

Como Dios es veraz en todo lo que hace, podemos confiar en Él y en su Palabra.

La veracidad de Dios se enseña a menudo en las Escrituras. Balaam, aunque no era un hombre justo, entendió bien: «Dios no es hombre, para que mienta, ni hijo de hombre para que se arrepienta. Él dijo, ¿y no hará? Habló, ¿y no lo ejecutará?» (Números 23:19). Samuel le dijo al rey Saúl que Dios «no mentirá, ni se arrepentirá, porque no es hombre para que se arrepienta» (1 Samuel 15:29). Pablo nos dice: «Dios, que no miente» (Tito 1:2), y «Antes bien sea Dios veraz, y todo hombre mentiroso» (Romanos 3:4). Jesús dice que el Espíritu Santo es el «Espíritu de verdad» (Juan 14:17; 15:26; 16:13).

Debido a que Dios es veraz, y «toda la Escritura es inspirada por Dios» (2 Timoteo 3:16), se infiere que su Palabra es completamente verdadera. El salmista dice: «La suma de tu palabra es verdad» (Salmos 119:160), y Jesús afirma: «Tu palabra es verdad» (Juan 17:17).

La Biblia —y, por lo tanto, Dios mismo— está constantemente bajo el ataque de los críticos. Estos dicen que Dios no existe. Pero la Biblia declara: «Dice el necio en su corazón: No hay Dios» (Salmos 14:1; 53:1). Ellos afirman que el mundo llegó a existir por sí mismo. Pero las Escrituras indican: «En el principio creó Dios los cielos y la tierra» (Génesis 1:1). Ellos dicen que los milagros de la Biblia nunca sucedieron. Pero la Palabra de Dios afirma que Jesús vino con «maravillas, prodigios y señales que Dios hizo entre vosotros por medio de él» (Hechos 2:22).

Trate la Biblia por lo que es: la propia palabra de Dios. No niegue nunca su veracidad, ni en su forma de pensar ni en su vida. Al contrario, procure «con diligencia presentarte a Dios aprobado, como obrero que no tiene de qué avergonzarse, que usa bien la palabra de verdad» (2 Timoteo 2:15).

Sugerencias para la oración: Agradezca a Dios que Él y su Palabra son absolutamente veraces y confiables.

* Si ha negado la veracidad de la Biblia, ya sea en sus pensamientos o en hechos, ore por el perdón y la comprensión de lo que la Biblia tiene que decir.

Para un estudio más profundo: Lea 2 Timoteo 3:16-17. ¿Qué cualidades útiles son inherentes a la Palabra de Dios? Medite en esto y piense en algunas maneras en que puedan y deban afectar su comportamiento.

DIOS ES FIEL PARA CUIDAR DE NOSOTROS

«Fiel es Dios, por el cual fuisteis llamados a la comunión
con su Hijo Jesucristo nuestro Señor».

1 CORINTIOS 1:9

—

Dios es completamente fiel para hacer lo que ha prometido.

Vivimos en tiempos de infidelidad, ¿no es así? Algunos cónyuges son infieles a sus votos matrimoniales. Los niños, a menudo, son infieles a los principios enseñados por sus padres. Los padres, con frecuencia, son infieles para satisfacer las necesidades de sus hijos. Todos, demasiadas veces, somos infieles a Dios.

Solo Dios es siempre fiel, un hecho que a menudo se celebra en las Escrituras: «Conoce, pues, que Jehová tu Dios es Dios, Dios fiel» (Deuteronomio 7:9). «Jehová ... y tu fidelidad alcanza hasta las nubes» (Salmos 36:5). «Grande es tu fidelidad» (Lamentaciones 3:23).

Observemos algunas áreas en las cuales Dios es fiel a nosotros. Primero, es fiel en cuanto a cuidarnos. Pedro dice: «Encomienden sus almas al fiel Creador, y hagan el bien» (1 Pedro 4:19). La palabra traducida «encomienden» es un término que habla de algo que se entrega para que lo cuiden. Debemos entregar nuestras vidas a nuestro «Creador fiel», que es el más capaz de cuidarnos porque nos creó. «Mi Dios, pues, suplirá todo lo que os falta conforme a sus riquezas en gloria en Cristo Jesús» (Filipenses 4:19).

Dios también es fiel al ayudarnos a resistir la tentación: «No os ha sobrevenido ninguna tentación que no sea humana; pero fiel es Dios, que no os dejará ser tentados más de lo que podéis resistir, sino que dará también juntamente con la tentación la salida, para que podáis soportar» (1 Corintios 10:13). Ningún creyente puede afirmar legítimamente que fue abrumado por la tentación o que «el diablo me obligó a hacerlo». Cuando nuestra fidelidad es probada, tenemos la propia fidelidad de Dios como nuestro recurso. «Fiel es el Señor, que os afirmará y guardará del mal» (2 Tesalonicenses 3:3).

—

Sugerencias para la oración: Agradezca a Dios por su fidelidad al cuidar de usted y protegerlo de la tentación.

Para un estudio más profundo: Dios le prometió un hijo a Abraham y, finalmente, le dio a Isaac. Pero le hizo una petición extraña. Lea Génesis 22:1-18 y Hebreos 11:17-19. ¿Cómo mostró Abraham su confianza?

 * ¿En qué áreas tiene usted problemas para confiar en Dios?

DIOS ES FIEL PARA MANTENERNOS

«Fiel es el que os llama, el cual también lo hará».

1 Tesalonicenses 5:24

Dios es fiel perdonando nuestros pecados y asegurando nuestra salvación.

Hemos aprendido que Dios nos guarda de la tentación, pero ¿qué sucede cuando no confiamos en Dios y nos rendimos al pecado? Juan tiene la respuesta: «Si confesamos nuestros pecados, Él es fiel y justo para perdonar nuestros pecados y limpiarnos de toda maldad» (1 Juan 1:9). El Señor dice en Jeremías 31:34: «Perdonaré la maldad de ellos, y no me acordaré más de su pecado». Dios ha prometido perdonar y es fiel para hacerlo.

La fidelidad de Dios se destaca especialmente en la preservación de su pueblo para la gloria. Él asegura nuestra salvación. Pablo dice: «Estando persuadido de esto, que el que comenzó en vosotros la buena obra, la perfeccionará hasta el día de Jesucristo» (Filipenses 1:6). Dios nos preservará para que podamos ser «guardado[s] irreprensible[s] para la venida de nuestro Señor Jesucristo» porque Él es «fiel» (1 Tesalonicenses 5:23-24).

Hubo una vez un niño cuyo padre lo dejó en una esquina de la calle del centro y le dijo que esperara allí hasta que regresara en aproximadamente media hora. Pero el auto del padre se averió y no pudo conseguir un teléfono. Cinco horas pasaron antes de que el padre lograra regresar, por lo que pensó que su hijo estaría asustadísimo. Pero cuando el padre regresó, el niño estaba de pie frente a la tienda de la esquina, mirando por la ventana y balanceándose sobre sus talones. El padre lo abrazó, se disculpó y dijo: «¿No estabas preocupado? ¿Pensaste que nunca regresaría?». El niño respondió: «No, papá. Sabía que vendrías. Dijiste que lo harías».

Dios siempre es fiel a sus promesas. El padre de esa historia no pudo cumplir su promesa debido a circunstancias que estaban fuera de su control. Pero Dios puede vencer cualquier circunstancia para cumplir su palabra. Con una fe sencilla como la de ese niño, siempre podemos decir: «Sabía que lo harías, Dios. Dijiste que lo harías».

Sugerencias para la oración: Pídale a Dios que le dé una fe sencilla para confiar en Él, cualquiera sea la situación.

Para un estudio más profundo: David se regocija en la fidelidad de Dios en el Salmo 103. Haga una lista de todas las formas en que Dios muestra su fidelidad en este salmo.

LA GLORIA DE DIOS

*«Los cielos cuentan la gloria de Dios, y el firmamento
anuncia la obra de sus manos».*

SALMOS 19:1

La gloria de Dios es el resplandor de todo lo que Él es.

En la visión que Isaías tuvo con el cielo, los ángeles gritaban: «Santo, Santo, Santo, Jehová de los ejércitos, toda la tierra está llena de su gloria» (Isaías 6:3). ¿Qué es exactamente la gloria de Dios? Abarca todo lo que Él es, el resplandor de sus atributos y su naturaleza divina.

Moisés le dijo a Dios: «Te ruego que me muestres tu gloria» (Éxodo 33:18), y el Señor respondió: «Yo haré pasar todo mi bien delante de tu rostro, y proclamaré el nombre de Jehová delante de ti; y tendré misericordia del que tendré misericordia, y seré clemente para con el que seré clemente» (v. 19). A Moisés no se le permitió ver el rostro de Dios, que es la esencia de su ser: «No podrás ver mi rostro; porque no me verá hombre, y vivirá» (v. 20). Pero se le permitió ver la espalda de Dios, lo que representa el resplandor de su gloria.

Es probable que el resplandor de Dios sea como el del sol. Solo vemos la luz que sale de él. Si nos acercamos demasiado a su gloria, nos consumiríamos. Ahora imagínese, si el sol es tan brillante, ¿cómo ha de ser Dios? Su gloria vista en la creación es solo un tenue reflejo de su carácter.

Dios mostró su gloria muchas veces en las Escrituras. Se representó a sí mismo como una gran nube blanca de día y una columna de fuego por la noche mientras dirigía a Israel por el desierto (Éxodo 13:21). Después de que se construyó el tabernáculo, «una nube cubrió el tabernáculo de reunión, y la gloria de Jehová llenó el tabernáculo» (Éxodo 40:34). Años más tarde, llenó el templo de una manera similar (1 Reyes 8:10-11). Esa manifestación de la gloria de Dios sirvió como punto focal de la adoración para Israel.

Dios se toma su gloria muy en serio. Él dijo: «A otro no daré mi gloria» (Isaías 42:8). No debemos robarle la gloria a Dios volviéndonos orgullosos y arrogándonos el crédito por las cosas buenas que Él ha hecho. En vez de tomar la gloria de Dios, diga con David: «Te alabaré, oh Jehová Dios mío, con todo mi corazón, y glorificaré tu nombre para siempre» (Salmos 86:12).

Sugerencias para la oración: Alabe a Dios por su gloria y su majestad.
Para un estudio más profundo: Lea Daniel 4, la historia de un hombre poderoso que no le dio la gloria a Dios. ¿Qué caracterizó a Nabucodonosor en los versículos 30 y 37?

LA GLORIA DE DIOS EN CRISTO

«Y aquel Verbo fue hecho carne, y habitó entre nosotros (y vimos su gloria, gloria como del unigénito del Padre), lleno de gracia y de verdad».

JUAN 1:14

———

Cristo mostró la gloria de Dios en la tierra y lo hará de nuevo cuando regrese. Después de ver su gloria en las Escrituras, debemos responder en adoración y justicia.

Desde la eternidad pasada Cristo tuvo la gloria de Dios. Él es «el resplandor de su gloria [de Dios], y la imagen misma de su sustancia» (Hebreos 1:3). Él oraba: «Ahora pues, Padre, glorifícame tú al lado tuyo, con aquella gloria que tuve contigo antes que el mundo fuese» (Juan 17:5).

Cristo también mostró la gloria de Dios en la tierra. Muy a menudo parecía un hombre común, pero una noche se les apareció con gran gloria a Pedro, Santiago y Juan (Lucas 9:28-36). «Y entre tanto que oraba, la apariencia de su rostro se hizo otra, y su vestido blanco y resplandeciente» (v. 29). Moisés y Elías también se presentaron y le hablaron, y los discípulos «vieron la gloria de Jesús» (v. 32).

Cuando regrese, vendrá «sobre las nubes del cielo, con poder y gran gloria» (Mateo 24:30), para alegría de su pueblo y para terror de aquellos que lo rechazan. Su gloria llenará toda la tierra (Números 14:21), y toda la creación lo adorará.

¿Cuál debe ser nuestra respuesta a la gloria de Dios? Al igual que los ángeles que cantan, «gloria a Dios en lo más alto» (Lucas 2:14), debemos darle alabanza. Además, al ver su gloria, debemos cambiar: «Por tanto, nosotros todos, mirando a cara descubierta como en un espejo la gloria del Señor, somos transformados de gloria en gloria en la misma imagen, como por el Espíritu del Señor» (2 Corintios 3:18). Al mirar a Dios, el Espíritu Santo nos convence de pecado y nos ayuda a crecer y a vivir píamente. Como «hijos de Dios», resplandeceremos «como luminares en el mundo» (Filipenses 2:15).

El propósito de toda la creación es glorificar a Dios. Así como un espejo que refleja la luz, debemos reflejar su gloria ante Él y ante el mundo pecaminoso. Trate de vivir una vida santa para que ese reflejo brille tan resplandecientemente como sea posible, y haga que su deseo sea glorificarlo en todo lo que haga.

———

Sugerencias para la oración: Agradezca a Dios por la esperanza de gloria que tenemos mientras esperamos el regreso de Cristo (Tito 2:13).

* Pida que su vida refleje resplandecientemente la gloria de Dios hoy.

Para un estudio más profundo: Lea acerca de la gloria de Dios en el cielo, en Apocalipsis 21:1 a 22:5. ¿Cómo se muestra su gloria?

CREZCA EN EL CONOCIMIENTO DE DIOS

*«Mas alábese en esto el que se hubiere de alabar: en entenderme
y conocerme, que yo soy Jehová, que hago misericordia, juicio y
justicia en la tierra; porque estas cosas quiero, dice Jehová».*

JEREMÍAS 9:24

**A menos que tengamos una relación personal
con Él, no lo conocemos realmente.**

Hemos estudiado muchas verdades acerca de Dios este mes pero, conocer simplemente esos hechos no es suficiente. Conocer hechos acerca de Dios no significa necesariamente conocerlo a Él, como tampoco conocer la historia de los Estados Unidos significa que conoce a Abraham Lincoln. Algunos de los teólogos más doctos de la historia, con una gran comprensión de los hechos acerca de Dios, no tenían fe en Dios. Sabían acerca de Dios, pero Cristo les dirá en el día del juicio: «Nunca os conocí; apartaos de mí» (Mateo 7:23).

La esencia de conocer a Dios es la *relación*. Dios es un ser relacional y nos ha hecho relacionales también, para que podamos conocerlo. Y al igual que las relaciones humanas, conocer a Dios requiere tiempo y dedicación.

Por supuesto, el primer paso para conocer a Dios es la salvación. Cuando no éramos salvos, éramos enemigos de Dios (Romanos 5:10), pero ahora somos sus amigos (Juan 15:14-15). Una vez comenzada, esta amistad se cultiva estudiando la Biblia y orando. Dios nos comunica lo que tiene en su corazón a través de su Palabra y nosotros le comunicamos lo que tenemos en nuestros corazones a Él en oración.

Nuestra comunión con Dios se ve obstruida por la negligencia. Veamos un paralelo, si usted nunca habla con su mejor amigo, la amistad sufrirá. El pecado también daña nuestra relación con Dios porque nos aleja de Él. Por tanto, debemos eliminar todo lo que pueda obstaculizar esa relación confesando continuamente nuestros pecados (1 Juan 1:9), estudiando diligentemente su Palabra (Esdras 7:10) y dedicándonos a la oración (Colosenses 4:2).

Todo esto debe hacerse con un ferviente deseo de conocerlo. Debemos tener la disposición de Pablo cuando afirmó: «Aun estimo todas las cosas como pérdida por la excelencia del conocimiento de Cristo Jesús, mi Señor, por amor del cual lo he perdido todo, y lo tengo por basura, para ganar a Cristo» (Filipenses 3:8), y la de David cuando dijo: «Tu rostro, oh Señor, buscaré» (Salmos 27:8). Entonces creceremos «en la gracia y el conocimiento de nuestro Señor y Salvador Jesucristo» (2 Pedro 3:18).

Sugerencias para la oración: Ore para que Dios fortalezca su deseo de conocerlo.
Para un estudio más profundo: Lea el Salmo 42. ¿Cuál era la pasión del salmista?
 * ¿Qué caracterizó su vida a pesar de sus problemas?

GRACIA AL HUMILDE

*«Pero él da mayor gracia. Por esto dice: Dios resiste a
los soberbios, y da gracia a los humildes».*

SANTIAGO 4:6

**Una persona no puede salvarse a menos que
acuda a Dios con una actitud humilde.**

El versículo de hoy es un desafío y una promesa para cualquiera que no esté
seguro de su salvación o que piense que es salvo, pero no está a la altura de las
pruebas de fe que se citan en la epístola de Santiago. Incluso los peores rasgos
de carácter pecaminosos —como confiar en la sabiduría mundana, la enemistad contra Dios, la codicia, los deseos carnales y egoístas—, no compiten con
la abundante gracia de Dios.

La clase de gracia a la que se refiere Santiago es simplemente la gracia salvadora de Dios: el favor inmerecido de su perdón y su amor otorgado a todo
tipo de pecadores. En ese favor se incluyen la promesa del Señor en cuanto al
Espíritu Santo, el entendimiento de la Palabra de Dios, el cielo y todas las bendiciones espirituales. Tal gracia está a la disposición de todos los que acudan
a Cristo con fe. Nada en este universo puede evitar que la persona verdaderamente humilde y arrepentida reciba la gracia; ni la fuerza del pecado y la
depravación, ni el poder de Satanás, ni el impulso de la carne, ni siquiera el
poder de la muerte.

Las Escrituras a menudo vinculan la humildad con la fe salvadora. Es por
eso que Santiago citó Proverbios 3:34 («Dios se opone a los orgullosos») para
apoyar su punto en el versículo 6. En el Evangelio de Mateo, Jesús nos dice: «De
cierto os digo, que si no os volvéis y os hacéis como niños, no entraréis en el
reino de los cielos» (18:3).

Si está confundido o duda sobre su salvación, pregúntese: «¿Me he sometido
humildemente a Dios con fe y arrepentimiento?». Si se ha humillado ante Dios,
¡regocíjese! Usted es, por definición, creyente; uno de los humildes. De lo contrario, debe orar con la actitud del recaudador de impuestos que se menciona en
Lucas 18:13: «Dios, sé propicio a mí, pecador». Y reciba su abundante gracia.

Sugerencias para la oración: Agradezca a Dios por su gracia constante que
derrama sobre aquellos que son humildes delante de Él.

Para un estudio más profundo: Lea Santiago 1—2. ¿Qué pruebas de fe verdadera se discuten allí?

  * ¿Cómo debemos responder a cada una de ellas?
  * Reflexione en su respuesta a esos problemas en el pasado. ¿Cómo podría
    usted mejorar?

BAJO LA AUTORIDAD DE DIOS

«Someteos, pues, a Dios».

SANTIAGO 4:7a

Los que son verdaderamente humildes se someten a la autoridad de Dios.

La mayoría de las personas comprende los requisitos básicos del servicio militar. Lo primero que alguien experimenta cuando se enrola es su rango en la cadena jerárquica bajo el mando del oficial. Implícito en esa alineación —bajo la dirección de un superior— es que el soldado, tripulante, aviador o marinero cumpla obedientemente todo lo que se le ordene que haga. Sin embargo, el ejército no es el único escenario en el que se aplica el concepto de sujeción. Santiago 4:7 usa el término «someter» en el ámbito mucho más importante de nuestra relación con Dios. Debemos someternos a Él y someternos a la autoridad soberana del Señor Jesucristo. Este es el requisito básico para cualquiera que sea humilde ante Dios. Dado que las Escrituras a menudo usan términos militares para describir nuestro servicio a Dios (Filipenses 2:25; 2 Timoteo 2:3), es apropiado vernos a nosotros mismos enlistándonos en el ejército de Dios, obedeciendo voluntariamente sus mandamientos y siguiendo su liderazgo.

Este tipo de sumisión humilde y voluntaria a la autoridad de Dios es a lo que Jesús se refería cuando les dijo a los discípulos: «Si alguno quiere venir en pos de mí, niéguese a sí mismo, tome su cruz cada día, y sígame» (Lucas 9:23). Este concepto de sumisión simplemente significa hacer la voluntad de Dios desde lo más profundo del corazón, sin importar el costo.

La historia del joven y rico gobernante proporciona una buena vara de medir en lo que respecta a nuestra sumisión a Dios. Después de que el joven profesó la obediencia a la ley de Dios, Jesús lo puso a prueba aun más al ordenarle que fuera y vendiera todo lo que poseía y se lo diera a los pobres, de modo que tuviera tesoro en el cielo; y luego lo siguiera (ver Marcos 10:21). En ese momento, el joven no estaba dispuesto a obedecer a Jesús. Al contrario, «se fue triste, porque tenía muchas posesiones» (v. 22).

¿Cómo hubiera reaccionado usted? ¿Habría obedecido de manera voluntaria al mandato de Jesús o hubiera permitido que su orgullo le impidiera someterte a Él? Si se ha alineado humildemente bajo la autoridad de Dios, la respuesta apropiada no es difícil.

Sugerencias para la oración: Pídale al Señor que le recuerde, a lo largo de este día, la necesidad que usted tiene de someter todo lo que haga a su autoridad.
Para un estudio más profundo: Lea el relato de Hechos 9:1-22 acerca de la conversión del apóstol Pablo a Cristo. ¿Qué nota sobre su obediencia y humildad?
 * ¿Qué es digno de mención sobre el comportamiento de Ananías?

DE PIE CONTRA EL DIABLO

«Resistid al diablo, y huirá de vosotros».

SANTIAGO 4:7b

**Cualquiera que posea humildad bíblica adoptará
una postura inflexible contra Satanás.**

El diplomático o político exitoso es bastante hábil en el arte de transigir y encuentra el punto de equilibrio en varios temas. Pero esa habilidad es un obstáculo cuando se refiere a determinar su posición ante Dios. Si humildemente, por la fe y el arrepentimiento, se somete a la autoridad de Dios, al instante se encontrará como enemigo de Satanás. Usted está en el reino de Dios y bajo su señorío o está en el reino de Satanás y bajo su autoridad. Es imposible tener un pie en cada reino y servir a los gobernantes de ambos reinos.

«Resistir al diablo» nos da una idea de lo que significa ser enemigo de Satanás. «Resistir» significa «asumir una posición en contra» de la persona de Satanás y de todo su sistema, que incluye todo lo que hace y representa. Tal resistencia es completamente opuesta a la posición que la persona tenía antes de someterse a Dios. Efesios 2:1-2 nos recuerda cuál era esa posición: «[Ustedes estaban] muertos en vuestros delitos y pecados, en los cuales anduvisteis en otro tiempo, siguiendo la corriente de este mundo, conforme al príncipe de la potestad del aire [Satanás]». En ese momento, usted no tenía poder para resistir al diablo ni deseo alguno de servir a Dios, porque era esclavo de Satanás y su sistema (Hebreos 2:14-15).

Sin embargo, todo eso puede cambiar y cambiará si humildemente abandona su lealtad al reino de Satanás y se somete al reino de Dios. En el versículo de hoy, el apóstol Santiago le promete que, como parte de esa lealtad cambiada, automáticamente estará en posición de defenderse contra Satanás. En el momento en que abandone el dominio de Satanás, este huirá de usted.

Muchos cristianos suponen, erróneamente, que Satanás es mucho más poderoso de lo que en verdad es. Pero si usted comprende la promesa de Santiago sabrá que tiene abundantes recursos espirituales para manejar las vacías amenazas de Satanás. Ser humilde ante Dios no implica debilidad ante Satanás. Dios lo capacita para que permanezca firme y para que pueda resistir.

Sugerencias para la oración: Agradezca a Dios por la riqueza de recursos espirituales que le brinda con el objeto de que se levante contra el diablo.

Para un estudio más profundo: Lea Efesios 6:10-18. Haga una lista de las armas espirituales que Dios nos ha dado.

 * Elija una de ellas, lea y estudie más sobre ellas para mejorar y aplicar lo aprendido.

BUSQUE LA CERCANÍA A DIOS

«Acercaos a Dios».

SANTIAGO 4:8

Los sinceramente humildes desean una relación más cercana con Dios.

La palabra «acercarse» era originalmente asociada con el sacerdocio en Israel. Bajo las regulaciones del Antiguo Pacto, los sacerdotes representaban a las personas delante de Dios. Antes de acercarse a la presencia de Dios, el sacerdote tenía que lavarse físicamente y estar ritualmente limpio. Eso significaba que tenía que bañarse, usar las vestimentas adecuadas y ofrecer sacrificios que hacían que su corazón estuviera en armonía con Dios. Una vez listo, podría acercarse a Dios en nombre del pueblo.

A fin de cuentas, la palabra hebrea para acercarse tenía que ver con cualquier persona que se acercara a la presencia de Dios en adoración y oración. El término llegó a ser sinónimo incluso de aquellos cuyos corazones estaban lejos de Dios cuando lo «adoraban». Por ejemplo, Isaías 29:13 dice: «Porque este pueblo se acerca a mí con su boca, y con sus labios me honra, pero su corazón está lejos de mí, y su temor de mí no es más que un mandamiento de hombres que les ha sido enseñado».

Sin embargo, el creyente sincero, aquel que verdaderamente se humilló delante de Dios, sabe que Él quiere que los fieles se acerquen con corazones puros y verdaderos: «acerquémonos con corazón sincero, en plena certidumbre de fe, purificados los corazones de mala conciencia, y lavados los cuerpos con agua pura» (Hebreos 10:22). Esto aplica el lenguaje del sistema ritual veterotestamentario y lo que nos dice es que a medida que los sacerdotes se preparan para estar cerca de Dios, nosotros debemos prepararnos espiritualmente para adorarlo.

Hasta ahora, este mes hemos visto que la persona humilde acudirá a Dios en busca de salvación, se someterá a Él como Señor y asumirá una posición en contra del diablo. Pero la persona verdaderamente humilde verá que su relación con Dios es inherentemente más que esas acciones. Si usted dice ser uno de esos humildes, alguien que tiene una relación de salvación con el Padre a través del Hijo, asegúrese de que también se ponga de acuerdo con el salmista Asaf: «Pero en cuanto a mí, el acercarme a Dios es el bien; he puesto en Jehová el Señor mi esperanza, para contar todas tus obras» (Salmos 73:28).

Sugerencias para la oración: Agradezca a Dios por su gracia y su misericordia salvadora, lo que facilitó que tuviéramos una relación cercana con Él.

Para un estudio más profundo: Lea Hebreos 4. ¿A qué tipo de reposo se está refiriendo el escritor?

* ¿Cómo se compara eso con el reposo que el pueblo de Israel buscaba en el tiempo de Josué?

LA CERCANÍA DE DIOS

«Él se acercará a vosotros».

SANTIAGO 4:8

Dios se acercará a los que son verdaderamente humildes, los que por fe buscaron estar cerca de Él.

Una de las mayores promesas en la Biblia es que Dios responde a los humildes y se acerca a ellos. Esas personas anhelarán una cercanía a Dios por la cual puedan conocerlo, amarlo, aprender su Palabra, alabarlo, orarle y tener comunión con Él. En resumen, los humildes han de ser verdaderos adoradores, aquellos que «adoran al Padre en espíritu y en verdad» (Juan 4:23).

Juan 4:23 concluye con la declaración, «porque también el Padre tales adoradores busca que le adoren». Esto es un fuerte indicio de que Dios quiere tener una relación con los humildes, lo que significa que responderá a nosotros. Esta idea del Señor alcanzándonos y respondiendo a nuestra humilde obediencia también la vemos en el Antiguo Testamento cuando David instruyó a Salomón: «Y tú, Salomón, hijo mío, reconoce al Dios de tu padre, y sírvele con corazón perfecto y con ánimo voluntario; porque Jehová escudriña los corazones de todos, y entiende todo intento de los pensamientos. Si tú le buscares, lo hallarás; mas si lo dejares, él te desechará para siempre» (1 Crónicas 28:9).

El principio del acercamiento de Dios a los humildes está ilustrado por la parábola de Jesús acerca del hijo pródigo (Lucas 15:11-32). Primero, el hijo pródigo manifiesta humildad y arrepentimiento: «Padre, he pecado contra el cielo y contra ti. Ya no soy digno de ser llamado tu hijo» (vv. 18-19). Luego, su comportamiento muestra un deseo de acercarse a Dios: «levantándose, vino a su padre» (v. 20). Por último, está la imagen de Dios acercándose a nosotros: «cuando aún estaba lejos, lo vio su padre, y fue movido a misericordia, y corrió, y se echó sobre su cuello, y le besó» (v. 20).

Es posible que usted no se encuentre en la misma situación que el hijo pródigo, pero recibirá la misma respuesta de Dios si se ha acercado humildemente a Él con fe y lo ha adorado en espíritu y en verdad.

Sugerencias para la oración: Ore para que Dios lo ayude a ser un verdadero adorador suyo.

Para un estudio más profundo: Lea y medite en el Salmo 40. ¿Qué verdades encontró David acerca de la cercanía de Dios?

LIMPIEMOS NUESTRAS MANOS Y NUESTROS CORAZONES

«Limpiad las manos ... purificad vuestros corazones».

SANTIAGO 4:8

Las manos limpias y un corazón puro siempre caracterizarán a los humildes.

Las manos representan nuestro comportamiento, el patrón de nuestras acciones externas. La Escritura usa ese símbolo cuando anima a las personas a abandonar su comportamiento pecaminoso: «Cuando extendáis vuestras manos, yo esconderé de vosotros mis ojos; asimismo cuando multipliquéis la oración, yo no oiré; llenas están de sangre vuestras manos» (Isaías 1:15). El versículo de hoy usa «manos» en referencia a los requisitos rituales judíos. Los sacerdotes debían lavarse las manos antes de entrar a la presencia de Dios en el tabernáculo y en el templo (Éxodo 30:19-21). Por lo tanto, la exhortación a tener las manos limpias no era extraña a la forma de hablar de la audiencia de Santiago. Como judíos, sabían que una persona debe pasar por un proceso de limpieza y tener una vida limpia si quiere estar cerca del Señor.

Ese proceso de limpieza, sin embargo, incluye algo más que corregir el comportamiento externo y el estilo de vida representado por las manos. La dimensión interna del corazón también debe estar involucrada, razón por la cual Santiago 4:8 dice: «purificad vuestros corazones». El corazón representa lo que hay dentro de la persona —sus pensamientos, motivaciones y deseos—, es decir, la esencia de su ser. El apóstol Santiago le dice a cualquiera que sea genuinamente humilde y que desee estar bien con Dios que debe tratar con su ser legítimo, el corazón, que está tan corrompido y engañado por el pecado. El pecador humilde escuchará y obedecerá palabras como las de Ezequiel: «Echad de vosotros todas vuestras transgresiones con que habéis pecado, y haceos un corazón nuevo y un espíritu nuevo» (Ezequiel 18:31).

Las manos limpias y el corazón puro son rasgos esenciales para cualquiera que se considere entre los humildes. Si no se ha sometido a Dios, no tendrá estos rasgos; por lo que debe prestar atención a las órdenes de Santiago. Si es usted uno de los humildes, querrá mantener una relación cercana con el Señor. Para usted, por lo tanto, es crucial recordar lo que el apóstol Juan promete en 1 Juan 1:9: «Si confesamos nuestros pecados, él es fiel y justo para perdonar nuestros pecados y limpiarnos de toda maldad».

Sugerencias para la oración: Ore para que todos sus pensamientos y acciones de hoy sean puros y agradables para el Señor.

Para un estudio más profundo: Lea Isaías 55. ¿Qué dice acerca del corazón y la vida transformados?

* Memorice los versículos 6 y 7.

SIENTA UN DOLOR GENUINO POR EL PECADO

«Reconozcan sus miserias, lloren y laméntense».
SANTIAGO 4:9 NVI

La marca de la humildad espiritual es el dolor genuino por el pecado.

La cultura moderna hace todo lo posible por evitar el dolor, posponer la reflexión sobre temas desagradables, maximizar la comodidad y sentirse bien con las circunstancias.

Esa filosofía es el reflejo de una actitud orgullosa y egocéntrica, no del talante humilde y centrado en Dios que hemos estado examinando durante la última semana. Hoy continuamos considerando la humildad en la epístola de Santiago. El apóstol insta a la gente a «reconocer sus miserias» con respecto a su pecado. Las demandas del evangelio comienzan en este punto. Santiago no niega la alegría que vendrá cuando el evangelio sea recibido con sinceridad. Lo que dice, simplemente, es que los pecadores deben sentirse mal. La palabra *miserias* en este sentido se refiere a los sentimientos internos de vergüenza en cuanto al pecado, el profundo dolor que causa, y el espíritu enmendador que tendrá el pecador humilde como resultado.

La persona humilde también ha de llorar por su pecado. Esto nos recuerda lo que el Señor Jesús indica en las Bienaventuranzas: «Bienaventurados los que lloran, porque ellos recibirán consolación» (Mateo 5:4). Llorar es la expresión que manifiesta un espíritu quebrantado, lo cual hace que el corazón de la persona humilde se aflija cuando se percata de su absoluta bancarrota espiritual a causa del pecado.

La palabra que Santiago usa para «llorar» está estrechamente relacionada con el concepto del lamento o la tristeza. Pero este dolor no es cualquier pena o congoja ordinaria como lo que todas las personas sienten en el transcurso de la vida. Santiago usa una palabra fuerte que generalmente se refiere al duelo por la muerte de un ser querido. Santiago, por lo tanto, insta al humilde pecador a que manifieste un lamento luctuoso o penoso por su pecaminosidad.

El llanto es a menudo la respuesta física que el duelo sinceramente humilde brinda a las circunstancias. Las lágrimas son un regalo divino para nosotros que permite la liberación de nuestros corazones doloridos, como lo descubrió Pedro después de haber traicionado al Señor (Marcos 14:72).

La miseria, el llanto y el lamento apuntan a un dolor genuino por el pecado (2 Corintios 7:10-11). Si usted es humilde, tendrá esa actitud al entrar en el reino de Dios (Santiago 4:9) y en su vida cristiana (Mateo 5:3-4).

Sugerencias para la oración: Ore para que Dios le haga sensible a la tristeza por todos sus pecados, incluso por los que parezcan insignificantes.

Para un estudio más profundo: Lea Hebreos 12:15-17. ¿Qué faltaba en la respuesta de Esaú (v. 17)? (Lea Génesis 25:27-34 y 27:30-38 para más información).

PERCÁTESE DE QUE NECESITA SERIEDAD

«Vuestra risa se convierta en lloro, y vuestro gozo en tristeza».

SANTIAGO 4:9b

El individuo humilde sabe que el pecado no es una cuestión de risa.

El humor siempre ha tenido un lugar en la cultura popular. Pero en las últimas décadas ha surgido un aspecto más profano del humor. Las comedias dominan la lista de programas televisivos de mayor audiencia, pero muchas están lejos de ser lo mejor para la gente. Los contenidos de los programas a menudo complacen a los inmorales y tienden a sofocar los valores de las Escrituras. Mientras tanto, el mundo se descontrola tras esas actividades que enfatizan la diversión y la autocomplacencia. La mayoría de la gente solo quiere disfrutar la vida y no tomar nada demasiado en serio.

La Palabra de Dios reconoce que hay un tiempo y un lugar apropiados para la alegría y la risa: «tiempo de llorar, y tiempo de reír; tiempo de endechar, y tiempo de bailar» (Eclesiastés 3:4). El salmista habla de un tiempo apropiado para la risa y la felicidad: «Cuando Jehová hiciere volver la cautividad de Sion, seremos como los que sueñan. Entonces nuestra boca se llenará de risa, y nuestra lengua de alabanza» (Salmos 126:1-2).

Sin embargo, el Señor requiere que cualquiera que tenga una relación con Él debe comenzar con una nota sobria, seria y humilde. En la Escritura de hoy, Santiago insta a los pecadores a cambiar la risa mundana —la frivolidad por el llanto y la tristeza piadosa— por su pecado. La risa de la que se habla aquí es del tipo que indica una complacencia deleitosa en los deseos y placeres humanos. Representa personas que no piensan seriamente en Dios, en la vida, la muerte, el pecado, el juicio o las demandas de Dios para la santidad. Sin palabras minuciosas, es la risa de los necios la que rechaza a Dios, no la de los humildes que lo siguen.

El mensaje de Santiago es que la fe salvadora y la humildad apropiadas inducen a una separación sincera y franca del desenfreno de la mundanalidad, así como también a una genuina tristeza por el pecado. Si esas características están presentes en usted, es una evidencia bastante segura de que es uno de los humildes (ver 1 Juan 2:15-17).

Sugerencias para la oración: Busque el perdón por cualquier pensamiento y acción que le haya impedido adoptar una actitud seria en su caminar con Dios.

Para un estudio más profundo: Lea 1 Juan 2:15-17. Piense en varios ejemplos de cada una de las categorías de mundanalidad que se mencionan en el versículo 16. ¿Cuáles de ellas son problemas para usted?

* ¿Qué pasos puede dar, con la ayuda de Dios, para vencerlas?

HONRE AL HUMILDE

«Humillaos delante del Señor, y él os exaltará».

SANTIAGO 4:10

Dios otorga generosamente toda bendición espiritual a los humildes.

Aquellos que son escrituralmente humildes reconocerán su indignidad cuando vengan ante Dios. Serán como el profeta Isaías que, al ver a Dios, se maldijo a sí mismo: «¡Ay de mí! que soy muerto; porque siendo hombre inmundo de labios, y habitando en medio de pueblo que tiene labios inmundos, han visto mis ojos al Rey, Jehová de los ejércitos» (Isaías 6:5). Cuando vea quién es Dios en realidad, infinitamente santo, soberano, poderoso, majestuoso y glorioso, todo lo que puede ver usted en sí mismo es su propio pecado.

Cada vez que Isaías o cualquier otra persona en el Antiguo Testamento se encontraban cara a cara con la realidad de la presencia santa de Dios, quedaban abrumados por el miedo. El pecador, en presencia de un Dios santo, es vencido por su sentimiento de pecaminosidad y tiene todas las razones para temer. Lo mismo sucedía en el Nuevo Testamento, como cuando los discípulos temieron después que Jesús calmó la tormenta en el Mar de Galilea: «Entonces temieron con gran temor, y se decían el uno al otro: ¿Quién es éste, que aun el viento y el mar le obedecen?» (Marcos 4:41). Si somos humildes ante el verdadero Dios, tendremos la misma respuesta.

Pero Dios no nos deja abatidos ni acobardados por el miedo. Santiago nos asegura que el Señor exaltará a los humildes. Y si somos humildes en espíritu y salvos por gracia, seremos santificados y finalmente glorificados. El apóstol Pablo lo resume muy bien en Efesios 2:4-7: «Pero Dios, que es rico en misericordia, por su gran amor con que nos amó, aun estando nosotros muertos en pecados, nos dio vida juntamente con Cristo (por gracia sois salvos), y juntamente con él nos resucitó, y asimismo nos hizo sentar en los lugares celestiales con Cristo Jesús, para mostrar en los siglos venideros las abundantes riquezas de su gracia en su bondad para con nosotros en Cristo Jesús».

Sugerencias para la oración: Agradezca a Dios hoy por su santidad y su control soberano sobre todas las cosas, especialmente por la forma en que lo lleva a la madurez espiritual.

Para un estudio más profundo: Lea Isaías 6. ¿Cuál es el punto focal de la naturaleza de Dios en este capítulo?

* ¿Qué podría ayudarle a estar tan dispuesto como Isaías para servir a Dios (v. 8)?

SIEMPRE HUMILDE

«Que andéis ... con toda humildad».

Efesios 4:1-2

Cristo nos mostró su humildad al hacerse hombre y vivir como siervo.

La humildad no es un concepto muy popular en nuestra sociedad, ¿le parece? Se nos enseña a perseguir la honra y el reconocimiento desde una edad temprana. Cuando mis hijos eran pequeños, acumulaban trofeos hasta el absurdo. Los programas que ofrecen premios son comunes en la televisión. Parece que hay galardones para todo.

La humildad es una cualidad escurridiza. El momento en que usted cree que es humilde pierde la humildad. Pero la humildad es la esencia de una trayectoria digna; es por eso que Pablo la puso de primera en la lista. No importa cuán difícil sea, debemos seguir luchando por ella.

El término griego para humildad es una palabra compuesta. La primera parte significa «bajo». En un sentido metafórico, se usaba para simbolizar algo «pobre» o «sin importancia». La segunda parte de la palabra es «pensar» o «juzgar». El significado combinado es pensar en usted mismo muy pobremente o sin importancia.

¿Sabía que esa palabra no aparece nunca en el griego clásico? Tenía que ser acuñada por los cristianos. Los griegos y los romanos no tenían palabras que identificaran la humildad porque despreciaban esa actitud. Se burlaban y relegaban a cualquiera que se considerara humilde.

En contraste, Cristo enseñó la importancia de la humildad y fue nuestro mejor ejemplo de esa virtud. El exaltado Señor Jesús nació en un establo. Durante su ministerio, nunca tuvo un lugar para recostar su cabeza. Solo poseía las prendas que llevaba en su cuerpo. Él lavó los pies de sus discípulos, que hacía el trabajo de un esclavo (Juan 13:3-11). Es más, cuando murió, fue enterrado en una tumba prestada.

Cuando los hermanos evangélicos moravos, de Alemania, se enteraron de la esclavitud en las Indias Occidentales, les dijeron que era imposible alcanzar a la población esclava allí porque los esclavos estaban separados de las clases dominantes. En 1732, dos moravos se ofrecieron para ir a ser esclavos en las plantaciones y enseñar a otros esclavos acerca de Cristo. Trabajaron al lado de sus compañeros cautivos y los escucharon porque los dos moravos se habían humillado. De una pequeña manera, eso ilustra lo que Cristo hizo por nosotros: se humilló convirtiéndose en un hombre para que pudiéramos ser salvos.

Sugerencias para la oración: Pídale a Dios que lo ayude a caminar en humildad como Cristo.

Para un estudio más profundo: Lea sobre la humildad de Cristo en Filipenses 2:5-11. ¿Cuál fue su actitud hacia sí mismo y cómo puede emular su humildad?

COMPRENDA QUIÉNES SOMOS

«Que andéis ... con toda humildad».

EFESIOS 4:1-2

El primer paso de la humildad es comprender nuestra pecaminosidad.

Nunca olvidaré una reunión que tuve en mi casa con unos estudiantes de seminario. Un estudiante me preguntó, con mucha seriedad: «John, ¿cómo pudiste vencer al orgullo?». A lo que respondí, en broma: «Bueno, fue hace dos años, cuando le di unas patadas; y, desde entonces, no es problema para mí. Es maravilloso ser constantemente humilde». Por supuesto, *no* he superado completamente el orgullo; es una batalla que enfrento todos los días. Satanás se asegura de que siempre tengamos problemas con eso.

Superar el orgullo, aunque sea en una sola área, es difícil; pero Efesios 4:2 requiere «toda humildad». Tener humildad no es suficiente. Debemos tener total, absoluta y completa humildad en cada relación, cada actitud y cada acto.

Así que, tenemos mucho trabajo por hacer. Pero ¿por dónde empezamos? ¿Cómo podemos volvernos humildes?

La humildad comienza con la conciencia propia. Necesitamos vernos objetivamente. Podemos enmascarar lo que somos en realidad y convencernos de que somos algo maravilloso. Pero somos pecadores y necesitamos confesar nuestros pecados diariamente ante Dios (ver 1 Juan 1:9). Incluso Pablo se llamó a sí mismo el primero de los pecadores (1 Timoteo 1:15) y se dio cuenta de que aún no había alcanzado la meta de la semejanza a Cristo (Filipenses 3:12-14). Cuando tenga la tentación de sentirse orgulloso, recuerde que aún no ha llegado a la plenitud espiritual.

Y no caiga en la trampa de compararse con los demás. Pablo dijo: «Porque no nos atrevemos a contarnos ni a compararnos con algunos que se alaban a sí mismos; pero ellos, midiéndose a sí mismos por sí mismos, y comparándose consigo mismos, no son juiciosos» (2 Corintios 10:12). Si queremos ser francos con nosotros mismos y con Dios, debemos evaluarnos con un estándar externo: el estándar de Dios. La humildad comienza cuando nos quitamos los lentes color rosa del amor propio para que podamos vernos a nosotros mismos como pecadores indignos. Debemos reconocer nuestras fallas y confesar nuestros pecados cada día.

Sugerencias para la oración: Confiese cualquier pecado conocido a Dios y pídale ayuda para superarlo.

* Pídale a Dios que evite que se compare con los demás en lugar de hacerlo con el estándar perfecto de Él.

Para un estudio más profundo: Muchos consideran que Pablo es el cristiano más grande que haya existido, pero se veía a sí mismo de manera muy diferente. Lea 1 Timoteo 1:12-17. ¿Cómo se veía a sí mismo?

ENTIENDA QUIÉN ES CRISTO

«Que andéis ... con toda humildad».
Efesios 4:1-2

Debemos caminar como Cristo. Nuestra falta de conformidad a su norma debería hacernos humildes.

¿Cuál fue su experiencia más humillante? La vida está llena de momentos embarazosos, pero la experiencia más confrontante que tuve fue cuando prediqué a través del Evangelio de Juan. Por dos años —ochenta y ocho sermones, casi cien horas de predicación, de dos a tres mil horas de estudio— me enfrenté constantemente con la deidad de Jesucristo. Vivir con la deidad de Cristo día tras día y compararse continuamente con Él es una de las cosas más saludables y honrosas que uno puede hacer.

Eso nos lleva a otro paso hacia la humildad: la conciencia de Cristo. Cuando nos comparamos con nosotros mismos, nos enorgullecemos. Pero «el que dice que permanece en él, debe andar como él anduvo» (1 Juan 2:6). Cuando usted pueda decir: «Me complace anunciar que ahora camino como Jesús», tendrá derecho a enorgullecerse. Pero nadie le creerá.

Jesús fue el hombre perfecto. No cometió pecado. Dio todas las respuestas correctas y tuvo la actitud perfecta en cada situación. Él sabía exactamente cómo ayudar a todos los que necesitaban ayuda. Al leer los evangelios, vemos una y otra vez cómo manejó Cristo todo aquello a la perfección.

Incluso al ver su humanidad, nos damos cuenta de lo pequeños que somos. Pero cuando vemos su deidad, nos sentimos aun más pequeños. Él creó todo (Colosenses 1:16). Convirtió el agua en vino, calmó tormentas, expulsó demonios, sanó a innumerables personas y dio vida a los muertos. Después de su crucifixión, resucitó de entre los muertos y se sentó a la diestra del Padre (Efesios 1:19-20). Algún día regresará, llevará a su pueblo a casa y finalmente destruirá todo el mal.

A pesar de la deidad perfecta de Jesús y de su humanidad perfecta, vino a servir (Marcos 10:45). ¿Cómo podemos estar orgullosos si Jesucristo se humilló a sí mismo? ¿Qué cosa justa hemos hecho que se compare con su vida perfecta?

Sugerencias para la oración: Ore para que conozca mejor a Cristo y sea cada vez más como Él.

Para un estudio más profundo: Pedro pudo vislumbrar el poder de Jesús en Lucas 5:1-7. ¿De qué manera lo afecta el repentino reconocimiento de Pedro en cuanto a quién es Cristo (v. 8)?

  * ¿Qué fue lo que hizo a continuación (vv. 9-11)?

ENTIENDA QUIÉN ES DIOS

«Que andéis ... con toda humildad».

EFESIOS 4:1-2

———

Cuanto más comprendamos la grandeza de Dios, más humildes seremos.

Dios no recibe el debido respeto en estos tiempos. A menudo se lo llama «el hombre de arriba», como refiriéndose más a un amigo que al Dios eterno. Muchos lo ven como un San Nicolás cósmico o un abuelo distraído que es indulgente con el pecado.

Por desdicha, incluso los cristianos pueden verse afectados por esos puntos de vista. Tal pecado deshonra a Dios y socava el próximo paso hacia la humildad: la conciencia de Dios. En vez de obtener nuestras ideas de Dios a partir del mundo, veamos lo que los escritores bíblicos dicen acerca de Él.

David dijo: «¡Oh Jehová, Señor nuestro, cuán glorioso es tu nombre en toda la tierra! Has puesto tu gloria sobre los cielos» (Salmos 8:1). Al contemplar la exaltada posición de Dios, era natural que dijera: «¿Qué es el hombre, para que tengas de él memoria, y el hijo del hombre, para que lo visites?» (v. 4). Somos tan minúsculos en comparación, es una maravilla que nos cuide minuciosamente. Pero «Jehová es excelso, y atiende al humilde, mas al altivo mira de lejos» (Salmos 138:6).

Isaías 2:10 dice: «Métete en la peña, escóndete en el polvo, de la presencia temible de Jehová, y del resplandor de su majestad». Cuando se compare con Dios, querrá esconderse debajo de una roca. El versículo 11 muestra el porqué de la cuestión: «La altivez de los ojos del hombre será abatida, y la soberbia de los hombres será humillada; y Jehová solo será exaltado en aquel día». El orgullo es el pecado de competir con Dios. Se alza y trata de robarle la gloria. Pero Dios dice: «Mi honra no la daré a otro» (Isaías 48:11). Dios juzgará a aquellos que se exalten a sí mismos. Solo Dios es digno de exaltación.

Cuando busque la humildad, recuerde que no la obtendrá sentándose en una esquina. Por el contrario, obtendrá la humildad sentándose en ese mismo rincón y recitando ante Dios sus pecados, faltas e insuficiencias, para luego abrir las Escrituras y ver a Dios en toda su majestad.

———

Sugerencias para la oración: Ore para que vea a Dios por lo que realmente es, no por cómo lo ve el mundo.

Para un estudio más profundo: Lea Job 38 al 41. ¿Qué aspectos de su grandeza le enfatiza Dios a Job? Haga una lista de los más destacados.

AMENAZAS A LA HUMILDAD: LA FUERZA Y LA JACTANCIA

«Que andéis ... con toda humildad».

EFESIOS 4:1-2

Satanás nos tienta a enorgullecernos de nuestras habilidades y logros, pero debemos recordar que todo lo bueno que tenemos proviene de Dios.

Acabamos de estudiar tres pasos hacia la humildad. Veamos el asunto desde otro ángulo: ¿Qué tipo de orgullo amenaza con destruir nuestra humildad? ¿Dónde lucharemos para ser humildes? Hay varias áreas en las que Satanás nos atacará.

La primera área es lo que llamo orgullo de la capacidad. A menudo somos tentados enorgullecernos de nuestros puntos fuertes, no de los débiles. Nunca he sido tentado a jactarme de mi fantástica habilidad matemática porque no tengo ninguna. Pero estoy tentado a enorgullecerme de mi predicación porque es mi don espiritual. Por dicha, el Señor me ayuda a lidiar con tales pensamientos. Podría venir en forma de una carta que diga: «Estuve en tu iglesia el domingo y estoy en desacuerdo con todo lo que dijiste». O alguien podría decirme: «Hemos venido a escucharte por primera vez, pero nos gusta más nuestro pastor». Tiempos como esos me ayudan a mantener la perspectiva correcta.

La clave para vencer al orgullo por la capacidad es recordar que cada don que uno tiene es de Dios. Todo el crédito le pertenece a Él. Como les dijo Pablo a los corintios: «¿O qué tienes que no hayas recibido?» (1 Corintios 4:7).

Otra tentación es el orgullo verbal o la jactancia. Existe una tendencia en la naturaleza humana a decirle a la gente qué bien hemos hecho o planeamos hacer. Las personas entablan una conversación y pronto intentan superarse mutuamente con sus logros. Por el contrario, Ana afirma: «Cesen las palabras arrogantes de vuestra boca; porque el Dios de todo saber es Jehová, y a él toca el pesar las acciones» (1 Samuel 2:3). Dios sabe la verdad sobre lo que usted ha hecho. Proverbios 27:2 instruye: «Alábete el extraño, y no tu propia boca».

Como prueba, intente pasar toda una semana sin hablar de lo que ha hecho. Quizás para empezar, intente con una tarde. Cuando la gente no habla de sí misma, la ausencia de jactancia dice mucho sobre su carácter.

Sugerencias para la oración: Arrepiéntase de cualquier orgullo por sus propias habilidades o logros.

Para un estudio más profundo: El apóstol Pablo tenía enormes ventajas y habilidades, pero se negó a jactarse de ellas. Lea Filipenses 3:4-11. ¿Cuáles fueron los logros de Pablo?

* ¿Cómo los consideró?
* ¿Qué fue lo más importante para él?

AMENAZAS A LA HUMILDAD: RIQUEZAS Y DINERO

«Que andéis ... con toda humildad».

EFESIOS 4:1-2

**Nuestras posesiones y posiciones en la vida son de Dios;
no podemos atribuirnos crédito por ellas.**

Muchos se enorgullecen actualmente de su situación económica. Se jactan de sus riquezas y confían en su dinero, pensando que deben ser los más geniales como para adquirir todo lo que tienen. Pero recuerde lo que Moisés dijo a los israelitas antes de entrar en la Tierra Prometida: «[No] digas en tu corazón: Mi poder y la fuerza de mi mano me han traído esta riqueza. Sino acuérdate de Jehová tu Dios, porque él te da el poder para hacer las riquezas, a fin de confirmar su pacto que juró a tus padres» (Deuteronomio 8:17-18). Todo lo que usted tiene es porque Dios se lo dio. No exhiba sus posesiones como si las hubiera obtenido a través de sus habilidades creadas por usted mismo.

Un aspecto relacionado con este tema que estamos estudiando es el orgullo clasista, lo que implica menospreciar a los que se encuentran en los niveles «inferiores» de la sociedad. Esos individuos no quieren personas de clase baja en sus barrios y ciertamente no los invitarían ni a cenar. Si usted es culpable de este tipo de orgullo, tenga en cuenta que Dios ama a los pobres. El propio Jesús fue pobre en este mundo y pasó la mayor parte de su tiempo ministrando a los pobres.

A veces, al ascender en la escala social, algunas personas exigen cierto tipo de tratamiento. Esperan lo mejor de todo y se ofenden cuando no lo reciben. Una de las cosas que Jesús criticó a los escribas y fariseos fue la siguiente: «Aman los primeros asientos en las cenas, y las primeras sillas en las sinagogas, y las salutaciones en las plazas, y que los hombres los llamen: Rabí, Rabí» (Mateo 23:6-7). Resista la tentación de buscar la honra, el glamur y los privilegios mundanos.

Los anunciantes de hoy continuamente nos inducen a llamar la atención sobre nosotros mismos por lo que vestimos. Pero la atención indebida a la apariencia puede hacer que la gente sea altiva, jactanciosa e indulgente, por lo que tratan de mostrarse mejor que los demás. Dios detesta ese pecado (Isaías 3:16-26).

Juan dijo: «No améis al mundo ni las cosas que están en el mundo ... el mundo pasa, y sus deseos» (1 Juan 2:15, 17). No permita que el mundo le diga lo que debe buscar o valorar. Recuerde, en cambio, que «el que hace la voluntad de Dios permanece para siempre» (v. 17).

Sugerencias para la oración: Pídale al Señor que le dé satisfacción con su condición actual y que lo ayude a acercarse a aquellos que no son tan bendecidos.
Para un estudio más profundo: Lea Lucas 14:8-10; 1 Timoteo 2:9-10; y Santiago 2:2-8 y vea si es culpable de materialismo u orgullo social.

AMENAZAS A LA HUMILDAD: DOCTRINA E HIPOCRESÍA

«Que andéis ... con toda humildad».

EFESIOS 4:1-2

Evite el orgullo en su posición, inteligencia o espiritualidad.

Hace años, cuando mis críos eran pequeños, mi hijo Mark le dijo a mi hija más pequeña, Melinda, que sacara algo de la habitación. Ella le respondió: «Tú no eres mi jefe». Mark replicó: «Papá es el jefe de mamá, mamá es la jefa de Matt, Matt es el jefe de Marcy, Marcy es mi jefe y yo soy el jefe tuyo». Entonces Melinda obedeció. Después de eso, Melinda decidió que ella era la jefa del perro y, por supuesto, el perro no era jefe de nadie. ¡Nadie quiere estar en el peldaño inferior de la escala!

Todos tienen una posición determinada en la vida y todos somos tentados a aprovecharnos de ella. Observe a Herodes en Hechos 12:21-22: «Herodes, vestido de ropas reales, se sentó en el tribunal y les arengó. Y el pueblo aclamaba gritando: ¡Voz de Dios, y no de hombre!». A él le encantaba llamar la atención. Pero ¿qué pasó? «Al momento un ángel del Señor le hirió, por cuanto no dio la gloria a Dios; y expiró comido de gusanos» (v. 23).

El orgullo intelectual también puede ser un obstáculo. Es fácil para los cristianos pensar que su teología es perfecta y que tienen todas las respuestas. Pero cuanto más estudio la Biblia, más me doy cuenta de lo poco que sé. Me siento como un niño que llena un cubo dentro del océano. Mi aprendizaje es solo un pequeño cubo de agua comparado con el vasto mar de conocimiento. Sé muy poco y, todavía, estoy aprendiendo.

El peor tipo de orgullo es la espiritualidad externa sin santidad interior. Jesús reservó sus mayores condenas para aquellos que tenían tal clase de orgullo: «¡Ay de vosotros, escribas y fariseos, hipócritas! porque sois semejantes a sepulcros blanqueados, que por fuera, a la verdad, se muestran hermosos, mas por dentro están llenos de huesos de muertos y de toda inmundicia. Así también vosotros por fuera, a la verdad, os mostráis justos a los hombres, pero por dentro estáis llenos de hipocresía e iniquidad» (Mateo 23:27-28). Es probable que usted luzca espiritual por fuera —porque asiste a la iglesia y actúa «cristianamente»—, pero su corazón puede estar lleno de pecado.

Sugerencias para la oración: Examine su corazón y confiese cualquier orgullo en su posición, inteligencia o espiritualidad.

Para un estudio más profundo: Lea en Daniel 5 lo que le sucedió a un rey que se enorgulleció de su posición. Observe cómo lo humilló Dios. Tal pecado no fue una trivialidad para Dios; tampoco debería serlo para nosotros.

EL PELIGRO DEL EGOÍSMO Y LA VANIDAD

*«No hagan nada por egoísmo o vanidad; más bien, con humildad
consideren a los demás como superiores a ustedes mismos».*
Filipenses 2:3 NVI

El egoísmo y la vanidad impiden que hagamos la voluntad de Dios.

El egoísmo y la vanidad son muy comunes entre las personas en la actualidad.
Es muy difícil que no haya un artista prominente o una figura estelar deportiva
que no ostente esas características en exceso. Sin embargo, esos rasgos son todo
lo contrario de lo que debería caracterizar al humilde seguidor de Cristo.

«Egoísmo» en el pasaje de hoy tiene que ver con perseguir un objetivo de
una manera parcializada. Implica un deseo egoísta y personal de impulsar sus
propios intereses de una forma destructiva e intempestiva. «Vanidad» describe
la fuerza subyacente a esa conducta autoritaria: la gloria personal. Una persona
impulsada por tal motivación piensa que siempre tiene la razón.

La frase inicial de Pablo en Filipenses 2:3 tiene la fuerza de un mandamiento exhortativo: los creyentes nunca deben actuar por ambición egoísta con el
objetivo de alabarse a sí mismos. Hacer eso lleva inevitablemente a uno de los
problemas pecaminosos más comunes en nuestras iglesias: el partidismo, acompañado de celos, conflictos, desarmonía y parcialidades. Pablo sabía cuánto daño
podía causar el partidismo dentro de una iglesia. Ese fue el principal problema
que abordó en su carta de 1 Corintios. El apóstol resumió la condición de la
iglesia corintia de la siguiente manera: «Porque aún sois carnales; pues habiendo
entre vosotros celos, contiendas y disensiones, ¿no sois carnales, y andáis como
hombres?» (1 Corintios 3:3). Es espiritualmente inmaduro estar celoso y provocar
conflictos entre los cristianos, eso revela una perspectiva carnal.

Debido a que nuestra carne produce egoísmo y presunción, es vital mantenerla bajo control (Gálatas 5:16). Los planes y los intereses personales en sí
mismos son válidos. Pero si nuestras metas y objetivos son impulsados por el
egoísmo, se vuelven competitivos y dañinos. Una clave para lidiar con el egoísmo es percatarse de que los demás también tienen metas y deseos. Tal conocimiento le ayudará a recorrer un largo camino para matar al monstruo del
egoísmo que mora en usted.

Sugerencias para la oración: Ore para que el Espíritu de Dios quite de su mente
y de su corazón cualquier actitud egoísta y presuntuosa.

Para un estudio más profundo: El comienzo de 1 Corintios trata el tema del
partidismo. Lea el capítulo 1. ¿Qué perspectiva tiene Pablo con respecto a las
divisiones de la iglesia?

  * ¿Qué ofrece la segunda mitad del capítulo como una razón principal para
    las divisiones dentro de la iglesia?

CONSIDERE A LOS DEMÁS SUPERIORES A USTED

«Nada hagáis por contienda o por vanagloria; antes bien con humildad, estimando cada uno a los demás como superiores a él mismo».

FILIPENSES 2:3

———

Una manera significativa de evitar el partidismo en la iglesia es considerar a los demás miembros más importantes que usted.

«Con humildad» es una expresión característica del Nuevo Testamento. Había términos similares en las escrituras seculares, pero ninguno que se ajustara exactamente a los propósitos de los escritores del Nuevo Testamento. Una modalidad de esa palabra griega se usó para describir la mentalidad de un esclavo. Era un término burlón que significaba cualquier persona que se considerara básica, común, en mal estado o baja. Entre los paganos, antes de la época de Cristo, la humildad nunca fue un rasgo que se intentara buscar o admirar. Por lo tanto, el Nuevo Testamento introdujo un concepto radicalmente nuevo.

En Filipenses 2:3, Pablo define la «humildad» simplemente como ver a los demás como personas más importantes que uno mismo. Pero, seamos francos, ¿con qué frecuencia consideramos a los demás de esa manera? A menudo, incluso dentro de la iglesia, pensamos exactamente lo contrario de lo que Pablo ordena. Por ejemplo, a veces somos propensos a criticar a aquellos con quienes ministramos. Por supuesto, es más fácil para nosotros hablar de sus faltas y sus fallas que referirnos a las nuestras.

Sin embargo, la actitud de Pablo fue diferente. Conocía su corazón lo suficiente como para llamarse a sí mismo el peor de los pecadores: «Cristo Jesús vino al mundo para salvar a los pecadores, de los cuales yo soy el primero» (1 Timoteo 1:15). El apóstol también fue lo suficientemente humilde como para darse cuenta de que —por su propia fuerza— no era digno del ministerio al que había sido llamado: «Porque yo soy el más pequeño de los apóstoles, que no soy digno de ser llamado apóstol» (1 Corintios 15:9).

Su conocimiento de los pecados y las gracias de los demás se basa en sus palabras y acciones externas, no en lo que pueda leer en sus corazones. Pero usted, como Pablo, conoce su propio corazón y sus defectos pecaminosos (ver Romanos 7). Eso debería hacer que sea mucho más fácil respetar y honrar a los demás antes que a usted mismo. Cuando usted haga eso, está ayudando a evitar el partidismo en su iglesia y contribuyendo a la edificación de los creyentes.

———

Sugerencias para la oración: Examine su vida y pida a Dios que le ayude a apartarse de cualquier cosa que le impida ser «humilde».

Para un estudio más profundo: Lea Génesis 13 y observe lo que sucedió entre Abraham y su sobrino Lot. ¿Cómo tranquilizó Dios a Abraham después de su gesto bondadoso hacia Lot?

CONSIDERE LOS INTERESES DE LOS DEMÁS PRIMERO

*«No mirando cada uno por lo suyo propio, sino
cada cual también por lo de los otros».*
FILIPENSES 2:4

———

**El Señor desea que sintamos una preocupación general pero sincera
por los intereses ministeriales de nuestros hermanos cristianos.**

Vivimos en un mundo que se preocupa por una variedad de intereses especiales. A nivel global, los grupos de intereses presionan para que el público acepte sus agendas particulares. A nivel local, la mayoría de las personas solo se preocupan por sus propios intereses, sus trabajos, sus familias y hasta su equipo deportivo favorito. Y, si usted es cristiano, le preocupará su iglesia. Pero incluso ahí puede concentrarse solo en su área de ministerio.

En el versículo de hoy, el apóstol Pablo nos advierte lo siguiente que «no nos preocupemos solo por nuestros propios intereses personales». Primero, advierte que no debemos ver nuestras actividades personales y nuestros ministerios como los únicos objetivos en la vida. Cuando nos obsesionamos por nuestras propias cosas, ello puede causar conflictos y otros problemas con las personas que conocemos. Sin embargo, Dios quiere que tengamos una participación seria y afectuosa en algunos de los objetivos que interesan a los demás. Y una de las formas en que eso sucederá es si quitamos la vista de nosotros mismos y de la preocupación —a menudo excesiva— por nuestra autoestima en todo lo que hacemos.

Es probable que se pregunte qué, exactamente, quiso decir Pablo con eso de «suyo propio». Es una expresión indeterminada que tiene varios significados e implicaciones. Incluye las metas y responsabilidades legítimas que usted tiene como cristiano, pero también se extiende a los mismos tipos de preocupaciones que otros en su iglesia y su familia tendrán. Las necesidades, tareas, dones, cualidades de carácter y ministerios de los demás deben considerarse de igual importancia que los suyos.

Pablo, por el Espíritu Santo, nos está instando a buscar un alto nivel de vida cristiana, porque vale la pena seguir ese estándar. Cuanto más entendamos la importancia de los creyentes y la necesidad que tienen de nuestra oración y preocupación, menos estarán nuestras confraternidades plagadas de competitividad no escritural y orgullos personales.

———

Sugerencias para la oración: Pídale al Señor que lo ayude a ordenar sus prioridades hoy, de modo que tenga tiempo para involucrarse en las preocupaciones de un amigo o pariente cristiano.

Para un estudio más profundo: Lea Lucas 10:38-42. ¿Cuál era la actitud de Marta con respecto a los intereses de su hermana?

   * ¿Qué dicen las palabras de Jesús a Marta acerca de en qué debería estar nuestro mayor interés?

NO SE ENORGULLEZCA DE SU POSICIÓN

«Haya, pues, en vosotros este sentir que hubo también en Cristo Jesús, el cual, siendo en forma de Dios, no estimó el ser igual a Dios como cosa a que aferrarse».

FILIPENSES 2:5-6

———

La venida de Cristo a la tierra es el supremo ejemplo de humildad para nosotros.

Por lo general, podemos identificarnos con lo que otra persona ha experimentado cuando hemos pasado por lo mismo. Y si no es así, quizás podamos relacionarnos con ello porque algún día podríamos tener una experiencia similar. Sin embargo, es mucho más difícil comprender lo que Cristo experimentó cuando bajó de su posición en el cielo para venir a la tierra como hombre. Nunca entenderemos la magnitud de ese descenso porque nunca fuimos y nunca seremos Dios. No obstante, el pasaje de hoy presenta —como un patrón para nosotros— la actitud de Jesús al venir a este mundo.

Como creyente lleno del Espíritu (Efesios 1:3-5, 13) que usted es, el Señor lo ha sacado de su pecado y le ha dado el privilegio de ser su hijo adoptivo. De ese modo, le permite reconocer y apreciar un poco más de qué se trata la humildad. Al igual que Jesús, tendrá que descender de un nivel exaltado cuando alcance con humildad a aquellos que no lo conocen a Él.

Jesús, además, estableció el parámetro para nosotros cuando no consideró su alta posición como «cosa a que aferrarse». La superioridad del llamado nunca debe ser algo a lo que nos aferremos para explotar a beneficio nuestro. Esa es la actitud que esperaríamos ver en las influyentes personas mundanas. Pero no debe caracterizar a aquellos que afirman seguir el modelo de Cristo.

En contraposición, si usted es discípulo de Cristo, verá más y más de la humildad de Cristo en su vida. Eso ocurrirá a medida que ejerza una actitud desinteresada hacia los privilegios y posesiones que Él le ha dado. Al no aferrarse a esos beneficios usted, ejemplificará la actitud de Jesús y servirá con mayor eficiencia a los demás: «Amaos los unos a los otros con amor fraternal; en cuanto a honra, prefiriéndoos los unos a los otros» (Romanos 12:10).

———

Sugerencias para la oración: Ore para que, a partir de hoy, Dios le conceda más y más una actitud como la propuesta en Filipenses 2:5-6.

Para un estudio más profundo: Como lo explica Efesios 1, usted tiene mucho por lo que estar agradecido como hijo de Dios. Lea todo el capítulo y enumere los muchos beneficios espirituales que Pablo describe. Trate de memorizar varios versículos que sean particularmente sorprendentes para usted.

LA HUMILDAD DE JESÚS

«Sino que se despojó a sí mismo, tomando forma de
siervo, hecho semejante a los hombres».

FILIPENSES 2:7

Como parte de su humilde descenso del cielo a la tierra,
Jesús no se aprovechó de sus privilegios divinos.

El siguiente paso en el modelo de humildad que Jesús estableció cuando vino a la tierra y vivió entre la humanidad fue el despojo de sí mismo. Pero la Escritura es clara en cuanto a que, mientras estuvo en la tierra, nuestro Señor afirmó ser Dios: «El que me ha visto a mí, ha visto al Padre» (Juan 14:9). En ningún momento dejó de ser Dios.

La palabra griega para «despojo» nos lleva al término teológico *kenosis*, la doctrina del autodespojo de Cristo. La *kenosis* básicamente nos recuerda lo que vimos en la lección de ayer: el humilde rechazo de Jesús a aferrarse a las ventajas y privilegios que tenía en el cielo. El Hijo de Dios, que tiene derecho a todo y está plenamente satisfecho consigo mismo, voluntariamente se despojó a sí mismo.

Ya hemos notado que Jesús no se despojó de su deidad, sino que dejó de lado ciertas prerrogativas. Por un lado, renunció a su gloria celestial. Es por eso que, anticipándose a su regreso al Padre, Cristo oró: «Ahora pues, Padre, glorifícame tú al lado tuyo, con aquella gloria que tuve contigo antes que el mundo fuese» (Juan 17:5).

Jesús también renunció a su autoridad independiente y se sometió por completo a la voluntad del Padre: «pero no sea como yo quiero, sino como tú» (Mateo 26:39).

Durante su tiempo en la tierra, Cristo también limitó, de manera espontánea, el uso y la exhibición de sus atributos divinos. Una buena ilustración de esto se refiere a su omnisciencia, su conocimiento de todas las cosas. Al enseñar sobre el fin de los tiempos y su segunda venida, Jesús dijo: «Pero del día y la hora nadie sabe, ni aun los ángeles de los cielos, sino sólo mi Padre» (Mateo 24:36).

El despojo de sí mismo que efectuó Jesús muestra un aspecto maravilloso del evangelio. A diferencia de las religiones centradas en el hombre y orientadas a las obras, el evangelio bíblico hace que el Hijo de Dios ceda voluntariamente sus privilegios para sacrificarse por pecadores como nosotros.

Sugerencias para la oración: Ruegue para que aprecie más la humildad sacrificial que Jesucristo ejerció a favor de usted.

Para un estudio más profundo: Las Escrituras no registran mucho sobre la niñez de Jesús. Pero el recuento que tenemos confirma su despojo. Lea Lucas 2:39-52. ¿Qué implica el versículo 47 acerca de la naturaleza de Jesús?

❋ ¿Cómo ejemplifican los versículos 51 y 52 su despojo propio?

LA HUMILDAD DEL SERVICIO DE JESÚS

*«El cual, siendo en forma de Dios, no estimó el ser igual a Dios
como cosa a que aferrarse, sino que se despojó a sí mismo,
tomando forma de siervo, hecho semejante a los hombres».*

FILIPENSES 2:6-7

Jesús es el modelo a seguir del siervo sufriente.

Jesús no solo renunció a sus privilegios divinos cuando se despojó a sí mismo, sino que también se convirtió en un siervo. Para nosotros, esta es la siguiente fase en su ejemplo supremo de humildad. La frase de Pablo «forma de siervo» también puede traducirse como «la esencia de un esclavo». El servicio de Cristo no era solo externo; se extendía al papel esencial y real de un esclavo que hace la voluntad de su Padre

Esperaríamos que Jesús, el Dios-hombre, fuera un servidor solo en la manera más objetiva. Su servidumbre no era una actuación teatral como en la que el actor se pone y se quita la vestimenta del personaje que representa: un sirviente. Jesús se convirtió, verdaderamente, en un sirviente. Cumplió a la perfección todo lo que Isaías predijo acerca de Él (52:13-14). Jesús fue el Mesías que se desempeñó como siervo sufriente.

El ministerio terrenal de Cristo, completamente, es el parámetro por el cual podemos medir el servicio. En su calidad de Dios, era dueño de todo; como sirviente, tuvo que pedir prestado todo: un lugar para nacer, un bote en el cual cruzar el mar de Galilea para predicar, un burro (que representaba en sí mismo la humildad y el servicio) para entrar en Jerusalén en su entrada triunfal, un salón para celebrar su última Pascua y una tumba para que lo enterraran.

Nuestro Salvador reconoció sencillamente su papel de servidor: «Mas yo estoy entre vosotros como el que sirve» (Lucas 22:27). Y todo lo hizo con amor, con coherencia, con humildad, sin el pretexto de formalidades aparentes.

A medida que continuamos observando a nuestro Señor Jesús como el modelo de humildad a seguir, el desafío para nosotros es seguir su actitud y práctica. Pablo instruye a los que serían siervos de Cristo: «El amor sea sin fingimiento ... Amaos los unos a los otros con amor fraternal; en cuanto a honra, prefiriéndoos los unos a los otros. En lo que requiere diligencia, no perezosos; fervientes en espíritu, sirviendo al Señor» (Romanos 12:9-11).

Sugerencias para la oración: Agradezca y alabe al Señor por la humildad que Jesús asumió en su servicio a favor de usted.

Para un estudio más profundo: Isaías 52:13-53:12 se conoce como el pasaje del Siervo Sufriente. Mientras lo lee, escriba las formas en que describe el sufrimiento de Jesús.

    * ¿Cómo se evidencia su humildad?

LA HUMILDE IDENTIFICACIÓN DE JESÚS CON LOS PECADORES

*«Sino que se despojó a sí mismo, tomando forma de siervo, hecho
semejante a los hombres; y estando en la condición de hombre, se humilló
a sí mismo, haciéndose obediente hasta la muerte, y muerte de cruz».*
FILIPENSES 2:7-8

**Excepto por el pecado, Jesús experimentó la cotidianidad de un
ser normal; pero casi nunca fue apreciado como Dios-hombre.**

Jesús podía entender con lo que trataban las personas a su alrededor puesto que vivía bajo las mismas condiciones. Así mismo puede identificarse con nosotros en la actualidad. Es cierto que nunca se casó, nunca fue a la universidad y nunca usó una computadora o una videograbadora. Pero a pesar de todo eso, tiene un conocimiento perfecto sobre tales cosas y más. El punto es que Cristo conoce muy bien nuestras necesidades físicas y emocionales básicas porque, en realidad, vivió y trabajó en un mundo afectado por la Caída.

Sin embargo, había un elemento de nuestro mundo en el que Jesús no participó: el pecado. La conclusión de Hebreos 4:15 dice que fue «tentado en todo según nuestra semejanza, pero sin pecado». Aunque nunca pecó, Jesús conoce las luchas y las tentaciones que enfrentamos a diario. De lo contrario, no podría ser el Sumo Sacerdote comprensivo que menciona la primera parte del versículo 15.

Aunque Jesús fue un hombre que se identificó profundamente con aquellos a quienes vino a servir, las personas que lo rodeaban no vieron naturalmente lo más importante de Él. Filipenses 2:8 ve a Jesús desde la perspectiva de esas personas. Dice que su apariencia humana era tan auténtica que la mayoría de ellos no sabía que Él también era Dios. Muchos de ellos simplemente no podían aceptar que un hombre como Jesús pudiera ser más alto que ellos: «¿No es éste Jesús, el hijo de José, cuyo padre y madre nosotros conocemos? ¿Cómo, pues, dice éste: Del cielo he descendido?» (Juan 6:42).

La estrecha identificación de Cristo con la humanidad provocó una respuesta trágica para las personas como las de Juan 6. Pero para nosotros, su humildad es un gran modelo y un reconfortante testimonio de que Él era perfectamente hombre y perfectamente Dios.

Sugerencias para la oración: Agradezca a Dios que puede acercarse libremente a Él en oración a través de Jesús, que puede identificarse tan estrechamente con todas nuestras luchas como seres humanos.

Para un estudio más profundo: Lea Juan 11:1-45, que describe la muerte y la resurrección de Lázaro. ¿Cómo mostró Jesús su humanidad y su deidad ante los discípulos y otros testigos oculares?

LA HUMILDAD DE JESÚS EN LA MUERTE

«Se humilló a sí mismo, haciéndose obediente
hasta la muerte, y muerte de cruz».

FILIPENSES 2:8

Jesús es nuestro ejemplo supremo de humildad
en su sufrimiento y su muerte.

Reaccionamos con naturalidad a la injusticia con un profundo dolor y afirmando nuestros derechos. Pero la respuesta de Jesús a sus acusadores no incluyó una sola palabra de irritada defensa. Mateo 27:12-14 nos dice: «Y siendo acusado por los principales sacerdotes y por los ancianos, nada respondió. Pilato entonces le dijo: ¿No oyes cuántas cosas testifican contra ti? Pero Jesús no le respondió ni una palabra; de tal manera que el gobernador se maravillaba mucho».

Más tarde, durante el simulacro de juicio que le hicieron, Jesús continuó humillándose. Aceptó el abuso de los hombres pecadores cuando lo azotaron, cuando le quitaron su manto, cuando le plantaron una corona de espinas en la cabeza, cuando se burlaron de Él, cuando lo escupieron y cuando lo golpearon con una lanza. Cristo ni siquiera exigió sus derechos cuando fue condenado a muerte y forzado a caminar al Calvario medio desnudo con una cruz a cuesta.

El versículo de hoy destaca el aspecto más impactante de la humillación de Cristo: el tipo de muerte que padeció. Sufrió la crucifixión, la forma de muerte más cruel jamás concebida. Los romanos usaban ese método para ejecutar a los esclavos rebeldes y a los peores criminales. Como era el Rey de los judíos, la muerte de Jesús en la cruz fue especialmente horrible para su pueblo. Los judíos sabían desde hacía tiempo lo que decía la ley de Moisés: «Maldito por Dios es el colgado [en un árbol]» (Deuteronomio 21:23). Desde el punto de vista de todos, el Hijo de Dios sufrió lo último en degradación humana.

Sin embargo, a pesar del trato detestable que sufrió, Cristo —amablemente y con amor— murió por los pecadores como usted y como yo. Tal ejemplo de humildad desinteresada debería motivarnos a nosotros, sus seguidores, cuando ministramos a otros, «porque también Cristo padeció por nosotros, dejándonos ejemplo, para que sigáis sus pisadas» (1 Pedro 2:21).

Sugerencias para la oración: Agradezca que el ejemplo de humildad de Cristo se extendió a su voluntad para redimirle a usted.
Para un estudio más profundo: Lea uno de los relatos del evangelio acerca del sufrimiento y la muerte de Jesús (Mateo 26—27, Marcos 14—15, Lucas 22—23, Juan 18—19). Anote algunas observaciones sobre su actitud general durante la prueba.

  * ¿En qué situaciones y maneras muestra la humildad?
  * Si tiene tiempo, compare y contraste dos de los relatos.

LA HUMILDAD PRÁCTICA

«Vuestra gentileza sea conocida de todos los hombres. El Señor está cerca».

FILIPENSES 4:5

La humildad verdadera muestra una gentileza tolerante con los demás y satisfecha con sus propias circunstancias.

Algunos vocablos griegos tienen significados difíciles de traducir en castellano. Eso ocurre con la palabra «gentileza» que puede implicar algo de tolerancia y puede referirse a la satisfacción, la generosidad o la buena voluntad que se extiende a los demás. Algunos comentaristas afirman que eso implica la indulgencia con las faltas de los demás. Otros dicen que el vocablo denota a alguien que es paciente y sumiso en cuanto a la injusticia y el maltrato, uno que no ataca con amargura y enojo. Eso nos recuerda mucho lo que hemos estado considerando durante la última semana: la humildad.

El creyente humilde confía en Dios y no guarda rencor a pesar del mal que le hayan infligido. Tal persona no exige sus derechos. Sin embargo, modelará su comportamiento en concordancia con su Señor Jesús, que en su humildad suprema manifestó la gracia de Dios para con nosotros (Romanos 5:10).

Si usted está siguiendo concienzudamente a Cristo, su comportamiento irá en contra del existencialismo imperante en la sociedad moderna. El existencialismo reclama el derecho de hacer o decir cualquier cosa que lo haga sentir bien. El incrédulo existencialista de hoy tiene una lógica retorcida que dice: «Si algo te hace sentir bien pero me lastima, no puedes hacerlo. Pero si algo me hace sentir bien pero te hiere, puedo hacerlo».

Por desdicha, muchos creyentes han quedado atrapados en ese tipo de pensamiento. No lo llaman existencialismo, prefieren usar términos como autoestima o pensamiento positivo; pero los resultados son muy similares. Tales cristianos hacen lo que satisface sus deseos, a menudo a expensas de otras personas. En esencia, este tipo de actitud es simplemente amor egoísta y pecaminoso.

Opuesto a ese amor egoísta, Filipenses 4:5 nos exhorta a mostrar humildad. Otros pasajes nos ordenan amar a nuestros enemigos y mostrarles misericordia (Mateo 5:44; 1 Pedro 4:8). Esas virtudes le permitieron al apóstol Pablo decir: «He aprendido a contentarme, cualquiera que sea mi situación» (Filipenses 4:11). Dios quiere que seamos humildes y nos alegremos con nuestras circunstancias.

Sugerencias para la oración: Pídale al Señor que lo ayude a mantenerse refrenado en medio de todo lo que le suceda hoy.

Para un estudio más profundo: Lea la parábola de Jesús sobre la misericordia y la compasión en Mateo 18:21-35. ¿Qué paralelos encuentra entre la parábola y nuestro estudio sobre la tolerancia?

   * ¿Qué tipo de prioridad le da Jesús a estos problemas?

ENEMIGOS DE LA HUMILDAD: EL JUEGO DE PODER

*«Entonces se le acercó la madre de los hijos de Zebedeo
con sus hijos, postrándose ante él y pidiéndole algo. Él le dijo:
¿Qué quieres? Ella le dijo: Ordena que en tu reino se sienten estos
dos hijos míos, el uno a tu derecha, y el otro a tu izquierda».*

MATEO 20:20-21

**Usar el juego de poder en nuestras relaciones personales
es incompatible con la humildad bíblica.**

Una de las tácticas más comunes que usan las personas para salir adelante es aprovechar la influencia de los familiares y los amigos. Incluso los creyentes profesantes no han vacilado en «hacer política» para obtener lo que quieren. Conocí a un pastor, hace algunos años, que me dijo que cuando iba a la reunión anual de su denominación siempre reservaba su habitación en un hotel en el que estuviera cerca de los líderes principales. Quería establecer amistad con ellos con la esperanza de que lo consideraran para trabajar en una de las iglesias grandes que dirigían.

El pasaje de hoy, muestra a dos de los discípulos más cercanos de Jesús, Santiago y Juan; los cuales se acercaron con su madre al Maestro para pedirle un favor sin precedentes: que cada uno de ellos se sentara junto a Él en su reino. Lo más sorprendente fue que esa solicitud llegara justo después de que Cristo predijo su inminente persecución y muerte. Es como si Santiago y Juan hicieran caso omiso de lo que dijo Jesús. Eso ocurrió porque estaban muy preocupados por sus propios intereses.

Es probable que los tres estuvieran tratando de sacarle provecho a la relación familiar que tenían con Jesús. Al comparar Juan 19:25 con otros pasajes paralelos, sabemos que la madre de los discípulos (Salomé) era hermana de María, la madre de Jesús. Eso haría que Santiago y Juan fueran sus primos y su madre fuera su tía.

Así que los tres indudablemente confiaban en su parentesco con Jesús cuando hicieron su egoísta pedido —de mayor poder y prestigio— en su reino. Obviamente, todavía no habían captado la promesa anterior de Cristo en referencia a las Bienaventuranzas: «Bienaventurados los mansos [humildes], porque ellos recibirán la tierra por heredad» (Mateo 5:5). Pero esa enseñanza tan sublime debería ser suficiente para convencernos de que los verdaderamente humildes no necesitan juegos de poder para alcanzar la grandeza. Ya la tienen en Cristo.

Sugerencias para la oración: Agradezca al Señor por los muchos privilegios que ya disfruta como hijo de Él.
Para un estudio más profundo: Lea Mateo 23. ¿Cuál fue la actitud general de Jesús hacia los motivos y acciones de los fariseos?
* Enumere algunas características específicas que debe evitar.

ENEMIGOS DE LA HUMILDAD: LA AMBICIÓN EGOÍSTA

«Entonces Jesús respondiendo, dijo: No sabéis lo que pedís. ¿Podéis beber del vaso que yo he de beber, y ser bautizados con el bautismo con que yo soy bautizado? Y ellos le dijeron: Podemos».

MATEO 20:22

La ambición egoísta en cuanto a las cosas espirituales revela que ignoramos el verdadero camino a la gloria de Dios.

Ayer vimos que Santiago y Juan, junto con su madre, hicieron una petición audaz tratando de aprovecharse del Señor Jesús. Ahora, al responderles, muestran otra actitud en desacuerdo con el espíritu humilde: la ambición egoísta.

Si la solicitud de autoridad formulada por los hermanos fue insolente, también fue muy necia. No tenían idea de las consecuencias si Jesús aceptaba su pedido. «¿Pueden acaso beber el trago amargo de la copa que yo voy a beber?» (Mateo 20:22 NVI), fue su manera de referirse a su sufrimiento y su muerte. Cuando les preguntó a Santiago y a Juan si estaban preparados para beber esa copa, lo que Cristo estaba diciendo era que si uno es discípulo de Él, debe estar preparado para el sufrimiento y las dificultades.

En efecto, las palabras de Jesús «beber el trago amargo de la copa» indican que algo muy difícil estaba por venir. Esas palabras no solo se refieren al doloroso sufrimiento y la muerte del propio Salvador (Mateo 26:39), sino que significan que debemos mantener el rumbo hasta el final, soportando lo que sea necesario. Santiago, Juan y los otros discípulos inicialmente no tenían ese poder de permanencia.

Santiago y Juan, pensando que siempre perseverarían, declararon confiados: «Podemos». Pedro prometió, sin temor alguno, no abandonar al Señor nunca, y todos los demás discípulos se hicieron eco de esa promesa. Pero fue el primero que negó a Jesús tres veces, mientras los demás huyeron tras el arresto de Jesús.

Los discípulos, al fin y al cabo, terminaron bien y compartieron la «participación de sus padecimientos» (Filipenses 3:10). Santiago se convirtió en el primer apóstol mártir, mientras que Juan fue exilado a la isla de Patmos. Pero esa fidelidad no la alcanzaron por su propia fuerza, ni por su ambiciosa maniobra, sino por el poder del Espíritu. Este es un fuerte recordatorio para nosotros de que ninguna posición en el reino de Dios es recompensada a causa de la egoísta ambición humana, sino solo por su soberana elección, para «aquellos para quienes ha sido preparada» (ver Mateo 20:23).

Sugerencias para la oración: Ore para que Dios le brinde una visión del servicio en su reino que no esté nublada por sus propias ambiciones.

Para un estudio más profundo: Lea y compare los Salmos 15 y 75. ¿Qué dicen sobre el orgullo y la humildad?

* Medite en varios versículos que se relacionen con ese tema.

ENEMIGOS DE LA HUMILDAD: EL PARTIDISMO

«No sea que por causa de uno, os envanezcáis unos contra otros».

1 Corintios 4:6

**La humildad genuina entre los cristianos
no da lugar al partidismo arrogante.**

La iglesia de Corinto era una ilustración notable del pecado partidista entre los creyentes. Su partidismo —por el que algunos miembros reclamaban lealtad a Pablo, otros a Apolos y aun otros a Cefas (Pedro)— fue esencialmente causado por el orgullo. Pablo, como autor de 1 Corintios, se opuso a aquello de seguir a Apolos y Pedro, que no eran los promotores de tal cosa.

Los creyentes corintios tenían razones para estar agradecidos a Dios por enviarles líderes de tan buena calidad. Y era correcto para aquellos en Corinto respetar y honrar a sus ancianos espirituales. La Escritura dice: «[reconozcan] a los que trabajan entre vosotros, y os presiden en el Señor, y os amonestan» (1 Tesalonicenses 5:12). Sin embargo, los corintios fueron mucho más allá de la Palabra de Dios y exaltaron a los líderes por su propio orgullo —el de ellos mismos, los seguidores— creando así sectas partidistas.

Ese espíritu divisivo, incluso en nombre de líderes piadosos, siempre conduce a la hostilidad hacia otros siervos fieles de Dios. Y la motivación que subyace a todo eso es el orgullo, que es esencialmente tener una visión ampulosa (arrogante) de uno mismo, una que dice: «Estoy a favor de mí». Cuando el orgullo rige las operaciones de cualquier iglesia, la humildad, el compañerismo y la armonía son inevitablemente desgarrados.

Usted puede ayudar a prevenir o contrarrestar el partidismo con solo considerar que todos los beneficios diarios que da por merecidos —alimentos, vivienda, ropa, trabajo, familia— son suyos debido a la amable providencia de Dios. Y si es cristiano, tiene vida eterna, la Palabra de Dios, los dones espirituales y muchas otras bendiciones, todas las cuales son por gracia. El apóstol Santiago nos recuerda: «Toda buena dádiva y todo don perfecto desciende de lo alto, del Padre de las luces» (Santiago 1:17).

Así que volvemos a ver que Dios nos da todas las razones para ser humildes y no deja lugar para el orgullo ni el partidismo. Si tiene un buen pastor y buenos ancianos o diáconos, humildemente agradezca a Dios por ellos. Usted y sus líderes son todos mayordomos de Dios, a quienes se les ha confiado —por un breve tiempo— que le sirvan con los recursos de Él.

Sugerencias para la oración: Ore para que el Señor lo ayude a ser una influencia positiva para la humildad y la armonía, en lugar del orgullo y el partidismo.
Para un estudio más profundo: Lea Hechos 14:8-18. ¿Cómo reaccionó la gente de Listra con Pablo y Bernabé?

EL SERVIDOR: HUMILDAD EN ACCIÓN

*«El que quiera hacerse grande entre vosotros será vuestro servidor, y
el que quiera ser el primero entre vosotros será vuestro siervo».*

MATEO 20:26-27

**A la vista de Dios, la grandeza está marcada
por un humilde corazón de siervo.**

El comentarista de la Biblia R. C. H. Lenski escribió una vez que «los grandes hombres de Dios no están sentados encima de otros individuos inferiores, sino que llevan a hombres menores a sus espaldas». Jesús habría estado de acuerdo con la observación de Lenski, pero no consideró que fuera incorrecto desear una mayor utilidad para Dios. Sin embargo, esos estándares son mucho más exigentes que cualquier ideal mundano para el liderazgo egoísta y dominante. Por ejemplo, Pablo enumera los altos parámetros que Dios tiene para los que supervisan la iglesia (1 Timoteo 3:1-7). Dios considera grandes a los hombres que están dispuestos a ser siervos.

En Mateo 20:26-27, Jesús estaba hablando de servicio genuino, no del «servidor público» que simplemente usa su posición para obtener poder y prestigio personal. La palabra griega para «servidor» se refería a una persona que hacía trabajo doméstico y era el nivel más bajo de ayuda contratada. Jesús podría haber usado una palabra más noble para identificar el discipulado sumiso, pero escogió este (del cual obtenemos *diácono*) porque describe mejor la humildad desinteresada del que sirve.

Sin embargo, en el versículo 27 Jesús intensifica su descripción del camino de Dios hacia la grandeza. Nos dice que si queremos ser grandes en su reino, debemos estar dispuestos a ser esclavos. Aun cuando los sirvientes tenían algo de libertad, los esclavos eran propiedad de sus amos y podían ir solo donde estos lo permitieran, y debían hacer solo lo que sus amos quisieran. La aplicación para nosotros como creyentes es que «sea que vivamos, o que muramos, del Señor somos» (Romanos 14:8).

Si desea la grandeza espiritual real, debe estar dispuesto a trabajar en lugares terribles, solitarios, donde no sea apreciado. Debe estar dispuesto a luchar por la excelencia sin volverse orgulloso y soportar el sufrimiento sin llegar a la autocompasión. Es por esas actitudes piadosas y muchas más por las que Cristo dirá: «Bien, buen siervo y fiel ... entra en el gozo de tu señor» (Mateo 25:21).

Sugerencias para la oración: Pídale al Señor que lo ayude a ser un siervo.
Para un estudio más profundo: Lea 1 Timoteo 3:1-7 y haga una lista de requisitos para un supervisor (anciano).

 ✳ Medite en las implicaciones de cada rasgo y escriba las formas en que la humildad se relaciona con esas cualidades de liderazgo.

TRABAJO EN EQUIPO CENTRADO EN DIOS

«Y el que planta y el que riega son una misma cosa; aunque
cada uno recibirá su recompensa conforme a su labor.
Porque nosotros somos colaboradores de Dios».

1 CORINTIOS 3:8-9

El trabajo humilde en equipo —en el ministerio— le da
a Dios toda la gloria y promueve la humildad.

La ilustración de Pablo con la actividad agrícola —de plantar y regar— deja en claro que el ministerio funciona mejor bajo un concepto de equipo; y que todo el crédito por los resultados debe ser concedido a Dios. Pablo (el único que planta) y Apolos (el único que riega) habían hecho su obra asignada por Dios fielmente y muy bien, pero tenían que considerar al Señor por todo lo que se había logrado.

Pablo menciona solo dos tipos de ministerio en el pasaje de hoy: plantar la semilla del evangelio mediante el evangelismo y regarla con la enseñanza adicional. Sin embargo, el punto del apóstol se aplica a cada tipo de ministerio. Es probable que se sienta tentado a pensar que su ministerio es glamoroso o significativo y que todo gira en torno a sus esfuerzos. O podría sentir envidia de otro que tiene un ministerio más grande. Sin embargo, todo el trabajo de Dios es importante. Pablo nos recuerda que cualquiera que sea el trabajo al que nos ha llamado es el ministerio más significativo que podemos tener.

El capítulo 3 de la Primera Carta a los Corintios también nos recuerda que todos los creyentes que ministran son uno en el Cuerpo de Cristo. Si usted reconoce y acepta este hecho, es una garantía segura de que la humildad estará presente mientras sirva a Dios. La humildad no permite que surjan la competitividad carnal ni los celos egoístas por otros cristianos.

Dios ciertamente reconocerá su trabajo individual y fiel, «conforme a su labor». Además, Jesús también enseñó a sus discípulos —y a nosotros— la parábola de los obreros en la viña (Mateo 20:1-16) para mantener nuestras perspectivas equilibradas con respecto a la naturaleza corporativa del ministerio en el reino de Dios. Ninguno de nosotros debería mirar con orgullo nuestro propio servicio ni considerarnos merecedores de más recompensas que alguien que trabajó menos tiempo o en una posición menos prominente. No es nuestro ministerio. Es de Dios, y toda la gloria es para Él, no para nosotros.

Sugerencias para la oración: Ore para que Dios le dé un mayor sentido de humilde gratitud por cualquier tipo de oportunidad ministerial que tenga.
Para un estudio más profundo: Compare Mateo 19:27-30 con 20:1-16. ¿Por qué los discípulos fueron tentados a sentirse superiores?
   * ¿Qué sugiere el comportamiento del terrateniente en la parábola sobre el carácter de Dios?

LA SUMA DE LA HUMILDAD

«No debáis a nadie nada, sino el amaros unos a otros;
porque el que ama al prójimo, ha cumplido la ley».

ROMANOS 13:8

Si los creyentes cumplen su constante deuda de amor, tendrán
una actitud permanente de humildad sacrificial.

Orígenes, el padre de la iglesia primitiva, dijo sabiamente: «La deuda del amor permanece con nosotros permanentemente y nunca nos abandona. Es una deuda que pagamos todos los días y que siempre debemos». La razón principal por la que podemos pagar esa deuda es que «el amor de Dios ha sido derramado en nuestros corazones por el Espíritu Santo que nos fue dado» (Romanos 5:5). El amor de Dios por nosotros y por todos los demás creyentes es un pozo sin fondo del cual podemos extraer y luego compartir con los demás.

Si tenemos este maravilloso y sobrenatural recurso de amor a través del Espíritu Santo, inferimos que solo debemos someternos al Espíritu. Cuando hagamos eso, todos los enemigos de la humildad —el orgullo, la ambición egoísta, el partidismo y el odio— se desvanecerán. Qué pensamiento tan abrumador es considerar que podemos adueñarnos de una humildad como esa porque Dios mismo, a través de su Espíritu, nos está enseñando a amar mientras nos rendimos a Él (1 Tesalonicenses 4:9).

En cada movimiento que hacemos vemos que la humildad va de la mano con el amor piadoso. El amor genuino nunca convierte su «libertad en una oportunidad para la carne» (ver Gálatas 5:13). No hará nada para causar que otro cristiano caiga en el pecado e incluso se ofenda en su conciencia (Romanos 14:21). El amor que proviene de Dios hará que seamos «benignos … misericordiosos» (Efesios 4:32).

La prueba más grande de amor y humildad es la disposición a sacrificarse por el bien de los demás. Como ya hemos visto en nuestro estudio de la humildad, Jesús fue el mejor ejemplo de ello (Filipenses 2:5-8). La demostración suprema de humildad que podemos exhibir es cuando lo imitamos: «En esto hemos conocido el amor, en que él puso su vida por nosotros; también nosotros debemos poner nuestras vidas por los hermanos» (1 Juan 3:16).

Sugerencias para la oración: Oremos para que hoy muestre alguna faceta del amor bíblico a otra persona.

* Si no se desarrolla nada hoy, siga orando para que el Señor lo alerte a las oportunidades futuras.

Para un estudio más profundo: El capítulo 4 de la Primera Carta de Juan, es un pasaje maravilloso sobre el amor de Dios y su significado para los creyentes. Según el apóstol, ¿cómo podemos saber la verdad del error?

* ¿Qué beneficios se derivan del amor de Dios?

JESÚS A PUNTO DE MORIR

«Sabéis que dentro de dos días se celebra la pascua, y el Hijo del Hombre será entregado para ser crucificado».

MATEO 26:2

—

Jesús siguió al pie de la letra el itinerario divino establecido para su muerte, lo cual era parte del plan general de redención del Padre.

La historia de la redención definitivamente se centra en la cruz de Jesucristo. El escritor de himnos John Bowring expresó bien este hecho:

En la cruz de Cristo me glorío, arrullando al tiempo. Toda la luz de la historia sagrada se reúne alrededor de su presencia sublime.

El apóstol Pablo estaba tan convencido de la importancia central de la muerte de Cristo en la cruz que les dijo a los corintios: «Pues me propuse no saber entre vosotros cosa alguna sino a Jesucristo, y a éste crucificado» (1 Corintios 2:2). Pablo sabía que sin la cruz de Cristo no hay salvación ni verdadero cristianismo.

El propio Jesús estaba consciente de que la duración de su vida terrenal estaba determinada por el plan soberano de Dios y que el tiempo de su muerte no podía ser alterado ni frustrado. Con respecto al control de su vida, declaró: «Tengo poder para ponerla, y tengo poder para volverla a tomar» (Juan 10:18). Como Hijo de Dios, Jesús pudo esperar su muerte e incluso predecir que sería en Jerusalén y que resucitaría al tercer día (Mateo 16:21).

Durante el ministerio de Jesús, personas como los líderes judíos, sin saberlo, atentaron contra el calendario de Dios cuando intentaron asesinarlo. Pero todas las intentonas prematuras de ejecutar a Cristo fracasaron porque no encajaban en el plan soberano de Dios sobre cómo, cuándo y por qué Jesús debía morir en la cruz (Juan 1:29; Hechos 2:23-24).

Sin embargo, la referencia de Jesús a la Pascua en Mateo 26:2 se ajustaba al plan de Dios; el sufrimiento y la muerte de nuestro Señor se acoplaron perfectamente para coincidir con esa celebración. La Pascua era conocida por los judíos como la fiesta en la que los corderos se inmolaban en sacrificio, pero ahora la muerte del Cordero de Dios remplazaría para siempre la importancia de la Pascua. No obstante, nuestro consuelo reside en que «nuestra pascua, que es Cristo, ya fue sacrificada por nosotros» (1 Corintios 5:7) y que Jesús el Cordero, fue «destinado desde antes de la fundación del mundo, pero manifestado en los postreros tiempos por amor de vosotros [nosotros]» (1 Pedro 1:20).

—

Sugerencias para la oración: Agradezca al Señor que su plan soberano para la muerte sacrificial de Cristo no puede ser modificado por la voluntad del hombre.
Para un estudio más profundo: Lea Juan 10:1-18 y seleccione varios versículos para la meditación y la memorización.

LA IMPULSIVIDAD DE PEDRO Y SU CONFIANZA EN SÍ MISMO

«Respondiendo Pedro, le dijo: Aunque todos se escandalicen de ti, yo nunca me escandalizaré».

MATEO 26:33

Antes de la muerte de Jesús, la confianza en sí mismo de Pedro más que en Dios distorsionó su juicio sobre la lealtad a Jesús.

Con la terquedad de un niño, Pedro a menudo escuchaba y creía solo lo que le convenía. Por eso no pudo comprender la advertencia del Señor en cuanto a que su fe sería severamente probada. En la Última Cena, Jesús le dijo a Pedro: «Simón, Simón, he aquí Satanás os ha pedido para zarandearos como a trigo» (Lucas 22:31). Pero Pedro no se inmutó ante esas palabras. Al contrario, se jactó: «Señor, dispuesto estoy a ir contigo no sólo a la cárcel, sino también a la muerte «(v. 33).

Cristo, por su sabiduría divina, sabía que la afirmación de Pedro no era cierta. Por lo tanto, fue más allá y predijo solemnemente durante la cena que —más pronto de lo que creía— Pedro no solo abandonaría a su Señor, sino que también lo negaría tres veces. Ahora, en Mateo 26, tras el último estallido de arrogancia de Pedro, Jesús se ve obligado a repetir lo que había predicho. Lo sorprendente es que Pedro no creía la verdad de las palabras que Jesús le dijo. Prefirió engañarse a sí mismo y creer que el Señor se había equivocado en cuanto a su fidelidad y su lealtad.

En realidad, el orgullo de Pedro le hacía pensar —engañosamente— que era imposible que él negara al Señor. También lo engañó al llenarlo con una sensación de superioridad con respecto a los demás y una confianza suprema en sus propias fuerzas.

Al igual que Pedro, a menudo mostramos nuestro orgullo e ignorancia cuando proclamamos —con cierta desfachatez— una gran autoconfianza con respecto a algo que resulta ser todo lo contrario poco tiempo después. Por ejemplo, podríamos afirmar de manera presuntuosa a los amigos cristianos que siempre mantendremos nuestro testimonio, cualquiera sea la situación. Luego, para nuestra vergüenza, la semana siguiente mentimos, engañamos o adaptamos la verdad para salir triunfantes de una circunstancia difícil.

Sin embargo, es tranquilizador saber que Jesús estuvo dispuesto a morir por unos discípulos orgullosos e irreflexivos como Pedro y por unos seguidores negligentes como nosotros. Además, nuestro Señor está constantemente en el negocio de perdonar y restaurar a los que tropiezan (1 Juan 1:9).

Sugerencias para la oración: Ore para que Dios le dé más seguridad en la gracia y en el poder de Él, y para que dependa menos de su propia sabiduría.

Para un estudio más profundo: Lea Mateo 16:13-28. ¿Qué principio importante en los versículos 24 a 26 puede ayudarle a evitar los impulsivos errores de Pedro?

EL INICIO DEL DESAFÍO FINAL DE JESÚS

«Entonces llegó Jesús con ellos a un lugar que se llama Getsemaní».

MATEO 26:36

La agonía de la muerte de Jesús, que se inició con su terrible experiencia en el jardín de Getsemaní, es algo que la mente limitada de los creyentes nunca comprenderá por completo.

Charles Haddon Spurgeon, en un sermón expuesto en 1880, dijo lo que sigue a su congregación: «No será suficiente que escuchen o lean [sobre Cristo]; deben elaborar su propia idea acerca de su Señor y reflexionar en Él. Si lo conocen, manténganse en silencio ante Él». Sin embargo, aun aquellos que siguen más concienzudamente la advertencia de Spurgeon —en cuanto a meditar en la Persona y el ministerio de Jesús— concluyen que dicho esfuerzo revela mucho más sobre Él que lo que expone el entendimiento humano.

A medida que desarrollamos nuestro estudio de los acontecimientos que condujeron a la muerte sacrificial del Señor, nos damos cuenta de que es difícil comprender el significado completo de muchos de ellos. Aun con la ayuda de la iluminación del Espíritu, vemos el peso de la agonía y el sufrimiento de Jesús más de lo que nuestras mentes pueden comprender. En su calidad de Dios-hombre —y sin mancha—, conocía el total y horroroso alcance del pecado, en una manera tal que nosotros no podríamos entender nunca.

Sin embargo, como cualquier otro aspecto de la vida de Jesús, su agonía en Getsemaní era parte del plan de redención predestinado por Dios. El intenso dolor y la lucha mental de Cristo frente a su misión de quitar el pecado del mundo encajan perfectamente con el retrato que de Él hacen las Escrituras. El profeta Isaías predijo que sería «varón de dolores, experimentado en quebranto» (Isaías 53:3). En Juan 11:35 «Jesús lloró» en la tumba de Lázaro. Lucas 19:41 afirma que en su entrada triunfal a Jerusalén, «al verla, lloró sobre ella».

La experiencia del Señor Jesús en Getsemaní representaba la acumulación final de todas las dificultades, sufrimientos y penas con los que tuvo que lidiar en su ministerio terrenal. De modo que nuestro Señor, a través de su tenebrosa lucha en aquel jardín, es el mejor modelo a seguir que tendremos de una respuesta piadosa a las pruebas y tentaciones. En vista de su muerte sacrificial por nosotros, su respuesta a la adversidad debería hacernos admirar a nuestro gran Salvador e instarnos a seguir su ejemplo.

Sugerencias para la oración: Ore para que el Señor fortalezca su determinación de seguir el ejemplo de Él cuando trate con las pruebas.

Para un estudio más profundo: Lea Juan 11:1-46, y enumere algunos paralelos que vea en los versículos 30 a 44 entre las reacciones de Jesús a la muerte de Lázaro y cómo respondería a su propio sufrimiento y muerte.

LA LUCHA DE JESÚS EN GETSEMANÍ

«Entonces Jesús les dijo: Mi alma está muy triste, hasta
la muerte; quedaos aquí, y velad conmigo».
MATEO 26:38

En su momento de mayor angustia, Jesús se percató de su
debilidad humana y su necesidad de depender del Padre.

Cuando Jesús entró en el huerto de Getsemaní con Pedro, Santiago y Juan, sintió una angustia muy profunda por el pecado y la muerte. Su profunda y desolada ansiedad se hizo más severa al pensar en las muchas decepciones personales que tuvo que enfrentar. Primero, la traición de Judas, uno de sus propios discípulos. Luego sufriría la huida de los once y la negación que Pedro haría de su Maestro no solo una vez, sino tres veces. Jesús también sería rechazado por su propio pueblo, Israel, cuyos líderes lo someterían a todo tipo de injusticias antes de su muerte.

No debería sorprendernos que Cristo les dijera a sus discípulos: «Mi alma está muy triste, hasta la muerte». Cualquiera puede morir por una pena tan fuerte como esa pero, por la providencia de Dios, no le sucedió a Jesús. Sin embargo, la magnitud de la tristeza que padeció aparentemente hizo que sus vasos sanguíneos explotaran bajo su piel. A medida que más y más capilares explotaban debido a las extremas presiones emocionales que el Maestro soportó, la sangre brotaba por sus poros en tal forma que «era su sudor como grandes gotas de sangre que caían hasta la tierra» (Lucas 22:44). Aquella clase de sudoración fue solo un resultado externo de lo que nuestro Señor sintió ante la intolerable perspectiva de que tenía que *convertirse* en pecado por nosotros. Su santidad rechazó completamente tal pensamiento.

El hecho de que Jesús se mantuviera en vigilia y oración ante su Padre hizo que soportara y pasara aquella prueba en Getsemaní. Cristo mantuvo su vida terrenal en sumisión total —y sin pecado— al Padre, hasta el final. Como creyente, usted también enfrentará momentos dificultosos y pruebas severas en los que solo la comunión directa con Dios le ha de dar la fuerza para prevalecer. Además, tiene el estímulo adicional del ejemplo de Jesús en Getsemaní, punto culminante a través del cual se convirtió en «un sumo sacerdote que no pueda compadecerse de nuestras debilidades» (Hebreos 4:15).

Sugerencias para la oración: Alabe a Dios hoy porque Jesús fue divinamente preparado para resistir las pruebas y las tentaciones que lo asaltaron en Getsemaní.

Para un estudio más profundo: Lea Mateo 4:1-11. Escriba varias diferencias clave entre el encuentro de Jesús en el desierto y su experiencia en Getsemaní.

* ¿Qué similitudes ve usted en la respuesta de Cristo a las dos situaciones?

SÚPLICA ANTE EL PADRE

«Yendo un poco adelante, se postró sobre su rostro, orando
y diciendo: Padre mío, si es posible, pase de mí esta copa;
pero no sea como yo quiero, sino como tú».

MATEO 26:39

La oración de Jesús en el huerto de Getsemaní es el modelo perfecto
de la perseverancia en la búsqueda de la voluntad de Dios.

Al presentar de una manera humilde y sumisa la opción: «si es posible, pase de mí esta copa», Jesús no cuestionó la validez del divino plan de redención ni la responsabilidad suya como Hijo en todo aquello. La idea de que se convertiría en pecado por nosotros le pesaba demasiado; tanto que simplemente le preguntó a Dios si era posible que hubiera otra vía que la cruz para liberar a los hombres del pecado. Pero como siempre, dejó en claro que el factor decisivo en lo que habría de hacerse sería la absoluta voluntad del Padre, no la del Hijo.

En contraste, mientras Jesús luchaba vehementemente en oración ante el Padre, los discípulos Pedro, Jacobo y Juan estaban ajenos a la situación, durmiendo. La necesidad que tenían a esa hora tan tardía (después de la medianoche) era lo más natural; además, es probable que sus emociones confusas, frustradas y deprimentes con respecto a la muerte de Jesús los indujera a caer en un profundo sueño como una forma de escape a toda aquella penosa circunstancia (Lucas 22:45 dice que estaban «durmiendo a causa de la tristeza»).

Sin embargo, aun esas «razones, aunque parezcan legítimas» son inadecuadas para disculpar la negligencia de los discípulos con la oración. Como sucede con nosotros a menudo, ellos no aceptaron las advertencias de Jesús ni siguieron sus instrucciones al pie de la letra. Las repetidas predicciones de su sufrimiento y su muerte, el pronóstico de la deserción de los discípulos y la anticipación de su angustia en Getsemaní deberían haber sido un incentivo más que suficiente para que los tres hombres se mantuvieran alertas y apoyaran a Cristo. Pero no escucharon las palabras de Jesús ni emularon su ejemplo de oración en los momentos de crisis.

El registro de las Escrituras es una gran motivación para que sigamos el ejemplo del Señor. Podemos meditar en la narración escrita de Getsemaní y regocijarnos en algo que los discípulos aún no tenían antes de la muerte de Jesús: la presencia del Espíritu Santo, que continuamente nos ayuda a orar como debemos (Romanos 8:26-27).

Sugerencias para la oración: Pídale al Señor que le conceda sensibilidad y perseverancia al buscar su voluntad durante los tiempos de oración.
Para un estudio más profundo: Lea Lucas 11:5-10 y 18:1-8. ¿Cuál es el tema común de estas dos parábolas?
 * ¿Qué sugiere la enseñanza de Jesús sobre el desafío de la oración?

LA AMONESTACIÓN DE JESÚS EN GETSEMANÍ

*«Vino luego a sus discípulos, y los halló durmiendo, y dijo a Pedro:
¿Así que no habéis podido velar conmigo una hora?
Velad y orad, para que no entréis en tentación; el espíritu
a la verdad está dispuesto, pero la carne es débil».*

MATEO 26:40-41

**La necesidad de la vigilancia espiritual por parte de los cristianos es
constante, pero no es posible lograrla con el poder de la carne.**

Jesús debe haber haberse decepcionado terriblemente en el huerto de Getsemaní
cuando halló a los tres discípulos durmiendo. Mientras Él trabajaba diligentemente en oración ante el Padre, sus amigos Pedro, Santiago y Juan prácticamente comenzaron a abandonarlo. Ni siquiera pudieron permanecer despiertos y
ofrecerle apoyo en el tiempo de su mayor necesidad.

Dado todo lo que estaba sucediendo, la pregunta del Señor —¿Así que no
habéis podido velar conmigo una hora?—, no fue una dura reprimenda. Con el
espíritu de un mentor, Jesús los exhortó a los tres acerca de su necesidad de la
ayuda divina: «Velad y orad, para que no entréis en tentación».

La frase «velad y orad» indica que todos los creyentes debemos estar velando.
Jesús quiere que todos nos anticipemos a la tentación y busquemos la ayuda de
Dios para resistir al adversario, tal como lo hizo Él durante su vigilia orando
en el jardín.

Nuestros mejores esfuerzos para vencer a Satanás ciertamente fracasarán. La
única manera de tratar con el diablo es huir inmediatamente de él a la presencia
de Dios y dejar las cosas —orando— en sus manos.

Sin embargo, aun cuando sepamos e intentemos practicar lo que Jesús les
dijo a los discípulos, a menudo es difícil hacer lo correcto. Jesús vio la reacción
de sus tres amigos más queridos mientras estaba en medio de su propia lucha
espiritual, por lo que reconoció: «el espíritu a la verdad está dispuesto, pero la
carne es débil». El apóstol Pablo también sabía que la batalla espiritual era real
y muy difícil (Romanos 7:15-23). Pero Pablo también confiaba en que la única
fuente de victoria en nuestros desafíos espirituales más intimidantes es la obediencia al poder de Jesucristo: «¿Quién me librará de este cuerpo de muerte?
Gracias doy a Dios, por Jesucristo Señor nuestro» (vv. 24-25).

Sugerencias para la oración: Pídale perdón al Señor por cualquier momento
reciente en el que no haya estado alerta y diligente al orar.

Para un estudio más profundo: Lea 1 Pedro 5:6-11. ¿Cuál es la primera clave
para el éxito espiritual?

   ✴ ¿Por qué debemos estar alerta a Satanás?

   ✴ ¿Qué hace que la fidelidad en el sufrimiento valga la pena?

LOS CAPTORES PECAMINOSOS

«Y con él mucha gente con espadas y palos, de parte de los principales sacerdotes y de los ancianos del pueblo».
MATEO 26:47

La multitud que capturó a Jesús en Getsemaní ilustra el pecaminoso y odioso rechazo del mundo a Jesucristo.

Una muchedumbre puede tener una influencia positiva y edificante, como cuando un gran grupo de vecinos se unen para ayudar a alguien que lo necesita. Pero las masas también pueden tener un impacto negativo, como cuando incitan disturbios o perturban a alguien que trata de dar un discurso.

La multitud que acudió al jardín de Getsemaní para capturar a Jesús es un excelente ejemplo de un gentío motivado por un mal propósito. Aquel gentío no se parecía en nada a los grupos espontáneos de admiradores que a menudo buscaban al Señor. Al contrario, era un grupo cuidadosamente seleccionado cuyo único propósito era arrestar a Jesús y asegurarse de que fuera ejecutado.

Es probable que Judas saliera corriendo del aposento alto e informara a los líderes judíos que ese era el momento que habían esperado por mucho tiempo: la oportunidad para apoderarse de Jesús, condenarlo por rebelión contra Roma y obligar a los romanos a matarlo. Por ahora, la conspiración contra Jesús había crecido mucho y en ella estaban involucrados los saduceos, los fariseos y todo el Sanedrín. Como deseaban garantizar la captura del Señor Jesús, aquellos líderes reunieron a unos mil hombres aquella noche.

Ese grupo malvado era un retrato profético de la oposición que le presentaría el mundo a Cristo a través de los siglos. La multitud ilustraba la desobediencia pecaminosa al acusarlo falsamente de crímenes y delitos, participando desinteresada y egoístamente en su arresto (incluso sin una opinión formada sobre Él) y al usar cobardemente la protección de la oscuridad y la seguridad de un lugar lóbrego para implementar el complot de los líderes.

El mundo incrédulo siempre ha desdeñado al reino de Dios y la misión de su Hijo. En vez de acudir arrepentido, con fe y abrazar con reverencia la obra de Cristo en la cruz, el mundo quiere encontrar una excusa para acabar con el Salvador. En contraste, los creyentes están llamados a mantenerse al margen de cualquier multitud incrédula y defender el nombre de Jesucristo.

Sugerencias para la oración: Ore por discernimiento y valentía para no seguir la mentalidad mundana de la multitud y para ser obediente al Señor Jesús.

Para un estudio más profundo: Las grandes multitudes que siguieron a Jesús en su ministerio no siempre fueron sinceras. Lea Juan 6 y observe las maneras en que la gente mal entendió el mensaje de Jesús.

❖ ¿Cómo respondió Él a sus objeciones y murmuraciones?

JUDAS EL TRAIDOR

«Y el que le entregaba les había dado señal, diciendo: Al que yo
besare, ése es; prendedle. Y en seguida se acercó a Jesús y dijo:
¡Salve, Maestro! Y le besó. Y Jesús le dijo: Amigo, ¿a qué vienes?
Entonces se acercaron y echaron mano a Jesús, y le prendieron».
MATEO 26:48-50

Judas Iscariote, con sus actitudes y acciones, es un ejemplo clásico del falso creyente.

Como uno de los Doce, Judas estaba extremadamente decepcionado por la clase de Mesías que resultó ser Jesús. En vez de instruir a los discípulos a cómo conquistar y ejercer control, Jesús les enseñó cómo someterse y servir. Cualquier ambición que Judas podría haber albergado para obtener riqueza, poder o prestigio —debido a que era un cercano seguidor de Jesús— se vio frustrada.

La incredulidad compulsiva de Judas, combinada con su implacable avaricia y ambición, encontró un cumplimiento perverso y temporal cuando Satanás entró en él, e hizo un trato con los líderes judíos para traicionar a Jesús por dinero (Lucas 22:3-6). Como poseído por el diablo, las malas acciones de Judas ya no eran propias, aunque aún era responsable de ellas.

Judas podría haber elegido cualquiera de varias maneras de identificar a Jesús entre la muchedumbre, pero bajo la dirección de Satanás, escogió el beso. Ese beso normalmente se usaba como una señal de afecto entre amigos cercanos o entre maestro y discípulo. En el contexto del esquema de Judas, sin embargo, el beso difícilmente podría haber sido más despreciable puesto que tergiversó su significado muy cínicamente. Es difícil imaginar qué dolor debió haber sentido Jesús cuando el que había sido tesorero de los Doce se presentó insolentemente y dijo: «¡Salve, rabino!» y besó a su Maestro.

La situación de Judas era única, pero su actitud básica es típica de todos los falsos creyentes. La iglesia siempre ha tenido aquellos que con hipocresía profesan lealtad a Cristo pero en el fondo son realmente sus enemigos. Ya sea para mejorar en su negocio o profesión, ganar aceptación social o salvar una conciencia culpable, los hipócritas se identifican con la iglesia por muchas razones. Pero como Judas, su motivación básica es el pecaminoso interés propio.

Que Dios nos ayude a examinar nuestros corazones, a arrepentirnos y nos dé discernimiento para tratar bíblicamente a los falsos creyentes en la iglesia.

Sugerencias para la oración: Pídale a Dios que proteja cortésmente la integridad y la pureza de su iglesia.

Para un estudio más profundo: Lea la Epístola de Judas y enumere los rasgos clave de los falsos maestros.

✳ ¿Qué debe saber y hacer con respecto a esas personas (vv. 17-23)?

TOMAR LA ESPADA EN VANO

«Entonces Jesús le dijo: Vuelve tu espada a su lugar;
porque todos los que tomen espada, a espada perecerán».

MATEO 26:52

Es incorrecto tomar la justicia en nuestras propias manos de manera violenta, aunque sea para defender o promover el nombre de Cristo.

El Cuerpo de Cristo no crece ni se fortalece mediante la guerra física. Cada vez que se ha esforzado por hacerlo, el nombre y la causa de Jesucristo han sido perjudicados. Conflictos bélicos como las Cruzadas en Tierra Santa o las guerras religiosas posteriores entre católicos y protestantes en Europa no tuvieron ningún propósito bíblico. Como enseñó Jesús muchas veces, y como Pablo reiteró a los corintios: «las armas de nuestra milicia no son carnales, sino poderosas en Dios para la destrucción de fortalezas» (2 Corintios 10:4).

Pedro, en su habitual y testaruda manera de ser, aún no había entendido ese principio la noche en que arrestaron a Jesús. Fue entonces cuando Pedro usó su espada y le cortó la oreja a uno de los servidores prominentes del sumo sacerdote. Pero la reacción del discípulo impulsivo fue totalmente errónea. Pedro, sin duda, tomó la declaración anterior de Cristo: «El que no tiene espada, venda su capa y compre una» (Lucas 22:36) muy al pie de la letra. Nuestro Señor, en realidad, estaba hablando de preparación para la guerra espiritual, no física.

Por lo tanto, Jesús tuvo que instruir a Pedro para que guardara su arma. En efecto, estaba diciendo: «Pedro, no importa cuán injusto sea mi arresto, no debes responder con una acción defensiva. Si haces eso y matas a alguien, tu propia vida se perderá como castigo».

El poder de Cristo se ha comprobado muchas veces, en persona a Pedro y a través de las Escrituras a nosotros. Es asombroso que cualquiera de nosotros piense que necesita la ayuda de una espada, una pistola o cualquier otro dispositivo humano. Las batallas de Cristo se ganan solo con la fuerza de su poder soberano, como le dijo a Pedro: ¿Acaso piensas que no puedo ahora orar a mi Padre, y que él no me daría más de doce legiones [72000] de ángeles? (Mateo 26:53).

Sugerencias para la oración: Pida perdón a Dios por los momentos en los que ha sido demasiado rápido para procurar su propia justicia durante las discusiones o conflictos.

Para un estudio más profundo: Lea 2 Reyes 19:14-37. ¿Cómo respondió el rey Ezequías cuando el pueblo y la tierra de Dios fueron amenazados?

* ¿Cómo apoyó el profeta Isaías las acciones de Ezequías?
* ¿Cómo respondió finalmente Dios a la amenaza de los asirios?

LA DECEPCIÓN DEL SEÑOR

«Entonces todos los discípulos, dejándole, huyeron».
MATEO 26:56

**Al dejar a Cristo en una hora crucial, los once discípulos
mostraron ciertas señales de infidelidad.**

Algunas veces, ni la verdad ni la lógica persuaden a alguien a cambiar de opinión. Todos sabemos eso por lo que hemos debatido con otra persona sobre un tema en particular. Nada de lo que digamos los convencerá de que sus planes pueden estar errados. Jesús lo sabía mucho mejor que nosotros, pero continuaba enfrentando a la multitud hostil en Getsemaní.

En su calidad de Hijo de Dios, Jesús pudo decirle a la multitud, con confianza, que «todo esto sucede, para que se cumplan las Escrituras de los profetas» (Mateo 26:56). El Hijo sabía que, completamente aparte de los motivos e intenciones malvadas de la muchedumbre armada, el Padre estaba usando soberanamente la situación para lograr sus propósitos justos y píos.

Sin embargo, las palabras de Jesús a la multitud obviamente dieron poco consuelo o tranquilidad a sus propios discípulos. Al final se dieron cuenta de que Cristo iba a ser capturado. El miedo y el pánico se apoderaron de ellos cuando se percataron de que tenían que arriesgarse a sufrir y morir con Él. Por lo tanto, cada uno de los once lo abandonó y huyó.

La desleal deserción de los discípulos revela varias características comunes de un compromiso débil. Primero, cualquier creyente que descuide la Palabra de Dios y sea negligente con la oración, estará poco preparado y será infiel cuando llegue la prueba. Segundo, es probable que un discípulo débil sea impulsivo, como Pedro, y responda a una crisis con un discernimiento humano defectuoso. Tercero, un discípulo defectuoso tiende a ser impaciente, como los hombres de Jesús, negándose a escuchar sus promesas y no dispuesto a esperar su liberación.

Es fácil criticar a los discípulos de Jesús por su injusta determinación en cuanto a decepcionarlo y escapar cuando las cosas se ponen difíciles. Pero si usted es un sincero seguidor de Cristo, sabe que a veces se ha comprometido y huido cuando su fe ha sido puesta a prueba. Como resultado, debe confesar sus faltas y apoyarse más que nunca en la Palabra de Dios, la oración y la fortaleza del Espíritu Santo para que lo ayude a mantener el rumbo (Efesios 5:15-21).

Sugerencias para la oración: Comprométase hoy a ser fiel a Cristo, cualesquiera sean las circunstancias que enfrente y ore por fortaleza.

Para un estudio más profundo: Juan 14 proviene de una sección de los evangelios llamada «Discurso del aposento alto». Lea ese capítulo e identifique los versículos en los que Jesús promete paz.

※ ¿Qué otro ayudante promete enviar a los creyentes?

UNA CONSPIRACIÓN INJUSTA

«Los principales sacerdotes y los ancianos y todo el concilio, buscaban falso testimonio contra Jesús, para entregarle a la muerte».

MATEO 26:59

La única evidencia de culpabilidad contra Jesús fue adulterada y falsa.

La esencia del antiguo sistema legal de los judíos yace en las palabras del Señor a Moisés e Israel: «No tuerzas el derecho; no hagas acepción de personas» (Deuteronomio 16:19). Por lo tanto, es realmente sorprendente considerar a qué medidas perversas recurrieron los líderes judíos para argumentar su juicio contra Jesús.

El Consejo, o Sanedrín, estaba autorizado por el imperio romano para juzgar solo las situaciones en las que ya se habían presentado acusaciones. Pero en el caso de Jesús, aun sin cargos formales y con la prisa de los judíos por juzgarlo, el Consejo tuvo que actuar ilegalmente como un cuerpo de enjuiciamiento para mantener el complot de asesinato urdido por los principales sacerdotes.

En su calidad de Hijo de Dios sin pecado, Jesús era inocente de cualquier fechoría. Por lo tanto, la única manera a la que los judíos recurrieron para condenarlo era obtener falso testimonio contra Él. Y para hacer eso, los líderes tuvieron que pervertir el meollo de su sistema judicial y respaldar las palabras de los mentirosos.

Sin embargo, los judíos descubrieron rápidamente que no era fácil —ni remotamente— manipular y reunir las acusaciones falsas. Como suele ser el caso con los mentirosos, lo que testificaron no solo eran falsos sino que además eran incoherentes. El Evangelio de Marcos señala que incluso las acusaciones más probables de los dos testigos contra Jesús y la destrucción del templo no fueron congruentes (14:57-59).

Esa es una de las afirmaciones más fuertes en la Biblia en cuanto a la perfección moral y espiritual de Cristo, tanto que ni un solo testigo humano podría hacer una acusación que hiciera que lo condenaran por un crimen. Después de tan airada maniobra de los judíos para acusar al Señor hasta con el más débil testimonio falso, este se mostró inocente de cualquier violación de la ley moral o espiritual de Dios. Es más, ese injusto y odioso grupo de hombres algún día se presentarán ante Dios condenados por sus acciones pecaminosas al acusar falsamente al Salvador.

Sugerencias para la oración: Ore por sabiduría e integridad en los jueces que toman decisiones en los tribunales de la actualidad.

Para un estudio más profundo: Lea Deuteronomio 16:18-20 y 19:15-20. ¿Cómo muestran estos pasajes que el juicio de Jesús ante el Sanedrín se basó en principios erróneos (enumere varios factores)?

UNA CONDENA INJUSTA

*«Entonces el sumo sacerdote rasgó sus vestiduras, diciendo:
¡Ha blasfemado! ¿Qué más necesidad tenemos de testigos? He
aquí, ahora mismo habéis oído su blasfemia. ¿Qué os parece?
Y respondiendo ellos, dijeron: ¡Es reo de muerte!».*

MATEO 26:65-66

**Los miembros del Sanedrín, como muchos otros a través de los siglos,
rechazaron a Jesucristo sin juzgar de manera justa toda la evidencia.**

El linchamiento es una actividad poco conocida hoy, a menos que sea en países
donde la ley es casi inexistente. Pero en generaciones anteriores, ese crimen
atroz era muy usual. Personas inocentes, o presuntamente culpables (sin juicio
previo), eran torturadas y asesinadas, casi siempre por turbas enardecidas. A
menudo, el linchado era víctima de prejuicios diversos.

Los miembros del Sanedrín estaban cegados por los prejuicios contra Jesús.
Ninguna cantidad de evidencia les hizo conocer la verdad en cuanto a quién
era el objeto de su persecución. Los incrédulos líderes de Israel descartaron las
afirmaciones de Jesús en cuanto a su deidad mucho antes de que lo enjuiciaran.
Hasta apeló a ellos diciéndoles: «Si no hago las obras de mi Padre, no me creáis.
Mas si las hago, aunque no me creáis a mí, creed a las obras, para que conozcáis
y creáis que el Padre está en mí, y yo en el Padre» (Juan 10:37-38).

En el texto de hoy, el sumo sacerdote Caifás reacciona fuertemente a la afirmación de Jesús en cuanto a que Él es el Hijo de Dios y el Mesías (ver Mateo
26:64). Caifás ya tenía su opinión acerca del Maestro; estaba tan convencido de
que había blasfemado que decidió apresurar la condena a muerte de Jesús con
la «evidencia» que esgrimía. Caifás y el concilio apenas podían esperar a emitir
el veredicto. El sumo sacerdote solicitó su opinión sobre la culpa de Jesús, y de
inmediato los miembros del concilio afirmaron: «¡Él merece la muerte!»

Lo irónico de la condena de los líderes judíos a Jesús fue su ciega insistencia
de que era un blasfemo cuando, en realidad, los blasfemos eran ellos por su
rechazo al Señor. Aun más preocupante es que cada persona que, en definitiva,
rechaza a Cristo también es culpable de blasfemia y ha de sufrir el mismo destino que los principales sacerdotes y ancianos: «El que cree en el Hijo tiene vida
eterna; pero el que rehúsa creer en el Hijo no verá la vida, sino que la ira de Dios
está sobre él» (Juan 3:36).

Sugerencias para la oración: Ore por alguien que conozca que haya estado cerrado
al evangelio. Pídale a Dios que abra su corazón y le conceda el arrepentimiento.

Para un estudio más profundo: Lea los capítulos 3 y 4 de la Carta a los Hebreos.
¿De qué actitud espiritual advierten esos capítulos? ¿Qué paralelo del Antiguo
Testamento plantea el escritor?

EL ARREPENTIMIENTO DE PEDRO

«Entonces Pedro se acordó de las palabras de Jesús, que le había dicho: Antes que cante el gallo, me negarás tres veces. Y saliendo fuera, lloró amargamente».

MATEO 26:75

———

Aun cuando un creyente peque en gran manera, Dios está listo para perdonarlo y restaurarlo.

La negación de Pedro en referencia al Señor Jesús fue una gran tragedia. Pero ya había dado varios pasos en dirección a esa negación antes de que de su boca saliera una sola palabra de repudio a Cristo. Primero, se jactó de que nunca abandonaría al Maestro ni se escandalizaría de Él (Mateo 26:33). Segundo, se le insubordinó a Jesús cuando se negó a aceptar la predicción del Señor referente a su deslealtad (v. 35). Tercero, no oró en Getsemaní (vv. 40-41). Cuarto, empuñó la espada para intentar defender a Jesús (vv. 51-52). Por último, Pedro se implicó él mismo y fue a un lugar (el patio del sumo sacerdote) de peligro espiritual (v. 69), donde su fe podía ser probada.

Mientras Pedro esperaba discretamente en el patio del sumo sacerdote, en tres ocasiones fue confrontado y acusado de ser uno de los seguidores de Jesús. Su reacción mostró que había perdido su sensatez y, peor aun, toda conciencia de Dios. Cada acusación era peor que la anterior, lo que hizo que Pedro negara con mayor vehemencia que tuviera cualquier tipo de contacto con el Mesías. Después de la tercera vez lo negó al maestro, de acuerdo a la providencia del Señor, el desliz de Pedro se detuvo. Una mirada penetrante del propio Jesús (Lucas 22:61) y el recuerdo de su predicción en cuanto a que lo negaría tres veces fueron suficientes para que Pedro volviera en sí. Como lo explica Mateo en el versículo de hoy: «Y saliendo fuera, lloró amargamente».

Las lágrimas de Pedro no eran por el remordimiento que sufrió: indicaban una verdadera tristeza y su alejamiento del pecado. No fue hasta que vio el rostro de Cristo y recordó sus palabras que Pedro comprendió la gravedad de su pecado y se arrepintió. Esta es una profunda lección para usted y para mí. El pecado de Pedro en sí no hizo que se arrepintiera; el perdón y la restauración llegaron solo cuando se volvió del pecado a Dios. Después de su resurrección, Jesús confirmó su amor por Pedro, el cual había sido restaurado tres veces (Juan 21:15-17). Esta comunión restaurada que le fue regalada a Pedro a través del perdón misericordioso de Dios está a la disposición de todos los creyentes hoy (1 Juan 1:7, 9).

———

Sugerencias para la oración: Consagre sus pensamientos y sus planes a Dios todo el día para evitar el tipo de situación peligrosa en la que se encontró Pedro.
Para un estudio más profundo: Lea el Salmo 51. ¿En qué modo es paralelo el trato de David con el pecado a lo que vimos acerca de la recuperación de Pedro?
  ⁎ ¿Qué versículos de este salmo son especialmente útiles para ver este paralelo?

PERDONE A LOS DEMÁS

«Y Jesús decía: Padre, perdónalos, porque no saben lo que hacen».

LUCAS 23:34

Así como Jesús perdonó a otros (incluidos nosotros), debemos extender el perdón a aquellos que nos ofenden.

Jesús tuvo un corazón misericordioso hasta el final, incluso después de haber experimentado el peor trato que cualquier otro individuo en toda la historia de la humanidad. Descendió al mundo que había creado, el mismo que lo rechazó. Los ojos de sus habitantes estaban cegados por el pecado, por lo que no podían ver nada bello en Jesús. Casi inmediatamente después de su humilde nacimiento en un establo, el rey Herodes ordenó que lo buscaran para matarlo (Mateo 2:13, 16-18). Por otra parte, los líderes judíos impugnaron las enseñanzas de Cristo en varias ocasiones y buscaban oportunidades para arrestarlo y matarlo. La cruz fue solo la culminación de toda una vida de persecución contra Jesús.

Su muerte con el barbárico método de la crucifixión fue una de las más humillantes y dolorosas que el mundo haya conocido. Desde una perspectiva humana, podría esperarse que suplicara a Dios Padre por misericordia o que se enfureciera con Él y lo denunciara por permitir que fuera crucificado. Si hubiéramos escrito el guion original de la escena de aquella cruenta crucifixión, probablemente lo habríamos puesto a gritar amenazando con fuertes represalias a sus asesinos. Pero nuestro Salvador no hizo ninguna de esas cosas. Al contrario, le pidió a su Padre que perdonara a sus enemigos.

El Señor Jesús oró por la necesidad más importante que tendrían sus verdugos. No podrían entrar nunca a la presencia de un Dios santo si sus pecados no eran perdonados. A Cristo le preocupaba que sus oponentes, que lo estaban matando por ignorancia, tuvieran la oportunidad de ser perdonados en vez de tener que padecer la venganza de Dios.

Esa misma clase de actitud amorosa y misericordiosa también debería ser la nuestra. Nosotros, a diferencia de Jesús, somos pecadores necesitados de un perdón constante. Por lo tanto, cuando somos lesionados, nuestra principal preocupación debe ser que Dios perdone al que ha pecado contra nosotros. Un excelente modelo escritural de esa actitud es Esteban, que oró mientras lo apedreaban hasta que murió (Hechos 7:60). Él siguió el propio ejemplo de amor y perdón que mostró Cristo, lo que nosotros también deberíamos hacer.

Sugerencias para la oración: Ore para que pueda asumir una actitud perdonadora constante hacia los que le humillan o le ofenden.

Para un estudio más profundo: Lea Mateo 18:21-35. ¿Qué implica la figura literaria de Jesús —setenta veces siete (v. 22)— con respecto a perdonar a otros?

* ¿Cuánto importa que asumamos una actitud perdonadora (vv. 32-35)?

CONQUISTE A OTROS

«Entonces Jesús le dijo: De cierto te digo que
hoy estarás conmigo en el paraíso».

LUCAS 23:43

**Las circunstancias nunca son demasiado adversas, ni la hora demasiado
tarde, para dar a conocer el evangelio de Cristo a otra persona.**

Jesús fue crucificado entre dos criminales (ladrones), uno a cada lado de la cruz
en la que estaba colgado. Al principio, los dos hombres se unieron a los espectadores para lanzar una retórica maliciosa al Señor (Marcos 15:32). Pero uno de
los ladrones obviamente cambió de opinión a medida que pasaban las horas. De
forma que reprendió al otro ladrón señalando la impecabilidad de Jesús (Lucas
23:40-41) y luego expresó la necesidad que tenía de salvación: «Acuérdate de mí
cuando vengas en tu reino» (v. 42). A cuya petición Jesús respondió con gracia.

La conversión del ladrón moribundo es una historia verdaderamente extraordinaria. En el Calvario no había nada convincente ni favorable en referencia a
Jesús. Desde el punto de vista humano, el Señor estaba muriendo puesto que
había sido completamente rechazado; a tal punto que hasta los discípulos lo
abandonaron. El Maestro parecía débil, deshonrado y vilipendiado. Cuando
aquel ladrón hizo su pedido de ayuda, nadie estaba señalando a Jesús ni diciendo algo como: «¡He aquí el Cordero de Dios que quita el pecado del mundo!»
(Juan 1:29).

Es más, dadas las circunstancias, es difícil comprender cómo Cristo podría
preocuparse por la salvación inmediata de un miserable ladrón que estaba siendo ejecutado justamente por sus crímenes. Pero nuestro Señor se preocupaba
mucho por el destino del alma de aquel hombre. El deseo de Jesús de ver a los
pecadores salvados era constante, porque a eso vino: a buscar y a salvar a los
perdidos (Lucas 19:10). Su interés por los no salvos es el ejemplo supremo y la
motivación que tenemos para llegar a los demás.

La salvación del ladrón es también una ilustración clara de la soberanía de
Dios en cuanto a su acto redentor. Muy a menudo, la iglesia quiere atribuir la
salvación de alguien a la inteligencia humana al presentar un mensaje bien elaborado en el momento justo y en el lugar más apropiado. Pero la salvación es
siempre el resultado directo de la gracia interventora de Dios. La obra soberana
del Espíritu de Dios, no las circunstancias, le dio al ladrón un entendimiento
salvador sobre quién era Jesús y qué estaba logrando su muerte.

Sugerencias para la oración: Pídale a Dios el valor para alcanzar las buenas
nuevas de salvación pese a las circunstancias.

Para un estudio más profundo: Lea Juan 4:1-42. ¿Qué excusas podría haber
usado Jesús para no hablar con la mujer?

SEA CONSIDERADO CON LAS NECESIDADES DE LOS DEMÁS

«Cuando vio Jesús a su madre, y al discípulo a quien él amaba,
que estaba presente, dijo a su madre: Mujer, he ahí tu hijo».

JUAN 19:26

Cualesquiera sean las pruebas que enfrentemos, aún es posible preocuparse por las necesidades de los demás.

Cuando el momento de la muerte de Jesús se acercaba, había algo que latía en su corazón y en su mente: el bienestar de su madre. Su preocupación es congruente con lo que ya hemos visto en nuestro breve estudio de algunas de las últimas palabras de Jesús en la cruz: fue fiel en su ministerio.

Aquí el objetivo del enfoque de Jesús se desplazó a un pequeño grupo de cinco amigos que estaban al pie de la cruz. Y de ese conjunto de personas comprensivas, entre las que se incluía el discípulo Juan, Salomé (la madre de Juan), María la esposa de Cleofas y María Magdalena, la atención de Cristo se dirigió especialmente a su madre.

María, la madre de nuestro Señor, era quizás la persona más necesitada en ese grupo que estaba al pie de la cruz. Creemos que para ese momento ya era viuda; de lo contrario, Jesús no habría mostrado una preocupación especial por su futuro bienestar. Además, María estaba viendo, presenciando y sintiendo el cumplimiento de la profecía que Simeón le anunció en cuanto a que su alma sería traspasada por el sufrimiento de su hijo Jesús (Lucas 2:34-35). Atraída al lugar de la ejecución de su hijo por su amorosa preocupación y su terrible tristeza, María se paró con los demás, aun cuando sin duda se sintió muy sola mientras sufría en silencio.

En aquel momento, Jesús intervino con su gracia y le recordó que necesitaba considerarlo no principalmente como su hijo sino como su Salvador. Cuando Jesús le dijo «mujer», estaba usando un título respetuoso. Su intención era simplemente comprometer a Juan para que cuidara a María.

En el Calvario, Cristo experimentó la agonía de la cruz, el peso del pecado del mundo y la ira de Dios el Padre. Sin embargo, apartó unos momentos para mostrar compasión a otros que estaban sufriendo. Ese es un patrón que debemos seguir. No debemos abrumarnos tanto con nuestro propio dolor, las luchas y las pruebas, ni ciertamente con lo rutinario de nuestra vida, que perdamos de vista las necesidades de los demás.

Sugerencias para la oración: Gracias a Dios por el extraordinario ejemplo de compasión que nos brinda Jesús en medio de las circunstancias más adversas.
Para un estudio más profundo: Lea Mateo 27:46; Juan 19:28; Juan 19:30; y Lucas 23:46. ¿Qué otros rasgos revelan estos pasajes bíblicos acerca de Jesús?
❉ Busque al menos un ejemplo que pueda aplicar a su vida.

UNA OSCURIDAD SOBRENATURAL

«Y desde la hora sexta hubo tinieblas sobre
toda la tierra hasta la hora novena».

MATEO 27:45

La oscuridad que invadió el planeta tierra mientras Jesús llevaba nuestro pecado fue un indicador de que la cruz era un escenario de juicio divino.

El fenómeno bíblico de la luz no se asoció con la muerte de Cristo. Al contrario, como dice el versículo de hoy, «La oscuridad cayó sobre toda la tierra hasta la hora novena [3:00 de la tarde]».

Las Escrituras dicen poco acerca de esa oscuridad. Los informes históricos antiguos mencionan una inusual oscuridad mundial que parecía coincidir con la fecha de la muerte de Cristo. Los registros astronómicos indican que el sol y la luna estaban demasiado separados ese día como para que ocurriera un eclipse solar normal. Por lo tanto, la oscuridad tuvo que ser causada por la intervención de Dios.

Sin embargo, aún puede preguntarse: «¿Por qué intervino Dios en esa forma cuando Jesús murió?». Insisto, las fuentes externas a las Escrituras proporcionan una pista razonable. Durante muchos años, los rabinos judíos enseñaron que el oscurecimiento del sol implicaba el juicio de Dios por un pecado especialmente atroz. Muchos pasajes de las Escrituras establecen el vínculo entre la oscuridad y el juicio de Dios. Jesús, varias veces, se refirió al juicio divino en términos de «oscuridad exterior», donde «habrá llanto y crujir de dientes» (Mateo 8:12; 22:13; 25:30).

Al enviar oscuridad sobre toda la tierra durante tres horas, Dios nos presenta una lección objetiva en cuanto a su actitud el día que Jesús murió. La oscuridad era la señal del juicio de Dios contra la humanidad por el grave pecado de rechazar y asesinar a su amado Hijo. También es un signo de la reacción de Dios al pecado en su conjunto. La oscuridad es una representación gráfica de la cruz como el punto focal de la ira de Dios, el escenario de su gran juicio, donde el pecado se derramó sobre su Hijo Jesús, nuestro Salvador. Esta lección debe ser un recordatorio constante y nuevo para nosotros acerca de lo serio que Dios considera el pecado y cuán vital fue que el Señor Jesús muriera en nuestro nombre.

Sugerencias para la oración: Agradézcale a Dios que use aspectos de la naturaleza para ilustrar la verdad espiritual de un modo que entendamos.

* Ore para que el Señor nunca le permita dudar de la extraordinaria seriedad de los acontecimientos del Calvario.

Para un estudio más profundo: Lea Éxodo 10:12-29. ¿En qué se diferenciaba la plaga de la oscuridad de la de las langostas?

* ¿Cuál fue la respuesta final del faraón a esas dos plagas?
* ¿Cómo anticipa esto la reacción de los espectadores al ver la oscuridad en la cruz?

LA PARTIDA SOBERANA DE DIOS

«Dios mío, Dios mío, ¿por qué me has desamparado?».

MATEO 27:46

Dios siempre debe darle la espalda al pecado, aunque eso haya implicado cortar la comunión con su Hijo por un breve tiempo.

Se dice que el reformador Martín Lutero no obtuvo ningún conocimiento cuando se enclaustró con el fin de intentar comprender la separación temporal que tuvieron Jesús y el Padre en el acontecimiento del Calvario. Pero en los secretos de la soberanía divina, el Dios-hombre se separó de Dios en el Calvario cuando la ira del Padre se derramó sobre el Hijo inocente, que se había convertido en pecado por todos aquellos que creen en Él.

Abandono significa que una persona es desamparada, desatendida, desahuciada; la persona se siente sola y desolada. Jesús debe haber tenido todos esos sentimientos y más aún. Su clamor desde aquella cruz podría repetirse de esta manera: «Dios mío, Dios mío, con el que he tenido comunión eterna e ininterrumpida, ¿por qué me has abandonado?». En ese contexto de intimidad perpetua, el hecho de que Jesús sea abandonado por Dios se convierte en una experiencia aún más aplastante para Él. El pecado hizo lo que nada más había hecho ni podía hacer: separar a Cristo de su Padre celestial.

La separación de Jesús no significa en ningún sentido que este dejara de ser Dios ni Hijo de Dios. Significa que, por un tiempo, Jesús dejó de conocer la comunión íntima con el Padre, de forma similar a cómo un niño podría dejar de tener comunicación temporal con su padre humano.

Dios tuvo que darle la espalda a Jesús mientras este estaba en la cruz porque Dios no podía mirar el pecado (Habacuc 1:13), menos aun en su propio Hijo. Cristo, al ir a la cruz, tomó sobre sí «nuestras rebeliones… nuestros pecados» (Isaías 53:5) y fue «hecho por nosotros maldición» (Gálatas 3:13) «en propiciación por nuestros pecados» (1 Juan 4:10).

Nuestras mentes caídas, al igual que la de Lutero, son incapaces de comprender todo el significado del versículo de hoy. Pero en la misma medida en que nuestro Señor sintió angustia por la separación causada por el pecado, debemos llorar por el modo en que nuestros pecados rompen la comunión que Dios quiere tener con nosotros.

Sugerencias para la oración: Ore con el fin de que Dios le dé el discernimiento para ver la gravedad del pecado y la motivación para arrepentirse y rechazar cualquier transgresión que acose su vida.

Para un estudio más profundo: Lea Juan 3:18-20, 36. ¿Qué dicen estos versículos sobre la gravedad del pecado?

* ¿Cuál es el único remedio para los malos efectos del pecado?

LA RESPUESTA SALVADORA DEL SOLDADO

«El centurión, y los que estaban con él guardando a Jesús, visto el terremoto, y las cosas que habían sido hechas, temieron en gran manera, y dijeron: Verdaderamente éste era Hijo de Dios».

MATEO 27:54

El testimonio de los soldados después de la crucifixión de Jesús confirma la suficiencia de su muerte para todos los pecadores.

Casi todas nuestras actividades diarias son dictadas por las responsabilidades rutinarias de nuestros trabajos. Lo mismo ocurrió con los soldados romanos, al pie de la cruz, cuando Jesús entregó su vida. Estaban allí para asegurarse de que la crucifixión se llevara a cabo al pie de la letra.

Es probable que supieran poco del judaísmo, y menos de Jesús. Por lo tanto, en verdad no tenían ni idea de por qué los líderes judíos y la mayoría de la multitud estaban tan decididos a matarlo. Para esos soldados anónimos, lo que Cristo afirmaba en cuanto a que era el Hijo de Dios y que era Rey era algo tanto ridículo como inofensivo.

La oscuridad y el terremoto, sin embargo, hicieron que cambiaran radicalmente de actitud. Su temor generado por los sucesos acontecidos se convirtió en asombro reverencial por lo que era Jesús. De modo que concluyeron que los fenómenos naturales tenían un origen sobrenatural y se dieron cuenta de que Jesús era realmente el Hijo de Dios.

Las profundas palabras de Jesús, pronunciadas desde la cruz y ante Pilato, así como su comportamiento sumiso afectaron los corazones de los soldados. Pero fue el ministerio del Espíritu Santo el que finalmente los convenció de confesar la deidad de Cristo.

La declaración «Verdaderamente éste era Hijo de Dios» hecha por el centurión (ver también Marcos 15:39) en nombre de sí mismo y de sus hombres, era para los soldados una profesión de fe en Cristo. Aunque ese testimonio fue pronunciado por otra persona después de que Jesús había muerto, se convirtió en esencia en su testimonio final de la cruz. También nos ofrece una prueba convincente de que su gracia puede extenderse a todos los pecadores, incluso a aquellos que contribuyeron a su muerte. En Juan 12:32 Jesús anunció: «Y yo, si fuere levantado de la tierra, a todos atraeré a mí mismo».

Sugerencias para la oración: Ore por alguien que necesite salvación hoy, tal vez alguien por quien dejó de orar porque pensó que era poco probable que alguna vez respondiera al evangelio.

Para un estudio más profundo: Lea Marcos 10:17-27. El joven era aparentemente un candidato importante para la salvación, en contraste con los soldados romanos. ¿Qué lo mantuvo fuera del reino?

LEALTAD COMPASIVA

«Estaban allí muchas mujeres mirando de lejos, las cuales
habían seguido a Jesús desde Galilea, sirviéndole».

MATEO 27:55

Las mujeres que apoyaron el ministerio de Jesús hasta la
cruz son buenos ejemplos de una lealtad compasiva.

La lealtad firme y concienzuda es una característica maravillosa de las mujeres piadosas. Ese rasgo es probablemente más evidente en ellas que en los hombres compasivos. Las mujeres que estaban al pie de la cruz eran el grupo principal de testigos oculares de la crucifixión de Jesús que además eran creyentes. También mostraron una lealtad extraordinaria ante el bochorno y el peligro. Esa valentía contrasta con los discípulos que, a excepción de Juan, huyeron atemorizados la noche antes de que Jesús fuera crucificado.

En una lección a principios de este mes, vimos que algunas de las mujeres, incluida la madre de nuestro Señor, habían estado presenciando la crucifixión desde el pie de la cruz (Juan 19:25-27). Pero en el versículo de hoy, se dice que había «muchas mujeres mirando de lejos». No temían a los soldados romanos ni a los líderes judíos. Tampoco se avergonzaban de ser conocidas como seguidoras de Jesús. Se retiraron del lugar porque su dolor era profundo y su esperanza se hizo añicos ante la inminente muerte de su Maestro. La persistencia de las mujeres, sin embargo, era denodada.

A lo largo de su ministerio, mujeres consagradas como aquellas de la cruz ministraron generosamente a Jesús y a los discípulos. Lucas 8:2-3 dice: «María, que se llamaba Magdalena… Juana, mujer de Chuza… y Susana, y otras muchas que le servían de sus bienes». Es probable que la mayoría de las comidas que Jesús y los Doce disfrutaron fueron preparadas por mujeres fieles.

Las mujeres que siguieron a Jesús establecieron el estándar para el servicio fiel y la lealtad compasiva que Pablo luego describiría para las mujeres piadosas: «testimonio de buenas obras… si ha lavado los pies de los santos; si ha socorrido a los afligidos; si ha practicado toda buena obra» (1 Timoteo 5:10). Tales actos de entrega y servicio son signos de excelencia y madurez espiritual que deberían ser evidentes en la vida de todos los creyentes.

Sugerencias para la oración: ¿Hay algún amigo cristiano a quien usted pueda serle leal? Ore por la oportunidad de servir a esa persona en maneras útiles.

Para un estudio más profundo: Lea Juan 13:3-17. ¿Cómo mostró Jesús el tema del estudio de hoy?

　　* ¿Qué impacto tuvo el ejemplo de Jesús en Pedro?

LA CENTRALIDAD DE LA RESURRECCIÓN

«Mas el ángel, respondiendo, dijo a las mujeres: No temáis vosotras; porque yo sé que buscáis a Jesús, el que fue crucificado. No está aquí, pues ha resucitado, como dijo. Venid, ved el lugar donde fue puesto el Señor».

MATEO 28:5-6

La resurrección de Jesús es el hecho culminante de la historia redentora y la base esencial de la fe cristiana.

Sin resurrección, nuestra fe cristiana sería un montón de ilusiones, nada mejor que las filosofías y especulaciones humanas. En efecto, el destacado filósofo británico del siglo diecisiete, John Locke, algunas de cuyas ideas se incorporaron a la Declaración de Independencia de los Estados Unidos de América, escribió: «La resurrección de nuestro Salvador es realmente de gran importancia para el cristianismo, tanto que su identidad como Mesías se sostiene o se cae con ella».

Desde sus primeros relatos, las Escrituras han contenido el mensaje de la esperanza de la resurrección. La muerte nunca ha sido el final para el creyente, sino la puerta de entrada a la vida eterna en el cielo. Abraham estuvo dispuesto a sacrificar a su único hijo Isaac porque creía «que Dios es poderoso para levantar aun de entre los muertos» (Hebreos 11:19). El Señor le aseguró a Daniel que los creyentes «serán despertados… para vida eterna» (Daniel 12:2).

La resurrección fue el punto central de la enseñanza de Cristo a los discípulos sobre sus sufrimientos y su muerte: «Y comenzó a enseñarles que le era necesario … padecer mucho, y ser desechado … ser muerto, y resucitar después de tres días» (Marcos 8:31). Por lo tanto, es absolutamente comprensible que Mateo y los otros tres escritores de los evangelios hayan incluido un relato histórico de la resurrección de Jesús en sus narraciones.

Pablo sabía que, sin resurrección, nuestra salvación no hubiera sido posible. También estaba convencido de que la verdad de la resurrección debe ser creída o de lo contrario no se puede recibir la salvación: «Que si confesares con tu boca que Jesús es el Señor, y creyeres en tu corazón que Dios le levantó de los muertos, serás salvo» (Romanos 10:9).

No es de extrañar que Pablo, los otros apóstoles y todos los líderes de la iglesia primitiva proclamaran la resurrección de Cristo como la culminación de su ministerio. Estaban tan cautivados por el significado de la resurrección que no podían hacer otra cosa que predicarla. Y esa debería ser nuestra actitud en la actualidad.

Sugerencias para la oración: Gracias a Dios por la verdad de Juan 11:25, que nos brinda la esperanza de la resurrección en las propias palabras de Jesús.
Para un estudio más profundo: Lea Hechos 2:14-36 o 3:12-26. ¿Cuál es el punto focal de los sermones evangelísticos de Pedro?
  ⁎ ¿Cómo prueba él su tema?

LA IGLESIA TESTIFICA DE LA RESURRECCIÓN

«Además os declaro, hermanos, el evangelio que os he predicado,
el cual también recibisteis, en el cual también perseveráis».

1 Corintios 15:1

La verdadera iglesia ha testificado coherentemente
acerca del poder de la resurrección.

Kenneth Scott Latourette observó lo siguiente en su libro *Historia de la expansión del cristianismo*: «La convicción de la resurrección de Jesús fue lo que sacó a sus seguidores de la desesperación en la que su muerte los sumió y que llevó a la perpetuación de un movimiento iniciado por Él».

Esta afirmación era cierta para la iglesia en Corinto, incluso con sus muchos problemas. El apóstol Pablo abre su reconocido capítulo sobre la resurrección en 1 Corintios 15, al afirmar implícitamente el testimonio de los corintios acerca de esa doctrina. Solo con recibir el evangelio que transformaría sus vidas, los creyentes en Corinto comprobaron la realidad de la resurrección de Jesús. Ese hecho es lo que dio poder al evangelio. Pablo no necesitaba recordarles explícitamente a los corintios todo lo relativo a la resurrección de Cristo sino hasta el versículo 4, al decirles que «resucitó al tercer día». Al principio, el apóstol confiaba en que los corintios ya habían creído en la verdad de la resurrección del Señor.

El hecho de que la iglesia corintia continuara existiendo, aunque plagada de problemas de inmadurez y otras debilidades, fue un firme testimonio del poder del evangelio del Cristo resucitado. Solo un Salvador vivo podría haber convertido a algunos de los pecadores más endurecidos de Corinto (extorsionadores, idólatras, inmorales) en una comunidad de redimidos. Pablo estaba preocupado y angustiado por muchas de las cosas que sucedieron y no sucedieron en la iglesia en Corinto, pero no dudó en calificar al grupo central de miembros como «hermanos».

A pesar de muchos desafíos debido al escepticismo, la persecución, la herejía y la infidelidad, la iglesia a través de los siglos ha continuado dando testimonio de la realidad de la resurrección de Cristo. La verdadera iglesia celebra esa verdad a menudo, no solo el domingo de Pascua. En realidad, debido a que la iglesia se reúne el domingo, el Día del Señor, el primer día de la semana (cuando Jesús resucitó), recordamos la resurrección todas las semanas. Alabado sea el Señor por ese recordatorio; no lo olvide la próxima vez que adore en el Día del Señor.

Sugerencias para la oración: Agradezca a Dios que su iglesia fue fiel en el pasado a la hora de dar testimonio de lo cierto de la resurrección.

Para un estudio más profundo: Lea Hechos 4 y enumere algunas cosas que sugieren un testimonio del poder de la resurrección.

UN TESTIMONIO ESPECIAL

«Y al último de todos, como a un abortivo, me apareció a mí».

1 Corintios 15:8

**El poder de la resurrección de Cristo transformó
a Pablo en un predicador del evangelio.**

A lo largo de la historia, el testimonio confiable de testigos oculares sobre una persona o suceso ha sido una de las formas más aceptadas de evidencia en los tribunales de justicia. Pablo apela al registro de testigos oculares como una confirmación importante de la resurrección. Cita los ejemplos de Pedro, los apóstoles (dos veces), quinientos creyentes y Santiago (1 Corintios 15:5-7). Y en el versículo de hoy, se presenta a sí mismo como testigo especial de la resurrección de Jesús.

Su caso fue único. No estaba entre los apóstoles originales, ni entre los otros quinientos creyentes, que tuvieron la oportunidad de estar con el Señor durante su ministerio terrenal o pudieron verlo poco después de su resurrección. Pablo ni siquiera era cristiano, sino que era el líder de los que perseguían a la iglesia.

Además, la situación de Pablo era diferente porque la aparición de Cristo a él no fue solo posterior a la resurrección sino también a la ascensión. La dramática manifestación del Señor al apóstol fue probablemente varios años después del período de cuarenta días de sus muchas otras apariciones.

Pablo vio el momento de la aparición de Jesús ante él como la llegada de «un abortivo». Sabemos que se regocijó mucho en su conversión, pero si no hubiera visto al Salvador resucitado en ese o en otro momento, no podría haberse convertido en apóstol. En otras palabras, por gracia y providencia soberana, Dios eligió a Pablo para ser apóstol porque [Jesús] —en palabras del propio apóstol— «me apareció a mí». El viejo oponente de la iglesia era ahora como los Doce: había visto al Cristo resucitado.

El poder de la resurrección siempre es lo suficientemente fuerte como para cambiar una vida. Transformó la de Pablo en tres maneras principales. Primero, reconoció su pecado y vio cuán lejos estaba la religión externa de la piedad interna. En segundo lugar, su carácter fue renovado. Pasó de odiar las cosas de Cristo, por justicia propia, a amar la verdad al punto que se entregó a sí mismo por ella. Por último, la energía personal y la motivación de Pablo fueron completamente redirigidas. Pasó de ser un celoso opositor a los cristianos a uno que servía y apoyaba fervientemente a la iglesia.

Sugerencias para la oración: Pídale a Dios que ayude a que su testimonio siempre muestre el poder del Cristo resucitado.

Para un estudio más profundo: ¿Qué elementos comunes estaban presentes en las experiencias de Pablo en Hechos 18:9-10; 23:11? Tenga en cuenta algunas cosas que eran más inusuales sobre la experiencia de Pablo en 2 Corintios 12:1-7.

LA RESURRECCIÓN: UNA CREENCIA VALIOSA

«¿Cómo dicen algunos entre vosotros que no hay resurrección de muertos?».
1 Corintios 15:12

Sin la verdad de la resurrección del cuerpo, la fe cristiana no tendría sentido.

A pesar de que Pablo y los otros apóstoles hicieron de la resurrección de los muertos por parte de Cristo y sus seguidores, una parte vital del mensaje del evangelio, algunos nuevos conversos gentiles (especialmente los corintios) tuvieron dificultades para aceptar la idea de la resurrección corporal. Esa lucha surgió principalmente debido a los efectos del dualismo griego, que consideraba lo espiritual como inherentemente bueno y lo físico como sustancialmente malo. Bajo esa creencia, la resurrección física se consideraba bastante repulsiva.

La única forma en que los gentiles escépticos adaptarían su dualismo era afirmando que Jesús era divino pero no verdaderamente humano. Por lo tanto, alegaban que solo *parecía* que murió y que sus apariciones —entre la crucifixión y la ascensión— eran manifestaciones que simplemente *parecían* ser corporales. No obstante, Pablo sabía que esa era una doctrina errónea. Por eso escribió a los romanos, «Acerca de su Hijo... que era del linaje de David según la carne... que fue declarado Hijo de Dios con poder, según el Espíritu de santidad, por la resurrección de entre los muertos» (Romanos 1:3-4).

Negar la realidad de la resurrección corporal de Cristo crea algunos problemas doctrinales muy importantes. Sin su resurrección, el evangelio es un mensaje vacío que no tiene sentido. Sin la resurrección, Jesús no podría haber conquistado el pecado y la muerte, y por lo tanto tampoco podríamos haber seguido esa victoria.

Sin la resurrección física, una vida de fe centrada en el Señor Jesús carece de valor. Un salvador muerto no puede proporcionar ningún tipo de vida. Si los muertos no resucitan corporalmente, Cristo no resucitó y, por ende, nosotros tampoco. Si todas esas alegaciones fueran ciertas, no podríamos hacer mucho más que concluir con Isaías: «Por demás he trabajado, en vano y sin provecho he consumido mis fuerzas» (49:4). Pero la gloriosa realidad es que podemos afirmar con Job: «Yo sé que mi Redentor vive, y al fin se levantará sobre el polvo; y después de deshecha esta mi piel, en mi carne he de ver a Dios» (Job 19:25-26).

Sugerencias para la oración: Gracias a Dios que la verdad de la resurrección hace que nuestra teología sea creíble y que el evangelio sea poderoso.

Para un estudio más profundo: A veces los seguidores más cercanos de Jesús dudan sobre la resurrección. Lea Juan 20:19-29. ¿Cómo comprobó Jesús a los discípulos que realmente era lo que decía ser?

❋ ¿A qué más recurrió Jesús cuando enfrentó las dudas de Tomás?

LA RESURRECCIÓN: ¿Y QUÉ?

«Si en esta vida solamente esperamos en Cristo, somos los más dignos de conmiseración de todos los hombres».

1 CORINTIOS 15:19

Sin la resurrección de Cristo, nuestras vidas cristianas individuales serían un patético e inútil ejercicio.

En la antigüedad, el nadador más fuerte entre los marineros de un barco se llamaba *archegos*, una palabra griega que significa «corredor delantero» «favorito» o «pionero». Si a medida que el barco se acercaba a la costa, se veía atrapado en olas tan fuertes que era dudoso un atraque seguro, los *archegos* sujetarían el extremo de una larga cuerda al barco, lo amarrarían al otro extremo, saltarían al agua y guiarían el barco a atracar. Una vez en el muelle, asegurarían la cuerda a una roca o un árbol. Luego, los otros pasajeros podrían desembarcar y usar la cuerda como una línea de seguridad para llegar a la orilla. Jesús es nuestro *archegos*. Si Él no venció a la muerte y no nos permitiera hacer lo mismo, no tendríamos nada más que esperar que la vida terrena, lo que nos dejaría sin una esperanza más resplandeciente que la del típico incrédulo (Romanos 6:23).

La ilustración de los *archegos* nos muestra una vez más la importancia crucial de la resurrección de Cristo. Sin esta, el cristianismo pierde su fuerza doctrinal, como vimos en el estudio de ayer. Además, la vida cristiana se volvería inútil y patética si no pudiéramos señalar la verdad de la resurrección. Si nuestro Señor todavía estuviera en la tumba, no podría ayudarnos con respecto a la eternidad ni a nuestro ministerio terrenal. No tendríamos nada que justifique nuestros esfuerzos por estudiar la Biblia, predicar la Palabra, enseñar la doctrina, dar testimonio ni cualquier otra actividad de servicio cristiano.

Sin embargo, Dios el Padre «levantó de los muertos a Jesús, Señor nuestro, el cual fue entregado por nuestras transgresiones, y resucitado para nuestra justificación» (Romanos 4:24-25). Debido a que Cristo vive, nosotros también viviremos (Juan 14:19). Esta gran certeza debería darnos toda la confianza y la motivación que desearemos o necesitaremos al servir a nuestro Señor y Salvador resucitado, Jesucristo.

Sugerencias para la oración: Basado en la realidad de la resurrección, pídale a Dios hoy que le dé un nuevo incentivo para ser su fiel servidor.

Para un estudio más profundo: Lea Lucas 24:1-12. ¿Qué efecto inmediato tuvo el conocimiento de la resurrección de Jesús en María Magdalena y las otras mujeres?

✳ ¿Cómo difirió la reacción de ellas de la de la mayoría de los discípulos?

LA RESURRECCIÓN: MOTIVO PARA SALVACIÓN

«De otro modo, ¿qué harán los que se bautizan por los muertos,
si en ninguna manera los muertos resucitan?
¿Por qué, pues, se bautizan por los muertos?».
1 Corintios 15:29

La resurrección, a menudo, es un poderoso testimonio
para atraer a la gente a la fe salvadora en Cristo.

El apóstol Pablo sabía que los creyentes que enfrentan la muerte con alegría y esperanza pueden presentar testimonios poderosos a los no creyentes. La perspectiva de la vida en el cielo y una reunión con los seres queridos es un motivo fuerte para que las personas escuchen y reciban el evangelio. Cuando los creyentes mueren, sus espíritus van de inmediato a estar con el Señor. Y un día, en el futuro, sus cuerpos glorificados se unirán a sus espíritus, entonces los cristianos adorarán y disfrutarán a Dios por toda la eternidad.

En 1 Corintios 15:29 se usa el término «bautizan» para referirse a aquellos que testificaban que eran cristianos. Aunque el mero acto del bautismo no salva a la persona, cualquiera que sea un cristiano obediente ha de ser bautizado. En los días de Pablo, la iglesia asumía que cualquier creyente debía ser bautizado y que alguna gente no se bautizaría a menos que la iglesia estuviera segura de que su profesión de fe era genuina.

«Los muertos» en 1 Corintios 15:29 también podría incluir a los creyentes que han muerto y cuyas vidas fueron testimonios contundentes de la vida, muerte y resurrección de Jesucristo. Las personas eran salvadas (bautizadas) en Corinto debido a («para») el testimonio fiel de los creyentes fallecidos.

La resurrección sigue siendo un poderoso incentivo para la salvación. En mis años como pastor, he visto personas acudir a Cristo después de la muerte de un cónyuge o un padre creyente. Esos maridos y esposas, hijos e hijas no podían soportar la idea de no volver a ver a su ser querido. Los sobrevivientes convertidos fueron tocados y cambiados sin saberlo por la esperanza de la reunión que ya sostiene a los creyentes. Esa esperanza, basada en la promesa de la resurrección, sostuvo a David después de la muerte de su pequeño hijo: «Yo voy a él, mas él no volverá a mí» (2 Samuel 12:23).

Sugerencias para la oración: Pida perdón al Señor por los momentos en que su testimonio ha sido débil y la esperanza de resurrección en su vida no ha sido evidente.

Para un estudio más profundo: Lea Mateo 22:23-33. ¿Qué demostró la hipotética historia de los saduceos acerca de su creencia acerca de la resurrección?

* ¿Cuán importante fue la doctrina de la resurrección para Jesús?
* ¿A qué apelaba al corregir a los saduceos?

LA RESURRECCIÓN: MOTIVO PARA EL SERVICIO

«Si como hombre batallé en Éfeso contra fieras, ¿qué me aprovecha?
Si los muertos no resucitan, comamos y bebamos,
porque mañana moriremos».
1 Corintios 15:32

La verdad de la resurrección es un incentivo para que los creyentes perseveren en servir a Jesucristo.

La declaración de Pablo en el versículo de hoy es verdaderamente extraordinaria, porque nos reitera que la verdad de la resurrección de Cristo y la esperanza de creer en la resurrección de los demás son alicientes decisivos para el servicio cristiano. Nos permite observar más de cerca lo que inspiraba a los cristianos como Pablo al mismo tiempo que nos insta a estar motivados para el servicio.

El apóstol pudo haber peleado con verdaderos animales salvajes en Éfeso. O es posible que hablara en sentido figurado de la brutal turba de Éfeso que se opuso a él en Hechos 19. Pero cualquiera que sea el caso, Pablo sabe que no hay simples motivos humanos que lo obligaran a participar en tales batallas o a arriesgar continuamente su seguridad de otras maneras. No habría soportado tantas dificultades si sus propósitos y objetivos hubieran sido solo temporales y mundanos.

Pablo y todos los cristianos a lo largo de la historia han estado dispuestos a trabajar bajo la adversidad, sufrir, ser perseguidos y continuar diligentemente en el servicio del Señor puesto que su convicción es que el reino de Dios se extienda más allá de las debilidades y límites de esta vida (Romanos 8:18). Si nuestro ministerio en la tierra fuera un fin en sí mismo, entonces tendría sentido «comer y beber, porque mañana moriremos».

Sin embargo, hoy puede alabar a Dios porque su vida no tiene que terminar simplemente con placeres y comodidades sensuales. La esperanza y la motivación en todo su servicio a Cristo pueden ser idénticas a las de los gigantes de la fe en Hebreos 11, que servían fervientemente, para que «a fin de obtener mejor resurrección» (v. 35).

Sugerencias para la oración: Ore con el fin de que Dios use la verdad de la resurrección para motivarlo a prestar un servicio más fiel en un área difícil del ministerio o en un ministerio en el que ha sido incoherente.

Para un estudio más profundo: Memorice 1 Corintios 15:58. ¿A qué se refiere el «así que»? Haga de este versículo un recordatorio constante del incentivo que debe tener para servir al Señor.

LA RESURRECCIÓN:
MOTIVO PARA LA SANTIFICACIÓN

«No erréis; las malas conversaciones corrompen las buenas costumbres. Velad debidamente, y no pequéis; porque algunos no conocen a Dios; para vergüenza vuestra lo digo».

1 Corintios 15:33-34

Confiar en el hecho de la resurrección de Cristo y esperar nuestra propia resurrección de los muertos debería instarnos a la santificación.

Como cualquier enseñanza esencial de la Escritura, la doctrina de la resurrección puede estudiarse y analizarse desde un punto de vista académico. Cuando eso sucede, por lo general obtenemos una comprensión objetiva del tema y tal vez algo de apreciación en cuanto a cómo apoya la doctrina a nuestra fe, pero eso es a todo lo que podemos llegar.

Sin embargo, nuestros estudios sobre la resurrección ya nos han enseñado algunas de las implicaciones que esta verdad bíblica debería tener para nuestra conducta. La esperanza de la resurrección puede darles a todos un incentivo para salvarse y a los creyentes uno para el servicio. Esta esperanza también proporciona un tercer incentivo: la motivación para la santificación.

El apóstol Pablo sabía que los de la iglesia de Corinto estaban expuestos a la teología herética de que no existe una resurrección real de los muertos. Esa falsa enseñanza estaba ejerciendo una mala influencia en el comportamiento de los corintios. Es por eso que Pablo les dijo en el versículo de hoy: «Las malas conversaciones corrompen las buenas costumbres». Es imposible estar rodeado de personas malvadas y no contaminarse tanto por sus ideas como por sus hábitos. El apóstol continúa instando a aquellos creyentes que esperaban en la resurrección a ser una influencia positiva en los demás y conducirlos a la verdad.

Esta visión de la situación en Corinto comprueba que la sana doctrina es valiosa y afecta la forma en que la gente vive. Hoy vemos a nuestro alrededor lo que resulta cuando no se cree en la resurrección. Las personas se vuelven miopes y viven a su antojo porque, en última instancia, nada las hace responsables. Esta es una razón más para que nos mantengamos firmes en la verdad de la resurrección, vivamos en su esperanza y la proclamemos a otros.

Sugerencias para la oración: ¿Cómo surge la búsqueda de la santidad en su vida? Ore para que el Señor aumente su diligencia y lo ayude especialmente en un área de debilidad.

Para un estudio más profundo: Lea 1 Pedro 1. Enumere todos los versículos que se refieren al plan de Dios con la muerte y resurrección de Cristo.

* ¿En qué manera fortalece su esperanza la existencia de un plan divino?
* Escriba una oración temática para el capítulo.

NUESTROS NUEVOS CUERPOS

*«Y así como hemos traído la imagen del terrenal,
traeremos también la imagen del celestial».*

1 Corintios 15:49

**Todos los creyentes pueden esperar que algún día
recibirán nuevos cuerpos y nuevas imágenes.**

Las apariciones de Jesús posteriores a la resurrección dan una semblanza de la grandeza, el poder y el portento que tendrán nuestros propios cuerpos resucitados. Nuestro Señor aparecía y desaparecía a voluntad en cualquier lugar. Podía atravesar paredes y puertas, pero también podía comer, beber, sentarse, hablar y ser visto por otros. Jesús era notablemente el mismo que antes de su muerte, sin embargo, fue un cambio maravilloso. El cuerpo que vieron los discípulos y otros seguidores después de la resurrección es el mismo que veremos cuando vayamos a estar con Él. Cristo también aparecerá en la misma forma cuando regrese a la tierra (Hechos 1:11).

Como sucedió con Jesús, nuestros cuerpos perecederos, naturales y débiles serán resucitados de tal forma que serán imperecederos, espirituales y poderosos. Ya no limitarán nuestro servicio a Dios. En el cielo resplandeceremos con la majestuosa gloria que Dios tan gentilmente les da a los suyos (Mateo 13:43). Cristo promete que «transformará el cuerpo de la humillación nuestra, para que sea semejante al cuerpo de la gloria suya, por el poder con el cual puede también sujetar a sí mismo todas las cosas» (Filipenses 3:21).

La futura resurrección de los creyentes a las glorias del cielo ha sido una bendita esperanza y una motivación especial para la iglesia a través de los siglos, y debería serlo para usted y para mí. No importa cómo son nuestros cuerpos actuales: estén sanos o no, sean hermosos o simples, de corta o larga vida, mimados o maltratados; a fin de cuentas, no son nuestros cuerpos permanentes. Un día, esos cuerpos naturales creados serán recreados y hechos sobrenaturales. Aunque la Biblia nos da un vistazo de cómo serán esos cuerpos nuevos, es una garantía preciosa saber que «seremos como Él» (1 Juan 3:2).

Sugerencias para la oración: Ore por la oportunidad de compartir ideas de este estudio con un amigo cristiano, especialmente si esa persona se ha desanimado recientemente.

Para un estudio más profundo: Lea Lucas 24:33-53. ¿Qué verifican los versículos 37 a 43 sobre el nuevo cuerpo de Jesús?

* Escriba otras cosas del pasaje que describan el cambio que experimentó Jesús y qué lo diferenciaba de como era antes de la cruz.

LA VICTORIA DE LA RESURRECCIÓN

«Sorbida es la muerte en victoria. ¿Dónde está, oh muerte, tu aguijón?
¿Dónde, oh sepulcro, tu victoria?... Mas gracias sean dadas a Dios,
que nos da la victoria por medio de nuestro Señor Jesucristo».
1 Corintios 15:54-55, 57

La resurrección sella lo que nosotros no pudimos: la victoria sobre la muerte.

La muerte es el gran enemigo de la humanidad. De todos los seres humanos sin excepción. Viola la esfera de la creación de Dios, separa las relaciones, perturba a las familias y nos hace llorar la pérdida de nuestros seres queridos. Sin embargo, la resurrección de Cristo destruyó el poder de la muerte con los cristianos porque «la muerte no se enseñorea más de él» (Romanos 6:9).

En el pasaje de hoy, el apóstol Pablo nos recuerda la victoria final que tendremos sobre la muerte una vez que hayamos sido transformados en nuestros cuerpos de resurrección. Para aclarar su punto, Pablo cita a Isaías y a Oseas, profetas del Antiguo Testamento. Al usar la metáfora del aguijón de la muerte de Oseas, Pablo afirma que la muerte dejó su aguijón en Cristo, como la abeja que deja el suyo en su víctima. En la cruz, Jesús soportó toda la picadura de la muerte (el pecado), por lo que no tendremos que soportar nada de eso. Cuando la pena del pecado haya sido eliminada, la muerte simplemente interrumpirá nuestra vida terrenal y nos llevará al reino celestial, donde adoraremos y alabaremos a Dios para siempre.

Pablo concluye (v. 57) agradeciendo a Dios, que nos proporcionó el triunfo sobre el pecado y la muerte. También deberíamos estar agradecidos con Dios porque, a través de la obra redentora de Cristo, nos dio lo que nunca podríamos haber obtenido por nosotros mismos. Dios promete a todos los creyentes lo celestial a cambio de lo terrenal y lo inmortal a cambio de lo mortal.

Con el triunfo de Jesucristo sobre la muerte, no tenemos motivos para temer lo que la muerte puede hacernos. Al contrario, deberíamos alegrarnos por la promesa que el Señor nos hizo acerca de la próxima vida: «La muerte y el Hades fueron lanzados al lago de fuego... Enjugará Dios toda lágrima de los ojos de ellos; y ya no habrá muerte, ni habrá más llanto, ni clamor, ni dolor» (Apocalipsis 20:14; 21:4).

Sugerencias para la oración: Agradezca a Dios porque en su soberana sabiduría y poder venció a la muerte y ha eliminado todas las razones para que el creyente le tenga miedo.

Para un estudio más profundo: Lea 2 Reyes 2:9-14 y 4:18-37. ¿Qué anticipan estos pasajes sobre el control de Jesús sobre la muerte, la suya y la nuestra?

* ¿Le recuerdan alguna historia particular del Nuevo Testamento?

¿POR QUÉ EL SUFRIMIENTO Y LAS PRUEBAS?

«Pero como las chispas se levantan para volar por el
aire, así el hombre nace para la aflicción».

JOB 5:7

—

**Debido a que son pecadores, viviendo en un mundo pecaminoso,
los cristianos deben esperar encontrarse con dificultades.**

«Todo depende de cómo lo vea». Eso puede ser un cliché, pero es muy aplicable a los creyentes ya que tratan con pruebas y sufrimientos. Cualquier prueba puede ser una experiencia gozosa para un cristiano si la mira desde la perspectiva bíblica adecuada. O, como con Jonás (Jonás 4) y Elías (1 Reyes 19:1-14), las pruebas pueden ser tiempos frustrantes de autocompasión si los creyentes pierden su enfoque en lo que Dios está haciendo.

Para algunos de nosotros, el primer obstáculo a superar es la noción misma de que las pruebas y los sufrimientos serán parte de la vida cristiana. Pero Job 5:7 nos recuerda que los problemas son inevitables. Si imaginamos un mundo ideal en el que las cosas son buenas todo el tiempo para los creyentes, nos estamos preparando para una profunda decepción. El propio Jesús nos dice que debemos esperar dificultades significativas en nuestras vidas: «En el mundo tendréis aflicción» (Juan 16:33).

Todos nosotros debemos estar listos para enfrentar pruebas y tribulaciones. Las cuales serán diferentes para cada uno de nosotros. Para unos, la prueba podría ser una crisis financiera, acompañada de la pérdida de ahorros o inversiones personales. Para otros, podría ser la pérdida del empleo, aunada a la ansiedad de no poder encontrar otro trabajo en el corto plazo. Quizás para otros, una prueba severa sea una enfermedad o una lesión grave en su familia, un accidente automovilístico fatal o ser devastado por un delito grave como asesinato o robo.

En el propósito y el plan de Dios, las pruebas y los sufrimientos son reales, por lo que no deben sorprendernos ni hacer que nos enojemos ni nos abrumen. Si reconocemos el papel soberano del Señor en todas estas cosas, podremos afirmar las palabras de un antiguo himno que dice:

Yo te seguiré en el huerto, por la vía dolorosa,
Y con mi alma tan gozosa, sufriré contigo, mi Jesús.

—

Sugerencias para la oración: Pídale a Dios sabiduría para entender mejor y aceptar la verdad de que Él es soberano en todos los aspectos de la vida.

 * Ore por un amigo o familiar que esté atravesando una prueba.

Para un estudio más profundo: Lea 1 Reyes 19:1-14. ¿En quién y en qué se enfocó Elías más que en Dios?

 * ¿Qué eventos del capítulo 18 olvidó rápidamente el profeta?

LA OPOSICIÓN AL MUNDO GENERA ODIO

«Si el mundo os aborrece, sabed que a mí me ha aborrecido antes que a vosotros. Si fuerais del mundo, el mundo amaría lo suyo; pero porque no sois del mundo, antes yo os elegí del mundo, por eso el mundo os aborrece».

JUAN 15:18-19

Debido a que no son parte del sistema mundial, los cristianos deben esperar el odio y la oposición.

Si ha sido cristiano por un tiempo, sin duda recuerda lo pronto que se dio cuenta de que ya no encajaba con la cultura mundana. Ya no se sentía cómodo con su filosofía. Ya no tiene los deseos y los anhelos del mundo. Ya no se siente bien al hacer algunas de las cosas que el mundo da por hechas. Es más, hasta se ha sentido forzado a hablar en contra de tales cosas e instar a los no creyentes a que se aparten de sus pecados y abracen a Cristo. Toda esa oposición a la mundanalidad, cuando se suma, puede y resulta en odio hacia nosotros por parte de las personas del mundo.

En Juan 15, la palabra griega traducida como «mundo» (*kosmos*) se refiere al sistema pecaminoso imperante, que es ideado por Satanás y representado por personas pecadoras. El diablo y sus ángeles a veces nos hacen las cosas aún más difíciles al presentar sutilmente su «religión» como si fuera verdad. Tal engaño puede calmarnos y hacer que caigamos en la complacencia con el objeto de dejarnos espiritualmente débiles cuando llegue la persecución. Debido a la implacable oposición del mundo al reino de Dios, es crucial que recordemos el llamado de Cristo a defenderlo en nuestra sociedad pecadora. El apóstol Pablo nos exhorta a ser «irreprensibles y sencillos, hijos de Dios sin mancha en medio de una generación maligna y perversa» (Filipenses 2:15).

Si consideramos las Escrituras con seriedad y pasamos tiempo en oración diariamente, no seremos tomados por sorpresa cuando nuestra fe se oponga. Al contrario, nos alentarán las palabras de Jesús: «Vosotros sois la luz del mundo; una ciudad asentada sobre un monte no se puede esconder» (Mateo 5:14).

Sugerencias para la oración: Pídale al Señor que lo fortalezca hoy y que le recuerde que aunque no sea del mundo, debe ser una luz para él.

Para un estudio más profundo: Lea el relato de la muerte de Juan el Bautista en Marcos 6:14-29. ¿Cómo sufrió Juan antes de ser asesinado?

＊ ¿Qué diferencias de carácter ve entre Juan y Herodes?

EL AMOR A LA VERDAD GENERA ODIO

«Mas todo esto os harán por causa de mi nombre,
porque no conocen al que me ha enviado».

JUAN 15:21

El mundo, con su gran odio a la verdad y su ignorancia
de Dios, también odiará a los creyentes.

Los líderes religiosos de la época de Jesús lo odiaban vehementemente. Hoy, si nos consagramos a seguirlo de todo corazón, no podremos esperar evitar la persecución y las dificultades más que lo que las sufrió Él. En Juan 15:20, nuestro Señor nos advierte sobre lo que podemos esperar: «Si a mí me han perseguido, también a vosotros os perseguirán».

Sin embargo, si nuestra perspectiva es correcta, esa expectativa debería hacernos felices e incluso proporcionarnos cierta sensación de seguridad. Ser perseguidos por el mundo porque seamos representantes de Cristo significa que tendremos la oportunidad de experimentar lo que Pablo llamó «la participación de sus padecimientos» (Filipenses 3:10). Como dijo un comentarista, el sufrimiento cristiano «es el medio que Dios usa para transformarnos a la imagen de su Hijo». Los problemas y los dolores pueden ser grandes garantías de que estamos unido con Cristo.

Como vimos ayer, no debe sorprendernos que el mundo nos odie. Porque desprecia nuestra oposición general a su sistema pero, aparte de eso, el mundo odia a los creyentes simplemente porque no conoce a Dios.

Esta elemental ignorancia de Dios casi siempre se manifiesta en una de dos maneras. O aparece como apatía y superstición religiosa (Hechos 17:22-23) o como acciones y actitudes más evidentes de perversión moral y espiritual (Romanos 1:18-2:2). Cualquiera sea el caso, las personas en el mundo simplemente están haciendo lo que es natural para ellos, debido a su pecado y su depravación.

Como cristiano, ¿cuál debería ser su respuesta? No debe ser indiferente ni adaptarse a los serios desafíos que enfrentará por parte del mundo. Al contrario, debe —por fe— aceptar de manera objetiva la verdad de Juan 15:21, descansar cómodamente en las enseñanzas de Filipenses 3:10 e intentar con confianza ministrar al mundo «porque lo insensato de Dios [el evangelio] es más sabio que los hombres, y lo débil de Dios [la cruz] es más fuerte que los hombres» (1 Corintios 1:25).

Sugerencias para la oración: Pídale al Señor que lo ayude a comenzar a entender lo que significa la «participación de sus padecimientos».

Para un estudio más profundo: Lea Hechos 5:17-42. ¿Cómo se muestra la actitud del mundo hacia el evangelio en este pasaje?

* ¿A qué apelaron los apóstoles cuando se enfrentaron a una oposición severa?

LECCIONES DE LAS PRUEBAS: LA FE

«Por la fe Abraham, cuando fue probado, ofreció a Isaac;
y el que había recibido las promesas ofrecía su unigénito».
HEBREOS 11:17

La razón principal por la que Dios permite las pruebas en la
vida de los cristianos es para probar la fuerza de su fe.

El memorable ejemplo en Génesis 22 referente a las pruebas de Abraham es quizás la experiencia más severa que jamás haya enfrentado un ser humano. Cuando Dios le dijo a Abraham que ofreciera a su único hijo Isaac como una ofrenda quemada en una de las montañas de Moriah (Génesis 22:1-2), Abraham sin duda quedó atónito. En términos de la naturaleza de Dios, su plan de redención, su promesa a Abraham y su amor por Isaac, todo ese concepto era completamente inconcebible y sin precedentes.

Sin embargo, ante todo eso, Abraham mostró una fe notable al tratar con esa prueba (Génesis 22:3-8). No cuestionó a Dios, como muchos de nosotros lo haríamos, sino que obedeció de inmediato (v. 3) y mostró la confianza de que Isaac y él regresarían (v. 5) y que Dios suministraría un cordero para la ofrenda (v. 8). Abraham comprobó que estaba listo para obedecer totalmente. Génesis 22 nos dice que «ató a Isaac su hijo, y lo puso en el altar sobre la leña. Y extendió Abraham su mano y tomó el cuchillo para degollar a su hijo» (vv. 9-10). ¡Qué asombrosa fe y qué momento tan dramático cuando Dios salvó a Abraham del costo total de la obediencia (vv. 11-12)! La historia nos muestra claramente la naturaleza de la verdadera fe (Génesis 15:6) y por qué más tarde se llamó a Abraham el padre de los fieles (Romanos 4:11-12; Gálatas 3:6-7).

Como herederos de Abraham y su extraordinaria confianza en Dios, también podemos soportar las pruebas más difíciles y pasar las pruebas de la fe aunque parezcan inimaginablemente severas en el momento. Dios podría querer que le ofrezcamos a nuestros seres queridos y que los dejemos seguir su camino en lugar de aferrarnos a ellos para nuestros propios fines. Sin embargo, si contemplamos a Dios como lo hizo Abraham (Hebreos 11:17-19), podemos tener confianza en cualquier prueba y saber con certeza que nuestra fe la ha superado.

Sugerencias para la oración: Ore para que Dios fortalezca su fe aun en las pruebas diarias más pequeñas.

Para un estudio más profundo: Lea 2 Reyes 20:1-11 y 2 Crónicas 32:24-31. ¿Cuál era la esencia de las dificultades de Ezequías (2 Crónicas 32:25)?

* ¿Por qué Dios lo probó (v. 31)?

LECCIONES DE LAS PRUEBAS: LA HUMILDAD

«Y para que la grandeza de las revelaciones no me exaltase desmedidamente, me fue dado un aguijón en mi carne, un mensajero de Satanás que me abofetee, para que no me enaltezca sobremanera».

2 Corintios 12:7

Dios, a veces, usa las pruebas para humillar a los creyentes.

El deporte profesional, en su conjunto, constituye uno de los sectores menos humildes de la sociedad estadounidense moderna. Los jugadores con salarios multimillonarios y extravagantes beneficios han remplazado a aquellos que jugaban porque les encantaba su deporte y tenían una gran lealtad a la comunidad.

Uno de esos modelos nobles del pasado fue Lou Gehrig, el primera base de los Yankees de Nueva York que alcanzó el Salón de la Fama, cuya carrera terminó en 1939 después de que sufriera una extraña y mortal enfermedad neuromuscular. A lo largo de su terrible experiencia, Gehrig se condujo con dignidad y humildad, todo lo cual culminó el 4 de julio de 1939, ante una multitud de espectadores en el Yankee Stadium, con millones más escuchándolo en la radio. En la celebración del «Día de Lou Gehrig», fijado para honrarlo, concluyó sus comentarios con esta sorprendente declaración: «Hoy, me considero el hombre más afortunado sobre la faz de la tierra». Murió aproximadamente dos años más tarde.

¿No deberían los que buscan servir y glorificar a Dios reaccionar de manera similar si se enfrentaran al mismo tipo de prueba? Lo harán si recuerdan que Dios, algunas veces envía pruebas para humillar a sus hijos y recordarles que no deben confiar demasiado en su propia fuerza espiritual (Romanos 12:3).

El versículo de hoy nos dice que Dios permitió que Pablo fuera afectado por un tipo de problema crónico y doloroso al que llamó «mensajero de Satanás» (2 Corintios 12:7). Es probable que eso se refiera a un hombre que dirigió la oposición a Pablo en la iglesia en Corinto. A veces, cuando somos muy bendecidos espiritualmente —y recuerde que Pablo vio al Cristo resucitado varias veces e incluso fue llevado al tercer cielo—, el Señor permite que un «aguijón en la carne» nos aflija, para que podamos permanecer humildes. Cada vez que somos asediados por tales pruebas y llegamos al punto en que toda la fuerza parece haber desaparecido, la Palabra de Dios nos recuerda, como lo hizo con Pablo, «Bástate mi gracia; porque mi poder se perfecciona en la debilidad. Por tanto, de buena gana me gloriaré más bien en mis debilidades, para que repose sobre mí [Pablo] el poder de Cristo» (2 Corintios 12:9).

Sugerencias para la oración: Pídale al Señor que le recuerde todo el día su humilde dependencia de Él, ya sea que esté pasando por una prueba o no.

Para un estudio más profundo: Lea Santiago 4:6-10 y 1 Pedro 5:5-7. ¿Qué dicen estos pasajes que es la clave de la humildad genuina?

LECCIONES DE LAS PRUEBAS: EL CONTENTAMIENTO

«Teniendo por mayores riquezas el vituperio de Cristo que los tesoros de los egipcios; porque tenía puesta la mirada en el galardón».
Hebreos 11:26

Las pruebas pueden mostrar que las cosas materiales son inadecuadas para satisfacer nuestras necesidades más profundas.

Todos confiamos en las posesiones materiales: en los automóviles, los televisores, las computadoras y, por supuesto, los teléfonos celulares (que son casi la más novedosa de las extremidades de los seres humanos). Estas posesiones nos hacen sentir que es bastante embarazoso vivir sin ellas. Por lo tanto, es difícil evitar la trampa que Jesús advirtió en Mateo 6:24: «Ninguno puede servir a dos señores... No podéis servir a Dios y a las riquezas [Mamón]».

El materialismo puede ejercer una influencia tan poderosa sobre nosotros como creyentes que el Señor a veces nos someterá a pruebas solo para poder liberarnos de las garras de los recursos y las riquezas del mundo. Algunas pruebas y sufrimientos casi siempre revelan cuán inadecuadas son nuestras posesiones para satisfacer nuestras necesidades más profundas o proporcionar un alivio genuino a los dolores y las tensiones de la vida. Y este entendimiento debe hacerse más y más cierto para usted a medida que crece en la vida cristiana. He observado que los creyentes maduros, a medida que pasa el tiempo, se apegan cada vez menos a los elementos temporales que han acumulado. Tales cosas, junto con las experiencias efímeras de la vida, simplemente disminuyen su importancia a medida que usted se acerca al Señor.

Moisés es un maravilloso ejemplo de alguien que aprendió, a través de las pruebas, estas importantes lecciones sobre el materialismo (Hebreos 11:24-26). Pasó cuarenta años en el palacio de Faraón y fue criado con el objeto de que fuera un príncipe egipcio. Pero estaba dispuesto a dejar una posición de prestigio y poder para experimentar algo de los sufrimientos de sus compañeros israelitas, que vivían como esclavos en Egipto. Dios, en efecto, hizo que Moisés participara en las pruebas de Israel, contento con confiar en Él, no en las comodidades y ventajas del materialismo: «Por la fe dejó a Egipto, no temiendo la ira del rey; porque se sostuvo como viendo al Invisible» (Hebreos 11:27).

Es posible que el Señor necesite llamar nuestra atención de manera similar, para que podamos aprender una de las lecciones clave de las pruebas de la vida: confiar en su riqueza espiritual ilimitada, no en nuestras finitas posesiones materiales.

Sugerencias para la oración: Pídale al Señor que lo haga más dispuesto a confiar en su fuerza y menos a apoyarse en cosas materiales.

Para un estudio más profundo: Lea 1 Timoteo 6:6-11. Según Pablo, ¿en qué consiste el contentamiento?

LECCIONES DE LAS PRUEBAS: LAS PRIORIDADES CORRECTAS

«Ya conozco que temes a Dios, por cuanto no me rehusaste tu hijo, tu único».

GÉNESIS 22:12

Las pruebas que provienen del Señor revelan a los creyentes lo que más aman y aprecian.

Gran parte de la razón por la que el Señor puso a prueba a Abraham en Moriah fue para mostrarle lo que más valoraba este en la vida. La pregunta que Dios quería que Abraham respondiera era: «¿Amas a Isaac más que a mí o me amas más que a Isaac?». Y el Señor estaba preparado para la drástica prueba de tomar la vida del hijo de Abraham si es que eso era necesario para que Abraham le diera a Dios el primer lugar en todo.

Dios también prueba la sinceridad de aquellos que dicen amarlo (ver Deuteronomio 13:3; Mateo 22:36-37). A Jesús le interesaba tanto que tengamos nuestras prioridades correctas que hizo esta declaración radical: «Si alguno viene a mí, y no aborrece a su padre, y madre, y mujer, e hijos, y hermanos, y hermanas, y aun también su propia vida, no puede ser mi discípulo» (Lucas 14:26). Los cristianos deben amar tanto a Cristo que, en comparación con cualquier otro, parezca que aborrecen a sus familias y a ellos mismos. Para probar este primer amor, Dios podría pedirnos de manera dramática que renunciemos a los muchos intereses y apelaciones de la familia y que coloquemos su voluntad y su afecto en el primer lugar en nuestra vida.

Ese tipo de obediencia radical, que era lo que tenía Abraham, siempre conduce a las bendiciones de Dios. El propio Jesús fue un ejemplo perfecto de este principio. Debido a que era completamente humano y completamente Dios, nuestro Señor no escapó al dolor y las dificultades ordinarias mientras estuvo en la tierra. Como Siervo sufriente (Isaías 53), aprendió completamente lo que significa obedecer a través del dolor y la adversidad, hasta su crucifixión (Hebreos 5:7-9). Como resultado, el Hijo fue exaltado por el Padre (Filipenses 2:8-9).

Dios, a veces, hace que nuestro camino de obediencia atraviese por experiencias llenas de pruebas y sufrimientos. Pero si somos fieles a su Palabra y a su voluntad, esas dificultades nos enseñarán a valorar y apreciar las muchas bendiciones de Dios.

Sugerencias para la oración: Ore para que sus prioridades cada día se mantengan en línea con las de Dios.

Para un estudio más profundo: Lea Deuteronomio 6:1-9. ¿Cuál debe ser la máxima prioridad para todos los creyentes?

LECCIONES DE LAS PRUEBAS: CONFIANZA EN EL CIELO

«Para una herencia incorruptible, incontaminada e inmarcesible, reservada en los cielos para vosotros».

1 PEDRO 1:4

Podemos regocijarnos después de soportar una prueba porque nuestra esperanza en el cielo se renueva con ella.

El gozo que experimenta un cristiano como resultado de las pruebas puede ser del mejor tipo que pueda conocer. Pero a menudo permitimos que el estrés cotidiano y la tensión que generan las dificultades financieras, los problemas de salud, los objetivos no realizados y muchas otras pruebas nos roben nuestro gozo en Cristo. La verdadera alegría proviene de realidades espirituales que son mucho mayores que las circunstancias temporales.

En este versículo, Pedro nos da una gran razón para regocijarnos: la confianza de que hemos heredado un lugar en el cielo. Esta confianza puede ser tan poderosa que Pedro, escribiendo a los creyentes que sufren persecución, la describe como una verdad que debe producir en nosotros «gran alegría» (v. 6, NVI). Esta frase se usa en el Nuevo Testamento en relación con el gozo de conocer a Dios, no tiene que ver nada con relaciones superficiales y temporales.

Los discípulos de Jesús tuvieron dificultades para relacionar las pruebas que sufrían con la certeza de ir al cielo. Al enseñarles acerca de su cercana muerte, Cristo les dijo a los Doce: «También vosotros ahora tenéis tristeza; pero os volveré a ver, y se gozará vuestro corazón, y nadie os quitará vuestro gozo» (Juan 16:22). Y eso es exactamente lo que sucedió cuando vieron al Salvador resucitado y entendieron el impacto de su obra.

Podemos responder de dos maneras a las pruebas, al igual que los pasajeros que viajan en un tren a través de las montañas. Podemos mirar a la izquierda y ver la ladera oscura de la montaña y, en consecuencia, deprimirnos. O podemos ver hacia la derecha y elevarnos por la hermosa vista del paisaje natural que se extiende a la distancia. Algunos creyentes incluso agravan su tristeza al continuar observando las sombras montañosas que generan las pruebas después que el tren de la vida se ha alejado de los tortuosos y amenazantes picos. Pero no perderían su alegría si simplemente miraran en dirección al brillo y la certeza de su herencia eterna.

Nada en la vida puede eliminar la maravillosa promesa de la gloria celestial: fue reservada por Dios, comprada por Cristo y garantizada por el Espíritu (ver Efesios 1:11-13).

Sugerencias para la oración: Pídale al Señor que lo ayude a meditar hoy en las glorias prometidas para usted en el futuro.

Para un estudio más profundo: Lea Apocalipsis 21 y observe las principales condiciones de vida que serán ciertas en el cielo.

LECCIONES DE LAS PRUEBAS: VEMOS UNA GRAN RECOMPENSA

«Mas el Dios de toda gracia, que nos llamó a su gloria eterna en Jesucristo, después que hayáis padecido un poco de tiempo, él mismo os perfeccione, afirme, fortalezca y establezca».

1 PEDRO 5:10

La persistencia exitosa en las pruebas actuales nos lleva a un mayor enfoque en glorificar a Dios.

Los sufrimientos y las pruebas nos enseñan paciencia. Sin embargo, en el cielo no necesitaremos tenerla y, por lo tanto, no es la principal lección que Dios quiere que aprendamos a largo plazo con las pruebas. Él se agrada mucho más si entendemos la verdad de que lo que sufrimos ahora está directamente relacionado con nuestra capacidad de glorificarlo en la eternidad. Adorar a Dios será nuestra función en el cielo (Apocalipsis 4 y 5), y Pablo nos recuerda que «si resistimos, también reinaremos con él» (2 Timoteo 2:12, NVI). En otras palabras, si aprendemos a soportar las pruebas y las tribulaciones ahora, podemos esperar recibir una gran recompensa en la eternidad. Creo que la recompensa es principalmente la capacidad de glorificar a Dios; y, por lo tanto, cuanto mayor sea nuestra resistencia actual, mayor será nuestra capacidad de glorificarlo en el futuro.

En cierto momento, durante el ministerio de Jesús con los discípulos, dos de ellos —los hermanos Santiago y Juan—, deseaban que los designara para ocupar los dos puestos de mayor prestigio en su reino, sentados a su mano derecha e izquierda (ver Mateo 20:20-23). Santiago y Juan reconocieron el concepto de las recompensas eternas, pero no entendieron cómo funcionaba. Así que, Jesús les preguntó si estaban listos para soportar la copa del sufrimiento y la muerte (como lo estaba Él) antes de ocupar posiciones tan poderosas en su reino (v. 22). Esto implica nuevamente que la resistencia en las pruebas y la retribución en la gloria futura están correlacionadas. (Jesús sufrió el mayor sufrimiento en la cruz, y fue elevado a la posición más alta, a la mano derecha del Padre).

La aplicación para nosotros en todo esto es clara: el Señor quiere que nos demos cuenta de que el final de cada prueba tiene mucha satisfacción y alegría debido a que desarrollamos nuestra capacidad futura para glorificarlo. Al mismo tiempo, estamos comprendiendo cada vez más sobre el valor de perseverar a través de todo tipo de dolor y tribulación (ver Apocalipsis 2:10).

Sugerencias para la oración: Pídale a Dios que le dé el deseo de ver los beneficios de las pruebas desde una perspectiva eterna.

Para un estudio más profundo: Lea Apocalipsis 4 y 5. ¿Qué atributos de Dios ve usted, directa o indirectamente, que son dignos de alabanza eterna?

LECCIONES DE LAS PRUEBAS: VERDADERA COMODIDAD

«Bendito sea el Dios y Padre de nuestro Señor Jesucristo, Padre de misericordias y Dios de toda consolación, el cual nos consuela en todas nuestras tribulaciones, para que podamos también nosotros consolar a los que están en cualquier tribulación, por medio de la consolación con que nosotros somos consolados por Dios».

2 Corintios 1:3-4

Dios nos encarga el consuelo, a menudo a través de las pruebas, para que podamos consolar a otros.

Irlanda se conoce como la «Isla Esmeralda» por una buena razón: tiene algunos de los paisajes más verdes de la tierra. Al visitar ese país, observé que la bruma y la niebla abundantes, que a menudo envuelven el paisaje, ayudan a florecer la rica hierba verde y los árboles. Ese fenómeno es muy parecido a la vida cristiana. Muchas veces, cuando nuestra vida es oscurecida por los sufrimientos y las penas de las pruebas, surge una belleza refrescante del alma que no siempre se ve con facilidad. Como lo comprueba la vida del apóstol Pablo, los corazones sensibles y misericordiosos son producto de grandes pruebas.

Las dificultades nos acosan con el fin de que Dios nos conceda mucho consuelo. Pero tal cosa no es solo para nuestro propio beneficio. El Señor nos confía su consuelo para que podamos compartirlo con otros, como lo indica el versículo 4 del pasaje de hoy. Y nos consuela en proporción directa a la cantidad de pruebas que soportamos, lo que significa que cuanto más sufrimos, más nos consuela Dios; y cuanto más nos consuela, más podemos consolar a otros que están sufriendo. Cuando experimentamos un verdadero consuelo después de una prueba, el resultado más preciado es el sentido de asociación cristiana que sentimos. Si el consuelo de Dios nos ayuda a consolar a otros, entonces está claro que otros creyentes se ven influidos positivamente por lo que aprendemos con nuestras pruebas. Todo el proceso nos eleva más allá de nosotros mismos y nos muestra que, como parte de una comunidad local o del cuerpo de Cristo, no estamos solos y no tenemos que someternos a pruebas sin sentido.

El consuelo que recibimos y el sentido de asociación que resulta es un gran incentivo para que cualquiera de nosotros sea alentado a través de las pruebas y los sufrimientos, sabiendo que tales experiencias nos permiten ministrar como parte integral del Cuerpo de Cristo (ver 1 Corintios 12:26; 2 Corintios 1:6-7).

Sugerencias para la oración: Agradezca a Dios por el suministro ilimitado de consuelo que le brinda.

Para un estudio más profundo: Lea Isaías 40:1; 49:13; 51:3; 61:2. ¿Qué promesa tiene cada versículo en común?

LECCIONES DE LAS PRUEBAS:
AUMENTO DE LA SABIDURÍA

«Mas ¿dónde se hallará la sabiduría? ¿Dónde está el lugar de la inteligencia?
No conoce su valor el hombre, ni se halla en la tierra de los vivientes».

JOB 28:12-13

La sabiduría de Dios es nuestra fuente para
entender la vida y todas sus pruebas.

La sabiduría sobrenatural que los creyentes requieren para entender sus pruebas no yace en nuestra sociedad. En la prueba de Job, este aprendió con prontitud la insuficiencia total tanto de su razón como del consejo errado de sus amigos. Eso lo llevó a la profunda conclusión de que la sabiduría del Señor es la única fuente con que contamos para entender la vida y todas sus dificultades.

La sabiduría en general siempre ha estado entre las más altas y respetadas virtudes que los creyentes pueden tener. El Señor se sintió muy complacido cuando Salomón le pidió sabiduría en lugar de riquezas o poder (1 Reyes 3:5-13). Salomón expuso, más adelante, la importancia básica de la sabiduría de Dios al expresar uno de los proverbios más preclaros en la historia: «Porque Jehová da la sabiduría, y de su boca viene el conocimiento y la inteligencia» (Proverbios 2:6).

La sabiduría de Dios pone las cosas en la perspectiva correcta cuando surgen las pruebas y para ayudarnos a soportarlas. Pero, como ya hemos señalado, no es algo que tendremos de manera automática. El apóstol Santiago, dice acerca de las pruebas, que debemos pedir sabiduría: «Y si alguno de vosotros tiene falta de sabiduría, pídala a Dios ... y le será dada» (Santiago 1:5).

De acuerdo con nuestra serie de lecciones acerca de las pruebas, es crucial que a medida que experimentemos las más difíciles, le pidamos a Dios sabiduría para perseverar de acuerdo con su Palabra. Sin una comprensión práctica de cómo vivir según su voluntad y su Palabra, no veremos la providencia de su mano soberana actuando en nuestras pruebas. Y echaremos de menos uno de los propósitos más importantes de Dios al traer sufrimientos y pruebas a nuestras vidas: que nos volvamos más dependientes de Él. Una vez que tengamos la sabiduría del Señor y nos demos cuenta de que nos hemos vuelto cada vez más dependientes de Él, seremos como Job, que recibió esta respuesta a sus preguntas anteriores: «He aquí que el temor del Señor es la sabiduría, y el apartarse del mal, la inteligencia» (28:28).

Sugerencias para la oración: Ore para que sea más diligente en cuanto a obtener sabiduría en el estudio de las Escrituras.

Para un estudio más profundo: Lea 1 Reyes 3:5-13. ¿Qué revela la solicitud de Salomón acerca de su carácter?

* ¿Qué recompensas y promesa le dio Dios como resultado?

LECCIONES DE LAS PRUEBAS: LA IMPARCIALIDAD

«El hermano que es de humilde condición, gloríese en su exaltación; pero el que es rico, en su humillación; porque él pasará como la flor de la hierba».
SANTIAGO 1:9-10

**Dios no exime a ningún creyente, rico o pobre,
de las pruebas y el sufrimiento.**

Aquí tenemos un principio básico de la vida que todos sabemos que es cierto: que las pruebas y los sufrimientos no excluyen a las personas privilegiadas. Esta es una sencilla verdad que no siempre nos gusta reconocer; sin embargo, opera ante nosotros normalmente; como por ejemplo, los desastres naturales. Nadie puede negar que las inundaciones a gran escala, los huracanes o los terremotos afectan tanto a ricos como a pobres, a jóvenes y a viejos, a educados y a iletrados; todas las etnias y clases sociales son susceptibles al dolor, las dificultades e incluso la muerte cuando sobrevienen tales sucesos. Después de un gran terremoto, por ejemplo, casi todas las personas sienten los efectos de las interrupciones en muchos servicios indispensables. El temblor violento de un sismo puede destruir tanto las modestas viviendas como las costosas mansiones.

Entender que Dios no muestra favoritismo cuando envía pruebas y dificultades también es muy aleccionador y humillante para los que pertenecen al Cuerpo de Cristo. Como sugiere el versículo de hoy, el desafío para los creyentes pobres es darse cuenta de que pueden regocijarse en su exaltada posición espiritual como cristianos (1 Pedro 1:3-6), independientemente de cuán bajo sea su estatus terrenal. Las dificultades económicas actuales no disminuyen las glorias de nuestra herencia futura (ver Efesios 1:11-14).

El reto para los creyentes más ricos es aceptar la «humillación» que traen las pruebas, recordando que las mismas los harán más dependientes de Dios y de su gracia; más que las riquezas terrenales. Tales riquezas solo son temporales y se desvanecen como la hierba del campo.

Una vez que comprendamos la verdad de este factor igualitario, estaremos más inclinados a declarar con sinceridad: «Mis recursos están en Dios». La imparcialidad divina revelada a través de las pruebas también tiene un maravilloso efecto unificador en la iglesia. El comentarista R. C. H. Lenski lo resumió de esta manera: «Como el hermano pobre olvida toda su pobreza terrenal, el hermano rico olvida todas sus riquezas terrenales. Los dos son iguales por la fe en Cristo».

Sugerencias para la oración: Pídale al Señor que le dé un mejor aprecio por su imparcialidad al traer pruebas a nuestro camino.

Para un estudio más profundo: Lea Hebreos 12:3-13. ¿Cuáles son algunos paralelos entre este pasaje y lo que hemos estado estudiando acerca de las pruebas?

* ¿Exime Dios a algún creyente de la corrección?

PREPARACIÓN PARA ENFRENTAR LAS PRUEBAS

«Porque no nos ha dado Dios espíritu de cobardía, sino de poder, de amor y de dominio propio».

2 Timoteo 1:7

El verdadero seguidor de Cristo no tiene motivos para temer posibles sufrimientos y pruebas.

Con respecto a la frustración y el miedo que sufrió en los Juegos Olímpicos de Invierno de 1992, el patinador de velocidad sobre hielo Dan Jansen declaró: «Lo que sucedió fue que patiné una carrera que solo puedo describir como incierta. Lucía bien. No me resbalé. Sin embargo, algo me impidió correr al máximo». El favorito Jansen, perseguido por sus muy publicitados fracasos en la obtención de medallas en 1988 y 1992, al fin pudo superar su miedo y triunfó en 1994 en el evento de patinaje de velocidad sobre hielo de mil metros.

Los creyentes también pueden reaccionar con un miedo intenso y una dolorosa decepción ante las pruebas de la vida si no están preparados para la posibilidad de que surjan dificultades. Pero hace muchos siglos, Proverbios 29:25 animó a los seguidores de Dios a no tener miedo: «El temor del hombre pondrá lazo; mas el que confía en Jehová será exaltado». Pablo nos exhorta de manera similar con las palabras del versículo que encabeza la lección de hoy.

En Mateo 10:29-31, el Señor Jesús ofrece una razón maravillosa para que sus discípulos no le sirvan por presión ni por temor. La sensatez del mensaje de su ilustración es sencilla. Si el Padre se interesa por las avecillas y cuenta cada pelo de nuestras cabezas, ciertamente se preocupa por nuestro bienestar físico y espiritual, así como también por el bien supremo de nuestras almas. No importa cuán mala sea la situación o cuán prolongada pueda parecer la prueba, Dios ha de sostenernos.

Más tarde, Jesús proporcionó un excelente resumen de su enseñanza sobre el miedo con estas familiares palabras extendidas a los Doce: «La paz os dejo, mi paz os doy; yo no os la doy como el mundo la da. No se turbe vuestro corazón, ni tenga miedo» (Juan 14:27). Con una promesa y una seguridad tan fuertes en cuanto a que el Espíritu Santo siempre estará presente, ¿cómo puede cualquiera de nosotros que profesamos a Jesucristo dejar espacio para el temor debilitante, cualesquiera sean las duras pruebas y persecuciones que enfrentemos?

Sugerencias para la oración: Si tiene una situación o una persona en particular que le causa mucho miedo y ansiedad, ore para que Dios lo fortalezca y elimine la causa de ese miedo.

Para un estudio más profundo: Lea el Salmo 118:5-9. Memorice el versículo 6 u otro de este breve pasaje, el que le será un recurso útil en caso de enfrentar persecución.

CÓMO PREPARARSE PARA LA PEOR DE LAS PRUEBAS

«Descendió lluvia, y vinieron ríos, y soplaron vientos, y golpearon contra aquella casa; y no cayó, porque estaba fundada sobre la roca».

MATEO 7:25

La fidelidad en el discipulado implica que estamos preparados para la peor adversidad y las pruebas potenciales.

La gente casi nunca se prepara para las tragedias que surgen en la vida. Esto fue ilustrado por la inundación —ocurrida por primera vez en quinientos años— que azotó las llanuras del norte de los Estados Unidos en 1997. Una comunidad en la costa de Dakota del Norte, llamada Red River, fue especialmente devastada.

Después de trabajar por varios días para fortificar los diques que los resguardarían del creciente río, la gente de Grand Forks albergó ciertas esperanzas. Sin embargo, una madrugada a mediados de abril de 1997, el implacable Red River atravesó las barreras que intentaban impedir la inundación de la ciudad completa con sus cincuenta mil habitantes. Se produjeron pocas muertes y lesiones graves, pero prácticamente toda la población tuvo que abandonar sus hogares. Fue una de las evacuaciones masivas más grandes en la historia de la nación, y pasarían muchos años, antes de que Grand Forks y las ciudades aledañas pudieran reparar todos los daños.

Para los creyentes, una prueba tan inesperada puede ayudarlos a aprender a acercarse al Señor. Y pueden prepararse descansando en las palabras del profeta cuando dijo: «Tú guardarás en completa paz a aquel cuyo pensamiento en ti persevera; porque en ti ha confiado. Confiad en Jehová perpetuamente, porque en Jehová el Señor está la fortaleza de los siglos» (Isaías 26:3-4).

Jesús enfatizó la necesidad de una abnegación absoluta por parte de sus seguidores y la preparación para enfrentar cualquier desafío, aun la muerte (Mateo 10:38-39). Si vivimos como sus discípulos, ninguna prueba nos atrapará desprevenidos. Podríamos sorprendernos temporalmente y sentirnos incómodos al principio, pero no seguiremos así. Ya sabemos por nuestros estudios de este mes que nuestro Dios soberano tiene derecho de presentar ciertas pruebas y tribulaciones a nuestras vidas, pero también sabemos que es más que capaz para darnos todos los recursos que necesitemos para soportarlas y vencerlas (Filipenses 4:11-13; 1 Pedro 5:6-7).

Sugerencias para la oración: Agradezca a Dios por la fortaleza y la sabiduría que le da en su Palabra para que se prepare si surgen pruebas.
Para un estudio más profundo: Lea 1 Pedro 5:6-11 y pase un tiempo meditando o memorizando uno o dos de los versículos.

* Escriba un pensamiento clave que se relacione con estar espiritualmente preparado para las pruebas.

LA NECESIDAD DE LA ORACIÓN DE GRACIAS

«Por nada estéis afanosos, sino sean conocidas vuestras peticiones delante de Dios en toda oración y ruego, con acción de gracias».

FILIPENSES 4:6

Los creyentes genuinos reaccionarán agradecidos a las pruebas y al sufrimiento.

El mantenimiento espiritual preventivo es muy importante. Si somos creyentes disciplinados, lo practicaremos y nos prepararemos para cualquier tipo de pruebas y dificultades que puedan surgir.

La actitud manifestada en el versículo de hoy es elemental y es uno de los antídotos más fuertes contra el miedo y la falta de preparación ante las adversidades. El apóstol Pablo aprueba la actitud que nos permite pedir ayuda a Dios en las dificultades, pero sin dejar lugar a dudas, tropiezos o augurios, ya que esto último revela ausencia de fe y falta de aceptación de lo que Dios tiene para nosotros.

Una reacción con oración y agradecimiento ante las pruebas que Dios nos envía, pese a lo doloroso, inesperado o difícil de entender que sea en el momento, hará que recibamos su paz sin igual. Una mirada cuidadosa a Filipenses 4:6, y sobre todo al versículo 7 —«la paz de Dios, que sobrepasa todo entendimiento, guardará vuestros corazones y vuestros pensamientos en Cristo Jesús»—, nos hace ver que la principal preocupación de Dios por nosotros no es tanto por las respuestas específicas a cada una de nuestras peticiones, sino que conozcamos su paz sobrenatural. También podemos deducir este principio de la larga serie de preguntas que Job le formuló a Dios acerca de Él mismo. Dios optó por no responder las preguntas de Job en concreto (ver Job 38—41) puesto que su propósito era simplemente que Job conociera la soberanía de Dios y se sometiera a ella.

Ese también puede ser el propósito de Dios para nosotros. Por lo tanto, el Señor quiere que estemos preparados para las pruebas y los sufrimientos con una respuesta agradecida y llena de fe, que reconozca que Él tiene un propósito decisivo con nosotros (1 Pedro 5:10); por tanto, recuerde su promesa de que no recibiremos prueba o tentación que no podamos soportar (1 Corintios 10:13).

Sugerencias para la oración: Pídale a Dios que lo ayude a mantenerse fiel en la lectura y el estudio de las Escrituras para que el mantenimiento preventivo de su alma sea fuerte.

* Agradezca al Señor por su paz que está disponible incluso en las circunstancias más difíciles.
* Alábele por un tiempo específico en el que esa paz fue especialmente reconfortante para usted.

Para un estudio más profundo: Lea Efesios 2:14-15; 6:15; y 1 Tesalonicenses 5:23. ¿Qué componentes importantes caracterizan la paz?

CONFIANZA EN LA PROVISIÓN DIVINA

*«Y sabemos que a los que aman a Dios, todas las cosas les ayudan a
bien, esto es, a los que conforme a su propósito son llamados».*

ROMANOS 8:28

**Estaremos mejor preparados para lo que Dios nos enseñe a través
de las pruebas si entendemos básicamente su providencia.**

Creo que es vital que todos los cristianos tengan conciencia de la providencia de Dios si quieren estar absolutamente preparados para hacer frente a las adversidades de la vida. La providencia es la manera en que Él organiza, a través de medios y procesos naturales, todas las cosas necesarias para lograr sus propósitos en el mundo. Es la forma más frecuente en que trabaja y controla el curso diario de los acontecimientos humanos. El único otro medio que el Señor usa para intervenir en la historia son los milagros. Pero no hace milagros de la misma manera en que los hacía en los días del ministerio terrenal de Cristo, los apóstoles y los profetas. Sin embargo, Dios ha usado continuamente la providencia de la eternidad pasada con el objeto de coordinar la infinita variedad de factores indispensables para cumplir su propósito perfecto.

Medite en eso. El vasto alcance y la obra interminable de la providencia divina, por la que Dios reúne millones de detalles y circunstancias para lograr su voluntad cada día, es un milagro mucho mayor que los sucesos sobrenaturales relativamente poco complicados que solemos llamar milagros. La creencia en la providencia de Dios es, por lo tanto, uno de los mejores ejercicios de fe que podemos tener y un importante contribuyente a nuestra preparación general y a nuestra tranquilidad mental al enfrentar las pruebas y las dificultades.

Pablo confiaba de todo corazón en la providencia de Dios, sin considerar cuán fácil o desafiante fuera la vida (Filipenses 4:11). José, el patriarca, expresó su confianza en la providencia de la siguiente manera: «Vosotros [sus hermanos] pensasteis mal contra mí, mas Dios lo encaminó a bien, para hacer lo que vemos hoy, para mantener en vida a mucho pueblo» (Génesis 50:20). Hasta que aceptemos el control providencial de Dios sobre todo, no nos daremos cuenta plenamente de las ricas lecciones que quiere enseñarnos a través de las pruebas y, además, no podremos aplicar la verdad de Romanos 8:28.

Sugerencias para la oración: Agradezca al Señor que su providencia siempre está trabajando para su beneficio. Si este concepto es nuevo para usted, pídale que lo ayude a comprenderlo mejor a través de su Palabra.

Para un estudio más profundo: Lea más sobre José en Génesis 39 a 50. Anote algunos de sus rasgos de carácter positivos.

* ¿Qué eventos en la narración fueron posibles solo por la providencia?

EL PAPEL DE SATANÁS EN NUESTRAS PRUEBAS

«Sed sobrios, y velad; porque vuestro adversario el diablo, como
león rugiente, anda alrededor buscando a quien devorar; al cual
resistid firmes en la fe, sabiendo que los mismos padecimientos se
van cumpliendo en vuestros hermanos en todo el mundo».

1 PEDRO 5:8-9

Toda la participación de Satanás en nuestros sufrimientos y
pruebas está bajo el control de Dios, lo que significa que nuestro
éxito contra él también está en las manos soberanas de Dios.

Durante los últimos veinticinco años, ha aumentado el interés en lo oculto, la adoración a Satanás y la maldad en general. Esa nefasta fascinación ha golpeado a la iglesia y ha llevado a un énfasis excesivo en la guerra espiritual en algunos círculos. Pero tales énfasis no bíblicos nos dan una perspectiva desequilibrada sobre el papel que juega Satanás en nuestras pruebas y persecuciones.

Sin embargo, 1 Pedro 5:8-9 ubica las actividades de Satanás en el contexto apropiado. Pedro nos insta a observar nuestro entorno y estar atentos a las posibles tentaciones. Pero a medida que lo hacemos, podemos alentarnos con el hecho cierto de que Jesucristo ya ha derrotado a Satanás y, por lo tanto, el maligno no puede tener victorias a largo plazo en nuestras vidas (1 Juan 4:4).

Pedro continúa advirtiéndonos en cuanto a que debemos resistir a Satanás, lo que simplemente significa que debemos «enfrentarnos» a él con nuestros pies espirituales firmemente plantados en la verdad objetiva de la Palabra (ver también Santiago 4:7). El diablo es un mentiroso y un engañador, y la forma más segura de desviar sus ataques es con la infalible verdad revelada de la Escritura.

En los relatos bíblicos de la participación de Satanás en las pruebas, persecuciones o sufrimientos de los siervos de Dios, el Señor siempre tiene el control (ver Job 1:1—2:8; Mateo 4:1-11). Por lo tanto, nuestra responsabilidad al prepararnos para posibles ataques satánicos consiste en recordar que nuestras propias estrategias de guerra espiritual, por implacables e innovadoras que sean, no proporcionarán la vigilancia de la que habla Pedro. Pablo nos da otro ejemplo del tipo correcto de preparación cuando describe la esencia de la guerra espiritual como llevar «cautivo todo pensamiento a la obediencia a Cristo» (2 Corintios 10:5). Si prestamos atención a las implicaciones de esas palabras, realmente no hay nada más que debamos tener o hacer para combatir al diablo.

Sugerencias para la oración: Pídale a Dios que le brinde un enfoque bíblico y equilibrado para tratar con Satanás y sus muchas tentaciones sutiles.
Para un estudio más profundo: Lea Marcos 9:14-29. ¿Qué afirma este pasaje acerca de la autoridad de Jesús?
   * ¿Qué lección básica necesitaban recordar los discípulos?

SEGURIDAD EN MEDIO DE LAS PRUEBAS

«Amados, no os sorprendáis del fuego de prueba que os ha sobrevenido, como si alguna cosa extraña os aconteciese».

1 PEDRO 4:12

La seguridad del amor de Dios por nosotros es un hecho cierto, no importa cuán inesperado o difícil sea cualquier prueba.

Las palabras tranquilizadoras son vitales mientras nos esforzamos por lidiar de manera piadosa con las pruebas y los sufrimientos en nuestras vidas cristianas. En el versículo de hoy, Pedro empieza con un término pastoral («amados») que transmite ternura, amor y preocupación por su audiencia. Refuerza en una sola palabra los conceptos de amor ferviente el uno por el otro y el amor que cubre el pecado (1 Pedro 4:8). Tal amor es una realidad bienvenida en la cual apoyarse cada vez que alguien padece sufrimiento o persecución.

Las pruebas pueden fácilmente tentarnos a desanimarnos y a dudar del amor de Dios. Eso probablemente les estaba sucediendo a los creyentes en el tiempo de Pedro. Por ejemplo, el emperador Nerón quemó a muchos, incluidos niños, cubriéndolos con brea y usándolos como antorchas humanas. Con una persecución tan cruel, podemos ver por qué Pedro escribió a otros cristianos, lo que nos incluye a nosotros, con el objeto de garantizarles el amor de Dios.

La expresión de Pedro «fuego de prueba», que puede referirse a muchos tipos de dificultades, asegura que los problemas y las pruebas tienen un propósito. En la traducción griega del Antiguo Testamento, «fuego» se refería a un horno de fundición que refinaba metales y eliminaba los elementos extraños no deseados. Ese proceso está representado en versículos como el Salmo 66:10: «Porque tú nos probaste, oh Dios; nos ensayaste como se afina la plata». De forma que «fuego de prueba» representa los diversos sufrimientos que Dios permite en nuestras vidas para purificarnos.

Pedro concluye asegurándonos que las pruebas no son algo fuera de lo común o «algo extraño». No debemos sorprendernos de ellas como si cada una fuera un hecho extraño, que llega a nosotros simplemente por casualidad. Las pruebas, por lo tanto, deben verse como parte de la vida. Al principio podrían sorprendernos, pero podemos tratarlas con confianza, sabiendo que el cuidado amoroso de Dios por nosotros nunca falla.

Sugerencias para la oración: Agradezca al Señor que ninguna prueba, por inusual que parezca al principio, debe tomarlo por sorpresa.

Para un estudio más profundo: Jesús enseñó a los discípulos acerca de la inevitabilidad del sufrimiento, las pruebas y las decepciones. ¿Qué advertencias dio Él en Juan 15 y 16?

❋ ¿Qué recurso principal prometió?

REGOCIJO EN EL SUFRIMIENTO

«Sino gozaos por cuanto sois participantes de los padecimientos de Cristo, para que también en la revelación de su gloria os gocéis con gran alegría».

1 PEDRO 4:13

Debemos regocijarnos en las pruebas y persecuciones, no por el propio bien, sino por los beneficios que resultan.

El difunto D. Martyn Lloyd-Jones, en su clásico libro *Estudios sobre el sermón del monte*, hizo la siguiente distinción sobre lo que significa regocijarse en la persecución: «El cristiano es, en cierto sentido, alguien que debe sentir su corazón quebrantarse por el efecto del pecado en otros, de tal forma que los hace cometer esto [perseguir a los creyentes]. Así que nunca se regocija con el hecho de la persecución como tal».

Podemos deducir de esto que 1 Pedro 4:13 y otros versículos (especialmente Mateo 5:11-12), aunque promueven la actitud positiva de regocijarse en las pruebas, no significa que debamos tener una actitud masoquista o una visión errada del sufrimiento. La alegría que debemos tener debe ir más allá del dolor y la angustia del sufrimiento mismo, y enfocarse en las derivaciones de lo que Dios está haciendo en nuestra vida.

Pedro comienza nuestro versículo afirmando que una de esas derivaciones es alegrarnos en la comunión de los sufrimientos de Cristo. Eso significa que podemos compartir el mismo tipo de sufrimiento y rechazo que soportó. Deberíamos estar listos para tal persecución cada vez que hablemos del evangelio o cuando nos identifiquemos con Cristo. Los apóstoles aprendieron esta lección poco después de que Jesús partió: «Y ellos salieron de la presencia del concilio, gozosos de haber sido tenidos por dignos de padecer afrenta por causa del Nombre» (Hechos 5:41). Si prestamos atención a la exhortación de Pedro, aceptaremos cada vez más ese sufrimiento como un privilegio.

El apóstol continúa con el fin de darnos más motivación para regocijarnos. «La revelación de su gloria» es una referencia a la segunda venida de Cristo, que en sí misma debería traer una alegría tremenda a todos los creyentes. Si hemos soportado fielmente todas las persecuciones, sufrimientos, pruebas y problemas de esta vida, cuando nuestro Señor regrese, tendremos una razón genuina para alegrarnos aún más. Y será con un estallido intenso y alegre que ha de superar cualquier otro que hayamos tenido antes (ver Lucas 6:22-23).

Sugerencias para la oración: Pídale a Dios que le dé la motivación correcta para regocijarse en medio del sufrimiento.
Para un estudio más profundo: Mateo 5:11-12 contiene algunas de las verdades más desafiantes de toda la Biblia. Conserve estos versículos en la memoria y busque oportunidades en las que puedan cobrar vida en su experiencia.

EL REGOCIJO A TRAVÉS DEL ESPÍRITU

*«Si sois vituperados por el nombre de Cristo, sois bienaventurados,
porque el glorioso Espíritu de Dios reposa sobre vosotros. Ciertamente,
de parte de ellos, él es blasfemado, pero por vosotros es glorificado».*

1 PEDRO 4:14

**El Espíritu Santo, que mora en nosotros, nos permite regocijarnos;
no importa cuánto suframos o seamos perseguidos.**

Uno de los mayores avances científicos recientes es el descubrimiento de la molécula de ADN, cuya aplicación práctica más conocida es la técnica de las «huellas digitales» en la que la información genética de una muestra se compara con la de otra. Si la información coincide, es muy probable, pero no absolutamente cierto, que las muestras identifican al mismo individuo.

Si bien los descubrimientos sobre la capacidad del ADN para determinar con mayor precisión la identidad física han sido noticia, Dios hace mucho tiempo estableció su verdad infalible con respecto a la identidad espiritual. El apóstol Pablo nos brinda el criterio básico por el cual podemos saber si somos creyentes: «Mas vosotros no vivís según la carne, sino según el Espíritu, si es que el Espíritu de Dios mora en vosotros. Y si alguno no tiene el Espíritu de Cristo, no es de él» (Romanos 8:9). Esto refuerza lo que Jesús le enseñó a Nicodemo acerca de nacer de nuevo (Juan 3:3-6). Por lo tanto, todos los creyentes genuinos reconocerán la presencia interior del Espíritu Santo.

La presencia del Espíritu en nuestras vidas es una razón definitiva por la que debemos regocijarnos en las pruebas y los sufrimientos. Pedro llama al Espíritu Santo «el Espíritu de gloria» porque, como deidad, el Espíritu tiene la gloria como un atributo esencial. Aunque esa gloria no se manifiesta hoy como lo hizo en el Antiguo Testamento (por ejemplo, como la nube en el tabernáculo), la residencia del Espíritu en un cristiano es real para cualquiera que se someta a una prueba.

El apóstol en 1 Pedro 4:14 se refiere a una gracia especial que va más allá de la morada normal del Espíritu. Es algo muy parecido al extraordinario poder que Esteban mostró antes y durante su lapidación (ver Hechos 6:15; 7:55-60). El Espíritu de Dios le dio una asombrosa compostura y fuerza que lo elevó por encima del dolor y el miedo normales. El Espíritu Santo también nos bendice con abundante gracia, especialmente en nuestros tiempos de necesidad. Por lo tanto, debería ser difícil para nosotros reaccionar con una actitud que no sea alegrarnos, sin importar cuán difíciles sean nuestras pruebas.

Sugerencias para la oración: Agradezca a Dios por la presencia y el poder del Espíritu Santo ministrando diariamente en su vida.

Para un estudio más profundo: Lea Éxodo 3:1-6. ¿Qué tenía de especial la zarza?

* ¿Cómo reaccionó Moisés ante la gloria de Dios?

EVALUEMOS NUESTRO SUFRIMIENTO

*«Así que, ninguno de vosotros padezca como homicida, o
ladrón, o malhechor, o por entremeterse en lo ajeno».*

1 PEDRO 4:15

**No debemos suponer que Dios bendice todo tipo de
sufrimiento en el que un cristiano pueda involucrarse.**

Es obvio que algunos sufrimientos y pruebas no son parte del plan de Dios para
nosotros. Los creyentes no deberían sufrir por cometer actos malvados preme-
ditados. En este versículo, Pedro menciona otra categoría: la del «entrometido»,
cuyo significado no es muy claro y cuya aplicación podría ser más discutible.

«El que se entromete» interfiere con los asuntos de todos los demás y Pablo
dice que debemos evitar a esas personas (1 Tesalonicenses 4:11; 1 Timoteo
5:13). Pero pienso que Pedro también usa el término para referirse a un agitador
político, alguien que trata activamente de perturbar la función del gobierno. Si
esto es correcto, entonces Pedro está ordenando a los cristianos que sean buenos ciudadanos en sus culturas no cristianas (cf. Romanos 13:1-7). Debemos
trabajar, vivir en paz, dar testimonio a otros y exaltar a Cristo.

Los creyentes no deben actuar como radicales que tienen la intención de derrocar
la autoridad existente o imponer estándares cristianos en la sociedad. Tener problemas con su empleador o ser despedido por él debido a actividades disruptivas,
incluso las que se realizan en nombre de Cristo, no es honorable sino vergonzoso.

La mayoría de los creyentes nunca considerarían la posibilidad de involucrarse en grupos de milicias que se dedican a actividades separatistas y se oponen
violentamente a toda autoridad gubernamental legítima. Sin embargo, algunos
cristianos ven erróneamente la validez de estrategias como la desobediencia civil
y la violencia al oponerse a algunos actos sancionados por el gobierno, específicamente en lo referente al aborto. No están satisfechos con simplemente proporcionar consejo bíblico o asistencia material y educativa en una agencia Pro-vida de su
localidad, como lo han hecho muchos creyentes en los últimos veinticinco años.

Por lo tanto, si intentamos promover lo que es correcto y reparar las injusticias, debemos usar el discernimiento de las Escrituras con respecto a qué estrategias implementar o apoyar. Del mismo modo, el Señor quiere que evaluemos
todas nuestras pruebas y sufrimientos asegurándonos de que nos colocan en el
centro de su voluntad. De lo contrario, podemos afirmar que sufrimos con rectitud cuando no somos simplemente «entrometidos», lo que no agrada a Dios.

Sugerencias para la oración: Ore para que su iglesia siempre tenga razones
bíblicas para apoyar cualquier esfuerzo por corregir los errores sociales.
Para un estudio más profundo: ¿Qué áreas incluye el autor de 1 Pedro 2:11-19
cuando insta a la obediencia a la autoridad?

ENCOMIENDA TODO A DIOS

«De modo que los que padecen según la voluntad de Dios, encomienden sus almas al fiel Creador, y hagan el bien».

1 PEDRO 4:19

La actitud decisiva que debemos tener al enfrentar pruebas y sufrimientos es la de confiarnos a Dios.

Geoffrey Bull personifica al creyente moderno que confía su alma a la voluntad de Dios en medio de un terrible sufrimiento. Bull fue condenado a confinamiento solitario y sometido a lavado de cerebro, muchos tipos de intimidación y hambre durante más de tres años de prisión por parte de los chinos comunistas hace cuarenta años. En su aflicción, oraba para que Dios lo ayudara a recordar las Escrituras, tener paz y triunfar sobre la duda, el miedo, la soledad y la fatiga. Las últimas líneas de uno de los poemas que escribió resumen la absoluta confianza de Bull en el plan y el propósito de Dios:

Y tu reino, Dios de gracia, nunca pasará.

La palabra «encomendar», en términos bancarios, significa «depositar para su custodia». Pedro anima a todos los creyentes que sufren pruebas y tribulaciones a entregar sus propias vidas («almas») al cuidado de Dios. El Señor es, de hecho, el «Creador fiel» que nos hizo. Por lo tanto, podemos y debemos confiar plenamente en Él como el único que puede atender todas nuestras necesidades.

En este punto, Pedro supuso que sus lectores originales, ya que muchos habían sufrido persecución, sabían cómo era el sufrimiento. Por lo tanto, también podría presentar al Señor como un Dios soberano en quien se puede confiar para que haga «lo que es correcto». Debido a que es la voluntad de Dios permitir los sufrimientos y las pruebas en la vida de todos los creyentes, es lógico que Pedro nos exhorte a confiarnos a Él en esos momentos.

La instrucción de Pedro también se relaciona con Romanos 12:1, que dice: «Así que, hermanos, os ruego por las misericordias de Dios, que presentéis vuestros cuerpos en sacrificio vivo, santo, agradable a Dios, que es vuestro culto racional». Pablo nos recuerda que es mucho más fácil reaccionar como deberíamos a las pruebas si ya hemos resuelto, con la ayuda de Dios, encomendar todo a Él. Por tanto, podemos enfrentar con calma y confianza, más que preocuparnos y temer, lo que Dios permita.

Sugerencias para la oración: Revise su compromiso con Dios y pídale que le recuerde todo lo que necesita confiarle por completo; luego dé ese paso por fe.

Para un estudio más profundo: El Salmo 25 describe el deseo de David de confiar en Dios. Léalo y elija varios versículos o un párrafo para meditar.

ESTEBAN: GRACIA Y SERENIDAD EN EL SUFRIMIENTO

«Eligieron a Esteban, varón lleno de fe y del Espíritu Santo».

HECHOS 6:5

El excelente carácter de Esteban nos enseña mucho sobre cómo responder al sufrimiento y la muerte.

Esteban, el primer mártir cristiano, es uno de los ejemplos bíblicos más inspiradores de fidelidad en la vida y el ministerio. Sin embargo, su excelencia personal brilla de una manera excepcional a través del conocido relato de su muerte por lapidación.

Como uno de los primeros diáconos de la iglesia, Esteban fue reconocido desde el principio como un hombre de gran fe y espiritualidad (Hechos 6:5). Y unos pocos versículos después, Lucas lo describe como «lleno de gracia y de poder» (v. 8). Esa fue una muestra poderosa de amor con gracia hacia los demás, manifestada precisamente antes de su muerte.

En Hechos 7:60, mientras los judíos le arrojaban piedras, Esteban pudo mirar al cielo y decir: «Señor, no les tomes en cuenta este pecado». Ese tipo de reacción llena de fe y gracia hacia aquellos que lo asesinaban con odio fue posible solo porque Esteban creía que Dios controlaba soberanamente su vida y su muerte.

Al comienzo de esa situación, Esteban manifestó otra respuesta asombrosa a su trato terriblemente injusto: sus enemigos «vieron su rostro como el rostro de un ángel» (Hechos 6:15). Es imposible para nosotros saber con precisión cómo habría sido su expresión, pero denotaba una tranquilidad y una alegría sobrenaturales generada por estar envuelto en la gloriosa presencia del Señor. La asombrosa expresión de Esteban debe haber sido una reprimenda extremadamente contundente a los líderes judíos que proclamaban conocer a Dios.

La reacción típica de muchos de nosotros en la misma situación habría sido mostrar ansiedad, estrés e ira en exceso. Pero Esteban no mostró tal respuesta. Al contrario, él es un modelo a seguir de cómo debe comportarse cualquier creyente durante la prueba más desafiante. Tenía la gracia más que adecuada para hacer frente a todas las circunstancias (cf. 2 Corintios 12:9; Santiago 4:6), lo cual es cierto para todos los cristianos genuinos, aquellos «llenos de fe y del Espíritu Santo».

Sugerencias para la oración: Agradezca al Señor por los amigos cristianos que son modelos para usted.

* Ore para que su comportamiento de hoy sea especial y lleno del Espíritu, no ordinario ni centrado en el hombre.

Para un estudio más profundo: Lea Éxodo 33:7-11, 17-23; 34:29-35. ¿Qué revela la experiencia de Moisés sobre el poder de la gloria de Dios?

ESTEBAN: DEVOCIÓN EN EL SUFRIMIENTO

«Pero Esteban, lleno del Espíritu Santo, puestos los ojos en el cielo,
vio la gloria de Dios, y a Jesús que estaba a la diestra de Dios».

HECHOS 7:55

Puesto que Esteban estaba constantemente lleno del Espíritu, era natural que reaccionara de una manera piadosa ante la persecución y la muerte.

El lema «Solo puedes dar lo que tienes» proporciona una buena pista en cuanto a la esencia de la vida cristiana llena del Espíritu. Así como las computadoras responden de acuerdo a la manera en que se las programe, nosotros respondemos según lo que llene nuestras mentes. Si permitimos que el Espíritu Santo programe nuestros patrones de pensamiento, seremos controlados y renovados por Él, por lo que tendremos vidas piadosas. Así es como Esteban llevó su vida cotidiana y constantemente.

La expresión «estar lleno» proviene de un verbo griego (*pleroo*) que literalmente significa «mantenerse lleno». Esteban estuvo continuamente lleno del Espíritu Santo durante toda su vida cristiana. Eso anticipó la instrucción de Pablo en Efesios 5:18, «antes bien sed llenos del Espíritu». Estas palabras no significan que los creyentes deben tener alguna experiencia mística extraña, sino simplemente que sus vidas deben estar completamente controladas por el Espíritu de Dios.

Esteban dio evidencia de su piedad llena del Espíritu cuando estaba a punto de morir por lapidación. Hechos 7:55-56 dice que miró a Jesús y dejó que sus adversarios y cualquier testigo supieran que vio a Cristo a la diestra de Dios. Esteban no se enfocó en su difícil situación, sino que fijó su corazón en el Señor, que es lo que todos los creyentes deben hacer: «Buscad las cosas de arriba, donde está Cristo sentado a la diestra de Dios. Poned la mira en las cosas de arriba, no en las de la tierra» (Colosenses 3:1-2).

La visión espiritual de Esteban fue tan asombrosa que le permitió ver al Cristo resucitado y asegurarse de su bienvenida en el cielo en el propio momento de su muerte. No tendremos ese tipo de visión mientras estemos en la tierra, pero si estamos constantemente llenos del Espíritu como Esteban, siempre veremos a Jesús por fe y nos daremos cuenta de su presencia integral en los momentos más difíciles que afrontemos (Juan 14:26-27; Hebreos 13:5-6).

Sugerencias para la oración: Ore para que Dios desvíe su mente de las distracciones mundanas y la dirija hacia Él a lo largo de este día.

Para un estudio más profundo: Esteban estableció un patrón magnífico durante su breve ministerio en Hechos 6. Lea ese capítulo y anote varias cosas positivas que vea en cuanto a cómo hizo las cosas.

PABLO: GOZO A PESAR DE LOS PROBLEMAS

«Regocijaos en el Señor siempre. Otra vez digo: ¡Regocijaos!».

FILIPENSES 4:4

El apóstol Pablo fue un creyente modelo que no permitió que los problemas le robaran su alegría en el Señor.

Según el versículo de hoy, los creyentes no debemos permitir nunca que una perspectiva negativa remplace nuestra alegría, pese a lo malo que parezca la vida. El apóstol Pablo da un ejemplo muy peculiar. Por eso les escribió a los filipenses que, a pesar de estar encarcelado en Roma, todavía se regocijaba. Aun cuando a Pablo le restringieron sus movimientos y lo sometieron a condiciones difíciles y duras, se alegraba porque el mensaje del evangelio era difundido, incluso entre los guardias de la prisión. A Pablo no le preocupaban mucho sus propias dificultades, lo que más le interesaba era que otros escucharan las buenas nuevas salvadoras de Jesucristo (ver 1 Corintios 9:16).

El apóstol se veía a sí mismo como un prisionero a causa de Cristo y del evangelio. Por lo tanto, nunca cedió a la tentación de caer en la autocompasión, sino que se centraba en su deber de hablar a los demás acerca de su Señor y Salvador. Algunas de las otras cartas de Pablo también mencionan su encarcelamiento (ver Efesios 3:1; Colosenses 4:10) pero siempre con optimismo, porque el apóstol nunca olvidó que ser prisionero era simplemente parte del papel al que fue llamado como embajador del reino de Dios.

El encarcelamiento de Pablo por los romanos, al contrario de lo que podría esperarse, resultó en una actitud alegre que se extendió a la evangelización: «Mis prisiones se han hecho patentes en Cristo en todo el pretorio, y a todos los demás» (Filipenses 1:13). Sin embargo, el impacto final de Pablo en los guardias y en otras personas no fue solo por sus expresiones externas de felicidad. Más bien, aquellos que lo escuchaban cambiaron de vida al ver una actitud de alegría y un mensaje verdadero profundamente arraigado en un hombre que pasaba por grandes pruebas y aflicciones.

Qué gran modelo es Pablo para usted y para mí en este día. Eso nos incentiva a testificar mostrando nuestra semejanza a Cristo y el sagrado gozo independientemente de la presión causada por los acontecimientos. Actitudes como esas, tan diferentes de lo que la gente espera con naturalidad, nos darán muchas oportunidades para testificar de la gracia de Dios (ver 1 Pedro 3:15).

Sugerencias para la oración: Pídale al Señor que lo ayude a ver más allá de sus problemas y a concentrarse en lo que ha hecho por usted.

Para un estudio más profundo: Un ejemplo muy sorprendente de la alegría de Pablo en medio del sufrimiento ocurrió en la mazmorra de Filipos. Lea Hechos 16:22-34. ¿Qué hicieron él y Silas para sacar lo mejor de esa prueba?

PABLO: GOZO A PESAR DE LA OPOSICIÓN

«*¿Qué, pues? Que no obstante, de todas maneras, o por pretexto o por verdad, Cristo es anunciado; y en esto me gozo, y me gozaré aún*».

FILIPENSES 1:18

Es posible mantener la alegría aun cuando se trate de críticas y distracciones irritantes.

El diccionario define la palabra *detracción* como «la publicación de información que puede perjudicar la reputación de otra persona». El detractor trata de destruir el buen nombre y la credibilidad de un individuo. Los grandes estadistas, como el presidente Abraham Lincoln durante la Guerra Civil Estadounidense, a menudo son blanco de los opositores políticos y la prensa.

En cuanto a la iglesia, la crítica más tenaz surge desde su interior, de los falsos maestros que una vez afirmaron apoyarla e incluso de sus líderes. Pablo conoció la decepción de ser difamado cuando sus detractores en Filipos lo atacaron estando en la cárcel. Pero él es un modelo de cómo superar el dolor y el desánimo.

Los principales detractores de Pablo (Filipenses 1:15) fueron compañeros suyos que proclamaban el mismo evangelio que él. No estaban en desacuerdo con él con respecto a la doctrina sino por asuntos personales. Envidiaban sus dones ministeriales y cómo Dios había bendecido sus esfuerzos con muchos conversos y numerosas iglesias.

Discutir con los detractores de Filipos no era una prueba completamente nueva para Pablo. Ya había aprendido a tener paciencia al tratar con las decepciones causadas por otros supuestos seguidores (ver 2 Timoteo 1:15; 4:16). Ahora sus oponentes estaban probando su paciencia al máximo tratando de destruir su credibilidad.

Las tácticas de los detractores podrían haber perturbado la fe de algunos en las iglesias, pero no la confianza de Pablo. Por eso se enfrentó a todo lo desagradable con alegría porque, como lo indica el versículo de hoy, sabía que la causa de Cristo avanzando.

El comportamiento ejemplar de Pablo aun bajo fuego nos proporciona una lección obvia: ninguna cantidad de críticas falsas e injustas debería robarnos el gozo en Cristo y en su evangelio. De modo que podemos seguir regocijándonos si, como Pablo, nos mantenemos dedicados a nuestra máxima prioridad, proclamando y glorificando el nombre de Cristo.

Sugerencias para la oración: Agradezca al Señor que el evangelio y su poder son lo suficientemente fuertes como para vencer cualquier cantidad de detracciones celosas. Ore para que se mantenga enfocado en las prioridades del evangelio.
Para un estudio más profundo: Lea Nehemías 4 al 6. ¿Cómo lidió Nehemías con los detractores de su trabajo?
* ¿Cuál fue el resultado final (6:16)?

CONFIANZA ANTE LA MUERTE

«Porque para mí el vivir es Cristo, y el morir es ganancia».

FILIPENSES 1:21

**Podemos contar con las Escrituras para que nos
dé confianza frente a la muerte.**

Hace unos años, mi ministerio radial escuchó de una oyente que mostraba exactamente la actitud correcta frente a una enfermedad terminal. Una adolescente del Medio Oeste envió una solicitud de oración por el diagnóstico reciente de la enfermedad de Lou Gehrig. Esa joven cristiana, que probablemente ya esté con el Señor, aceptó su condición con gracia y optimismo. Lo que sigue es parte de lo que nos escribió: «Amo mucho al Señor y siento que está usando mi condición para trabajar en la vida de diversas personas. Por favor, oren conmigo para que Él continúe usándome cualquiera sea el desenlace de mi enfermedad».

Sus sentimientos estaban en sintonía con Filipenses 1:21, donde el apóstol Pablo proclama su alegría y su confianza ante la posibilidad de la muerte. Lo que le permitió regocijarse fue su absoluta confianza en la Palabra de Dios.

Un tiempo antes, Pablo había expresado su confianza en las promesas de Dios cuando escribió las siguiente palabras en la Epístola a los Romanos (8:28) donde afirma: «Y sabemos que a los que aman a Dios, todas las cosas les ayudan a bien, esto es, a los que conforme a su propósito son llamados». Ahora habló textualmente con los filipenses acerca de lo que dijo Job 13:16, «Porque sé que… esto resultará en mi liberación» (Filipenses 1:19). Esa también fue una promesa confiable de la Palabra, la que hizo que Pablo confiara en que sus pruebas tendrían un resultado positivo.

Ya sea que el sufrimiento fuera de larga o corta duración, Pablo sabía que los justos serían liberados de sus pruebas temporales. Eso ciertamente se confirmó cuando Dios restauró a Job de su difícil y larga prueba.

Sabiendo todo esto y dándonos cuenta de que toda la Palabra escrita de Dios está a nuestra disposición, ciertamente podemos tener el tipo de confianza de Pablo al considerar la inevitabilidad de la muerte. Y podemos «gozar con alegría» (1 Pedro 4:13), aunque la voluntad del Señor sea que experimentemos una partida temprana de esta vida.

Sugerencias para la oración: Agradezca a Dios por la provisión de su Palabra, que es una guía infalible a medida que lidia con las incertidumbres de la muerte.

  * Ore por alguien que conozca en su iglesia o en su vecindario que pueda estar enfrentando la muerte en este momento.

Para un estudio más profundo: Lea Salmos 34:17, 19; 37:39-40; 91:3; 97:10. ¿Qué tema pasa por estos versículos que le ayuden a lidiar como debería con las pruebas y los sufrimientos?

GOZO A PESAR DE LA MUERTE

«Porque para mí el vivir es Cristo, y el morir es ganancia».

FILIPENSES 1:21

Además de las Escrituras, Dios nos ha dado más que suficientes recursos espirituales para enfrentar el sufrimiento y la muerte.

Wall Street, el nombre que es sinónimo del mercado de valores estadounidense y de la inversión financiera, es un lugar en el que la confianza puede aumentar y disminuir con gran fuerza e imprevisibilidad, junto con el nivel ascendente o descendente de los precios de las acciones. Los precios siempre parecen nivelarse, pero ¿quién puede estar seguro de la manera en que se comportarán en el futuro?

La confianza espiritual del apóstol Pablo no se basaba en el cambio de los mercados financieros, sino en verdades estables y confiables. Ayer vimos su confianza en la Palabra de Dios, pero hoy veremos tres razones más por las que Pablo podría enfrentar la muerte con confianza.

Primero, confiaba en las oraciones de otros creyentes. Pero no era una confianza presuntuosa porque creyera en pedirle a otros que oraran (ver Romanos 15:30). Pablo estaba convencido de que «La oración eficaz del justo puede mucho» (Santiago 5:16).

Segundo, confiaba en que el Espíritu Santo proporcionaría todos los recursos necesarios para sostenerlo a través de cualquier sufrimiento, incluso la muerte. Los cristianos podemos tener esa misma confianza: «Y de igual manera el Espíritu nos ayuda en nuestra debilidad» (Romanos 8:26).

Tercero, tenía la mayor confianza en las promesas de Cristo. El apóstol estaba seguro de que Dios lo había llamado a un ministerio específico (Hechos 26:16) y que si era fiel, nunca sufriría vergüenza (Marcos 8:38). Jesús no abandona nunca a sus ovejas, no importa cuán sombrías y frustrantes sean sus circunstancias (Juan 10:27-28).

Nuestro versículo de Filipenses resume la confianza y la alegría de Pablo a pesar de la posibilidad de la muerte. Mientras sirviera a Jesucristo, moriría pronto porque la muerte libera al creyente de las cargas terrenales y le permite glorificar a Cristo en la eternidad. Podemos confiar en las mismas promesas y provisiones de Pablo y tener su mismo tipo de alegría. Jesús «es el mismo ayer y hoy, y por los siglos» (Hebreos 13:8).

Sugerencias para la oración: Confiese cualquier forma de confianza errónea que tenga.

* Pídale al Señor que refuerce en su corazón una confianza paulina que se regocije pase lo que pase.

Para un estudio más profundo: Lea Romanos 8 y enumere tantos recursos espirituales y razones para regocijarse como pueda.

RESISTENCIA: EL VALOR DE LO ESPIRITUAL

«Porque esta leve tribulación momentánea produce en nosotros
un cada vez más excelente y eterno peso de gloria».
2 CORINTIOS 4:17

Los creyentes son mucho más bendecidos cuando se enfocan en
los aspectos espirituales de la vida más que en los físicos.

En cuanto a la resistencia, Pablo es nuevamente nuestro modelo a seguir. Una razón por la que pudo soportar el dolor y las pruebas fue porque sabía que lo físico era mucho menos importante y duradero que lo espiritual. Se dio cuenta de que nuestros cuerpos físicos envejecen de manera natural y, por lo tanto, no son permanentes. Probablemente estaba más consciente de eso que la mayoría de la gente puesto que el rigor del ministerio con sus demandas y sus viajes aceleraba su propio proceso de envejecimiento. Y seguramente también envejeció más rápido que otros debido a la persecución física y emocional, por parte de sus enemigos, que soportó.

Pablo pudo aceptar el sufrimiento físico y el envejecimiento porque sabía que su hombre interior (su ser espiritual, su nueva creación) se renovaba a diario (2 Corintios 4:16). No es fácil para nosotros seguir el ejemplo de Pablo; sin embargo, él insta a los creyentes a poner «la mira en las cosas de arriba, no en las de la tierra» (Colosenses 3:2). Muchas de las pruebas y sufrimientos que el Señor permite nos obligan a obedecer las palabras de Pablo: apartar la mirada de nosotros mismos y experimentar el crecimiento espiritual que es resultado directo del sufrimiento (ver 1 Pedro 5:10).

La Palabra de Dios nos asegura que Él nos proporcionará toda la fuerza que necesitemos para soportar. Para terminar, considere las palabras del profeta:

> *¿No has sabido, no has oído que el Dios eterno es Jehová, el cual creó los confines de la tierra? No desfallece, ni se fatiga con cansancio, y su entendimiento no hay quien lo alcance. El da esfuerzo al cansado, y multiplica las fuerzas al que no tiene ningunas. Los muchachos se fatigan y se cansan, los jóvenes flaquean y caen; pero los que esperan a Jehová tendrán nuevas fuerzas; levantarán alas como las águilas; correrán, y no se cansarán; caminarán, y no se fatigarán.*
> —ISAÍAS 40:28-31

Sugerencias para la oración: Al pasar este día, ore para que el Señor lo ayude a enfocarse en lo espiritual en lugar de lo físico.

Para un estudio más profundo: Lea Hebreos 11:1-16. ¿Qué ingrediente común permitió a los de este pasaje mirar más allá de lo físico a lo espiritual?

RESISTENCIA: UNA MIRADA AL FUTURO

«Porque esta leve tribulación momentánea produce en nosotros
un cada vez más excelente y eterno peso de gloria».
2 CORINTIOS 4:17

Es mucho más fácil soportar las pruebas cuando
valoramos el futuro por encima del presente.

Hace unos años, la popular película *Regreso al futuro* abordaba de manera bastante caprichosa la posibilidad de viajar en el tiempo, lo que siempre implicaba entrar al futuro. El tema recurrente era que, aun con todas las complicaciones de alterar el futuro, era mejor vivir en el presente. Los espectadores podrían inferir que, en última instancia, no vale la pena detenerse mucho en el futuro.

Eso es justo lo contrario a la actitud del apóstol Pablo acerca del futuro. Él se ocupó de las profundas certezas de lo que les espera a todos los creyentes en la vida venidera. Para Pablo, el valor del futuro era otra razón importante por la que podía soportar los sufrimientos y las pruebas de la vida. El dolor temporal para él, y para nosotros, es intrascendente comparado con lo que nos espera en el cielo (Romanos 8:18).

Las pruebas son inevitables y el dolor asociado a ellas puede ser muy intenso pero, en comparación con lo que disfrutaremos en el futuro, carecen de la menor importancia. Pablo las vio como aflicciones leves o, literalmente, «trivialidades sin peso alguno». Él sabía que su verdadero significado es únicamente la manera en que contribuyen a nuestra gloria eterna.

Esa contribución es cualquier cosa menos trivial. Más aun, produce «un peso eterno de gloria». Con respecto a esta expresión, es como si Pablo imaginara una antigua balanza de doble platillo que se inclina hacia uno de los lados —en este caso hacia el futuro— por la masa puesta («el eterno peso de gloria») en el platillo de sus propios sufrimientos. Pablo pudo soportar el dolor de las pruebas por la seguridad de que contribuían positivamente a su vida en el cielo.

La cantidad de pruebas y sufrimiento que soportamos ahora también está directamente relacionada con nuestras recompensas eternas, que no son bonificaciones como coronas más elegantes, mejores túnicas o mansiones más grandes. Al contrario, se refieren a nuestra mayor capacidad para alabar, servir y glorificar a Dios. Eso cumplió el mayor deseo de Pablo y le permitió perseverar gozosamente en las pruebas, lo que debería hacer también por nosotros.

Sugerencias para la oración: Pídale a Dios que le brinde una perspectiva que le haga ver cada prueba como trivial a la luz de las recompensas eternas.

Para un estudio más profundo: Lea Romanos 8:18-25. ¿Hasta dónde se extienden los efectos del pecado y el sufrimiento?

   ✻ ¿Qué dice Pablo sobre la esperanza en este pasaje?

NUESTRO EJEMPLO DEFINITIVO

«Quien cuando le maldecían, no respondía con maldición; cuando padecía, no amenazaba, sino encomendaba la causa al que juzga justamente».

1 PEDRO 2:23

———

Jesucristo, el único que sufre sin haber pecado, es el modelo por excelencia que necesitamos para soportar las pruebas de la vida.

Antes de su muerte en 1555, el reformador y mártir inglés Hugh Latimer expresó sus convicciones de la siguiente manera: «Tenemos que morir; cómo y dónde, no lo sabemos. Este no es nuestro hogar; por lo tanto, consideremos las cosas manteniendo la vista al frente en la Jerusalén celestial, y el camino hacia ella a través de la persecución». Latimer sabía mucho acerca de cómo enfrentar el sufrimiento, pero también sabía que el propio Jesús era el modelo decisivo en cuanto a cómo lidiar con el sufrimiento y la muerte.

Ese modelo se resume en el versículo de hoy, que es una cita del pasaje del Siervo sufriente en Isaías 53. Todo el horrible abuso físico y verbal que sufrió Cristo antes de ser colgado en la cruz, junto con el perverso trato a su carácter perfectamente virtuoso, fue injustificado y, sin embargo, no devolvió el golpe. Como Hijo de Dios que era, Jesús controlaba a la perfección sus sentimientos y sus poderes.

Jesús encontró la fuerza para soportar aquella abusiva prueba final al «encomendar su causa al que juzga justamente». Literalmente, Jesús se entregó a sí mismo junto con todas sus circunstancias —culminando con su muerte en el Calvario (Lucas 23:46)—, al Padre. El Hijo tenía completa confianza en Dios, el Juez justo de toda la tierra (ver Génesis 18:25).

Podemos seguir su ejemplo y soportar la persecución y el sufrimiento sin responder, ya sea en el lugar de trabajo, entre los familiares o en cualquier entorno social. La clave es simplemente confiar nuestras vidas, por fe, a un Dios justo que hará las cosas bien y nos llevará a salvo a su gloria (1 Pedro 5:6-10).

Esteban y Pablo son modelos notables de cómo podemos triunfar sobre las persecuciones y dificultades de la vida, incluida la muerte. Pero esos grandes hombres estaban simplemente con sus ojos puestos «en Jesús, el autor y consumador de la fe» (Hebreos 12:2). Nosotros debemos hacer lo mismo.

———

Sugerencias para la oración: A medida que experimente las dificultades y desafíos normales de la vida, pídale a Dios que lo ayude a recordar mejor el ejemplo perfecto que Jesús dio al enfrentar el dolor y sufrimiento sumos.

Para un estudio más profundo: Lea Hebreos 1:1-2 y 4:14-16. Compare y contraste lo que nos dicen estos pasajes sobre la deidad y la humanidad de Cristo.

❋ ¿Qué revelan acerca de la superioridad de su ejemplo?

¡LA INTEGRIDAD NO SE NEGOCIA!

«Jehová, ¿quién habitará en tu tabernáculo? ¿Quién
morará en tu monte santo? El que anda en integridad y
hace justicia, y habla verdad en su corazón».

SALMOS 15:1-2

Amar a Cristo y caracterizarse por una fidelidad cada vez mayor
a la verdad bíblica es la esencia de la verdadera integridad.

La integridad cristiana se ha definido como la ausencia de complacencia y la presencia de convicciones bíblicas. En palabras del salmista, es obrar justicia y decir la verdad desde lo más profundo del corazón (Salmos 15:2).

Muchas personas en las Escrituras exhiben una integridad ejemplar. Por ejemplo, Jesús dijo de Natanael que era un israelita «en quien no hay engaño» (Juan 1:47). Ser una persona en la que no hay engaño es ser sincero y carecer de pretensiones, lo cual es otra forma de decir que Natanael tenía integridad. ¡Qué recomendación tan asombrosa!

Al igual que Natanael, Daniel era un hombre de una integridad firme. En las lecciones que estudiaremos este mes, el ejemplo de Daniel expone el poder, las características y las bendiciones de la integridad bíblica. Usted verá cómo usa Dios hasta las circunstancias más difíciles para probar y refinar su integridad.

Este es un tema especialmente pertinente para nuestros días puesto que el espíritu indulgente está floreciendo a nuestro alrededor: en la política, en los deportes, en los negocios y, tristemente, incluso en la iglesia. Pero las Escrituras nos instan a asumir un estándar rígido que refleje la integridad del propio Cristo. Como dijo el apóstol Juan: «El que dice que permanece en él [Cristo] debe andar como él anduvo» (1 Juan 2:6).

Este mes verá algunos de los desafíos que les esperan a quienes se niegan a transigir en sus convicciones bíblicas y, además, verá la manera en que les llegan las bendiciones. Entre tanto, oro con el fin de que el Señor lo fortalezca y lo aliente, y para que usted sea uno que verdaderamente «anda en integridad y hace justicia, y habla verdad en su corazón».

Sugerencias para la oración: Haga suya la oración del rey David hoy: «Guarda mi alma, y líbrame; no sea yo avergonzado, porque en ti confié. Integridad y rectitud me guarden, porque en ti he esperado» (Salmos 25:20-21).

Para un estudio más profundo: Lea Daniel 1, 3 y 6 en preparación para los estudios de este mes. Haga una lista de los rasgos de carácter que vea en Daniel, Sadrac, Mesac y Abed-nego que sean dignos de imitar.

LA INTEGRIDAD TRIUNFA SOBRE LA ADVERSIDAD

*«En el año tercero del reinado de Joacim rey de Judá, vino
Nabucodonosor rey de Babilonia a Jerusalén, y la sitió. Y el Señor
entregó en sus manos a Joacim rey de Judá, y parte de los utensilios
de la casa de Dios; y los trajo a tierra de Sinar, a la casa de su
dios, y colocó los utensilios en la casa del tesoro de su dios».*

DANIEL 1:1-2

La integridad brilla más en el contexto de la adversidad.

Nuestro pasaje de hoy habla acerca del trágico tiempo en la historia de Israel cuando Dios la castigó severamente al permitir que el rey Nabucodonosor y la malvada nación de Babilonia marchasen contra ella y la tomaran cautiva. Dios nunca mima a su pueblo, ni le hace el juego a su pecado. La disciplina de Israel ilustra el principio de que «el juicio [comienza] por la casa de Dios» (1 Pedro 4:17). Pero por severa que sea su disciplina, siempre está dirigida a producir mayor justicia y piadosa integridad en sus hijos (Hebreos 12:5-11).

El cautiverio babilónico preparó el escenario para una exhibición de integridad verdaderamente poco común por parte de Daniel y sus tres amigos hebreos. En los próximos días examinaremos su carácter con cierta profundidad. Por ahora, sin embargo, anímese a que la adversidad de cualquier tipo, incluso el castigo por el pecado, es la forma en que Dios proporciona riqueza a la tierra para nutrir y fortalecer el fruto espiritual de la integridad. Sin las adversidades de Babilonia, la integridad de Daniel y la de sus amigos no habría brillado tanto como lo hizo y no habría tenido el impacto significativo que tuvo en el rey Nabucodonosor y todo su reino.

Es probable que, actualmente, esté sufriendo adversidades que son especialmente desafiantes, y es posible que aún no comprenda lo que Dios está logrando a través de ellas. Pero al igual que Daniel y sus amigos, puede orar por sabiduría para que comprenda su voluntad y por fe para confiar en Él a través del proceso. Puede estar seguro de que nunca le fallará.

Sugerencias para la oración: cada día se prueba su integridad de muchas maneras. Pídale al Señor que lo ayude a estar al tanto de esos tiempos y que tome decisiones que lo honren.

Para un estudio más profundo: Lea 1 Reyes 9:3-5. ¿Qué clase de integridad requirió Dios de Salomón?

* ¿Qué le prometió si Salomón obedecía?

LA INTEGRIDAD VENCE AL ORGULLO

«Y dijo el rey a Aspenaz, jefe de sus eunucos, que trajese de los hijos de Israel, del linaje real de los príncipes, muchachos en quienes no hubiese tacha alguna, de buen parecer, enseñados en toda sabiduría, sabios en ciencia y de buen entendimiento, e idóneos para estar en el palacio del rey; y que les enseñase las letras y la lengua de los caldeos... Entre éstos estaban Daniel, Ananías, Misael y Azarías, de los hijos de Judá».

DANIEL 1:3-4, 6

———

El hombre valora la belleza física y las capacidades humanas superiores, mientras que Dios valora el carácter espiritual.

Cuando el rey Nabucodonosor estaba asediando Jerusalén, recibió la noticia de que su padre había muerto. Por eso regresó a Babilonia y dejó a Joacim, rey de Judá, en el poder. Para garantizar su lealtad al rey, Nabucodonosor ordenó a Aspenaz, el jefe de sus funcionarios, que tomara algunos rehenes de entre las familias reales de Israel. Entre los seleccionados estaban Daniel, Ananías, Misael y Azarías.

El plan de Nabucodonosor era entrenar a esos jóvenes rehenes a la manera de los babilonios (caldeos), y luego presionarlos para que sirvieran como sus representantes entre los judíos. Se estima que había entre cincuenta y setenta y cinco rehenes, cada uno de los cuales era joven (probablemente estaban en su adolescencia), guapo y sin defectos físicos. Además, cada uno de ellos tenía un intelecto superior, educación, sabiduría y gracia social.

Estar entre un grupo tan selecto de personas podría haber llevado al orgullo a Daniel, Ananías, Misael y Azarías. Pero la autoglorificación no significaba nada para ellos. Su prioridad era servir a su Dios con humildad, integridad y fidelidad. Nabucodonosor podía verlos favorablemente, entrenarlos en los caminos de los caldeos y ofrecerles poder e influencia en su reino, pero no podría incitar nunca su orgullo ni alterar su lealtad al Señor.

Al igual que Babilonia, nuestra sociedad está enamorada de la belleza física y las capacidades humanas. Sin embargo, deje que su atención se centre en el carácter espiritual y utilice los talentos y habilidades que le ha dado para la gloria de Dios.

———

Sugerencias para la oración: Agradezca al Señor por los dones especiales que le ha dado.

* Proteja con oración su corazón del orgullo sutil, que socava el carácter espiritual.

Para un estudio más profundo: Lea Daniel 4:28-36. ¿Cómo trató Dios con el orgullo del rey Nabucodonosor?

* ¿Cuál fue la respuesta del rey (ver v. 37)?

LA INTEGRIDAD TRIUNFA SOBRE LA PÉRDIDA PERSONAL

«Entre éstos estaban Daniel, Ananías, Misael y Azarías, de los hijos de Judá. A éstos el jefe de los eunucos puso nombres: puso a Daniel, Beltsasar; a Ananías, Sadrac; a Misael, Mesac; y a Azarías, Abed-nego».

Daniel 1:6-7

No siempre se puede evitar la pérdida personal, pero puede responder a ella de modo que glorifique a Dios.

Era una serena mañana de enero en el valle de San Fernando, al sur de California, cuando de repente y sin previo aviso la tierra tembló con una fuerza tan violenta que muchas de las grandes edificaciones y los elevados puentes de las autopistas se desmoronaron por la sacudida. En cuestión de minutos, el terremoto de Northridge —en 1994— dejó cicatrices en las personas y en la topografía que, en algunos casos, nunca sanarán. Esos sucesos catastróficos nos recuerdan cuán difícil puede ser lidiar con la pérdida personal.

Daniel, Ananías, Misael y Azarías entendieron la idea de la pérdida personal. Quizás en nuestros días solo aquellos que han sufrido como prisioneros de guerra o como refugiados por los estragos de los conflictos bélicos pueden apreciar a plenitud la profunda sensación de pérdida que esos individuos deben haber sentido después de haber sido separados de su familia, sus amigos y su patria.

Pérdidas como hasta la de sus propios nombres. Cuando esos jóvenes fueron llevados cautivos a Babilonia, cada uno de ellos tenía un nombre hebreo que reflejaba su educación piadosa. Pero en un aparente esfuerzo por eliminar esa influencia y exaltar a las deidades paganas de Bel (o Baal) y Aku, el comandante de Nabucodonosor cambió sus nombres; a Daniel (que significa «Dios es juez») le puso Beltsasar («Bel provee» o «príncipe de Bel»), a Ananías («el Señor es amable») lo llamó Sadrac («bajo el mando de Aku»), a Misael («¿Quién es el Señor?») le puso Mesac («¿Quién es lo que es Aku?») , y a Azarías («el Señor es mi ayudante») a Abed-nego («siervo de Nebo [el hijo de Baal]»).

Daniel y sus amigos no podían evitar sus pérdidas, pero podían confiar en Dios y negarse a dejar que esas pérdidas condujeran a la desesperación o a la indulgencia. Ese es un ejemplo que usted puede seguir cuando se enfrenta a una pérdida.

Sugerencias para la oración: Pídale al Señor sabiduría para ver sus pérdidas a través de los ojos amorosos de Él y la gracia para responder adecuadamente.

* Ore por aquellos a quienes conoce que han sufrido pérdidas.

Para un estudio más profundo: Lea Job 1:13-22. ¿Cómo respondió Job a sus pérdidas?

* ¿Qué puede aprender usted de su ejemplo?

LA INTEGRIDAD BASADA EN LOS PRINCIPIOS

*«Y les señaló el rey ración para cada día, de la provisión de la comida del
rey, y del vino que él bebía; y que los criase tres años, para que al fin de
ellos se presentasen delante del rey... Y Daniel propuso en su corazón no
contaminarse con la porción de la comida del rey, ni con el vino que él bebía;
pidió, por tanto, al jefe de los eunucos que no se le obligase a contaminarse».*

DANIEL 1:5, 8

La integridad piadosa se basa en el fundamento de la autoridad bíblica.

Desde la perspectiva del mundo, el rey Nabucodonosor tenía mucho que ofrecer a sus cautivos hebreos: la mejor comida, la mejor educación y los altos
cargos en su reino, entre otras cosas. Sin embargo, la perspectiva de Daniel era
bastante diferente. Él no se opuso a recibir una educación pagana puesto que
Dios no había prohibido directamente eso y esa, la educación babilónica, tenía
mucho que ofrecer en las áreas de arquitectura y ciencia. Pero como ocurre con
cualquier persona que recibe una educación secular, Daniel tendría que ejercer
el discernimiento para distinguir lo verdadero de lo falso y lo bueno de lo malo.

Fue entonces, cuando se le pidió a Daniel que violara una orden directa de
Dios, que este trazó una línea y se afirmó sobre los principios bíblicos. Ese es el
carácter que muestra la integridad piadosa. Un carácter que basa sus decisiones en los principios de la Palabra de Dios, no en la mera preferencia personal,
la intimidación ni la presión de grupo. Aparentemente, Daniel tenía todas las
razones para transigir con sus captores: era joven, estaba lejos de su casa y
enfrentaría graves consecuencias si desafiaba la orden del rey. Sin embargo, se
comportó de una manera inquebrantable en su obediencia a Dios.

Aunque Daniel no pudo obedecer la orden del rey, manejó la situación de una
manera sabia y respetuosa al pedir permiso para abstenerse de comer lo que
Dios había prohibido. De su ejemplo aprendemos que mantener los principios
a veces nos pone en desacuerdo con quienes tienen autoridad sobre nosotros,
pero aun así podemos amarlos y respetarlos.

Sugerencias para la oración: Ore por aquellos que tienen autoridad sobre usted
y que quieran que haga cosas que desagradarán al Señor.
* Ore por sabiduría y gracia para mantener una actitud amorosa hacia
ellos a la vez que se mantiene firme en los principios bíblicos.

Para un estudio más profundo: Lea Hechos 5:17-29. ¿Cómo respondieron los
apóstoles a las autoridades cuando les ordenaron que dejaran de predicar el
evangelio?

LA INTEGRIDAD DISFRUTA EL FAVOR DE DIOS

*«Y puso Dios a Daniel en gracia y en buena
voluntad con el jefe de los eunucos».*

DANIEL 1:9

El favor de Dios es la rica recompensa de la obediencia.

Dios se agrada en otorgar gracia y favor especiales a aquellos cuyos corazones están dispuestos a complacerlo. Por ejemplo, «Pero Noé halló gracia ante los ojos de Jehová» y se libró de los estragos del Diluvio (Génesis 6:8). José encontró favor a la vista de Dios y fue elevado a la preeminencia en Egipto (Génesis 39—41). Dios les otorgó a Moisés y a los hijos de Israel el favor a la vista de los egipcios, por pudieron despojar a Egipto en el Éxodo (Éxodo 11:3; 12:36).

Cuando Daniel decidió obedecer a Dios al no contaminarse con la dieta especial del rey (Daniel 1:8), demostró una gran valentía e integridad. Dios respondió concediéndole favor y compasión a la vista de Aspenaz, el comandante de los funcionarios del rey. La palabra hebrea traducida como «favor» habla de bondad o piedad. También puede incluir un fuerte afecto desde lo más profundo del corazón. «Compasión» implica un amor tierno e inagotable. En conjunto, estas palabras nos dicen que Dios estableció una relación especial entre Aspenaz y Daniel, tanto que no solo resguardó a Daniel del perjuicio en este caso, sino que también lo ayudó a prepararse para su futuro papel como hombre de enorme influencia en imperio de Babilonia.

En nuestros días, el favor de Dios se revela en la gracia especial que Él otorga a sus hijos en tiempos de necesidad. Ese favor es principalmente evidente cuando la obediencia de ellos genera persecución. El apóstol Pedro escribió: «Porque esto halla gracia, si por causa de la conciencia ante Dios, alguno sobrelleva penalidades sufriendo injustamente. Pues ¿qué mérito hay, si cuando pecáis y sois tratados con severidad lo soportáis con paciencia? Pero si cuando hacéis lo bueno sufrís por ello y lo soportáis con paciencia, esto halla gracia con Dios» (1 Pedro 2:19-20, LBLA).

Daniel sabía que rechazar la dieta especial que el rey ordenó podría llevarlos a sufrir consecuencias serias, pero estaba más interesado en obedecer la Palabra de Dios que en evitar el castigo del hombre. Tenía las prioridades correctamente establecidas, por lo que Dios honró su obediencia; así como honrará la de usted.

Sugerencias para la oración: Haga suya la oración de Moisés hoy: «Te ruego que me muestres ahora tu camino, para que te conozca, y halle gracia en tus ojos» (Éxodo 33:13).

Para un estudio más profundo: Lea Génesis 39. ¿Cuáles fueron los resultados del favor de Dios con José?

LA INTEGRIDAD VENCE AL TEMOR

*«Y dijo el jefe de los eunucos a Daniel: Temo a mi señor el rey, que
señaló vuestra comida y vuestra bebida; pues luego que él vea vuestros
rostros más pálidos que los de los muchachos que son semejantes a
vosotros, condenaréis para con el rey mi cabeza. Entonces dijo Daniel
a Melsar, que estaba puesto por el jefe de los eunucos sobre Daniel,
Ananías, Misael y Azarías: Te ruego que hagas la prueba con tus siervos
por diez días, y nos den legumbres a comer, y agua a beber. Compara
luego nuestros rostros con los rostros de los muchachos que comen
de la ración de la comida del rey, y haz después con tus siervos según
veas. Consintió, pues, con ellos en esto, y probó con ellos diez días».*
DANIEL 1:10-14

**Las personas de integridad bíblica también tienden
a ser personas con un denuedo atrevido.**

Me encanta leer las biografías de grandes misioneros y otras personas piadosas
cuyas vidas reflejan un compromiso poco común con Cristo y cuya valentía
ante las dificultades los distingue de sus compañeros. Daniel era un hombre
de esa clase tan especial. Desde su juventud se deleitó en hacer la voluntad de
Dios y proclamar la Palabra de Dios con valentía. Él compartió la perspectiva
de David en el Salmo 40:8-9, que dice: «El hacer tu voluntad, Dios mío, me ha
agradado, y tu ley está en medio de mi corazón. He anunciado justicia en grande congregación; he aquí, no refrené mis labios, Jehová, tú lo sabes».

En marcado contraste con la audacia de Daniel estaba el miedo de Aspenaz.
Aunque tenía a Daniel en alta estima, Aspenaz temía por su vida. Pensaba que
si Daniel y sus amigos lucían pálidos y desnutridos después de que les conce-
diera evadir la dieta especial del rey se arriesgaría mucho. Entonces, con su
característica sabiduría y audacia, Daniel sugirió una prueba simple diseñada
para aliviar los temores de Aspenaz y demostrar la fidelidad de Dios. Mañana
veremos los resultados de esa prueba (v. 15). Pero por hoy oro para que tenga
la audacia de Daniel y aproveche cada oportunidad que se le presente para proclamar la Palabra de Dios.

Sugerencias para la oración: Al igual que Daniel, puede estar enfrentando una
situación que requiera una medida especial de audacia. Si es así, pídale al Señor
que lo fortalezca mientras dispone su corazón a hacer la voluntad de Él.

Para un estudio más profundo: Lea Efesios 6:19-20; Filipenses 1:19-20. ¿Cuál
fue la fuente de la audacia de Pablo?

LA INTEGRIDAD PASA LA PRUEBA

«Consintió, pues, con ellos en esto, y probó con ellos diez días. Y al cabo de los diez días pareció el rostro de ellos mejor y más robusto que el de los otros muchachos que comían de la porción de la comida del rey. Así, pues, Melsar se llevaba la porción de la comida de ellos y el vino que habían de beber, y les daba legumbres».

DANIEL 1:14-16

Todo compromiso espiritual será probado.

Cuando Dios quiere probar la calidad del compromiso de uno, lo hace. La prueba puede venir directamente de Él, como sucedió con Abraham cuando Dios le pidió que sacrificara a su hijo Isaac (Génesis 22:1-2), o puede venir a través de circunstancias difíciles, como con los israelitas durante sus andanzas por el desierto (Deuteronomio 8:16), o incluso puede venir del mismo Satanás, como lo que Dios permitió con Job (Job 1:12; 2:6). Independientemente de su origen, cada prueba es diseñada por Dios para producir mayor fruto espiritual en sus hijos (1 Pedro 1:6-7).

Las pruebas de Daniel, Sadrac, Mesac y Abed-nego llegaron por intermedio de sus captores babilónicos. La separación de la familia, los amigos y la patria debe haber sido una prueba extremadamente difícil para ellos pero, a pesar de todo, su compromiso con el Señor permaneció inquebrantable. Ahora se enfrentaron a una prueba para determinar si podían permanecer sin mancha o no. Durante diez días solo comerían vegetales y beberían únicamente agua, mientras que sus compañeros cautivos ingerían la dieta especial ordenada por el rey.

Como es normal, se supone que un lapso de tiempo tan breve no produciría ningún cambio notable en la fisiología de aquellos muchachos, pero Dios debe haber intervenido porque al final de solo diez días, los cuatro jóvenes estaban claramente más saludables y más vigorosos que sus compañeros. Los resultados fueron tan convincentes que su supervisor les permitió seguir una dieta vegetariana durante todo el período de entrenamiento que abarcaba tres años. Así que Dios honró su espíritu severo.

Cuando sea probado, recuerde que Dios está trabajando en su madurez espiritual y que nunca le pondrá a prueba más allá de lo que pueda soportar; además, siempre le proporcionará un medio para obtener la victoria (1 Corintios 10:13).

Sugerencias para la oración: Ore por sabiduría y fortaleza para enfrentar cada prueba que enfrente con valentía y victoria.

Para un estudio más profundo: Lea el Salmo 26:1-3. ¿Qué le pidió el rey David a Dios?

   ✳ ¿Cómo describe a una persona íntegra?

LA INTEGRIDAD REFLEJA LA SABIDURÍA DIVINA

«A estos cuatro muchachos [Daniel, Sadrac, Mesac y Abed-nego] Dios les dio conocimiento e inteligencia en todas las letras y ciencias; y Daniel tuvo entendimiento en toda visión y sueños».

DANIEL 1:17

La sabiduría divina resguarda de las influencias de una sociedad impía.

Desde el comienzo de la historia humana, Satanás ha tratado de confundir y perturbar los propósitos de Dios corrompiendo el pensamiento del hombre. En el jardín de Edén tuvo éxito al cuestionar el carácter de Dios y convencer a Eva de que su desobediencia no tendría consecuencias negativas. Hasta el día de hoy continúa engañando a civilizaciones enteras cegando «el entendimiento de los incrédulos, para que no les resplandezca la luz del evangelio de la gloria de Cristo» (2 Corintios 4:4).

Daniel y sus amigos eran cautivos de un rey pagano que quería eliminar la lealtad de ellos a Dios reprogramando su pensamiento. Sin embargo, a diferencia de Eva, ellos estaban decididos a no dejarse vencer por las malas influencias que los rodeaban. Dios honró su integridad y les enseñó todo lo que necesitaban saber para ser productivos en la sociedad babilónica e influir en ella por su rectitud.

Babilonia era el centro del saber en esa época; era una sociedad que se jactaba de su avance en la ciencia, sus bibliotecas y sus eruditos. Sin embargo, Dios les dio a estos jóvenes la capacidad de aprender, retener y superar el nivel de conocimientos alcanzado por sus captores; y, además, con la sabiduría suficiente para aplicar todo eso a sus vidas. Más aun, a Daniel le dio la capacidad de interpretar sueños y recibir visiones, dones que serían cruciales más adelante en su vida cuando Dios lo elevara a una posición de preminencia en Babilonia y le revelara el plan de la historia del mundo (ver capítulos 7 al 12).

Es seguro que Daniel, Sadrac, Mesac y Abed-nego no entendían todo lo que Dios tenía reservado para ellos ni por qué permitiría que fueran probados de una manera tan severa a tan temprana edad. Pero como decidieron amarlo y confiar en Él a pesar de sus circunstancias, mostraron el tipo de sabiduría que resguarda a los hijos de Dios de las influencias de una sociedad sin Dios. Al hacer lo mismo, Dios ha de usarnos en una manera significativa. Además, sabemos que Dios no nos llama nunca a un desafío sin que antes nos equipe con lo necesario para alcanzar la victoria.

Sugerencias para la oración: El rey David oró: «Enséñanos de tal modo a contar nuestros días, que traigamos al corazón sabiduría» (Salmos 90:12). Haga de esta su propia oración.

Para un estudio más profundo: Lea Colosenses 1:9-12. ¿Cuáles son los resultados de estar llenos de «sabiduría e inteligencia espiritual»?

LA INTEGRIDAD PONE A PRUEBA
LA FIDELIDAD DE DIOS

«Pasados, pues, los días al fin de los cuales había dicho el rey que los trajesen, el jefe de los eunucos los trajo delante de Nabucodonosor. Y el rey habló con ellos, y no fueron hallados entre todos ellos otros como Daniel, Ananías, Misael y Azarías; así, pues, estuvieron delante del rey. En todo asunto de sabiduría e inteligencia que el rey les consultó, los halló diez veces mejores que todos los magos y astrólogos que había en todo su reino».

DANIEL 1:18-20

Dios siempre le equipa para las tareas que requiere de usted.

Daniel y los otros jóvenes deportados en 606 a. C. recibieron tres años de entrenamiento intenso bajo la atenta observación del comandante de los oficiales del rey Nabucodonosor. Al concluir su entrenamiento, todos los jóvenes cautivos fueron presentados ante el rey para hacerles una evaluación individual. Los resultados fueron realmente impresionantes. De todos los que fueron entrenados, ninguno se comparaba con Daniel, Ananías, Misael y Azarías. Más aun, se descubrió que eran diez veces mejores que todos los sabios de todo el reino de Babilonia. En consecuencia, a la edad de solo diecisiete o dieciocho años, se convirtieron en servidores personales del rey.

¿Por qué esos jóvenes eran tan superiores a sus compañeros? No se debía simplemente a su entrenamiento, porque cada uno de los jóvenes había recibido la misma educación. La diferencia radicaba en el carácter y la disposición a ser fieles a su Dios, que les otorgó conocimiento, inteligencia y sabiduría en una manera especial (v. 17). Eran tan justos y sabios que incluso aquellos que no creían en su Dios se vieron obligados a reconocer la calidad de sus vidas. ¡Ese es el impacto que todo creyente debería ejercer en quienes los rodean!

Dios quiere que usted viva una clase de vida que silencie a aquellos que intentan difamarlos a su Dios y a usted (1 Pedro 2:15), por lo que ha provisto todos los recursos espirituales para que pueda hacerlo (2 Pedro 1:3). Por lo tanto, al vivir con integridad, demuestra a los demás que Dios realmente cumple su obra en aquellos que lo aman.

Sugerencias para la oración: Haga una lista de recursos espirituales que sean suyos en Cristo, luego alábelo por cada uno de ellos.

Para un estudio más profundo: Lea el Salmo 119:97-104. ¿Cuáles son las actitudes del salmista hacia la Palabra de Dios (su «ley»)?

* ¿Qué pasos dio para asegurarse de que la piedad fuera evidente en su vida?

LA INTEGRIDAD RESULTA EN EL MINISTERIO FRUCTÍFERO

«Y continuó Daniel hasta el año primero del rey Ciro».

DANIEL 1:21

Las personas de integridad son individuos con una influencia espiritual significativa.

Cuando el rey Nabucodonosor tomó a Daniel como uno de sus siervos personales, fue solo el comienzo de un ministerio que duraría setenta años. Daniel 2:48 registra que poco después «el rey engrandeció a Daniel, y le dio muchos honores y grandes dones, y le hizo gobernador de toda la provincia de Babilonia, y jefe supremo de todos los sabios de Babilonia». A pedido de Daniel, el rey también nombró a Sadrac, Mesac y Abed-nego para que ejercieran puestos de autoridad, proporcionando así una voz aún más fuerte para la rectitud en Babilonia.

Años más tarde, «mandó Belsasar [hijo de Nabucodonosor] vestir a Daniel de púrpura, y poner en su cuello un collar de oro, y proclamar que él era el tercer señor del reino» (Daniel 5:29). Tras la muerte de Belsasar y la caída de Babilonia ante los medos y los persas, Darío el Medo designó a Daniel como uno de los tres únicos hombres en el reino que supervisaría a todos sus gobernadores (Daniel 6:1-2). Mientras el Señor seguía bendiciendo a Daniel, y este se distinguía entre los líderes de Darío, el rey lo nombró primer ministro de todo el reino. Por lo tanto, Daniel «prosperó durante el reinado de Darío y durante el reinado de Ciro el persa» (Daniel 6:28).

La vida de Daniel fue una de enorme influencia y comenzó siendo aún joven; a esa temprana edad optó por la obligación antes que por la indulgencia. Era fiel en lo poco, por lo que el Señor le dio mucho. Es probable que pocos cristianos tengan una influencia tan amplia como la de Daniel, pero cada creyente debería asumir su obligación. Recuerde, las decisiones que tome por Cristo hoy afectan directamente la influencia que tendrá para Él mañana. Así que viva cada día listo para escuchar a Cristo decirle: «Bien, buen siervo y fiel; sobre poco has sido fiel, sobre mucho te pondré; entra en el gozo de tu señor» (Mateo 25:23).

Sugerencias para la oración: Pídale al Señor que resguarde su integridad, de modo que su influencia para Él sea fuerte y en constante aumento.

Para un estudio más profundo: Lea la oración de Jabes en 1 Crónicas 4:10. ¿Qué le pidió Jabes a Dios?

* ¿Cuál fue la respuesta de Dios?

LA INTEGRIDAD ADORA AL DIOS VERDADERO

«El rey Nabucodonosor hizo una estatua de oro cuya altura era de sesenta codos, y su anchura de seis codos; la levantó en el campo de Dura, en la provincia de Babilonia. Y envió el rey Nabucodonosor a que se reuniesen los sátrapas, los magistrados y capitanes, oidores, tesoreros, consejeros, jueces, y todos los gobernadores de las provincias, para que viniesen a la dedicación de la estatua que el rey Nabucodonosor había levantado. Fueron, pues, reunidos los sátrapas, magistrados, capitanes, oidores, tesoreros, consejeros, jueces, y todos los gobernadores de las provincias, a la dedicación de la estatua que el rey Nabucodonosor había levantado; y estaban en pie delante de la estatua que había levantado el rey Nabucodonosor».

DANIEL 3:1-3

———

Las personas son incurablemente religiosas, por lo que adorarán al Dios verdadero o a un falso sustituto.

La Escritura enseña que «el hombre de doble ánimo es inconstante en todos sus caminos» (Santiago 1:8). Eso ciertamente describe al rey Nabucodonosor, que poco después de declarar que el Dios de Daniel «es Dios de dioses, y Señor de los reyes» (Daniel 2:47), erigió una gran imagen de sí mismo y reunió a todos sus líderes para su dedicación.

La imagen tenía veintiséis metros de altura y probablemente estaba construida con madera recubierta de oro. Debido a que el campo de Dura era plano, la estatua habría sido visible desde una gran distancia. El ídolo dorado daba una vista magnífica, ya que reflejaba la brillante luz del sol de esa región.

El plan del rey era que todos sus líderes se inclinaran ante la imagen, de manera que lo glorificaran, verificaran su lealtad a él y unificara a la nación bajo una sola religión. Pero pronto se daría cuenta de que tres jóvenes, con integridad espiritual, no abandonarían nunca la adoración al Dios verdadero, independientemente de las consecuencias.

Adorar al Dios verdadero o a un sustituto falso es una decisión que todos deben tomar. Por desdicha, millones de personas que no pensarían en inclinarse ante una imagen tangible, sin embargo, adoran a diversos dioses inútiles creados por su propia imaginación. Incluso los cristianos pueden ser vencidos por el amor propio y la codicia, que también son formas de idolatría (Colosenses 3:5). Es por eso que usted siempre debe proteger su corazón diligentemente.

———

Sugerencias para la oración: Agradezca al Señor por el privilegio de conocer y adorar al Dios verdadero.

Para un estudio más profundo: Según Romanos 1:18-32, ¿cuáles son las consecuencias espirituales y morales de la idolatría?

LA INTEGRIDAD RESISTE LA INTIMIDACIÓN

«Y el pregonero anunciaba en alta voz: Mándase a vosotros, oh pueblos, naciones y lenguas, que al oír el son de la bocina, de la flauta, del tamboril, del arpa, del salterio, de la zampoña y de todo instrumento de música, os postréis y adoréis la estatua de oro que el rey Nabucodonosor ha levantado; y cualquiera que no se postre y adore, inmediatamente será echado dentro de un horno de fuego ardiendo. Por lo cual, al oír todos los pueblos el son de la bocina, de la flauta, del tamboril, del arpa, del salterio, de la zampoña y de todo instrumento de música, todos los pueblos, naciones y lenguas se postraron y adoraron la estatua de oro que el rey Nabucodonosor había levantado».

DANIEL 3:4-7

———

Las decisiones que uno toma revelan las convicciones que abraza.

Después que el rey Nabucodonosor había reunido a todos sus líderes para la dedicación de la imagen de oro, emitió la proclamación oficial de que ante el sonido de la orquesta debían inclinarse y adorar a la imagen. Aquellos líderes eran las personas más influyentes y respetadas en Babilonia, por lo que es de esperarse que fueran individuos con fuertes convicciones e integridad inquebrantable. Por desdicha, ese no fue el caso, y con solo tres excepciones, a todos les faltó valor para negarse a obedecer aquella orden.

De acuerdo, el castigo por desobedecer el decreto del rey era realmente severo. Pero ni siquiera la grave amenaza de que se aplicaría la muerte por fuego a quienes no obedecieran el edicto, podía intimidar a Sadrac, Mesac y Abednego. Al contrario, la actitud de ellos simplemente reveló la profundidad de su compromiso con Dios. Eso es lo que los convierte en modelos tan notables a seguir. Siendo aún jóvenes de apenas unos veinte años, mostraron una tremenda valentía y una convicción firme.

Cada día, los cristianos enfrentan una presión considerablemente fuerte como para transigir con su integridad espiritual y adoptar estándares de pensamiento y comportamiento que desagradan al Señor. Los jóvenes son especialmente vulnerables a la presión negativa de los compañeros y a la intimidación a la que los someten. Sadrac, Mesac y Abed-nego nos muestran que los jóvenes pueden ser líderes espirituales fuertes en su fe y ejemplares en su obediencia. Que eso también sea cierto para usted, independientemente de la edad que tenga.

———

Sugerencias para la oración: Recuerde orar con frecuencia por los jóvenes de su iglesia y haga lo que pueda para alentarlos en su caminar con el Señor.

Para un estudio más profundo: Lea Josué 1:1-9. ¿Cómo animó Dios a Josué al enfrentar la intimidante tarea de dirigir la nación de Israel?

LA INTEGRIDAD ES INMUNE A LAS CRÍTICAS

«Por esto en aquel tiempo algunos varones caldeos vinieron y acusaron maliciosamente a los judíos. Hablaron y dijeron al rey Nabucodonosor: Rey, para siempre vive. Tú, oh rey, has dado una ley que todo hombre, al oír el son de la bocina, de la flauta, del tamboril, del arpa, del salterio, de la zampoña y de todo instrumento de música, se postre y adore la estatua de oro; y el que no se postre y adore, sea echado dentro de un horno de fuego ardiendo. Hay unos varones judíos, los cuales pusiste sobre los negocios de la provincia de Babilonia: Sadrac, Mesac y Abed-nego; estos varones, oh rey, no te han respetado; no adoran tus dioses, ni adoran la estatua de oro que has levantado».

DANIEL 3:8-12

Espere la oposición espiritual.

¿Se ha dado cuenta de que cada vez que adopta una posición a favor de la justicia siente la reacción del mundo con más fuerza? Incluso algo tan noble como hacer su trabajo con integridad puede provocar el ridículo o hasta una hostilidad desvergonzada. Pero eso no debería sorprenderle. Jesús dijo: «El siervo no es mayor que su señor. Si a mí me han perseguido, también a vosotros os perseguirán» (Juan 15:20). Además, Pablo advierte que «los que quieren vivir piadosamente en Cristo Jesús padecerán persecución» (2 Timoteo 3:12).

Sadrac, Mesac y Abed-nego conocían bien la oposición espiritual y fueron blanco de los caldeos envidiosos que deseaban verlos morir. Las acusaciones no eran ciertas porque no habían ignorado al rey. Eran ciudadanos modelo y líderes ejemplares. Asistieron a la ceremonia del rey y cumplieron todos sus otros deberes civiles sin violar su responsabilidad para con Dios.

Sus acusadores no estaban motivados por la fidelidad al rey ni por la lealtad personal a sus puntos de vista religiosos. Estaban celosos y resentidos debido a que odiaban a los judíos cautivos porque gobernaban sobre ellos (ver Daniel 2:49).

Es probable que los cristianos de hoy hagan su trabajo excelentemente y sean promovidos por encima de sus pares, solo para incomodar a los celosos compañeros de trabajo que critican o presentan acusaciones falsas y calumniosas contra ellos. Si alguna vez se encuentra en esa situación, debe ser especial y cuidadosamente diligente para hacer su trabajo como para el Señor (Colosenses 3:23), para resguardar su propia actitud y para dejar que el Señor sea su defensor.

Sugerencias para la oración: En obediencia al Señor, «Amad a vuestros enemigos, haced bien a los que os aborrecen; bendecid a los que os maldicen, y orad por los que os calumnian» (Lucas 6:27-28).

Para un estudio más profundo: Lea Daniel 6. ¿Qué paralelos ve usted entre la situación de Daniel y el pasaje bíblico de hoy?

* ¿Cómo mostró Dios su fidelidad en ambas situaciones?

LA INTEGRIDAD CAMINA EN HUMILDAD

«Entonces Nabucodonosor dijo con ira y con enojo que trajesen a Sadrac, Mesac y Abed-nego. Al instante fueron traídos estos varones delante del rey. Habló Nabucodonosor y les dijo: ¿Es verdad, Sadrac, Mesac y Abed-nego, que vosotros no honráis a mi dios, ni adoráis la estatua de oro que he levantado? Ahora, pues, ¿estáis dispuestos para que al oír el son de la bocina, de la flauta, del tamboril, del arpa, del salterio, de la zampoña y de todo instrumento de música, os postréis y adoréis la estatua que he hecho? Porque si no la adorareis, en la misma hora seréis echados en medio de un horno de fuego ardiendo; ¿y qué dios será aquel que os libre de mis manos?».
DANIEL 3:13-15

Dios humilla al orgulloso pero da gracia al humilde.

Cuando el rey Nabucodonosor les preguntó a Sadrac, Mesac y Abed-nego: «¿Qué dios hay que pueda librarlos de mis manos?», mostró hasta qué punto puede una persona ser cegada por el pecaminoso orgullo y la arrogancia mordaz. Es una locura poner el poder de uno contra el de Dios, pero eso es precisamente lo que hizo el emperador babilonio.

La actitud de Nabucodonosor refleja la del propio Satanás, que se jactaba de que ascendería al cielo y se haría como el Dios altísimo (Isaías 14:13-14). Dios se apresura a corregir esas necias nociones. Un poco más adelante, Nabucodonosor aprendió que «abominación es a Jehová todo altivo de corazón; ciertamente no quedará impune» (Proverbios 16:5). Después de ser severamente castigado por Dios, el rey volvió en sí y proclamó: «Ahora yo Nabucodonosor alabo, engrandezco y glorifico al Rey del cielo, porque todas sus obras son verdaderas, y sus caminos justos; y él puede humillar a los que andan con soberbia» (Daniel 4:37).

Aunque no sean tan francamente desafiantes como lo fue Nabucodonosor, todos aquellos que desobedecen voluntariamente la Palabra de Dios están siguiendo su ejemplo al exaltar su propia voluntad por encima de la de Dios y desafiar la autoridad divina en sus vidas.

Sugerencias para la oración: Pídale al Señor que lo mantenga humilde y que perdone cualquier orgullo sutil que pueda albergar en su corazón.

Para un estudio más profundo: Lea el Salmo 31:23-24 y Santiago 4:13-16. ¿Cómo alienta el salmista a los humildes?

* ¿Cuál es la advertencia de Santiago para aquellos que viven como si no fueran responsables ante Dios?

LA INTEGRIDAD CONFÍA EN DIOS INCONDICIONALMENTE

«Sadrac, Mesac y Abed-nego respondieron al rey Nabucodonosor, diciendo:
No es necesario que te respondamos sobre este asunto. He aquí nuestro
Dios a quien servimos puede librarnos del horno de fuego ardiendo; y
de tu mano, oh rey, nos librará. Y si no, sepas, oh rey, que no serviremos
a tus dioses, ni tampoco adoraremos la estatua que has levantado».

DANIEL 3:16-18

La obediencia incondicional es la marca registrada de una fe madura.

En Mateo 13 Jesús habla acerca de las personas que escuchan el evangelio e inicialmente responden con alegría, solo para alejarse cuando surge la persecución. Trágicamente, ese es un hecho común hoy en día; algunas veces causado por los predicadores que prometen salud, riqueza, prosperidad y milagros especiales a todos los que creen. Las personas que aceptan ese error no están preparadas para el costo del discipulado (cf. Mateo 16:24; Juan 15:20).

Sadrac, Mesac y Abed-nego entendieron lo que significaba servir a Dios de manera incondicional. Sabían que Él podía proceder a su defensa si le agradaba hacerlo, pero su fe no dependía de los milagros ni de ningún otro beneficio especial que pudieran recibir de Dios. Se mantuvieron firmes en sus convicciones y sometieron su voluntad aun cuando hacerlo provocara la amenaza de una muerte por fuego. Su actitud era la de Cristo mismo al enfrentar la agonía de la cruz cuando oró: «Padre mío, si es posible, pase de mí esta copa; pero no sea como yo quiero, sino como tú» (Mateo 26:39).

Su respuesta al ultimátum del rey Nabucodonosor puede parecer arrogante o irrespetuosa, pero simplemente estaban reconociendo que no tenían nada que decir en su propia defensa. Le habían servido fielmente tanto como les era posible, pero servir a sus dioses e inclinarse ante su imagen estaba fuera de su consideración. Dios prohíbe cualquier forma de idolatría, por lo que ellos no serían forzados ni intimidados a desobedecerlo.

Al igual que Sadrac, Mesac y Abed-nego, su fe en Dios no se mide porque Él lo rescate o no de una situación difícil, sino por su disposición a confiar y obedecerlo incondicionalmente.

Sugerencias para la oración: Exprese su amor al Señor y su deseo de servirle fielmente a pesar de las circunstancias.

Para un estudio más profundo: Lea Mateo 13:1-23. ¿Qué respuesta representa cada suelo?

LA INTEGRIDAD RESISTE LA IRA DEL MUNDO

«Entonces Nabucodonosor se llenó de ira, y se demudó el aspecto de su rostro contra Sadrac, Mesac y Abed-nego, y ordenó que el horno se calentase siete veces más de lo acostumbrado. Y mandó a hombres muy vigorosos que tenía en su ejército, que atasen a Sadrac, Mesac y Abed-nego, para echarlos en el horno de fuego ardiendo».

DANIEL 3:19-20

La persecución es el intento fútil del mundo por silenciar la voz de la integridad.

El rey Nabucodonosor era un hombre brillante y poderoso que había construido un enorme imperio sometiendo a naciones enteras bajo su control. Sin embargo, cuando tres jóvenes se negaron a retractarse de su devoción a Dios, perdió el control, la racionalidad y se enfureció tanto que su rostro se desfiguró visiblemente.

Con el vehemente deseo de desahogar su ira contra Sadrac, Mesac y Abed-nego, Nabucodonosor ordenó que el horno en el que los castigaría por su osadía se calentara siete veces más de lo normal. Es de esperarse que haya aumentado la intensidad del fuego, para castigarlos más severamente al prolongar su dolor. Pero el rey reaccionó emocionalmente, no por razonamiento lógico, lo cual es frecuente cuando las personas pecadoras se enfrentan a la justicia.

Vemos ese mismo patrón en toda la Escritura. Por ejemplo, la esposa del rey Herodes odiaba a Juan el Bautista; por lo que lo decapitó debido a que este la enfrentó y le reprochó su unión pecaminosa con el rey (Marcos 6:19). Aquellos que no pudieron hacer frente a la sabiduría y el espíritu de Esteban agitaron a los judíos contra él, lo que al fin lo llevó a la muerte por lapidación (Hechos 6:9). Los profetas del Antiguo Testamento y el propio Señor fueron asesinados por aquellos que eran hostiles a Dios. Del mismo modo, los cristianos de Tesalónica y Judea soportaron la furiosa persecución de sus propios compatriotas (1 Tesalonicenses 2:14-15).

La oposición que enfrentamos hoy puede ser más sutil, pero todo tiene su origen en Satanás, que es «homicida desde el principio» (Juan 8:44). Así que no se sorprenda si una sutil oposición estalla repentinamente y se convierte en ira asesina. Pero anímese, sepa que aun cuando lo haga, nunca podrá frustrar los planes de Dios ni vencer la gracia que le sustenta.

Sugerencias para la oración: Ore por valentía para decir la verdad con amor y no temer la reacción del mundo nunca.

Para un estudio más profundo: Lea 2 Tesalonicenses 1:3-10. ¿Por qué Dios permite que los cristianos sufran persecución?

❖ ¿Cuándo y cómo tratará Dios con los que persiguen a sus hijos?

LA INTEGRIDAD TRIUNFA BAJO EL FUEGO

«Entonces estos varones fueron atados con sus mantos, sus calzas, sus turbantes y sus vestidos, y fueron echados dentro del horno de fuego ardiendo. Y como la orden del rey era apremiante, y lo habían calentado mucho, la llama del fuego mató a aquellos que habían alzado a Sadrac, Mesac y Abed-nego. Y estos tres varones, Sadrac, Mesac y Abed-nego, cayeron atados dentro del horno de fuego ardiendo».

DANIEL 3:21-23

Cuando Dios no lo libra de una prueba, lo refina a través de ella.

Cuando se enfrentaba a la excomunión en la Dieta de Worms, Martín Lutero escribió lo siguiente al elector Frederick: «Me pregunta qué haré si soy llamado por el emperador. Bajaré si estoy demasiado enfermo como para ponerme de pie. Si César me llama, Dios me llama. Si se usa la violencia, como puede ser, encomiendo mi causa a Dios. Vive y reina el que salvó a los tres jóvenes del horno de fuego del rey de Babilonia y, si no me salva, mi cabeza no vale nada en comparación con Cristo. Este no es momento para pensar en la seguridad. Debo cuidar que el evangelio no sea despreciado por nuestro miedo a confesar y sellar nuestras enseñanzas con nuestra sangre».

Lutero estaba dispuesto a arriesgarse incluso a la muerte por la causa de Cristo. Al igual que Sadrac, Mesac y Abed-nego antes que él, valoraba la integridad por encima de su propia vida, y en su hora más solitaria alentó su experiencia.

A menudo oramos para evitar las pruebas cuando Dios quiere usarlas para nuestro bien mayor. Pero ellas ponen a prueba la autenticidad de nuestra fe y nos purgan del pecado y la superficialidad como el fuego de un refinador purga el oro. El proceso puede ser doloroso, pero el resultado es más precioso que el oro más puro (1 Pedro 1:7).

Sugerencias para la oración: Ore para que pueda enfrentar cada prueba con sabiduría, paciencia y un sentido claro de la presencia del Señor.
Para un estudio más profundo: Lea Hechos 20:22-24. ¿Cuál era la perspectiva del apóstol Pablo sobre la persecución que le esperaba en Jerusalén?
  * ¿Cuál fue su objetivo final?

LA INTEGRIDAD NUNCA ESTÁ SOLA

«Entonces el rey Nabucodonosor se espantó, y se levantó apresuradamente y dijo a los de su consejo: ¿No echaron a tres varones atados dentro del fuego? Ellos respondieron al rey: Es verdad, oh rey. Y él dijo: He aquí yo veo cuatro varones sueltos, que se pasean en medio del fuego sin sufrir ningún daño; y el aspecto del cuarto es semejante a hijo de los dioses».
DANIEL 3:24-25

Dios nunca dejará solos a sus hijos.

El rey Nabucodonosor estaba enfurecido con Sadrac, Mesac y Abed-nego cuando los ataron y los echaron en el horno de fuego. Pero súbitamente su ira se convirtió en asombro al ver a cuatro hombres sueltos y caminando ilesos entre las llamas. Claramente, algo sobrenatural y más allá de su control estaba ocurriendo.

Aunque describió a la cuarta persona como un «hijo de los dioses», ni se imaginaba al Hijo de Dios. Como pagano no habría entendido una aparición de Cristo en el Antiguo Testamento, como le ocurrió a Abraham en Génesis 18. Pero entendió lo suficiente como para creer que Dios había enviado «su ángel y libró a sus siervos que confiaron en él» (v. 28).

Creo que Nabucodonosor estaba en lo correcto. Dios envió un mensajero angelical para consolar a esos jóvenes y explicarles que el fuego no los dañaría. Dios convertiría la hora más oscura de ellos en su mayor triunfo. Otros en las Escrituras han sido igualmente alentados por ángeles especialmente enviados por el Señor. Dios honró a Elías, por ejemplo, haciendo que los ángeles le sirvieran personalmente la comida en un momento muy desalentador en su vida (1 Reyes 19:4-7).

Si usted es cristiano, Dios ha prometido que no lo dejará ni lo abandonará nunca (Hebreos 13:5). Él estará con usted en todas las circunstancias. Cuando sea necesario, enviará a sus ángeles para que le ministren en maneras especiales (Hebreos 1:14). Deje que esa verdad lo aliente hoy, sobre todo si está pasando por una prueba.

Sugerencias para la oración: Alabado sea el Señor por la protección y el aliento que le ha dado en el pasado y por las bendiciones similares prometidas para el futuro.

Para un estudio más profundo: Según 1 Pedro 2:18-23 y 4:12-16, ¿cómo deben responder los cristianos a la persecución?

LA INTEGRIDAD ES UN TESTIGO PODEROSO

«Entonces Nabucodonosor se acercó a la puerta del horno de fuego ardiendo, y dijo: Sadrac, Mesac y Abed-nego, siervos del Dios Altísimo, salid y venid. Entonces Sadrac, Mesac y Abed-nego salieron de en medio del fuego. Y se juntaron los sátrapas, los gobernadores, los capitanes y los consejeros del rey, para mirar a estos varones, cómo el fuego no había tenido poder alguno sobre sus cuerpos, ni aun el cabello de sus cabezas se había quemado; sus ropas estaban intactas, y ni siquiera olor de fuego tenían».

DANIEL 3:26-27

Una vida justa atrae a las personas a Dios.

Cuando Jesús dijo: «Así alumbre vuestra luz delante de los hombres, para que vean vuestras buenas obras, y glorifiquen a vuestro Padre que está en los cielos» (Mateo 5:16; compare con el v. 14), estaba enseñando que lo que creemos como cristianos debe ser evidente en la forma en que vivimos. Cuando eso sea así, otros se sentirán atraídos por Dios y lo honrarán.

Sadrac, Mesac y Abed-nego fueron testigos poderosos de Dios porque vivieron de acuerdo con sus convicciones. Nabucodonosor había hecho todo lo posible para intimidarlos con el fin de que transigieran y abandonaran su fe pero, como eso falló, ordenó su muerte. Sin embargo, la protección de Dios por ellos fue tan profunda que aquellas intensas llamas ni siquiera chamuscaron sus cabellos ni quemaron sus ropas. De hecho, salieron del horno sin olor a humo.

Tan poderosa fue la integridad de esos jóvenes y la mano de Dios sobre sus vidas que en solo unos pocos versículos más adelante, Nabucodonosor pasó de desafiar a Dios a glorificarlo como «el Dios Altísimo». Esta frase no significa que haya abandonado su adoración tradicional a los muchos dioses (aparentemente eso sucede en Daniel 4), sino que estaba colocando al Dios de Sadrac, Mesac y Abed-nego en la parte superior de la lista.

Así es cuando su vida impacta a otros para Cristo. Puede que aún no lo crean completamente, pero Dios usa la fidelidad de usted como base para una futura obra en su vida.

Sugerencias para la oración: Pídale al Señor que lo use para dar testimonio a alguien hoy mismo.

Para un estudio más profundo: Hemos visto el impacto de una vida piadosa constante, pero según Romanos 2:17-24, ¿cuál es el impacto de una vida hipócrita?

LA INTEGRIDAD GLORIFICA A DIOS

«Entonces Nabucodonosor dijo: Bendito sea el Dios de ellos, de Sadrac, Mesac y Abed-nego, que envió su ángel y libró a sus siervos que confiaron en él, y que no cumplieron el edicto del rey, y entregaron sus cuerpos antes que servir y adorar a otro dios que su Dios. Por lo tanto, decreto que todo pueblo, nación o lengua que dijere blasfemia contra el Dios de Sadrac, Mesac y Abed-nego, sea descuartizado, y su casa convertida en muladar; por cuanto no hay dios que pueda librar como éste. Entonces el rey engrandeció a Sadrac, Mesac y Abed-nego en la provincia de Babilonia».
DANIEL 3:28-30

Dios es honrado cuando uno es fiel.

Cuando se le preguntó a un conocido entrenador de la Liga Nacional de Fútbol por qué su equipo siempre era acompañado por un ministro cristiano, explicó: «Ni siquiera estoy seguro si creo en Dios, pero en caso de que haya uno, lo quiero de mi lado». El rey Nabucodonosor parece haber tenido una actitud similar cuando bendijo al Dios de Sadrac, Mesac y Abed-nego, y decretó que cualquiera que hiciera una ofensa contra Él sería destruido y su casa reducida a cenizas.

Nabucodonosor creía que ciertos pueblos o naciones tenían sus propios dioses y, aunque no creía que el Dios de los hebreos fuera el único Dios verdadero, acababa de presenciar las dramáticas pruebas de que era más poderoso que los dioses de Babilonia. Por lo tanto, lo reconoció como el Dios supremo y tomó medidas para asegurarse de que nadie lo ofendiera. Sin duda, también pensó que tener un Dios así a su favor sería muy ventajoso definitivamente.

Cualesquiera que hayan sido los motivos de Nabucodonosor, su decreto glorificaba a Dios y lo exaltaba por sobre los falsos dioses de Babilonia. Más importante aun, la integridad de Sadrac, Mesac y Abed-nego glorificaron a Dios al mostrar el poder y la influencia de una vida que no transige. Cuando el rey los hizo prosperar en Babilonia, el nombre del Señor prosperó igualmente con ellos.

Sugerencias para la oración: Ore diariamente para vivir como Sadrac, Mesac y Abed-nego y para ser usado como lo fueron ellos.

Para un estudio más profundo: De acuerdo a Efesios 3:20, ¿qué puede lograr Dios a través de usted cuando vive con integridad? ¿Está confiando en que Él lo haga?

LA INTEGRIDAD ES COHERENTE

*«Pareció bien a Darío constituir sobre el reino ciento veinte sátrapas,
que gobernasen en todo el reino. Y sobre ellos tres gobernadores,
de los cuales Daniel era uno, a quienes estos sátrapas diesen
cuenta, para que el rey no fuese perjudicado. Pero Daniel mismo
era superior a estos sátrapas y gobernadores, porque había en él un
espíritu superior; y el rey pensó en ponerlo sobre todo el reino».*

DANIEL 6:1-3

**Las naciones van y vienen, pero los planes de Dios continúan
a través de personas con integridad bíblica.**

Cuando llegamos a Daniel 6, ya el rey Nabucodonosor era historia; Belsasar, su
hijo y sucesor del trono, había sido asesinado; el gran imperio babilónico había
caído en manos de los medo-persas; y un rey identificado solo como «Darío»
(probablemente otro nombre para Ciro) gobernaba el imperio medo-persa.
Pero entre todos esos cambios, dos cosas permanecen constantes: Daniel se distingue entre sus compañeros y Dios lo exalta.

Daniel sirvió en Babilonia durante setenta años bajo tres reyes, cada uno de
los cuales lo reconoció como un hombre de sabiduría e integridad únicas. El
rey Nabucodonosor «le hizo gobernador de toda la provincia de Babilonia, y
jefe supremo de todos los sabios de Babilonia» (Daniel 2:48). El rey Belsasar
«mandó... vestir a Daniel de púrpura, y poner en su cuello un collar de oro, y
proclamar que él era el tercer señor del reino» (Daniel 5:29).

Ahora el rey Darío está a punto de nombrar a Daniel como primer ministro
sobre todo el reino, y dentro de un año el rey emitirá un decreto para que los
judíos regresen a Judá, terminando así el cautiverio babilónico de setenta años
(Esdras 1:1-3). Creo que Ciro dictó ese decreto debido a la sabiduría e influencia de Daniel.

A través de la fidelidad de Daniel, aprendemos que Dios es soberano y que
cumplirá sus planes independientemente de las autoridades humanas que estén
de turno. Por tanto, a pesar de cualquier cambio político, social o económico
que pueda ocurrir, permanezca fiel a Cristo y Él lo usará en formas que exceden
abundantemente todo lo que pida o piense (Efesios 3:20).

Sugerencias para la oración: Ore para que el cristianismo verdadero prospere
en Estados Unidos y que los líderes de nuestra nación lleguen a amar al Señor
y gobernar con sabiduría bíblica.

Para un estudio más profundo: Según Isaías 40:7-8, 15-17, ¿cómo ve Dios a las
naciones?

LA INTEGRIDAD PROMUEVE LA REPUTACIÓN JUSTA

«Entonces los gobernadores y sátrapas buscaban ocasión para acusar a Daniel en lo relacionado al reino; mas no podían hallar ocasión alguna o falta, porque él era fiel, y ningún vicio ni falta fue hallado en él. Entonces dijeron aquellos hombres: No hallaremos contra este Daniel ocasión alguna para acusarle, si no la hallamos contra él en relación con la ley de su Dios».

DANIEL 6:4-5

Viva para silenciar a sus críticos.

Siempre que Dios exalte a una persona justa, habrá quienes estén celosos y critiquen. A veces, como en el caso de Daniel, los celos generan una amarga oposición. Pero los acusadores de Daniel tenían un problema: por más que lo intentaran, no podían encontrar ningún motivo para acusar al hombre de Dios. Fue irreprensible e irreprochable en su carácter y hasta en su trato como político. La única opción de aquellos canallas era acusarlo de alguna nimiedad puesto que estaba totalmente consagrado a Dios. ¡Qué maravilloso testimonio de fidelidad!

Cuando una persona ha servido en un cargo tanto tiempo, como Daniel, y sus enemigos no pueden presentar acusaciones contra él, tiene que tratarse de un individuo de gran integridad y pureza personal. Esa fue la fuerza del carácter de Daniel y Dios quiere que tengamos ese tipo de carácter también.

Siempre habrá quienes quieran desacreditarlo. Aun cuando no envidien su posición, resentirán de su fe cristiana; por lo que examinarán sus actitudes y sus acciones en un intento por empañar su reputación. ¿Cómo mantendrá su carácter bajo ese tipo de escrutinio?

El apóstol Pedro escribió: «manteniendo buena vuestra manera de vivir entre los gentiles; para que en lo que murmuran de vosotros como de malhechores, glorifiquen a Dios en el día de la visitación, al considerar vuestras buenas obras» (1 Pedro 2:12). Eso significa que debemos vivir el tipo de vida que silencia a los críticos y refuta sus acusaciones. Cuando haga eso, algunos de ellos incluso pueden llegar a los pies de Cristo.

Sugerencias para la oración: Pídale al Señor que guarde su testimonio y que ministre la salvación de la gracia a cualquiera que intente desacreditarlo.

Para un estudio más profundo: Lea Filipenses 1:12-18. ¿Cuál era la perspectiva del apóstol Pablo en cuanto a aquellos que lo envidiaban? ¿Comparte usted su perspectiva?

LA INTEGRIDAD VENCE AL ENGAÑO

«Entonces estos gobernadores y sátrapas se juntaron delante del rey, y le dijeron así: ¡Rey Darío, para siempre vive! Todos los gobernadores del reino, magistrados, sátrapas, príncipes y capitanes han acordado por consejo que promulgues un edicto real y lo confirmes, que cualquiera que en el espacio de treinta días demande petición de cualquier dios u hombre fuera de ti, oh rey, sea echado en el foso de los leones. Ahora, oh rey, confirma el edicto y fírmalo, para que no pueda ser revocado, conforme a la ley de Media y de Persia, la cual no puede ser abrogada. Firmó, pues, el rey Darío el edicto y la prohibición».

DANIEL 6:6-9

La integridad es más preciosa que la adulación.

El rey David oró una vez lo que sigue:

> *Guíame, Jehová, en tu justicia, a causa de mis enemigos; endereza delante de mí tu camino. Porque en la boca de ellos no hay sinceridad; sus entrañas son maldad, sepulcro abierto es su garganta, con su lengua hablan lisonjas. Castígalos, oh Dios; caigan por sus mismos consejos; por la multitud de sus transgresiones échalos fuera, porque se rebelaron contra ti. Pero alégrense todos los que en ti confían; den voces de júbilo para siempre, porque tú los defiendes; en ti se regocijen los que aman tu nombre. Porque tú, oh Jehová, bendecirás al justo; como con un escudo lo rodearás de tu favor.*

—SALMOS 5:8-12

Esa también podría haber sido la oración de Daniel, rodeado de hombres que se rebelaron contra Dios y que halagaban a Darío para conseguir que mataran a Daniel. Caerían por sus propios artilugios, pero no antes de que se probara la integridad de Daniel.

Darío cedió a la adulación engañosa, decretando que solo él podía conceder peticiones. (Su ego evoca a Nabucodonosor [Daniel 3:12]). Daniel, por otro lado, era inflexible en sus convicciones; por lo que Dios, literalmente, lo rodeó con su favor como con un escudo.

Sugerencias para la oración: Ore para que cuando se pruebe su fe, se mantenga firme y tenga la seguridad de que Dios lo está rodeando con su favor.

Para un estudio más profundo: Salmos 5:12 dice que Dios bendice al hombre justo. Según el Salmo 64:10 y el Salmo 92:12-15, ¿cuáles son algunas de esas bendiciones?

LA INTEGRIDAD SE CONSAGRA A LA ORACIÓN

*«Cuando Daniel supo que el edicto había sido firmado, entró en su
casa, y abiertas las ventanas de su cámara que daban hacia Jerusalén,
se arrodillaba tres veces al día, y oraba y daba gracias delante de su
Dios, como lo solía hacer antes. Entonces se juntaron aquellos hombres,
y hallaron a Daniel orando y rogando en presencia de su Dios».*
DANIEL 6:10-11

Hay un vínculo directo entre la oración y la integridad.

No es coincidencia que aquellos a quienes Dios usa más efectivamente sean los que son más fervientes en la oración. David, por ejemplo, invocaba al Señor en la mañana, al mediodía y en la noche, y el Señor escuchaba sus oraciones (Salmos 55:17). Daniel siguió el mismo patrón, orando tres veces al día desde lo alto de la recámara de su casa, donde podía mirar por encima de los tejados de Babilonia hacia Jerusalén.

Las casas en Babilonia casi siempre tenían celosías sobre sus ventanales para permitir la circulación del aire y, por supuesto, se podía ver a Daniel —a través de esas celosías de frente a Jerusalén—, mientras oraba por su restauración y daba gracias a Dios. Él sabía que Darío había emitido un decreto que hacía ilegal el acto de orar y que violar ese edicto les daría a sus enemigos la oportunidad para acusarlo; sin embargo, no abandonaría la oración ni transigiría en cuanto a sus convicciones. Continuaría invocando al Señor y dejaría cualquier consecuencia en sus manos.

Esa fue una decisión audaz para Daniel, especialmente a la luz del castigo que enfrentaría. ¿Sería usted tan osado si supiera que sus oraciones conducirían a la persecución y posible muerte? Quizás más importante aun, ¿está consagrado a la oración aun cuando no esté enfrentando persecución? Confío en que lo está. La seriedad de las batallas espirituales que enfrenta requiere fidelidad en la oración. Es por eso que Pablo dijo: «Perseverad en la oración, velando en ella con acción de gracias» (Colosenses 4:2).

Sugerencias para la oración: ¿Está dedicado a la oración? Si no, comience hoy a reservar un tiempo específico diariamente para comunicarse con el Señor y meditar en su Palabra. Puede intentar mantener un registro escrito de sus peticiones de oración, señalando las formas específicas en que Dios las responde.

Para un estudio más profundo: ¿Cuál fue el patrón de oración de nuestro Señor y cómo instruyó a sus discípulos a orar (ver Lucas 5:16; 6:12; Mateo 6:5-13)?

LA INTEGRIDAD DISFRUTA DE LOS RECURSOS DIVINOS

«Fueron luego ante el rey y le hablaron del edicto real: ¿No has confirmado edicto que cualquiera que en el espacio de treinta días pida a cualquier dios u hombre fuera de ti, oh rey, sea echado en el foso de los leones? Respondió el rey diciendo: Verdad es, conforme a la ley de Media y de Persia, la cual no puede ser abrogada. Entonces respondieron y dijeron delante del rey: Daniel, que es de los hijos de los cautivos de Judá, no te respeta a ti, oh rey, ni acata el edicto que confirmaste, sino que tres veces al día hace su petición. Cuando el rey oyó el asunto, le pesó en gran manera, y resolvió librar a Daniel; y hasta la puesta del sol trabajó para librarle. Pero aquellos hombres rodearon al rey y le dijeron: Sepas, oh rey, que es ley de Media y de Persia que ningún edicto u ordenanza que el rey confirme puede ser abrogado. Entonces el rey mandó, y trajeron a Daniel, y le echaron en el foso de los leones. Y el rey dijo a Daniel: El Dios tuyo, a quien tú continuamente sirves, él te libre. Y fue traída una piedra y puesta sobre la puerta del foso, la cual selló el rey con su anillo y con el anillo de sus príncipes, para que el acuerdo acerca de Daniel no se alterase».

DANIEL 6:12-17

———

Cuando los recursos humanos se agotan, Dios apenas empieza a trabajar.

La tinta apenas se había secado sobre el papiro del decreto de Darío cuando los enemigos de Daniel reaparecieron para acusarlo de ignorar la orden del rey. Solo entonces Darío se dio cuenta de las graves consecuencias de sus acciones.

En su profunda angustia, el rey agotó todos los esfuerzos legales para salvar a Daniel, pero fue en vano. No podía ni revocar la sentencia de muerte que había decretado involuntariamente en contra de su leal y confiable servidor. En su dolor y con humildad, confesó que Dios mismo libraría a Daniel. ¡Y estaba en lo correcto!

———

Sugerencias para la oración: ¿Por qué ora solo para que Dios haga algo, de modo que cuando lo haga solo Él obtenga la gloria?

Para un estudio más profundo: Lea 2 Corintios 12:9-10. ¿Cuál fue la actitud del apóstol Pablo hacia sus propias debilidades?

LA INTEGRIDAD ACEPTA LA VOLUNTAD DE DIOS

«Luego el rey se fue a su palacio, y se acostó ayuno; ni instrumentos de música fueron traídos delante de él, y se le fue el sueño. El rey, pues, se levantó muy de mañana, y fue apresuradamente al foso de los leones. Y acercándose al foso llamó a voces a Daniel con voz triste, y le dijo: Daniel, siervo del Dios viviente, el Dios tuyo, a quien tú continuamente sirves, ¿te ha podido librar de los leones? Entonces Daniel respondió al rey: Oh rey, vive para siempre. Mi Dios envió su ángel, el cual cerró la boca de los leones, para que no me hiciesen daño, porque ante él fui hallado inocente; y aun delante de ti, oh rey, yo no he hecho nada malo».

DANIEL 6:18-22

—————

**Cuando las circunstancias parecen más oscuras,
vemos la mano de Dios con más claridad.**

Es obvio que el rey Darío se preocupaba profundamente por Daniel y que tenía cierto grado de fe en el Dios de Daniel. Aunque creía que Dios podía liberar a Daniel (v. 16), pasó una noche angustiosa y sin dormir esperando ansiosamente el amanecer, para poder verificar si su creencia era cierta. Al amanecer, se apresuró a la guarida de los leones y llamó a Daniel. Imagine su alivio al escuchar la voz de Daniel y enterarse de la manera en que el ángel había cerrado la boca de los leones.

¿Por qué pensó Darío que Dios liberaría a Daniel? Estoy seguro de que había aprendido cosas acerca de Dios por medio del propio Daniel. Seguramente Daniel habló sobre la liberación del horno de fuego de Sadrac, Mesac y Abed-nego y acerca de otras cosas maravillosas que Dios había hecho por su pueblo. La respuesta del rey muestra que el testimonio de Daniel fue efectivo y que su integridad le dio credibilidad a su testigo.

Sin embargo, supongamos que Dios no hubiera liberado a Daniel de los leones. ¿Habría fallado Dios? No. Isaías también le creyó a Dios, pero fue aserrado por la mitad. Esteban creyó a Dios pero fue apedreado hasta que murió. Pablo creyó a Dios pero fue decapitado. Confiar en Dios significa aceptar su voluntad, ya sea para vida o para muerte. Y para los cristianos, «vivir es Cristo, y morir es ganancia» (Filipenses 1:21).

Sugerencias para la oración: Ore por los líderes cristianos de hoy que influyen en reyes y presidentes en todo el mundo. Pídale al Señor que les dé valentía e integridad intachables.

Para un estudio más profundo: ¿Cómo ve Dios la muerte de sus hijos (ver Salmos 116:15 y Juan 21:18-19)?

LA INTEGRIDAD SERÁ REIVINDICADA

«Entonces Daniel respondió al rey: Oh rey, vive para siempre. Mi Dios envió su ángel, el cual cerró la boca de los leones, para que no me hiciesen daño, porque ante él fui hallado inocente; y aun delante de ti, oh rey, yo no he hecho nada malo. Entonces se alegró el rey en gran manera a causa de él, y mandó sacar a Daniel del foso; y fue Daniel sacado del foso, y ninguna lesión se halló en él, porque había confiado en su Dios. Y dio orden el rey, y fueron traídos aquellos hombres que habían acusado a Daniel, y fueron echados en el foso de los leones ellos, sus hijos y sus mujeres; y aún no habían llegado al fondo del foso, cuando los leones se apoderaron de ellos y quebraron todos sus huesos».

DANIEL 6:21-24

Dios siempre reivindica a su pueblo.

Uno de los desafíos de la vida cristiana es reaccionar adecuadamente cuando el creyente es acusado injustamente. Nuestra tendencia natural es a defendernos, lo cual es apropiado a veces. Pero hay momentos en que debemos permanecer en silencio y confiar en el Señor para que nos defienda.

Daniel, aparentemente, no dijo nada en su propia defensa cuando fue acusado de ignorar el decreto del rey que prohibía orar. Por supuesto, la acusación en sí misma era cierta, pero sus motivos eran justos, por lo que sabía que era inocente ante Dios. Por lo tanto, al igual que el propio Jesús ante sus acusadores, Daniel eligió permanecer en silencio y confiar e Dios, que «juzga con rectitud» (1 Pedro 2:22-23).

La reivindicación no siempre llega rápidamente, pero en el caso de Daniel sí. Dios afirmó su inocencia resguardándolo de los leones hambrientos. El rey Darío afirmó su inocencia al matar a sus acusadores. Ese fue un juicio rápido y decisivo.

No se desanime nunca ni sienta que Dios lo ha abandonado cuando los malvados parezcan prevalecer. Llegará el día en que Dios lo reivindicará. Cuando lo haga, su juicio también será rápido y decisivo.

Sugerencias para la oración: Ore por una actitud amorosa hacia aquellos que lo acusan injustamente.

Para un estudio más profundo: Lea Santiago 5:7-11. ¿Qué estímulo da Santiago a quienes sufren a manos de las personas malvadas?

* ¿A quién usa como ejemplo de alguien que sufrió con paciencia?
* ¿En qué momento se reivindicará al pueblo de Dios?

LA INTEGRIDAD ATRAE A LOS HOMBRES A DIOS

«Entonces el rey Darío escribió a todos los pueblos, naciones
y lenguas que habitan en toda la tierra: Paz os sea multiplicada.
De parte mía es puesta esta ordenanza: Que en todo el dominio
de mi reino todos teman y tiemblen ante la presencia del Dios de
Daniel; porque él es el Dios viviente y permanece por todos los
siglos, y su reino no será jamás destruido, y su dominio perdurará
hasta el fin. El salva y libra, y hace señales y maravillas en el cielo
y en la tierra; él ha librado a Daniel del poder de los leones».
DANIEL 6:25-27

No se necesita mucha gente para impactar por Cristo;
simplemente requiere el tipo de persona correcto.

El pasaje de hoy proclama la soberanía y la majestad del Dios viviente y llama a todos en toda la nación a temer y temblar ante Él. Esos versículos podrían haber sido escritos por el rey David o uno de los otros salmistas, pero fueron escritos por un rey pagano a una nación pagana. Su notable homenaje a la gloria de Dios fue el fruto de la influencia de Daniel en su vida.

Dios realmente no necesita mucha gente para realizar su obra; necesita el tipo correcto de personas correctas. Y Daniel nos muestra el impacto que una persona puede ejercer cuando se entrega a Dios. Así es como es en toda la Escritura. Por ejemplo, Noé fue el hombre de Dios durante el Diluvio, José fue el hombre de Dios en Egipto, Moisés fue el hombre de Dios en el Éxodo, y Ester fue la mujer de Dios en los días del rey Asuero. Y así continúa hasta nuestros días. Cuando Dios pone a su pueblo en el lugar correcto, su mensaje se transmite.

Como cristiano, usted es la persona de Dios en su familia, escuela o lugar de trabajo. Le ha colocado allí como su embajador con el fin de que influya en otros para Cristo. Ese es un privilegio maravilloso y una responsabilidad extraordinaria.

Sugerencias para la oración: Agradezca al Señor por su maravillosa gracia en su vida y por las oportunidades que le brinda cada día para compartir su amor con los demás.

Para un estudio más profundo: La clave para la prosperidad de Daniel y también para la de usted, se da en el Salmo 1. Memorice ese salmo y recítelo a menudo como un recordatorio de las promesas de Dios para aquellos que viven con integridad bíblica.

LA INTEGRIDAD TRAE VERDADERO ÉXITO

«Y este Daniel prosperó durante el reinado de Darío
y durante el reinado de Ciro el persa».

DANIEL 6:28

El verdadero éxito es más una cuestión de carácter que de circunstancias.

De acuerdo a los estándares de cualquiera, Daniel era un hombre notablemente exitoso. Tras ingresar a Babilonia como uno de los jóvenes cautivos hebreos que el rey Nabucodonosor se llevó a servirle, rápidamente se distinguió como una persona de inusual carácter, sabiduría y devoción a Dios. En pocos años, Nabucodonosor lo hizo gobernar sobre las provincias de Babilonia y prefecto principal sobre todos los sabios. Muchos años después, el hijo de Nabucodonosor, Belsasar, lo promovió a tercer gobernante en su reino, y más tarde el rey Darío lo convirtió en primer ministro de todo el imperio medo persa.

Aunque fue muy exitoso, Daniel no pretendió alcanzar el éxito como lo consideraban los que le rodeaban. Él solo quería ser fiel a Dios. Y debido a que era fiel, Dios lo honró y exaltó en Babilonia. Pero los planes de Dios para Daniel se extendieron mucho más allá del imperio babilónico. La presencia de Daniel en Babilonia abrió la puerta para que el pueblo hebreo regresara a Jerusalén (Esdras 1:1-3), y también allanó el camino para la visita de los magos a Belén siglos después (Mateo 2:1-12). Esos sabios oyeron hablar del Mesías judío a través de las profecías de Daniel (Daniel 9).

Dios usó a Daniel de maneras maravillosas, pero él era solo una parte de un plan mucho más grande. Del mismo modo, Dios los usará a usted y a todos los creyentes fieles de maneras maravillosas mientras continúa pintando el cuadro de su gracia redentora. Entre tanto, puede exaltarle en formas inimaginables, o puede usarle de maneras humildes. En cualquier caso, usted es verdaderamente exitoso si permanece fiel a Él y usa cada oportunidad al máximo para su gloria.

Sugerencias para la oración: Agradezca al Señor por Daniel, Sadrac, Mesac y Abed-nego y por los principios que hemos aprendido este mes con sus vidas. Ore diariamente para que su vida, como la de ellos, se caracterice por la integridad de Dios y que Dios lo use cada día para la gloria de Él.

Para un estudio más profundo: Memorice Josué 1:8 y 1 Corintios 4:1-2. ¿Qué clave del éxito le dio Dios a Josué?

* ¿Cómo describe el apóstol Pablo a un exitoso siervo de Cristo?
* ¿Le caracterizarían sus amigos y sus familiares como una persona verdaderamente exitosa?

NECESIDAD DE LA SEGURIDAD

«Procurad hacer firme vuestra vocación y elección».
2 Pedro 1:10

Todo cristiano verdadero debe disfrutar la certeza de la salvación.

Algo muy triste en el cristianismo contemporáneo es que muchos en la iglesia malinterpretan, en gran manera, lo que la Biblia enseña acerca de la seguridad de la salvación. El resultado es que muchos creyentes genuinos luchan con los cuestionamientos acerca de la certeza de su salvación, mientras que otros confían en que son salvos cuando en verdad se dirigen al infierno.

Tal malentendido es innecesario, puesto que la Escritura aclara muy bien que los creyentes no solo deben disfrutar de la seguridad de su salvación sino que también deben cultivarla. Es por eso que el apóstol Pedro dijo: «Procurad hacer firme vuestra vocación y elección».

La exhortación de Pedro establece la necesidad de hacerse un autoexamen. Solo al probar la seguridad de la salvación por medio de la Palabra de Dios, el individuo puede saber con certeza si es salvo o no. Sin embargo, gran parte de la predicación contemporánea minimiza o ignora por completo dicha seguridad, alentando a las personas a considerar cualquier duda sobre su salvación como un ataque del enemigo. El desafortunado resultado es una falsa seguridad de que el Señor la clasificó de la siguiente manera: «No todo el que me dice: Señor, Señor, entrará en el reino de los cielos, sino el que hace la voluntad de mi Padre que está en los cielos. Muchos me dirán en aquel día: Señor, Señor, ¿no profetizamos en tu nombre, y en tu nombre echamos fuera demonios, y en tu nombre hicimos muchos milagros? Y entonces les declararé: Nunca os conocí; apartaos de mí, hacedores de maldad» (Mateo 7:21-23). ¡Qué terrible e inquietante pronunciamiento!

Puesto que entender la salvación de uno con claridad es algo tan importante, las Escrituras animan a los creyentes auténticos con la promesa de la seguridad plena, a la vez que perturba a los falsos maestros cuando intentan destruir su irreal sentido de seguridad. La seguridad de un verdadero creyente no debe depender de las emociones ni fluctuar con ellas; dicha certeza es un ancla en medio de las tormentas de la vida. Pero los falsos maestros carecen de seguridad. Este mes veremos lo que la Palabra de Dios enseña acerca de la seguridad y cómo puede obtenerla.

Sugerencias para la oración: Agradezca a Dios que no solo le concede la salvación, sino que también le da su Palabra como un espejo para reflejar y confirmar la transformación que ha realizado en su vida.

Para un estudio más profundo: Lea Juan capítulos 10 y 17. Haga una lista de los versículos que reflejan la seguridad que todo verdadero creyente tiene en Cristo.

¿ES LA SEGURIDAD OBJETIVA O SUBJETIVA?

«Examinaos a vosotros mismos si estáis en la fe».

2 Corintios 13:5

———

Los verdaderos creyentes verán la gloria de Cristo reflejada en sus vidas cuando analicen la autenticidad de su salvación.

La seguridad de la salvación ha sido un tema clave a lo largo de la historia de la iglesia en el que se destaca, especialmente, la reacción de los reformadores ante la afirmación de la Iglesia Católica Romana de que, puesto que la salvación es una obra entre el hombre y Dios, el resultado ha de ser cuestionado hasta el final. Juan Calvino afirmó que los creyentes deben estar seguros de su salvación. Y enseñó que los cristianos afianzaran objetivamente esa certeza, instándolos a que analizaran las promesas escritas en la Palabra de Dios referentes a la seguridad de la salvación.

Otros teólogos reformados (incluidos los puritanos) reconocieron que algunos cristianos genuinos carecían de esa seguridad. Así que enfatizaron la necesidad de manifestar evidencias prácticas de la salvación. Por lo tanto, tendían a acentuar un medio subjetivo para establecer esa seguridad, aconsejando a las personas a que examinaran sus hechos para comprobar su elección.

La pregunta resultante es la siguiente: ¿Deberían los cristianos obtener su seguridad a través de las promesas objetivas de las Escrituras o mediante el autoanálisis subjetivo? La Biblia enseña ambas maneras. La base objetiva de la salvación es la obra terminada de Cristo a favor nuestro, incluidas las promesas de las Escrituras (2 Corintios 1:20). El apoyo subjetivo se basa en la obra continua del Espíritu Santo en la vida de los cristianos, incluidos su ministerio de convencimiento de pecado y el de la santificación. El apóstol Pablo, en Romanos 15:4, se refiere a esos dos aspectos de la seguridad de la salvación: «Porque las cosas que se escribieron antes, para nuestra enseñanza se escribieron, a fin de que por la paciencia [subjetivo] y la consolación de las Escrituras [objetivo], tengamos esperanza».

Por otra parte, el Espíritu Santo también aplica ambos fundamentos de la seguridad a los creyentes (Romanos 8:16). ¿Está usted seguro de su salvación? Hágase la pregunta objetiva: «¿Creo?». Si realmente cree, puede estar seguro de que es salvo (Juan 3:16; Hechos 16:31). La pregunta subjetiva es la siguiente: «¿Es mi fe real?». Es por eso que Pablo afirmó: «Examinaos a vosotros mismos» (2 Corintios 13:5). Use el resto de los días de este mes como una oportunidad para hacerse ese examen.

———

Sugerencias para la oración: Pídale a Dios que le revele su actitud con Él.
Para un estudio más profundo: Lea 2 Corintios 3:18. ¿Cómo podría considerarse esto parte de la prueba de Pablo?

PAZ CON DIOS

«Justificados, pues, por la fe, tenemos paz para con Dios por medio de nuestro Señor Jesucristo».

Romanos 5:1

La paz con Dios es el primer eslabón de la cadena que une, de manera segura, al creyente verdadero con Jesucristo.

Es probable que el ataque más significativo de Satanás contra los cristianos es que duden de su salvación. El adversario promueve la destructiva noción de un sistema de justicia por obras como medio de salvación, haciendo que la seguridad de la salvación dependa totalmente del creyente.

Para contrarrestar ese error, el apóstol Pablo escribió Romanos 3 y 4 para establecer que la salvación solo se obtiene en base a la gracia de Dios que opera a través de la fe del hombre. Pablo dijo, citando Génesis 15:6: «Creyó Abraham a Dios, y le fue contado por justicia» (Romanos 4:3).

Debido a que algunos podrían haber cuestionado si las buenas obras, que no ofrecen seguridad alguna, eran prerrequisito indispensable para que las personas preservaran la salvación, Pablo escribió Romanos 5:1-11, cuyo fin es consolidar aún más en las mentes de los creyentes que nuestra esperanza como cristianos no está en nosotros mismos sino en nuestro gran Dios (cf. 2 Timoteo 2:13; Hebreos 10:23). Seis eslabones nos unen a nuestro Señor y Salvador, y nuestro pasaje de hoy describe el primero: paz con Dios.

Es difícil imaginar que alguna vez fuimos enemigos de Dios, pero lo lamentable es que todos los incrédulos están en guerra con Dios y que Él está en conflicto con ellos (Romanos 8:7; Efesios 5:6). Sin embargo, cada individuo que ha sido justificado por la fe en Cristo es reconciliado con Dios, lo que también produce la paz con Él. Y esta paz es permanente e irrevocable, puesto que Cristo esta «viviendo siempre para interceder por ellos» (Hebreos 7:25).

Jesucristo no solo estableció la paz eterna entre nosotros y Dios el Padre, sino que «él es nuestra paz» (Efesios 2:14). Eso enfatiza la obra expiatoria de Cristo como fundamento de nuestra seguridad. Esos hechos absolutos y objetivos son los que le permitirán mantenerse firme bajo los ataques de Satanás. Ellos le liberan de enfocarse en su propia bondad y en su mérito, y le permiten servir al Señor con la confianza de que nada puede separarlo de su Padre celestial (Romanos 8:31-39).

Sugerencias para la oración: Agradezca a Dios por salvarlo y establecer la paz entre Él y usted.

＊ Pídale que lo guíe a aprovechar oportunidades para servir.

Para un estudio más profundo: Lea los capítulos 3 y 4 de la Epístola a los Romanos. ¿Qué versículos establecen que la salvación es únicamente obra de Dios? Mantenga una lista de referencia cuando Satanás intente atacar su fe.

FIRME EN LA GRACIA

*«Por quien [Cristo] también tenemos entrada por
la fe a esta gracia en la cual estamos».*

Romanos 5:2

**Es la gracia de Dios, no la fe de los creyentes, lo que les
permite mantenerse firmes en su salvación.**

En los tiempos del Antiguo Testamento, tener acceso directo o «presentarse» a
Dios era algo impensable, porque de haberlo visto alguien seguramente moriría. Después de la construcción del tabernáculo, solo el sumo sacerdote podía
entrar al Lugar Santísimo, donde Dios manifestaba su presencia divina, solo
una vez al año y por un breve tiempo.

El sacrificio expiatorio de Cristo en la cruz, sin embargo, marcó el inicio de
un Nuevo Pacto que hizo posible el acceso a Dios para cualquier persona, judía
o gentil, que confíe en el sacrificio de Él. Todos los que creemos ahora podemos
«[acercarnos] confiadamente al trono de la gracia, para alcanzar misericordia y
hallar gracia para el oportuno socorro» (Hebreos 4:16).

Debido a nuestra fe en Él, Cristo nos acompaña «a esta gracia en la cual estamos». La palabra griega para «estamos» tiene que ver con permanencia, mantenerse firme e inmóvil. En verdad, la fe es necesaria para la salvación, pero es la
gracia de Dios, y no nuestra fe, la que tiene poder para salvarnos y mantener esa
salvación. Lo que Dios hizo inicialmente por gracia, no lo podemos preservar a
través de nuestros esfuerzos. Eso sería una burla a la gracia de Dios y una indicación de nuestra falta de confianza en su deseo y su poder para preservar nuestra
salvación. Pablo dijo: «[Estoy] persuadido de esto, que el que comenzó en vosotros
la buena obra, la perfeccionará hasta el día de Jesucristo» (Filipenses 1:6).

A pesar de nuestro esfuerzo por evitarlo, todos caeremos en pecado, pero
nuestro pecado no es más poderoso que la gracia de Dios. Jesús pagó la pena
por todos nuestros pecados. Si los que cometimos antes de nuestra salvación
no fueron demasiado grandes para que los cubriera la muerte expiatoria de
Cristo, seguramente ninguno de los que hemos cometido desde entonces o que
cometeremos son demasiado grandes para que Él los cubra (Romanos 5:10). Un
Salvador moribundo nos llevó a la gracia de Dios; todos necesitamos depender
del hecho de que un Salvador vivo nos mantendrá en su gracia.

Sugerencias para la oración: Agradezca a Dios por su gracia preservadora.

* Confiese cualquier desconfianza en el poder de Dios para resguardar su
  salvación.

Para un estudio más profundo: Lea Romanos 8:31-34. ¿Por qué es digno Dios
de su confianza?

* ¿Cómo apoya Cristo esa verdad?

LA ESPERANZA DE GLORIA

«Nos gloriamos en la esperanza de la gloria de Dios. Y no sólo esto, sino que también nos gloriamos en las tribulaciones, sabiendo que la tribulación produce paciencia; y la paciencia, prueba; y la prueba, esperanza; y la esperanza no avergüenza».

Romanos 5:2-5

Dios promete, a todos los creyentes, que algún día recibirán la gloria de Cristo.

La seguridad de la salvación que todo creyente desea se basa en el hecho mismo de que Dios es el artífice de la salvación; cada aspecto de ella es solo y exclusivamente obra de Él y, por lo tanto, no puede perderse. La pieza final de la gran obra de Dios es la glorificación suprema de cada cristiano: «Porque [Dios] a los que antes conoció, también los predestinó para que fuesen hechos conformes a la imagen de su Hijo, para que él sea el primogénito entre muchos hermanos. Y a los que predestinó, a éstos también llamó; y a los que llamó, a éstos también justificó; y a los que justificó, a éstos también glorificó» (Romanos 8:29-30).

Este tercer eslabón en la cadena que une eternamente a los creyentes con Cristo completa los tres aspectos de la salvación. Pablo ya estableció que la salvación está anclada en el *pasado* puesto que Cristo hizo las paces con Dios. Está anclada en el *presente* porque Cristo intercede continuamente por cada creyente y establece nuestra posición en la gracia. Aquí Pablo proclama que la salvación también está anclada en el *futuro* porque Dios promete, a sus hijos, que algún día serán vestidos con la gloria de su Hijo.

La palabra griega para «gloriarse» en Romanos 5:2 se refiere a la alegría. Todo creyente debe regocijarse en el futuro, porque Jesucristo aseguró la esperanza de que su destino final es compartir la gloria de Dios. Cristo es la garantía de nuestra esperanza porque Él mismo es nuestra esperanza (1 Timoteo 1:1).

También tenemos otra razón para regocijarnos en la esperanza de la gloria venidera: las tribulaciones que padecemos contribuyen a nuestra bendición actual y a nuestra gloria final. Pablo declara en Romanos 5:3-5 que nuestras aflicciones por amor a Cristo producen niveles crecientes de madurez en el manejo de las pruebas que surgen en la vida. A medida que continúe buscando la santidad, más será perseguido y perturbado, pero mayor será su esperanza cuando vea a Dios sostenerlo a través de su gracia todopoderosa.

Sugerencias para la oración: Pídale a Dios que le dé una perspectiva divina sobre sus pruebas y que, en el proceso, le muestre cómo concentrarse en su gloria futura.
Para un estudio más profundo: Lea Mateo 5:10-12; Romanos 8:18; 2 Corintios 4:17; y 1 Pedro 4:19. ¿Cómo debería ver las pruebas que le atacan?
 * Cuando se presenten, ¿qué debe hacer usted?

EL AMOR DE DIOS

«El amor de Dios ha sido derramado en nuestros corazones por el Espíritu Santo que nos fue dado. Porque Cristo, cuando aún éramos débiles, a su tiempo murió por los impíos. Ciertamente, apenas morirá alguno por un justo; con todo, pudiera ser que alguno osara morir por el bueno. Mas Dios muestra su amor para con nosotros, en que siendo aún pecadores, Cristo murió por nosotros».

Romanos 5:5-8

La salvación lleva a los creyentes a una relación de amor con Dios por toda la eternidad.

El escritor de himnos del siglo dieciocho, William Cowper, compuso la siguiente estrofa en su cántico «Hay una fuente»:

*Desde que aquella fuente vi, mi tema solo fue
Tu redentor amor y así cantando moriré.*

Quizás el concepto más abrumador en todo el cristianismo es que Dios nos amó tanto «que ha dado a su Hijo unigénito, para que todo aquel que en él cree, no se pierda, mas tenga vida eterna» (Juan 3:16). Y más que eso, incluso nos imparte afectuosamente su amor: lo derrama «en nuestros corazones por el Espíritu Santo que nos fue dado» (Romanos 5:5). Pablo revela aquí que en Cristo se nos da evidencia subjetiva de la salvación. Dios mismo implanta esa evidencia en lo profundo de nosotros. Como resultado, amamos a aquel que nos amó primero (1 Juan 4:7-10).

La idea de que Dios «derramó» su amor se refiere a un desbordamiento abundante. Dios no solo extrajo gotitas de su amor, sino que lo derramó en torrentes inmensurables. Y eso se ve en la que quizás sea la mayor manifestación del amor de Dios en toda la eternidad: aun cuando éramos pecadores, impíos y totalmente incapaces de acercarnos a Dios, envió a su Hijo a morir por nosotros, que no merecimos esa clase de amor.

Medite en la forma en que el amor de Dios afecta la seguridad de su salvación. Ahora que usted es salvo, no podrá ser tan miserable como lo fue antes de su conversión, aunque Él le amaba totalmente entonces. Debido a que Dios le amaba íntegramente, usted puede estar seguro de su salvación.

Sugerencias para la oración: Confiese esas veces que ha estado convencido del amor de Dios por usted, luego medite en Romanos 5:8.

Para un estudio más profundo: Lea Efesios 3:14-19. ¿Cómo nos ayuda el Espíritu Santo a «conocer el amor de Cristo»?

LA CERTEZA DE LA LIBERACIÓN

«Pues mucho más, estando ya justificados en su sangre, por él seremos salvos de la ira. Porque si siendo enemigos, fuimos reconciliados con Dios por la muerte de su Hijo, mucho más, estando reconciliados, seremos salvos por su vida».

Romanos 5:9-10

Jesucristo libera a sus hermanos no solo del pecado y de su juicio, sino también de la incertidumbre y la duda acerca de esa liberación.

Dios es un Dios de ira. Pero la ira que debió ser derramada sobre toda la humanidad, la cargó Cristo sobre sí mismo. A eso se refería el apóstol Pablo cuando afirmó que aquellos que pusieron su fe en Él ya han sido «justificados en su sangre» y están seguros de que son «salvos de la ira [de Dios] ... por la muerte de su Hijo [Cristo]» (Romanos 5:9-10). Como resultado de la obra expiatoria de Cristo, todos los cristianos se identifican con Él, son adoptados como hijos de Dios a través de Él y ya no son «hijos de ira» (Efesios 2:3).

Sin embargo, Pablo no se termina su idea con eso, puesto que la constante obra intercesora de Cristo tiene un gran significado para cada creyente y la seguridad de su salvación. En Romanos 5:10, Pablo argumenta comparativamente al mostrar que fue una obra mucho mayor —para Dios— llevar a los pecadores a la gracia que conducirlos a la gloria. El Dios que nos atrajo a Él cuando aún éramos sus enemigos, nos reconciliará continuamente ahora que somos sus amigos. Cuando Dios hizo que nos reconciliáramos la primera vez, éramos unos pecadores miserables, viles e impíos. Por tanto, dado que eso no fue un impedimento para que nos reconciliáramos con Él, no hay nada que pueda evitar que el Cristo vivo nos mantenga reconciliados.

Esta verdad tiene grandes implicaciones para lo relativo a nuestra certeza y seguridad. Si Dios ya aseguró nuestra liberación del pecado, la muerte y el juicio futuro, ¿cómo podría nuestra vida espiritual actual estar en peligro? ¿Cómo puede dudar un cristiano cuya salvación pasada y futura está garantizada por Dios? Si el pecado más atroz no pudo impedir nuestra reconciliación ¿cómo puede cualquier otro pecado evitar que permanezcamos reconciliados? La seguridad de nuestra salvación está, realmente, blindada.

Sugerencias para la oración: Pídale a Dios que le revele cómo podría estar inseguro de su salvación. Luego ruéguele que haga que la obra intercesora de Cristo sea más real para usted cada día.

Para un estudio más profundo: Lea Juan 5:26; 10:28-29; 14:19; Romanos 8:34-39; Colosenses 3:3-4; Hebreos 7:25 y Apocalipsis 1:18. Enumere todos los valores que pueda encontrar.

＊ ¿Cómo le salva Cristo a través del sacrificio que Él hizo?

EL GOZO EN DIOS

«También nos gloriamos en Dios por el Señor nuestro Jesucristo,
por quien hemos recibido ahora la reconciliación».

Romanos 5:11

El eslabón final, en la cadena que une eternamente a los
creyentes con Cristo, es su alegría o el regocijo en Dios.

Quizás en ninguna parte, además de las Escrituras, se haya expresado la alegría cristiana en una forma más bella que en las estrofas del himno «Mil voces para celebrar», de Charles Wesley:

> *¡Oh, mil voces para celebrar a mi Libertador,*
> *las glorias de su majestad, los triunfos de su amor!*
> *Escuchen sordos al Señor, alabe el mudo a Dios;*
> *los cojos salten, vean los ciegos al Señor.*

Gálatas 5:22 dice que el «gozo» es un aspecto del fruto del Espíritu y, como tal, es uno de los grandes valores de la seguridad de la salvación. El vocablo griego para «gozo» significa «alegrarse», «regocijarse jubilosamente» o «no caber en sí de emoción». ¿Cuál es la motivación de nuestra emoción? Pablo dice que el motivo del gozo es porque recibimos la reconciliación con Cristo. Dios nos da gozo abundante tanto en nuestra salvación como —en última instancia— por lo que Él es Dios. Por lo tanto, la alegría interna que sentimos hoy es una garantía adicional de nuestra salvación futura.

Una de las razones por las que David fue un hombre de acuerdo al corazón de Dios es que se regocijabas en el Señor siempre. Él dijo: «Engrandeced a Jehová conmigo, y exaltemos a una su nombre» (Salmos 34:3). Otros salmistas hicieron eco de esa misma alegría. Uno escribió: «En él se alegrará nuestro corazón, porque en su santo nombre hemos confiado» (Salmos 33:21), mientras que otro dijo: «Entraré al altar de Dios, al Dios de mi alegría y de mi gozo; y te alabaré con arpa, oh Dios, Dios mío» (Salmos 43:4). Hacer que Dios sea el foco de su alegría le garantizará lo que solo Él puede darle.

Sugerencias para la oración: ¿Con qué frecuencia se regocija en lo que Dios ha logrado por usted? Pídale a Dios que le brinde un mayor gozo en Él a medida que aprende más acerca de Él de Su Palabra.

Para un estudio más profundo: Busque la palabra «alegría» —o gozo, exultación, regocijo, contentamiento, entre otras— mencionada en la Biblia, a través de una concordancia o en internet y determine el porcentaje de las veces que se refieren a la alegría por la salvación.

* ¿Qué aplicación significativa puede hacer usted con esos versículos?

PARA QUE SEPÁIS

«Estas cosas os he escrito a vosotros que creéis en el nombre del Hijo de Dios, para que sepáis que tenéis vida eterna».
1 Juan 5:13

El apóstol Juan presenta once pruebas objetivas y subjetivas para la seguridad de la salvación.

Las epístolas del Nuevo Testamento están tan llenas de suficiente material sobre la seguridad de la salvación que podrían llenar varios volúmenes de comentarios. Sin embargo, hay una pequeña carta —1 Juan— que fue escrita para tratar exclusivamente ese tema. El apóstol Juan declara su razón para escribir dicha misiva en nuestro versículo de hoy: «Estas cosas os he escrito a vosotros que creéis en el nombre del Hijo de Dios, *para que sepáis que tenéis vida eterna»* (énfasis agregado). Juan no quería que sus lectores dudaran de su salvación; quería que tuvieran plena seguridad de ella.

Ciertamente, lo que Juan escribió en esta epístola no molestará a los creyentes genuinos, pero alarmará a cualquiera que tenga un falso concepto de la seguridad de la salvación. Por eso dirigió su carta a aquellos que han puesto su fe en Cristo, que es la base de toda seguridad: «Estas cosas os he escrito a vosotros que creéis». No hay lugar para el autoexamen aparte de la fe en Cristo. Es por eso que todo lo que dice Juan sobre la seguridad se basa en la fe en Cristo y las promesas de las Escrituras. A lo largo de su epístola, Juan mantiene un delicado equilibrio entre las bases objetivas y subjetivas de la seguridad de la salvación. La evidencia objetiva constituye una prueba doctrinal, mientras que la evidencia subjetiva proporciona una prueba moral. Juan entra y sale entre los dos tipos de pruebas mientras presenta un total de once criterios que indicarán si uno posee la vida eterna.

A medida que estudie esas pruebas durante los próximos once días, ellas le confirmarán —si usted es un verdadero creyente—, la realidad de su salvación. Pero si se le ha dado una falsa seguridad, sabrá dónde se encuentra y qué debe hacer.

Sugerencias para la oración: Si usted es un verdadero creyente, ruéguele a Dios que use estos próximos días para que le conceda un mayor amor por Él. Si no está seguro si realmente conoce a nuestro gran Señor y Salvador, pídale que se le revele para que usted cambie de vida.

Para un estudio más profundo: Lea Juan 20:31. ¿En qué manera la lectura del Evangelio de Juan le proporciona la seguridad de la salvación? Comience con un plan de lectura.

LA COMUNICACIÓN CON CRISTO

«Lo que hemos visto y oído, eso os anunciamos, para que también vosotros tengáis comunión con nosotros; y nuestra comunión verdaderamente es con el Padre, y con su Hijo Jesucristo».

1 Juan 1:3

**Disfrutar la comunión con Dios y con Jesucristo es
una prueba firme de que la salvación es real.**

Cuando celebramos bautismos en la iglesia que pastoreo, invariablemente cada persona que da su testimonio describe la abrumadora sensación de perdón que sienten y el nuevo propósito que tienen con sus vidas. Expresan un maravilloso resultado de la salvación en Cristo, de la cual Jesús dijo: «Yo he venido para que tengan vida, y para que la tengan en abundancia» (Juan 10:10). Al expresar que esa vida iba a ser abundante, Jesús afirmó que la salvación resultaría en más que un cambio posición: ¡es una experiencia radicalmente nueva! La vida cristiana es una existencia rica en la que estamos destinados a experimentar alegría, paz, amor y propósito.

La vida abundante en Cristo comienza con una estrecha comunión y un vínculo con el Dios vivo y el Cristo viviente. El apóstol Pablo dice: «Fiel es Dios, por el cual fuisteis llamados a la comunión con su Hijo Jesucristo nuestro Señor» (1 Corintios 1:9). En Gálatas 2:20, Pablo describe lo que esa comunión significaba para él en lo particular: «Con Cristo estoy juntamente crucificado, y ya no vivo yo, mas vive Cristo en mí; y lo que ahora vivo en la carne, lo vivo en la fe del Hijo de Dios, el cual me amó y se entregó a sí mismo por mí». Solo los creyentes genuinos pueden disfrutar de una gran intimidad con Cristo.

¿Ha experimentado la comunión con Dios y con Cristo? ¿Ha sentido usted su presencia? ¿Le atrae su amor por ellos a la presencia de ellos? ¿Ha sentido la alegría estimulante de hablar en oración al Dios viviente? ¿Y ha experimentado la emoción de descubrir una nueva verdad en su Palabra? Si es así, entonces ha experimentado la vida abundante que Jesús prometió a todos los que confíen en Él.

Sugerencias para la oración: Al igual que Dios le pidió a Israel que relatara las grandes obras que había hecho por ellos, medite en las muchas formas en que Dios ha enriquecido su vida como resultado de conocerlo.

Para un estudio más profundo: Lea Romanos 8:15; 2 Corintios 1:3; Efesios 5:19; Filipenses 4:19; Hebreos 4:16 y 1 Pedro 5:10. ¿Qué enseña cada versículo sobre su relación con Dios?

✳ ¿En qué medida es su vida abundante como resultado de ello?

LA SENSIBILIDAD AL PECADO

«Si decimos que tenemos comunión con él, y andamos en tinieblas, mentimos, y no practicamos la verdad; pero si andamos en luz, como él está en luz, tenemos comunión unos con otros, y la sangre de Jesucristo su Hijo nos limpia de todo pecado. Si decimos que no tenemos pecado, nos engañamos a nosotros mismos, y la verdad no está en nosotros. Si confesamos nuestros pecados, él es fiel y justo para perdonar nuestros pecados, y limpiarnos de toda maldad. Si decimos que no hemos pecado, le hacemos a él mentiroso, y su palabra no está en nosotros».

1 Juan 1:6-10

Los verdaderos creyentes son sensibles a su pecado y lo confiesan.

A través de toda la Escritura, la luz se usa como una metáfora de la verdad, tanto la verdad intelectual como la moral (cf. Salmos 119:105, 130; Proverbios 6:23). Cuando el apóstol Juan escribe: «Dios es luz, y no hay ningunas tinieblas en él» (1 Juan 1:5), está afirmando que el Señor es absolutamente sin pecado puesto que la luz y la oscuridad no pueden coexistir.

Algunos afirman que tienen comunión con Dios (v. 6), que no tienen pecado (v. 8) e incluso que nunca han pecado (v. 10), pero viven en la oscuridad. Eso es característico de los no creyentes, ignorar los pecados que poseen. Sin embargo, no ocurre lo mismo con los creyentes genuinos, que poseen un sentido correcto del pecado: ellos andan en la luz, como Él está en luz (v. 7) y confiesan sus pecados (v. 9). Los verdaderos creyentes saben que si quieren intimidad con Dios, deben confesar sus pecados y volverse a Cristo como su «Abogado» ante Dios (2:1).

El apóstol Pablo era muy sensible a las realidades pecaminosas (Romanos 7:14-25) en sí mismo. ¿Y usted? ¿Es consciente de la batalla espiritual que se libra en su interior? ¿Se da cuenta de que debe llevar una vida santa para tener comunión con Dios? ¿Está dispuesto a confesar y abandonar cualquier pecado presente en su vida? ¿Se da cuenta de que puede elegir no pecar? ¿Está cansado de luchar contra el pecado en su vida (cf. Romanos 7:24)? Si estas cosas son ciertas para usted, regocíjese en la seguridad de su salvación.

Sugerencias para la oración: Confiese cualquier pecado, del que esté consciente, a Dios en este mismo momento, luego abandónelo.

Para un estudio más profundo: Lea Romanos 7:14-25. Haga una lista de todas las formas que usted notó que Pablo era sensible a su pecado.

* ¿Con cuántas de ellas se puede identificar?
* ¿Cómo debería responder?

OBEDIENCIA A LA PALABRA DE DIOS

«Y en esto sabemos que nosotros le conocemos,
si guardamos sus mandamientos».

1 Juan 2:3

Los verdaderos creyentes obedecen los mandamientos de Dios.

Antes de que Jesús ascendiera al cielo después de su resurrección, les dejó una Gran Comisión a sus discípulos: «Por tanto, id, y haced discípulos a todas las naciones, bautizándolos en el nombre del Padre, y del Hijo, y del Espíritu Santo; enseñándoles que guarden todas las cosas que os he mandado» (Mateo 28:19-20). Advierta que el verdadero discípulo debe observar y obedecer todos los mandamientos de Cristo.

El apóstol Juan entendió muy bien las instrucciones del Señor. Él sabía que la obediencia a los mandamientos de Dios produce seguridad: la confianza de saber con certeza que «nosotros le conocemos, si guardamos sus mandamientos» (1 Juan 2:3). La palabra griega para «guardar», en este versículo, se refiere a la obediencia avizora, cuidadosa y reflexiva. No es una obediencia que es el simple resultado de la presión externa; es la ansiosa obediencia de quien «guarda» los mandamientos divinos como si fueran algo precioso, lo que ciertamente es. Tal obediencia es motivada por el amor, como lo indica Juan en el versículo 5: «El que guarda su palabra, en éste verdaderamente el amor de Dios se ha perfeccionado; por esto sabemos que estamos en él». Todo ello está respaldado por la palabra traducida como «mandamientos», que se refiere específicamente a los preceptos de Cristo en lugar de las leyes en general. La obediencia legal exige perfección o castigo, mientras que 1 Juan 2:3 es un llamado a la obediencia con gracia a causa de la pena que Cristo ya pagó.

Sin embargo, Juan llama mentirosos a aquellos que afirman conocer a Dios y, sin embargo, desprecian sus mandamientos. Veamos la afirmación del apóstol amado: «El que dice: Yo le conozco, y no guarda sus mandamientos, el tal es mentiroso, y la verdad no está en él» (v. 4). «Profesan conocer a Dios, pero con los hechos lo niegan, siendo abominables y rebeldes, reprobados en cuanto a toda buena obra» (Tito 1:16).

¿Cómo puede usted determinar si es un verdadero cristiano? No por sentimiento, ciertamente, sino por obediencia. Si desea obedecer a Dios en gratitud por todo lo que Cristo ha hecho por usted, y si ve que ese deseo produce un patrón general de obediencia, ha pasado una prueba importante que indica la presencia de una fe salvadora.

Sugerencias para la oración: Si nota que su obediencia se basa más en el acto de obedecer que en su gratitud a Dios, confiéselo y cambie de actitud.
Para un estudio más profundo: Memorice 1 Samuel 15:22 como motivación para tener un espíritu de obediencia correcto.

EL RECHAZO DEL MUNDO

«No améis al mundo, ni las cosas que están en el mundo.
Si alguno ama al mundo, el amor del Padre no está en él».
1 Juan 2:15

Los creyentes genuinos aman a Dios y rechazan
al mundo y todas sus filosofías.

Como el «dios de este siglo [mundo]» (2 Corintios 4:4), Satanás ha diseñado un sistema que la Biblia simplemente llama «el mundo [o siglo, para los efectos]». El término griego (*kosmos*) se refiere a un sistema que abarca la religión falsa, la filosofía errática, el crimen, la inmoralidad, el materialismo y otras cosas similares. Sobre esto, el apóstol Juan escribió: «Porque todo lo que hay en el mundo, los deseos de la carne, los deseos de los ojos, y la vanagloria de la vida, no proviene del Padre, sino del mundo. Y el mundo pasa, y sus deseos; pero el que hace la voluntad de Dios permanece para siempre» (1 Juan 2:16-17). Mientras que el mundo y sus preocupaciones carnales no son más que realidades temporales, el verdadero creyente tiene vida eterna y permanecerá para siempre.

Cuando alguien se convierte en cristiano, adquiere un nuevo conjunto de objetivos y motivaciones; el mundo y sus lujurias ya no lo atraen sino que —al contrario— lo repelen. Ya no ama «al mundo, ni las cosas que están en el mundo» (v. 15). A veces puede ser atraído a actividades mundanas, pero no es porque haga lo que quiere sino lo que aborrece (cf. Romanos 7:15). Esto se debe a que la nueva vida en Cristo le da al creyente un amor especial por Dios y por las cosas de Dios.

Jesús dijo que los que lo siguen no son del mundo, así como Él tampoco era del mundo. Todavía tratamos de hacer su voluntad, pero no la hacemos por completo. Es por eso que Jesús le pidió específicamente al Padre que nos mantuviera alejados del maligno (Juan 17:14-16). Somos vulnerables a ser absorbidos por el sistema de este mundo malvado de vez en cuando, pero nuestro amor se arraiga en Dios. Ese amor es lo que redirigirá nuestro enfoque hacia las prioridades celestiales.

¿Rechaza usted al mundo y sus religiones falsas, sus ideologías condenatorias y sus actividades impías? O, en vez de eso, ¿ama a Dios, su verdad, su reino y todo lo que representa? Si usted rechaza al mundo y sus deseos diabólicos, esa es una fuerte indicación de que tiene una nueva vida en Cristo.

Sugerencias para la oración: Pídale a Dios que le revele las maneras en que aún puede estar aferrado al mundo. Cuando las sepa, corte esas conexiones.
Para un estudio más profundo: Lea 2 Corintios 4:4; Efesios 2:1-3 y Santiago 4:4.
¿Cuál es el objetivo definitivo de Satanás para atraer a las personas a su sistema?

¿ANHELA USTED EL REGRESO DE CRISTO?

«Amados, ahora somos hijos de Dios, y aún no se ha manifestado lo que hemos de ser; pero sabemos que cuando él se manifieste, seremos semejantes a él, porque le veremos tal como él es. Y todo aquel que tiene esta esperanza en él, se purifica a sí mismo, así como él es puro».
1 Juan 3:2-3

Los verdaderos cristianos anhelan el regreso de su Rey.

Las palabras del antiguo himno: «No puede el mundo ser mi hogar», expresan la actitud de todo verdadero hijo de Dios. Los verdaderos cristianos tienen una esperanza en su corazón, una expectación centrada en el regreso del Señor Jesucristo. Al igual que el apóstol Pablo, anhelamos ser «libres de este cuerpo de muerte» (Romanos 7:24); «gemimos dentro de nosotros mismos, esperando ansiosamente nuestra adopción como hijos, la redención de nuestro cuerpo» (Romanos 8:23). Anhelamos el día en que «así como hemos traído la imagen del terrenal, traeremos también la imagen del celestial» (1 Corintios 15:49).

Nuestra esperanza santifica. Juan escribe: «Todo aquel que tiene esta esperanza en él, se purifica a sí mismo, así como él es puro» (1 Juan 3:3), mientras Pablo le recordó a Tito que «la gracia de Dios se ha manifestado para salvación a todos los hombres, enseñándonos que, renunciando a la impiedad y a los deseos mundanos, vivamos en este siglo sobria, justa y piadosamente, aguardando la esperanza bienaventurada y la manifestación gloriosa de nuestro gran Dios y Salvador Jesucristo» (Tito 2:11-13). Nuestra esperanza es sensata y conduce a una vida tanto piadosa como responsable. No justifica la vida negligente (ver 2 Tesalonicenses 3:6-15); no existe alguien que tenga una mente tan celestial que no sea bueno terrenalmente.

¿Está usted anhelando que Cristo regrese y «el cuerpo de la humillación nuestra [de usted], para que sea semejante al cuerpo de la gloria suya» (Filipenses 3:21)? Si es así, anímese. Esa es otra evidencia de que su salvación es genuina.

Sugerencias para la oración: Ore con el apóstol Juan y diga: «Amén. Ven, Señor Jesús» (Apocalipsis 22:20).

Para un estudio más profundo: En Filipenses 3:20, Pablo nos recuerda que «nuestra ciudadanía está en los cielos», mientras que en Colosenses 3:1-2 el apóstol nos ordena que nos enfoquemos en las cosas celestiales. ¿En qué se enfoca usted? ¿En qué gasta el tiempo? Reorganice sus prioridades y sus planes para dar el primer lugar a las realidades eternas.

UNA CONGRUENTE DISMINUCIÓN DEL PECADO

«Todo aquel que es nacido de Dios, no practica el pecado, porque la simiente de Dios permanece en él; y no puede pecar, porque es nacido de Dios».
1 Juan 3:9

Un patrón decreciente de pecado en la vida del creyente revela que su fe es genuina.

El patrón de una vida pecaminosa es incompatible con la salvación. Si pudiera continuar en el mismo patrón pecaminoso después de haber sido salvo del pecado, eso significaría que la salvación es ineficaz. Por lo tanto, 1 Juan 3 trata de la obra salvadora de Cristo y revela cuán efectiva es.

El versículo 5 dice que Cristo «apareció para quitar nuestros pecados». Si usted afirma que alguien a quien se le ha aplicado la obra de Cristo continúa pecando como antes, está negando el propósito por el cual vino Cristo. Él murió para eliminar el patrón del pecado y de la pena.

Por lo tanto, si usted es un creyente verdadero, se relacionará con Dios de una manera totalmente nueva, porque el cristiano «permanece en Él» (v. 6). Ya no es un esclavo perenne del pecado, porque ahora tiene la opción y la capacidad de hacer el bien (ver Romanos 6:14, 17-18). Usted siempre será extremadamente sensible al pecado (Romanos 7; 1 Juan 1:8-9); sin embargo, debido a que Cristo permanece en usted, su lucha disminuirá con los años y el pecado será cada vez menos un patrón en su vida.

Eso nos lleva a 1 Juan 3:9, que es un recordatorio a los creyentes que han nacido de nuevo por el Espíritu Santo. Su novedosa naturaleza o nueva disposición en cuanto a la vida es la «simiente» —o semilla— de la que habla el versículo 9. Así como la simiente de una planta, cuando se coloca en el suelo, produce un tipo distinto de vida, la semilla divina produce una vida justa en usted que termina con el dominio del pecado en su ser. Y esa semilla nunca morirá: 1 Pedro 1:23 indica que «permanece para siempre».

¿Qué significa todo esto para usted si es un verdadero creyente? Significa que verá un patrón decreciente de pecado en su vida porque sus afectos ahora son sagrados. No significa que el pecado será eliminado, porque su carne no redimida todavía está presente. Significa que cuanto más practique la justicia, con sus motivos correctos, deseos correctos, palabras correctas y acciones correctas, menos pecará y más seguridad tendrá de que es hijo de Dios.

Sugerencias para la oración: Si hay un pecado frecuente con el que usted lucha, pídale a Dios que le ayude a vencerlo.
Para un estudio más profundo: Escriba al menos cinco verdades contenidas en Romanos 6:1-11.

* ¿Cómo contribuyen esas verdades a que usted venza al pecado?

AMOR POR OTROS CRISTIANOS

«El que ama a su hermano, permanece en la luz, y en él no hay tropiezo».

1 Juan 2:10

Amar a otros cristianos brinda seguridad a su propia fe.

Amar a otros cristianos es algo supremamente instintivo para los creyentes genuinos. Pablo les dijo a los tesalonicenses: «Acerca del amor fraternal no tenéis necesidad de que os escriba, porque vosotros mismos habéis aprendido de Dios que os améis unos a otros» (1 Tesalonicenses 4:9). Además, los alentó a «abundar más y más» en el amor (v. 10) porque siempre hay espacio para que los creyentes se amen más entre sí. Sin embargo, por el solo hecho de ser verdaderamente salvos, mostraremos amor, ya que el amor es inherente a nuestra nueva naturaleza (ver Romanos 5:5).

Jesús dijo esto sobre el amor entre los creyentes: «En esto conocerán todos que sois mis discípulos, si tuviereis amor los unos con los otros» (Juan 13:35). Si somos verdaderamente cristianos, «amaos unos a otros entrañablemente, de corazón puro» (1 Pedro 1:22). El amor es una prueba de nuestra vida con Dios y significa que hemos cruzado de la oscuridad a la luz (1 Juan 3:14-15).

El apóstol Juan continúa definiendo el amor como sacrificio y práctica: «En esto hemos conocido el amor, en que él puso su vida por nosotros; también nosotros debemos poner nuestras vidas por los hermanos. Pero el que tiene bienes de este mundo y ve a su hermano tener necesidad, y cierra contra él su corazón, ¿cómo mora el amor de Dios en él? Hijitos míos, no amemos de palabra ni de lengua, sino de hecho y en verdad» (vv. 16-18).

Por lo tanto, debe hacerse algunas preguntas básicas: ¿Le importan a usted otros creyentes o es frío e indiferente ante ellos? ¿Cómo responde a las oportunidades para brindarse a servir en algún ministerio? ¿Espera tener comunión con otros cristianos, hablar con ellos, discutir sobre las cosas de Dios, estudiar la Palabra juntos y orar con ellos? Cuando usted se encuentra con un amigo en la iglesia que tiene una necesidad, ¿se muestra dispuesto a proporcionarle dinero, tiempo, oración, recursos, servicio o incluso un oído comprensivo?

Si puede responder afirmativamente a esas preguntas, tiene una gran razón para estar seguro de su salvación. Al igual que Pedro, usted puede apelar al amor que Dios ve en su corazón (Juan 21:17). Ese amor no será perfecto, pero está ahí y se manifestará a los demás.

Sugerencias para la oración: Ore para que su amor se fortalezca y sea más congruente.

Para un estudio más profundo: Lea Juan 21:15-17. ¿En qué debería resultar el amor de Pedro?

  * ¿Cómo apoya Gálatas 6:10 esa afirmación?

ORACIÓN RESPONDIDA

«Y cualquiera cosa que pidiéremos la recibiremos de él, porque guardamos sus mandamientos, y hacemos las cosas que son agradables delante de él».

1 Juan 3:22

Las respuestas a las oraciones de los creyentes generan seguridad en cuanto a la salvación.

Otra forma confiable de comprobar que usted es cristiano es si Dios responde sus oraciones. El apóstol Juan nos da el razonamiento infalible para entender esta declaración. En primer lugar, usted puede saber que sus oraciones serán respondidas si guarda los mandamientos de Jesucristo (1 Juan 3:22). Y en segundo lugar, el apóstol amado afirma que la única manera en que uno puede obedecer los mandamientos de Dios es si le pertenece a Él (v. 24). Por lo tanto, el creyente obediente prueba que permanece en Cristo, y recibe más garantías aun, cuando sus oraciones son respondidas.

Sin embargo, las únicas oraciones que Dios responde son las que se hacen de acuerdo a su voluntad. Si usted es un creyente obediente, modelará sus oraciones de acuerdo con lo que las Escrituras dicen acerca de la voluntad de Dios. La siguiente oración contestada le traerá confianza y seguridad (ver 1 Juan 5:13-15).

Algunos creyentes pierden esa seguridad por su pobre vida de oración, lo que resulta en pocas oraciones contestadas. Es triste para ellos y decepcionante para Dios, ya que Él haría mucho más si se lo pidieran.

¿Y qué con usted? ¿Han sido las oraciones contestadas su patrón de vida normal? Formúlese preguntas como las siguientes: ¿Ha orado por la difícil situación de alguien y ha visto a Dios convertirla en una circunstancia de bendición? ¿Ha visto a alguna persona por la que oró, en cierta ocasión, acudir a Cristo? ¿Ha llenado Dios un vacío en su vida después de que orara para que lo hiciera? ¿Ha orado alguna vez para que Dios le ayudara a enseñar su Palabra y sintió la abundante gracia de Dios? ¿Ha orado por valentía y poder para predicar el evangelio y ha visto a Dios obrar a través de usted? ¿Ha pedido contentamiento durante una prueba y recibido la paz de Dios? ¿Ha conocido el perdón y ha quedado con la conciencia tranquila tras orar por ese objetivo?

Si puede responder afirmativamente a esas preguntas o a otras muy similares, tiene buenas razones para creer que pertenece al Señor y que Él le pertenece a usted.

Sugerencias para la oración: Agradezca al Señor por su poder a través de la oración y por las respuestas que le ha dado.

Para un estudio más profundo: Lea 1 Reyes 17:1; 18:41-46. ¿Qué revela el segundo pasaje sobre la vida de oración de Elías?

  * ¿Cómo apoya eso lo que afirma Santiago 5:16b-18?

EL MINISTERIO DEL ESPÍRITU SANTO

«En esto conocemos que permanecemos en él, y él en nosotros, en que nos ha dado de su Espíritu».

1 Juan 4:13

———

Experimentar el ministerio del Espíritu Santo es evidencia de una verdadera fe salvadora.

En el Evangelio según San Juan 14:26, el Señor Jesús describió al Espíritu Santo como «el Consolador» o «Ayudador». Una de las formas más importantes en que nos ayuda el Espíritu Santo es asegurándonos que pertenecemos a Dios. Si alguna de las obras del Espíritu Santo está presente en nuestras vidas, ella da evidencia de la autenticidad de nuestra salvación. En 1 Corintios 12:3, Pablo escribe: «Nadie puede llamar a Jesús Señor, sino por el Espíritu Santo». Aparte de la obra de convicción del Espíritu Santo, usted no podría saber quién es Cristo, ni —mucho menos— lo confesaría como Salvador y Señor de su vida. Si ha experimentado esa obra del Espíritu Santo, eso es evidencia de que usted es un verdadero hijo de Dios.

Otro ministerio esencial del Espíritu es que ilumina a través de las Escrituras. La Primera Epístola del apóstol Juan —en 2:27— dice: «La unción que vosotros recibisteis de él permanece en vosotros, y no tenéis necesidad de que nadie os enseñe; así como la unción misma os enseña todas las cosas, y es verdadera, y no es mentira, según ella os ha enseñado, permaneced en él». ¿Entiende usted la Biblia cuando la lee? En verdad, ¿le convence de pecado?, ¿le lleva ella a alegrarse y a adorar a Dios? Si es así, eso es evidencia de la obra iluminadora del Espíritu en su ser.

¿Anhela usted una comunión íntima con Dios? Eso también es resultado de la obra del Espíritu en su vida (Gálatas 4:6). ¿Se siente proclive a alabar a Dios? La llenura del Espíritu produce alabanza (Efesios 5:19). ¿Manifiesta su vida el fruto del Espíritu (Gálatas 5:22-23)? ¿Siente que están operando en su vida uno o más de los dones del Espíritu que señala Pablo en 1 Corintios 12)? Esas también son evidencias de la obra del Espíritu en su ser. Todos esos ministerios del Espíritu Santo son la forma en que él «mismo da testimonio a nuestro espíritu, de que somos hijos de Dios» (Romanos 8:16). Si se manifiestan en su vida, proporcionan evidencia de que usted permanece en Dios y Él en usted (1 Juan 4:13). Deje que la obra del Espíritu Santo en su vida disipe las sombras oscuras de la duda.

———

Sugerencias para la oración: Ore para que Dios lo ayude a examinar su vida en busca de evidencia de la obra del Espíritu.

Para un estudio más profundo: Lea 1 Juan 3:24. ¿Cuál es nuestra parte en cuanto a tener la seguridad de la salvación?

* ¿Hay algún mandamiento que usted infrinja de manera intencional? Si es así, confíeselo, arrepiéntase de ello y comience a experimentar la bendición de la seguridad de la salvación.

CÓMO DISCERNIR ENTRE
LA VERDAD Y EL ERROR

«Amados, no creáis a todo espíritu, sino probad los espíritus si son de Dios; porque muchos falsos profetas han salido por el mundo. En esto conoced el Espíritu de Dios: Todo espíritu que confiesa que Jesucristo ha venido en carne, es de Dios; y todo espíritu que no confiesa que Jesucristo ha venido en carne, no es de Dios; y este es el espíritu del anticristo, el cual vosotros habéis oído que viene, y que ahora ya está en el mundo».

1 Juan 4:1-3

Los hijos de Dios están capacitados para detectar la falsa doctrina.

La marca segura e indiscutible de todo falso sistema religioso es un error doctrinal que se comete, particularmente, en cuanto a la Persona y la obra de Jesucristo. Esos sistemas de creencias niegan que Jesucristo es Salvador y Señor, Dios en carne humana, el único camino al Padre (Juan 14:6) puesto que la salvación viene solamente a través de Él (Hechos 4:12).

Una marca segura, por tanto, de todos los verdaderos hijos de Dios es que creen la verdad acerca de Jesucristo y no se desvían tras el error doctrinario. Aunque pueden ser engañados de manera temporal por algunas de las numerosas falsas enseñanzas, no serán engañados permanentemente por ellas. El apóstol Juan escribió: «Ellos [los falsos maestros] son del mundo; por eso hablan del mundo, y el mundo los oye. Nosotros somos de Dios; el que conoce a Dios, nos oye; el que no es de Dios, no nos oye. En esto conocemos el espíritu de verdad y el espíritu de error» (1 Juan 4:5-6).

Cuando usted fue salvo, tenía claro quién era Cristo. Es más «todo aquel que cree que Jesús es el Cristo», escribe Juan, «es nacido de Dios; y … ha sido engendrado por él» (1 Juan 5:1). Si usted no hubiera pasado esa prueba doctrinal, no habría sido salvo. Los hijos de Dios distinguen la verdad espiritual por encima del error doctrinal porque el Espíritu de verdad (Juan 14:16) mora en ellos.

«Oh Timoteo», exhortó Pablo a su amado hijo en la fe, «guarda lo que se te ha encomendado, evitando las profanas pláticas sobre cosas vanas, y los argumentos de la falsamente llamada ciencia [o conocimiento]» (1 Timoteo 6:20). Por mi parte, oro para que usted guarde el precioso tesoro de la verdad que se le ha confiado en las Escrituras y así asegure a su corazón que pertenece al Dios de la verdad.

Sugerencias para la oración: Gracias a Dios por revelarnos su verdad en la Biblia.

Para un estudio más profundo: Lea Juan 1:1; Filipenses 2:5-11; Colosenses 2:9. ¿Qué enseñan esos pasajes bíblicos sobre la persona de Cristo?

RECHAZO A CAUSA DE SU FE

«No como Caín, que era del maligno y mató a su hermano. ¿Y por qué causa le mató? Porque sus obras eran malas, y las de su hermano justas. Hermanos míos, no os extrañéis si el mundo os aborrece».

1 Juan 3:12-13

Los cristianos son rechazados por el mundo, pero aceptados por Dios.

Un antiguo proverbio afirma que uno puede juzgar el carácter de un hombre por lo que son sus enemigos. Eso también es cierto en el ámbito espiritual. El mundo ama lo suyo, pero puesto que Cristo escogió a los creyentes de entre el mundo, el mundo los odia (Juan 15:19).

Que esto sea cierto no debería sorprender a ningún estudiante de la Palabra de Dios. Después de todo, el mundo odiaba tanto a Jesús que lo asesinó. Nosotros, como sus seguidores, también podemos esperar hostilidad. «Si el mundo os aborrece», dijo Jesús en Juan 15:18, «sabed que a mí me ha aborrecido antes que a vosotros». «Si al padre de familia llamaron Beelzebú», agregó en Mateo 10:25, «¡cuánto más a los de su casa!».

Desde el comienzo de la historia, los injustos han odiado a los justos. El apóstol Juan notó la trágica historia del injusto Caín, que asesinó a su justo hermano Abel en un ataque de ira y celos (1 Juan 3:12; Génesis 4:1-8). En Hechos 7:52, Esteban preguntó a sus acusadores: «¿A cuál de los profetas no persiguieron vuestros padres? Y mataron a los que anunciaron de antemano la venida del Justo, de quien vosotros ahora habéis sido entregadores y matadores». La acusación de Esteban resumió de manera acertada la triste historia de Israel, «¡Jerusalén, Jerusalén, que matas a los profetas, y apedreas a los que te son enviados!» (Mateo 23:37).

El apóstol Pedro, por su parte, señaló la razón de la hostilidad del mundo hacia los cristianos cuando escribió: «A estos [los incrédulos] les parece cosa extraña que vosotros no corráis con ellos en el mismo desenfreno de disolución, y os ultrajan» (1 Pedro 4:4). La vida de los cristianos es una amenaza porque reprende el pecado de los no creyentes y les recuerda el juicio venidero.

¿Ha sentido usted la hostilidad, la oposición, el prejuicio, el rechazo o incluso la persecución del mundo a causa de su posición por Jesucristo? Si es así, eso es evidencia de que usted pertenece a aquel que también sufrió el rechazo del mundo.

Sugerencias para la oración: Ore para que Dios le conceda la capacidad de regocijarse ante la persecución (Hechos 5:41).

Para un estudio más profundo: Lea Filipenses 1:28. ¿Cuál debería ser su actitud cuando es rechazado por el mundo?

RECORDATORIOS DE LA SEGURIDAD

«Por esto, yo no dejaré de recordaros siempre estas cosas, aunque vosotros las sepáis, y estéis confirmados en la verdad presente».

2 Pedro 1:12

Recordar dónde ha estado uno es clave para llegar a donde quiere ir.

El verano de 1980 fue decisivo en mi ministerio. Después de casi una docena de años como pastor de Grace Community Church, tomé un año sabático de tres meses. Dudaba en mi corazón en cuanto a regresar a las labores pastorales. Sentí que le había enseñado a mi congregación todo lo que yo sabía y temía aburrirlos reiterando las mismas cosas antiguas de siempre.

Sin embargo, en ese verano, el Señor me enseñó una verdad espiritual que revitalizó mi ministerio. Me mostró la importancia de recordarles a los creyentes la verdad que ya conocen. Mientras leía y estudiaba 2 Pedro 1, me di cuenta de que el Señor había llamado a Pedro a ese mismo ministerio. Cuanto más reflexionaba en ello, más me daba cuenta de la relevancia que tal ministerio tiene, puesto que es demasiado fácil olvidar las verdades espirituales. La trágica historia de Israel, cuyo olvido de la verdad espiritual condujo al desastre, es una advertencia definitivamente aleccionadora.

Uno de los propósitos principales de la comunión es recordar las gloriosas verdades sobre nuestro Señor y su sacrificio a favor de nosotros. El recuerdo es también un aspecto esencial de la seguridad de la salvación.

¿Qué estamos en peligro de olvidar? Al dar inicio a su segunda epístola, el apóstol Pedro enumera varias verdades clave que los cristianos no deben olvidar. Nos recuerda las realidades de nuestra salvación y de la fe salvadora que Dios nos concedió gentilmente en base a la justicia de Jesucristo (2 Pedro 1:1), lo que resultó en gracia, paz y conocimiento de Él (v. 2). Como corolario, tenemos «todas las cosas que pertenecen a la vida y a la piedad nos han sido dadas por su divino poder, mediante el conocimiento de aquel que nos llamó por su gloria y excelencia» (v. 3).

Después de recordarnos las gloriosas verdades de nuestra salvación, el apóstol Pedro nos llama a recordar varias virtudes clave que deben manifestarse en nuestras vidas. A medida que estudiemos eso en los próximos días, oro para que Dios le ayude a recordar lo que sabe y así crecer en cuanto a la seguridad de su salvación.

Sugerencias para la oración: Agradezca a Dios por las riquezas inescrutables de su salvación.

Para un estudio más profundo: Comience hoy un programa de memorización de las Escrituras para saturar su mente con las verdades de la Palabra de Dios.

DILIGENCIA Y VIRTUD

«Vosotros también, poniendo toda diligencia por esto mismo, añadid a vuestra fe virtud; a la virtud».

2 Pedro 1:5

La provisión de Dios no excusa nuestra responsabilidad.

Hay algunos que creen que, puesto que Dios ha provisto todo lo necesario para la vida cristiana, los cristianos deben esperar que Él haga todo por ellos. El lema de ellos es: «¡Olvida lo demás y déjaselo a Dios!». Si Pedro tuviera un lema para la vida cristiana, habría sido muy parecido a la popular canción de la Segunda Guerra Mundial que decía: «¡Alabado sea el Señor y pasa la munición!» [y que significa, simplemente, que sigas adelante]. Pedro sabía que la vida cristiana es una lucha en la que los creyentes deben hacer un esfuerzo máximo para equiparse con las virtudes piadosas que, cuando están presentes en nosotros, producen la seguridad de la salvación. Por lo tanto, presenta la lista de esas virtudes a partir del versículo 5 diciendo: «vosotros también, poniendo toda diligencia por esto mismo», y nos señala de nuevo la provisión de la salvación hecha por Dios en los versículos 1 al 4. Esa disposición no pretende eliminar nuestros esfuerzos por vivir la vida cristiana, sino habilitarlos y promoverlos. Debemos, dice Pedro, llevar nuestras vidas cristianas «poniendo toda diligencia» para desarrollar virtudes piadosas.

Encabezando la lista de características que deberían identificar nuestras vidas está la «virtud» o excelencia moral. Es interesante notar que el término griego *arete* se puede traducir como «virtud». Este, en la literatura clásica griega, a menudo se refería a la capacidad de realizar actos heroicos. También a la calidad que hace que alguien o algo se destaque como excelente. Por ejemplo, un cuchillo *arete* era uno que estaba afilado y bien cortado; un caballo *arete* era uno que se caracterizaba por la velocidad y resistencia; un cantante *arete* era alguien que cantaba bien.

Cabe destacar que la «virtud» no es una actitud sino una acción. De hecho, algunos le atribuyen el significado de «energía moral», la misma que nos da el poder para hacer obras excelentes. Nuestro modelo para ese tipo de excelencia activa es Jesucristo, que «anduvo haciendo bienes» (Hechos 10:38).

No vacile nunca en la búsqueda de la excelencia. En palabras de Pablo a los Tesalonicenses, que «abundéis más y más» (1 Tesalonicenses 4:1).

Sugerencias para la oración: Agradezca a Dios por suministrarle todo lo que necesita para su vida cristiana. Pídale que lo ayude a ser diligente para desarrollar virtudes piadosas en usted.

Para un estudio más profundo: Lea Proverbios 4:23; 8:17; 12:27; 13: 4; 21:5. ¿Qué enseñan esos pasajes acerca de la importancia de ser diligente?

EL CONOCIMIENTO

«...a la virtud, conocimiento».

2 Pedro 1:5

La virtud o excelencia moral no puede desarrollarse en un vacío intelectual.

Es aterrador observar hasta qué punto minimiza —nuestra cultura— el conocimiento por encima de las emociones. En estos días es más probable que la gente pregunte: «¿Cómo me hará sentir eso?» en vez de cuestionarse: «¿Es eso cierto?». Por desdicha, la iglesia ha comprado el espíritu de la época. Muchas personas van a la iglesia, no para aprender las verdades de la Palabra de Dios, sino para dar rienda suelta a sus emociones. El foco de la discusión teológica también refleja la hostilidad contemporánea hacia el conocimiento. Hasta cierto punto, la verdad ya no es el problema; las preguntas que se hacen hoy son: «¿Dividirá esto?» u «¿Ofenderá a alguien?». Preguntar si una posición teológica es bíblicamente correcta se considera poco amoroso y aquellos que defienden la posición histórica de la verdad cristiana son etiquetados como divisionistas.

Sin embargo, el conocimiento es inseparable de la virtud o excelencia moral y el crecimiento cristiano. Debería ser obvio que las personas no pueden poner en práctica verdades que no conocen; primero debemos entender los principios de la Palabra de Dios antes de poder vivirlos.

Pedro sabía bien la importancia del conocimiento en el desarrollo de un caminar cristiano estable y la seguridad de la salvación que lo acompaña. Por lo tanto, instó a sus lectores a agregar conocimiento a su virtud. La *gnosis* (o «conocimiento») se refiere a la comprensión, el discernimiento y la comprensión adecuada de la verdad. Al carecer de tal conocimiento, los creyentes se convierten en «niños fluctuantes, llevados por doquiera de todo viento de doctrina, por estratagema de hombres que para engañar emplean con astucia las artimañas del error» (Efesios 4:14). La confusión resultante no es propicia para el crecimiento espiritual ni para el desarrollo de la seguridad de la salvación.

La Biblia elogia la fe parecida a la del niño (es decir, confiada, humilde), pero no la fe del niño al pie de la letra. Pablo exhortó a los corintios: «Hermanos, no seáis niños en el modo de pensar, sino sed niños en la malicia, pero maduros en el modo de pensar» (1 Corintios 14:20). «Y conoceremos, y proseguiremos en conocer a Jehová», urgió Oseas. Cuando lo hagamos, «vendrá a nosotros como la lluvia, como la lluvia tardía y temprana a la tierra» (Oseas 6:3).

Oro «que vuestro amor abunde ... en conocimiento» (Filipenses 1:9).

Sugerencias para la oración: Ore para que Dios le permita «crecer en la gracia y el conocimiento de nuestro Señor y Salvador Jesucristo» (2 Pedro 3:18).

Para un estudio más profundo: Lea Proverbios 23:7 y Filipenses 4:8. ¿Qué enseñan esos versículos acerca de la importancia del pensamiento piadoso?

AUTOCONTROL

*«Al conocimiento, dominio propio; al dominio
propio, paciencia; a la paciencia, piedad».*

2 Pedro 1:6

———

El autocontrol personal manifiesta la certeza de su salvación.

En los tiempos de Pedro, la palabra traducida como dominio propio o «autocontrol» se usaba para describir a los atletas. Los que eran exitosos se abstenían de la actividad sexual y de una dieta poco saludable en aras de un entrenamiento y los ejercicios con disciplina. Usted practica el autocontrol cuando controla sus deseos y no permite que ellos le controlen a usted. Permítame compartir algunos consejos prácticos que me han ayudado con el autocontrol.

1. *Comenzar con algo pequeño.* Por ejemplo, empiece limpiando su habitación u oficina, luego extienda esa disciplina al resto de su hogar.

2. *Sea puntual.* Esto es más que un buen consejo; se basa en las Escrituras (ver Eclesiastés 8:6; Efesios 5:15-16). Aprenda a organizar su tiempo y discipline sus deseos para que pueda llegar a los lugares a tiempo.

3. *Organice su vida.* Use una agenda con su itinerario o haga una lista diaria de las cosas que debe hacer. No deje que las circunstancias controlen su tiempo.

4. *Practique la generosidad.* Absténgase periódicamente de algo que aun cuando sea correcto, le recuerde quién tiene el control. Por ejemplo, cuando quiera un helado de chocolate caliente, tome un vaso de té helado.

5. *Haga el trabajo más difícil primero.* Hacer eso evitará que las tareas difíciles se sientan pesadas.

6. *Acepte la corrección.* La crítica constructiva le ayuda a ser más disciplinado puesto que le muestra qué evitar. Reconozca el valor de quien le corrige. Casi siempre es más fácil guardar silencio, pero esa persona —especialmente si es creyente—, habló porque es probable que pensara en el mejor interés de usted.

7. *Acepte la responsabilidad.* Sobre todo si está calificado para una tarea o una labor que surja, como oportunidades en la iglesia o prestar servicio voluntario ocasionalmente. Eso le impulsará a ser disciplinado y organizado.

Algunos de los elementos de mi lista pueden no parecer muy espirituales e incluso pueden lucir tontos. Sin embargo, he descubierto que la búsqueda de la disciplina en el ámbito secular a menudo se traslada a lo espiritual. Cualquier teología que separe la fe de la conducta práctica es herejía. El autocontrol es una gran virtud cristiana y una prueba firme de que la salvación es genuina.

———

Sugerencias para la oración: Pídale a Dios que lo ayude a obtener un mejor control de un área en la que carece de disciplina.

Para un estudio más profundo: Lea 1 Corintios 9:25; 1 Timoteo 3:2; Tito 1:8; 2:2. ¿Cómo destacan esos versículos la importancia del autocontrol? Explique.

PERSEVERANCIA Y PIEDAD

«Al conocimiento, dominio propio; al dominio
propio, paciencia; a la paciencia, piedad».
2 Pedro 1:6

La perseverancia pía es una evidencia segura de la verdadera salvación.

El comentarista Michael Green afirma lo que sigue sobre el creyente que muestra perseverancia bíblica: «El cristiano maduro no se rinde. Su cristianismo es como el ardimiento constante de una estrella más que el brillo efímero (y el rápido eclipse) de un meteorito». La palabra griega traducida como «perseverancia» en el versículo de hoy (*hupomone*) se refiere a la resistencia constante en aras de la justicia y la fidelidad en pro de la resistencia a la tentación.

El significado preciso de *hupomone* es difícil de precisar. No hay un equivalente exacto en castellano y no es común en el griego clásico; pero la Biblia a menudo lo usa en referencia a los trabajos y problemas que no son bienvenidos en la vida y producen inconvenientes y perturbaciones. Esta palabra incluso incluye el concepto de la muerte, como en los escritos judíos en los que *hupomone* habla de la resistencia espiritual que faculta a las personas a morir por su fe en Dios.

A pesar de que en la Biblia se asocia a las dificultades dolorosas y a la muerte, *hupomone* tiene un significado positivo. William Barclay señala lo siguiente: «*Hupomone* no solo acepta y soporta; siempre hay una mirada hacia adelante. Se dice de Jesús… que por el gozo puesto delante de él sufrió la cruz, menospreciando el oprobio» (Hebreos 12:2). Eso es *hupomone*, constancia cristiana. Es la aceptación audaz de todo lo que la vida pueda hacernos y la transformación de —incluso— el peor acontecimiento en otro paso hacia arriba».

La piedad yace en la esencia de la perseverancia bíblica. El griego para «piedad» (*eusebeia*) denota una conciencia práctica de Dios en cada área de la vida: una conciencia piadosa. La palabra también podría traducirse como «verdadera religión» o «verdadera adoración». Lo que le da a Dios el lugar que le corresponde al adorarlo adecuadamente, algo que no se hace a menudo en la iglesia contemporánea. La adoración pública genuina es más que programas «relevantes», nuevos rituales o música pegajosa: contiene mucha reverencia a Dios.

Si usted es verdaderamente cristiano, también venerará a Dios en su vida devocional cotidiana y perseverará con obediencia —según la voluntad de Él— todos los días. Se regocijará y estará consciente de Dios en cada detalle de la vida.

Sugerencias para la oración: Pídale al Señor que aumente tanto su perseverancia como su adoración piadosa.

Para un estudio más profundo: Lea Apocalipsis 2:8-11; 3:7-13. ¿Cuáles son los resultados y beneficios de la perseverancia fiel?

AMOR FRATERNAL

«A la piedad, afecto fraternal...»
2 Pedro 1:7

El verdadero discipulado cristiano incluirá amor fraternal práctico.

El amor genuino por Dios invariablemente conduce a amar a los demás. Eso es lo que Jesús dijo con los dos grandes mandamientos (Mateo 22:36-40) que resumen los Diez Mandamientos. El apóstol Juan también relató el amor por Dios y el amor por los demás: «Si alguno dice: Yo amo a Dios, y aborrece a su hermano, es mentiroso. Pues el que no ama a su hermano a quien ha visto, ¿cómo puede amar a Dios a quien no ha visto?» (1 Juan 4:20).

El tipo de amor conocido como «afecto fraternal» en el versículo de hoy es muy práctico. Es una traducción del griego *filadelfia*, que se podría traducir mejor como «amistad». Debemos ser cariñosos unos con otros. Pero eso no siempre ocurre, sobre todo entre aquellos que asisten a grandes iglesias. Allí, me temo que muchas personas se sientan en las últimas filas para no desarrollar ninguna relación. Asisten al servicio de la mañana y luego siguen su camino. Pero eso no es discipulado cristiano; debemos cultivar amistades e incluirlas en nuestro círculo de fe y participar con ellos en el entorno eclesial.

Las personas en muchas iglesias quieren saber más sobre el discipulado, como si fuera un programa complejo rodeado de misterio. Pero el discipulado es simplemente desarrollar amistad con una perspectiva espiritual. Los discípulos hablan sobre Dios, las Escrituras, las oportunidades ministeriales y las solicitudes de oración; no solo tratan sobre el deporte, el clima, la jardinería o la remodelación del hogar. A cada uno le debe interesar cómo maneja el prójimo los asuntos cotidianos y los puntos importantes de la vida. Le animo a que forje amistades y sea parte de un grupo de estudio bíblico y compañerismo, pero asegúrese de que su pequeño grupo no se convierta en algo exclusivo que ahuyente a los recién llegados.

Una vez hablé con un pastor que había asistido a una de las conferencias pastorales que se celebran en nuestra iglesia cada año. Le pregunté qué era lo que más le impresionó y me dijo: «El amor entre las personas. Me inundaron las lágrimas cuando sentí que adoraban a Dios en medio de un amor genuino». Ese pastor había visto una aplicación de las palabras de Jesús: «En esto conocerán todos que sois mis discípulos, si tuviereis amor los unos con los otros» (Juan 13:35). ¡No se puede ser más práctico con el amor cristiano que eso!

Sugerencias para la oración: Ore por otros miembros de su grupo pequeño. Si no está en uno, pídale a Dios que le guíe a uno.
Para un estudio más profundo: Lea 1 Juan 4:7-19. ¿Con quién se origina el amor?
* ¿Cuáles son los resultados de ese amor?

AMOR ÁGAPE

«Y al afecto fraternal, amor».
2 Pedro 1:7

El amor sacrificial prueba la fe genuina.

El griego clásico tenía tres términos comunes para la palabra castellana «amor». Como vimos ayer, *phileo* (*filadelfia*) es el amor que da y recibe, y cuya mejor expresión es la amistad. *Eros* es el amor que recibe: uno ama a otro estrictamente por lo que puede obtener de esa persona. Es típico de los deseos sexuales y lujuriosos del mundo, que siempre se inclinan por la autogratificación. *Ágape* es el amor que da. Es completamente desinteresado, no espera retribuciones. Es la modalidad más elevada del amor, a la que conducen todas las otras virtudes que se mencionan en 2 Pedro 1. Este amor *ágape* busca el bien supremo del otro, sin importar el costo. El amor *ágape* fue ejemplificado perfectamente por el sacrificio de Jesús a favor nuestro.

Sin embargo, ¿cómo se ve el más elevado de los tipos de amor? Un breve análisis del amor de los unos por los otros en el Nuevo Testamento nos brinda una excelente imagen. Se nos ordena:

Seguir la mutua edificación (Romanos 14:19).
Servirnos por amor los unos a los otros (Gálatas 5:13).
Sobrellevar los unos las cargas de los otros (Gálatas 6:2).
Someternos unos a otros en el temor de Dios (Efesios 5:21).
Perdonarnos unos a otros (Colosenses 3:13).
Alentarnos los unos a los otros (1 Tesalonicenses 4:18).
Reprendernos duramente (Tito 1:13).
Estimularnos al amor y a las buenas obras (Hebreos 10:24-25).
Confesar nuestras ofensas unos a otros (Santiago 5:16).
«Orar unos por otros» (Santiago 5:16).

El Señor Jesucristo se involucró con las personas. Era un verdadero amigo que actuaba con cariño, amor y sensibilidad por los débiles, los necesitados y los menospreciados, y los hacía eternamente importantes.

Sin embargo, todavía encontramos personas que espiritualizan el amor en un término sin sentido. «Amo a tal y a cual en el Señor», lo que realmente significa: «Esa persona me molesta, pero supongo que tengo que amarlo, si es creyente». No se deje decir eso. Al contrario, muestre amor genuino.

Sugerencias para la oración: Agradezca a Dios el hecho de que Cristo mostró amor *ágape* por usted en la cruz.
Para un estudio más profundo: Memorice uno de los versículos de la lista anterior y aplíquelo en cada oportunidad que se le presente.

FRUCTÍFERO

«Porque si estas cosas están en vosotros, y abundan, no os dejarán estar ociosos ni sin fruto en cuanto al conocimiento de nuestro Señor Jesucristo».

2 Pedro 1:8

Si usted es cristiano, su vida producirá fruto espiritual.

Si desea disfrutar de la seguridad de la salvación en toda su riqueza, debe perseguir fielmente todas las virtudes que hemos estado estudiando en la semana. La razón es sencilla: todas esas virtudes producen fruto en la vida cristiana, por lo que nada es mejor indicador de la verdadera salvación que ello. Fue el mismo criterio que Cristo usó para distinguir entre el verdadero y el falso creyente (Mateo 7:15-20).

La pregunta razonable que debería surgir a continuación es: ¿qué es el fruto? El Nuevo Testamento dice que el fruto abarca muchas actividades pías. Pablo indica que ganar almas para Cristo es fruto (Romanos 1:13). El apóstol llama «primicias [o primeros frutos] de Acaya» a la familia de Estéfanas (1 Corintios 16:15). En Filipenses 4:17, Pablo se refiere al dinero dado para apoyar al ministerio como fruto. El escritor de Hebreos dice que la alabanza es el fruto de nuestros labios (Hebreos 13:15). El acto de orar también es un fruto espiritual.

Detrás de cada una de esas acciones justas está la actitud correcta, porque «el fruto del Espíritu es amor, gozo, paz, paciencia, benignidad, bondad, fe, mansedumbre, templanza» (Gálatas 5:22-23).) Si usted actúa sin una actitud piadosa, el producto es legalismo, no es fruto espiritual genuino.

Si todas las virtudes, acciones y actitudes dadas por el Espíritu —y que hemos tratado— están en usted, le asegurarán que no será «ocioso ni sin fruto». En Santiago 2:20, el apóstol emplea un sinónimo de ocioso —la palabra vano— en relación con la fe muerta. Si usted incorpora a su vida las virtudes de 2 Pedro 1:5-7, su fe no estará muerta ni será ineficaz.

La palabra «infructuosa» también se usa en Mateo 13:22 en referencia a la persona que tiene el corazón lleno de malas hierbas y a los falsos maestros apóstatas en Judas 12. Cuando usted no lleva una vida virtuosa, es igual al apóstata o al vago que merodea por la iglesia.

«En cuanto al conocimiento de nuestro Señor Jesucristo» se refiere a los verdaderos creyentes, aquellos que poseen la verdad en contraposición al error. Como usted conoce a Cristo, tiene la capacidad para llevar una vida virtuosa (ver Efesios 1:3; 2 Pedro 1:3). Cuando lo haga, Dios le dará la verdadera seguridad de la salvación.

Sugerencias para la oración: Ore para que Dios fortalezca cualquiera de las virtudes que sean débiles en su vida.

Para un estudio más profundo: Lea Mateo 7:13-23. ¿Cuál es el primer elemento esencial para ser fructífero (vv. 13-14)?

AMNESIA ESPIRITUAL

«Pero el que no tiene estas cosas tiene la vista muy corta; es ciego,
habiendo olvidado la purificación de sus antiguos pecados».
2 Pedro 1:9

Si usted no practica las virtudes espirituales ahora, olvidará su significado.

La miopía física y la amnesia mental son condiciones no deseadas. La miopía hace que los ojos de las personas no enfoquen debidamente los rayos de luz frente a la retina. Pueden ver claramente las cosas justo en frente de ellos, pero cuanto más se alejen, más desenfocados se volverán los objetos.

La amnesia, por supuesto, es la pérdida de memoria. A veces es selectiva, pero casi siempre es general, todo antes de un determinado momento o incidente. A menudo hace que las personas olviden su nombre, su familia y todo lo relacionado con su identidad y sus antecedentes.

Esos dos impedimentos deberían ser menos aceptados a nivel espiritual. Los creyentes profesos que son infructuosos se vuelven espiritualmente miopes. Se centran en las modas temporales y las novedades terrenales. Cuando intentan mirar hacia la eternidad, está tan desenfocados que no pueden verla.

Aquellos que padecen amnesia espiritual, una vez que no ven un aumento de la virtud espiritual en ellos, olvidan que se suponía que debían ser salvados de sus estilos de vida pecaminosos. No recuerdan la «purificación» espiritual (*catarsis*) que debería haber ocurrido en sus vidas, una referencia a una purga o limpieza interna profunda.

Si usted no busca de manera diligente la virtud espiritual y la excelencia moral, tendrá una visión muy confusa de su verdadera condición. Puede conectar una acción externa o una experiencia emocional con el tiempo que profesó a Cristo, pero no tendrá la sensación de la seguridad de la salvación. El comentarista Richard Bauckham lo explicó de esta manera: «El conocimiento de nuestro Señor Jesucristo» [v. 8], recibido en la conversión, vino como una iluminación para aquellos que estaban ciegos en su ignorancia pagana (2 Corintios 4:4), pero los cristianos que no concretan las implicaciones morales de este conocimiento efectivamente se han vuelto ciegos a él otra vez».

Con respecto a 1 Pedro 1:5-9, todo se reduce a esto: Si está viendo crecer su vida en cuanto a la virtud y a la moral, usted tiene prueba de su salvación y una razón para asegurarse de ella. Si no está viendo crecer su vida en cuanto a virtud, no tiene prueba de salvación ni razón para asegurarse de nada. De modo que sea diligente para evitar la miopía espiritual y la amnesia.

Sugerencias para la oración: Ore por una visión espiritual clara.
Para un estudio más profundo: Lea Hebreos 6:1-12. ¿Cómo puede este pasaje ayudarle a evitar la amnesia espiritual?

EL CRECIMIENTO ESPIRITUAL
Y LAS RECOMPENSAS

«Por lo cual, hermanos, tanto más procurad hacer firme vuestra vocación y elección; porque haciendo estas cosas, no caeréis jamás. Porque de esta manera os será otorgada amplia y generosa entrada en el reino eterno de nuestro Señor y Salvador Jesucristo».

2 Pedro 1:10-11

**La búsqueda de la virtud resulta en seguridad
ahora y en recompensa eterna después.**

La seguridad es una gran bendición, como nos dice Pedro en el versículo 10 del pasaje de hoy. Sin embargo, no es lo único que usted disfrutará si persigue las virtudes piadosas. Hace años, un adolescente judío llamado Marvin conoció acerca de la bendición adicional de las recompensas con la señora que lo condujo a Cristo. Antes de que él saliera de su casa para unirse al ejército estadounidense como creyente, a menudo perseguido por su fe, ella le dijo: «Eres un verdadero cristiano, Marvin. Un día, cuando tu vida terrenal termine, irás al cielo a causa de lo que el Mesías ha hecho por ti. Pero si cuando llegues allá, hay un gran desfile y al frente del mismo hay una gran banda, y no has cambiado tu forma de vivir, estarás tan atrás en la fila que ni siquiera escucharás la música». Marvin entendió el mensaje, tanto que se convirtió en un dedicado maestro cristiano y evangelista. Usted y yo también debemos vivir a la luz de la eternidad, acumulando tesoros en el cielo, persiguiendo las virtudes simbolizadas por el oro, la plata y las piedras preciosas, sin prestar atención a cosas insignificantes representadas por la madera, el heno y la hojarasca (ver 1 Corintios 3:10-15). Aquellos que persigan fervientemente las virtudes de 2 Pedro 1, recibirán una recompensa superabundante. Sin embargo, esa no será una motivación errónea para realizar buenas obras, porque —algún día— todos los creyentes colocaremos nuestras coronas (recompensas) ante el trono de Dios como un acto de homenaje a Él (ver 2 Timoteo 4:7-8; Apocalipsis 4:10).

Examínese para ver si hay alguna virtud en su vida. Si no ve ninguna, no puede suponer que es salvo. Si ve alguna virtud y está creciendo, aunque no perfectamente, puede estar «seguro de su vocación y su elección» (2 Pedro 1:10). Y puede estar confiado de que su recompensa «será amplia y generosa» (v. 11).

Sugerencias para la oración: Agradezca al Señor por las recompensas eternas que esperan a los creyentes que han sido fieles.

Para un estudio más profundo: Lea Efesios 1:18; 2:7 y 1 Timoteo 6:17. ¿Qué dicen esos versículos sobre las bendiciones y las recompensas de Dios?

LAS BENDICIONES DE LA SEGURIDAD

«Porque haciendo estas cosas, no caeréis jamás».
2 Pedro 1:10

La seguridad de la salvación permite que disfrutemos las bendiciones terrenales.

Es alentador saber que la seguridad bíblica brinda bendiciones a la vida cristiana. Veamos seis de ellas que deseo mostrarle.

La seguridad le hace alabar a Dios. No hay forma de que uno pueda estar rebosante de alabanza y gratitud a Dios si no está seguro de que es salvo.

La seguridad agrega gozo a sus deberes y a sus pruebas terrenales. No importa lo que le suceda, puede estar seguro de que —al final— todo saldrá bien. Las dificultades son más fáciles de tratar cuando usted sabe que son temporales.

La seguridad le hace celoso en la obediencia y el servicio. Si tiene dudas en cuanto a su salvación, usted será apático y se desanimará. Pero si está seguro de ella, se esforzará y se animará a servir al Señor.

La seguridad le da la victoria sobre la tentación. Cuando usted está seguro de su salvación, puede vencer la tentación por más fuerte que sea (ver 1 Corintios 10:13). Incluso si tropieza ocasionalmente, sabrá que esos sucesos no modificarán su posición ante Dios. Pero, si no tiene seguridad, la tentación lo hará sentirse deprimido y desanimado. Dudará de su capacidad para hacer frente a las tentaciones y se preguntará si ser víctima de una o ambas cosas le enviará al infierno.

La seguridad da contentamiento en esta vida. Usted descansará en la promesa de que tiene una herencia celestial gloriosa que le espera. Al mismo tiempo, estará feliz y satisfecho puesto que Dios «suplirá todo lo que os falta conforme a sus riquezas en gloria en Cristo Jesús» (Filipenses 4:19). Pero si le falta la seguridad de la salvación, aunque luche y alcance todos los bienes materiales del mundo, se sentirá engañado.

La seguridad elimina el miedo a la muerte. Si usted sabe que es hijo de Dios, puede estar seguro de que en el momento en que muera entrará al cielo. Sin embargo, si no tiene esa seguridad, tendrá más miedo a morir que alguien que nunca haya oído hablar de Cristo.

Si usted está creciendo espiritualmente, tendrá seguridad; lo que le permitirá disfrutar de estas y otras bendiciones mientras espera estar con el Señor por toda la eternidad.

Sugerencias para la oración: Ore para que Dios lo ayude a compartir las bendiciones de la seguridad con alguien más.

Para un estudio más profundo: Lea el Salmo 138. ¿De qué estaba agradecido David?

* ¿Qué garantías de la seguridad hay para cada creyente?

UNA ASOCIACIÓN DE COSAS

«Porque donde esté vuestro tesoro, allí estará también vuestro corazón».

Mateo 6:21

En los países ricos, en los que la atención se centra en las cosas materiales, los creyentes deben luchar por la perspectiva correcta de las posesiones.

El texto de hoy responde a la simple pero antigua pregunta: ¿Dónde está tu corazón? Cuando nuestro Señor responde la pregunta, deja ver con claridad que se está refiriendo a todas las principales preocupaciones e inversiones de la vida, es decir, cualquier cosa que reciba la mayor parte de nuestro pensamiento, planificación y gasto de energía.

Los líderes religiosos de la época de Jesús tenían sus corazones mal enfocados. Entre sus muchos otros pecados, los fariseos estaban orientados a las cosas: eran codiciosos, ambiciosos, avariciosos y manipuladores. Mateo 6:21 está justo en el medio de una porción del Sermón del Monte que trata con las prioridades erradas de los fariseos en cuanto a las posesiones materiales. El versículo se ajusta muy bien al propósito general de Cristo en el sermón, que era afirmar su estándar de vida justa en contraste con el modelo inferior e hipócrita de los fariseos (Mateo 5:20).

Mateo 6:19-24 nos dice cómo deben ver los creyentes sus lujos y sus riquezas. La mayoría de nosotros vivimos en culturas que constantemente nos desafían con su énfasis en el materialismo. Todos pasamos algún tiempo meditando en esas cosas, trátese de casa, automóvil, muebles, carteras de inversión, computadoras, armarios o lo que sea. Por lo que mucha gente se convierte en esclava del consumismo y la codicia. Por lo tanto, debemos tratar estos temas y adoptar un punto de vista bíblico acerca de las muchas comodidades materiales que tenemos.

Sobre todo, si queremos tener la misma perspectiva sobre la riqueza que tenía Jesús, nuestra opinión debe superar con creces la de los fariseos con su punto de vista orgulloso y terrenal. Ellos centraban todo su tiempo y su devoción a acumular de manera egoísta los tesoros mundanales. El de ellos no es el modelo piadoso de aquellos que quieren ejemplificar a Cristo en medio de una sociedad materialista.

Sugerencias para la oración: ¿Qué pensamientos y actividades ocupan la mayor parte de su tiempo? Ore para que no sean meramente cosas, sino que sea respecto a lo que tenga que ver con Dios y su reino.

Para un estudio más profundo: Usted debe tener una visión correcta de sí mismo antes en cuanto a que cualquier otra área de la vida se entienda adecuadamente. Lea otra vez el familiar pasaje inicial del Sermón del Monte, en Mateo 5:1-12.

* Memorice o medite en uno o más versículos que ministren a cualquier necesidad que tenga.

LA ACTITUD CORRECTA HACIA EL DINERO

«Pero gran ganancia es la piedad acompañada de contentamiento; porque
nada hemos traído a este mundo, y sin duda nada podremos sacar.
Así que, teniendo sustento y abrigo, estemos contentos con esto».
1 Timoteo 6:6-8

———

Los creyentes no deberían tener una preocupación egocéntrica con el dinero.

Con toda la atención que la sociedad moderna presta al dinero, lo que puede comprar y los dividendos que puede ganar, los cristianos se ven continuamente desafiados a verlo con la perspectiva correcta. Pero las Escrituras nos brindan mucha ayuda y orientación en esta área. La Biblia está repleta de advertencias y consejos sobre cómo debemos actuar y pensar con respecto al dinero y la riqueza.

Hay al menos ocho pautas básicas y bíblicas que, cuando se creen y se siguen, nos dan una visión del dinero centrada en Dios. En primer lugar, tener dinero en sí mismo no es malo (1 Samuel 2:7). En segundo lugar, debemos reconocer que el dinero es un regalo de Dios y que viene a nosotros a través de su providencia (Deuteronomio 8:11-18). En tercer lugar, debemos estar dispuestos a perder nuestro dinero si esa es la voluntad de Dios para nosotros. Job dijo: «Jehová dio, y Jehová quitó; sea el nombre de Jehová bendito» (1:21). En cuarto lugar, no debemos ser parciales con aquellos que tienen mucho dinero (Santiago 2:1-10). En quinto lugar, no debemos buscar con arrogancia la seguridad del dinero (Proverbios 11:28; 1 Timoteo 6:17). En sexto lugar, nuestras prioridades más altas nunca deben ser las actividades mediante las cuales ganemos dinero (Mateo 6:33). En séptimo lugar, debemos usar el dinero para propósitos eternos, es decir, para guiar a otros al Señor (Lucas 16:9). Por último, no debemos atesorar de modo egoísta ni gastar neciamente el dinero. Al contrario, la verdadera generosidad debe caracterizar a cada creyente (Proverbios 11: 24-25; Lucas 6:38).

Al igual que un arma de fuego, el dinero puede usarse para buenos propósitos y fines malvados, lo que significa que no tiene nada de malo. Por lo tanto, el problema real no se refiere al dinero en sí mismo, sino a cuál es nuestra actitud hacia él. El Señor quiere que veamos el dinero como lo hizo Él y que estemos contentos con lo que tenemos.

———

Sugerencias para la oración: Confiese su actitud pecaminosa en una o más de las ocho áreas mencionadas hoy. Ore para que Dios reemplace esas actitudes pecaminosas hacia el dinero con hábitos píos.

Para un estudio más profundo: Lea Deuteronomio 8:11-18. ¿Qué favores divinos les recuerda Dios a los israelitas?

* ¿Qué pecado seguramente cometerá cualquier creyente que olvide que Dios es el que hace posible la riqueza?

EL AMOR AL DINERO

«Porque raíz de todos los males es el amor al dinero».
1 Timoteo 6:10

Hay indicadores específicos que nos advierten si amamos el dinero.

El versículo de hoy es una referencia clásica y contiene el principio fundamental de la Escritura con respecto a nuestra actitud hacia el dinero. Al referirse a amor al dinero, Pablo está hablando —en esencia— del pecado de la codicia. Transgresión que constituye una grave ofensa a los ojos de Dios, lo que significa que debemos desear con todo nuestro corazón triunfar sobre él. Y podemos comenzar a lograr esa victoria reconociendo las principales señales de advertencia de la codicia o el amor al dinero.

Hay al menos cinco síntomas o señales principales acerca del comportamiento y la actitud que revelan la presencia de la codicia en la vida de uno. Primero, si usted es un verdadero amante del dinero, estará más preocupado por adquirirlo que por hacer un esfuerzo honesto y valioso en todo lo que haga. Los creyentes deben buscar la verdad y la excelencia en primer lugar y Dios se encargará de que recibamos las recompensas monetarias apropiadas.

Segundo, si usted es una persona codiciosa, sentirá que nunca tiene suficiente dinero. Su actitud será como la de las hijas de la sanguijuela que constantemente dicen: «¡Dame!, ¡Dame!» (Proverbios 30:15).

Tercero, si usted ama el dinero, tenderá a alardear de lo que puede comprar. Se sentirá excesivamente ansioso por mostrar la ropa, el nuevo automóvil o camión, o la nueva propiedad que acaba de comprar.

Cuarto, si usted es esclavo de la avaricia, le molestará dar su dinero para apoyar causas valiosas o socorrer a otras personas. Querrá quedarse con todo lo que gasta en sus propios deseos egoístas.

Por último, si usted está enamorado del dinero, es probable que peque para obtener más. Eso podría incluir trampas en su declaración de impuestos sobre la renta o en los informes de las cuentas de gastos o no reportar bien lo referente al dinero.

Si usted ama a Dios con todo su corazón, su alma, su mente y sus fuerzas (Deuteronomio 6:4-5; Mateo 22:35-38), ninguno de esos síntomas o señales perturbarán su búsqueda de Él. Eso es lo que Jesús quiso decir cuando afirmó que no podemos amar y servir a Dios y al dinero (Mateo 6:24).

Sugerencias para la oración: Ore para que Dios haga que el atractivo del dinero no sea tan fuerte para usted que llegue a ser esclavo de la codicia.

Para un estudio más profundo: Escriba y memorice Filipenses 4:11. Llévelo consigo y cítelo para contrarrestar los pensamientos codiciosos de insatisfacción que surgen con regularidad.

EL AMOR AL DINERO IGNORA LA VERDADERA GANANCIA

«Pero gran ganancia es la piedad acompañada de contentamiento».
1 Timoteo 6:6

—

La verdadera riqueza se encuentra en el contentamiento, no en la ganancia monetaria.

El dinero y el contentamiento son mutuamente excluyentes. Un antiguo proverbio romano dice: «El dinero es como el agua de mar; cuanto más bebes, más sed de obtenerla tienes». Eclesiastés 5:10 resume el punto de esta manera: «El que ama el dinero, no se saciará de dinero».

La historia también ha demostrado que la riqueza no siempre satisface. John D. Rockefeller dijo: «He ganado muchos millones, pero no me han traído felicidad». Henry Ford, fue citado diciendo: «Era más feliz haciendo el trabajo de mecánico».

Los filósofos cínicos y estoicos de la época de Pablo probablemente estaban más contentos que cualquiera de los magnates modernos. Ellos veían a la persona contenta como alguien que era autosuficiente, imperturbable e impasible ante las circunstancias externas. Pero los verdaderos cristianos entienden mejor el contentamiento porque saben que proviene de Dios. Pablo le dijo a la iglesia de Corinto: «Nuestra competencia proviene de Dios» (2 Corintios 3:5; ver también 9:8).

El creyente genuino, por lo tanto, ve el contentamiento como algo más que una noble virtud humana. Para él, ello se deriva de la suficiencia que Dios el Padre y Cristo el Hijo proporcionan (Filipenses 4:19). De modo que la persona piadosa no es motivada por el amor al dinero, sino por el amor de Dios (ver Salmos 63:1-5).

La persona más rica es la que no necesita nada más debido a que está contenta con lo que tiene. Es la que sigue la filosofía de Proverbios 30:8-9: «No me des pobreza ni riquezas; mantenme del pan necesario; no sea que me sacie, y te niegue, y diga: ¿Quién es Jehová? O que siendo pobre, hurte, y blasfeme el nombre de mi Dios».

Amar al dinero nos priva de la satisfacción a la que aludió el escritor de Proverbios y sobre la que escribió Pablo. Esa clase de avaricia también nos deja espiritualmente empobrecidos, a tal punto que llegamos a menospreciar la gran ganancia que proviene de la verdadera piedad; resultado final al que cualquiera de nosotros —difícilmente— debería conformarse, simplemente porque el amor al dinero domina nuestra vida.

—

Sugerencias para la oración: Agradezca a Dios que su provisión diaria y semanal ha sido y siempre será suficiente para sus necesidades.

Para un estudio más profundo: Lea el Salmo 63:1-5. ¿Qué actitudes resultan de los esfuerzos del salmista?

* ¿Qué ideas adicionales agrega el profeta en Isaías 55:2 y 58:11?

EL AMOR AL DINERO SE ENFOCA EN LO TEMPORAL

«Porque nada hemos traído a este mundo, y sin duda nada podremos sacar».

1 Timoteo 6:7

**Las preocupaciones temporales no deben desenfocar
al creyente de las cosas eternas.**

En la memorable novela de Charles Dickens, *El cántico de Navidad*, el protagonista Ebenezer Scrooge aprende a través de una serie de sueños que la vida consiste de valores mucho más importantes que su ambición por el dinero. En esencia, Scrooge aprende una lección que nos recuerda la pregunta de Jesús: «¿Qué aprovechará al hombre si ganare todo el mundo, y perdiere su alma?» (Marcos 8:36). La historia de Dickens también encaja bien con el versículo de hoy, que nos recuerda cómo el enfoque en la codicia nos roba la perspectiva eterna. Las personas esclavizadas por el amor al dinero pasan todo su tiempo lidiando con lo material. Menosprecian e ignoran lo que tiene valor imperecedero. Para colmo, parecen desconocer la advertencia de que «las riquezas no duran para siempre» (Proverbios 27:24); y la antigua —aunque jocosa— expresión que advierte que nunca veremos una carroza fúnebre con un remolque atrás llevando las pertenencias del difunto.

El Antiguo Testamento nos enseña más sobre la naturaleza fugaz del dinero y las posesiones materiales. Job dijo: «Desnudo, salí del vientre de mi madre, y desnudo volveré allá» (1:21; ver también Eclesiastés 5:15).

Jesús les enseñó mucho a los discípulos acerca de la necedad que es enfocarse en la riqueza temporal (ver Mateo 6:19-21). Quizás su advertencia más severa esté en la parábola del rico insensato (Lucas 12:15-21). En ella, Dios condena la engreída confianza en sí mismo que el hombre depositó en sus abundantes cosechas: «Pero Dios le dijo: Necio, esta noche vienen a pedirte tu alma; y lo que has provisto, ¿de quién será? Así es el que hace para sí tesoro, y no es rico para con Dios» (vv. 20-21).

Un escenario como el del hombre rico es mucho más probable en las sociedades materialistas de hoy. Quizás sea por eso que la parábola de Jesús sigue siendo tan pertinente, además de que es un poderoso recordatorio de que cualquier obsesión con las riquezas temporales, que nos haga perder las riquezas eternas de Dios, es el colmo de la insensatez.

Sugerencias para la oración: Ore para que hoy, en medio de sus responsabilidades normales, Dios mantenga su enfoque principal en lo eterno.

Para un estudio más profundo: Lea Hechos 19:18-41. ¿En qué modo mostraban, muchos de los nuevos conversos, su compromiso con lo eterno por encima de lo temporal?

* En contraste, ¿a qué condujo la ansiedad de algunos de los efesios incrédulos? ¿Por qué?
* ¿Cómo se produjo finalmente la perturbación?

AMAR EL DINERO AFECTA LA SIMPLICIDAD DE LA VIDA

«Así que, teniendo sustento y abrigo, estemos contentos con esto».

1 Timoteo 6:8

Dios quiere que las vidas de los creyentes sean simplificadas, libres de las cargas de las inquietudes materiales.

El versículo de hoy afirma que los cristianos deberían estar libres de distracciones materiales. El apóstol Pablo indica que las necesidades básicas de la vida deben ser lo suficientemente apropiadas para satisfacer a los creyentes. Él no dice que sea malo poseer cosas buenas, sobre todo si Dios providencialmente le permite tenerlas. Lo malo es albergar un deseo egoísta de dinero porque uno esté descontento. La meta más alta de la vida cristiana es amar a Dios y glorificarlo para siempre, no acumular bienes materiales. Incluso, si usted tiene riqueza, el Señor quiere que la use y la manipule con una motivación que ponga a Dios primero.

El problema que usted y yo enfrentamos constantemente es que nuestras complejas y veloces sociedades tecnológicas anteponen el materialismo como prioridad. Los objetos y las cosas vienen antes que las personas; las opciones de entretenimiento reemplazan las conversaciones con los miembros de la familia. Todo eso nos ha llevado, muy a menudo, a perder el disfrute de las cosas simples que nutren nuestras relaciones, las que —a fin de cuenta— son la esencia de la comunión cristiana.

A fin de mantener esas alegrías simples pero esenciales, le invito a aplicar los siguientes principios. Los he encontrado útiles para mantener mi propia vida simplificada y libre de materialismo.

Primero, evalúe cada compra que haga en cuanto a cómo haría que su ministerio sea más efectivo.

Segundo, como Dios no le debe nada, todo lo que usted recibe de Él debería contribuir a hacerle agradecido.

Tercero, aprenda a distinguir los deseos de las necesidades y, por lo tanto, aumente la cantidad de dinero que tenga dispuesto para el Señor.

Cuarto, disciplínese para gastar menos de lo que gana y ahorre el resto para causas y necesidades que valgan la pena. No acumule deudas de tarjetas de crédito.

Por último, aprenda a dar sacrificialmente al reino de Dios.

Si implementa estos y otros principios sólidos de la mayordomía cristiana, sentirá mucha alegría y se dará cuenta nuevamente de que la vida simple implica aceptar lo que Dios proporciona y evitar la codicia.

Sugerencias para la oración: Ore para que Dios lo motive a ser fiel a los cinco principios de buena mayordomía enumerados en la lección.

Para un estudio más profundo: Mateo 6:24-33 es una de las declaraciones más claras de Jesús sobre la vida sencilla. ¿Es su discusión valiosa? ¿En qué manera?

AMOR AL DINERO: SUS CONSECUENCIAS

«Porque los que quieren enriquecerse caen en tentación y lazo, y en muchas codicias necias y dañosas, que hunden a los hombres en destrucción y perdición».
1 Timoteo 6:9

El pecado de amar al dinero también es peligroso debido a sus efectos nocivos.

La ordenanza de las nuevas loterías estatales en los últimos veinte años, realizada oficialmente para «aumentar los ingresos» y crear nuevos empleos, no solo mantiene la adicción al juego de muchas personas, sino que también atrae a muchas otras a gastar dinero que no tienen. Ello ilustra la manera en que la codicia resulta en una trampa pecaminosa para muchas personas.

Las Escrituras advierten en cuanto ser atrapados por las cosas materiales: «No codiciarás plata ni oro de ellas para tomarlo para ti, para que no tropieces en ello, pues es abominación a Jehová tu Dios» (Deuteronomio 7:25).

En la primera parte de 1 Timoteo 6:9, Pablo habla sobre los que quieren enriquecerse y terminan en destrucción. Debido a su impulso consumista y la pasión por tener más, los individuos codiciosos son atrapados continuamente como los animales que caen en las trampas. Su pecaminoso amor por el dinero termina controlando sus vidas y convirtiéndolos en víctimas infelices de sus propios deseos malvados.

La búsqueda de riquezas que todo lo consume arruinará la vida espiritual de la persona. En la conclusión del versículo de hoy, Pablo presenta la imagen de la persona entera (cuerpo y alma) siendo destruida. Eso es lo que, si no se controla, nos hará la preocupación por adquirir más y más dinero.

La Palabra de Dios contiene ejemplos vívidos de aquellos que fueron devastados por el amor al dinero. Debido a que Acán, por desobediencia, tomó un botín valioso, Israel perdió una batalla, y Acán y su familia fueron asesinados (Josué 7:1-26). Judas traicionó a Jesús por treinta piezas de plata y terminó suicidándose (Mateo 27:3-5). Ananías y Safira no le dieron al Señor todo el producto de la venta de sus propiedades y fallecieron por mentir (Hechos 5:1-11).

Si es tentado a descartar los efectos nocivos de la avaricia o a confiar en el dinero para su seguridad, considere la aleccionadora afirmación del profeta: «Ni su plata ni su oro podrá librarlos en el día de la ira de Jehová» (Sofonías 1:18).

Sugerencias para la oración: Ore para que todos sus amigos y familiares, creyentes y no creyentes, entiendan y eviten las malas consecuencias de amar al dinero.
Para un estudio más profundo: Lea Santiago 5:1-5. ¿Cuándo se harán evidentes todas las consecuencias de la codicia?

* ¿Cómo se comparan las palabras de Santiago con las represiones que Jesús les hacía a los fariseos?

LA PRUEBA DEL PELIGRO DE LA AVARICIA

«Porque raíz de todos los males es el amor al dinero, el cual codiciando algunos, se extraviaron de la fe, y fueron traspasados de muchos dolores».
1 Timoteo 6:10

Es indudable que los efectos pecaminosos de amar al dinero realmente ocurren en algunas personas.

Es difícil imaginar un pecado que no se haya cometido por avaricia. Esta puede conducir a la autocomplacencia, a ostentar las posesiones, a mentir, a robar, a asesinar, a distorsionar la justicia y a abusar de los pobres.

Hoy volvemos a 1 Timoteo 6:10 para observar la manera en que el apóstol Pablo prueba que amar al dinero es realmente peligroso. Él sabía que algunos realmente «lo anhelaban [dinero]» o lo buscaban por todos los medios posibles, hasta donde podían. Eso significa que es factible que esas personas estuvieran persiguiendo apasionadamente el dinero. Pablo no da ningún nombre, pero es razonable pensar que se estaba refiriendo a personas como Demas, que tal vez había empezado a perseguir las cosas mundanas cuando Pablo escribió esta carta (ver 2 Timoteo 4:10).

Esas personas se alejaron de la fe o se apartaron de la verdad cristiana (ver Judas 4). Al igual que Demas, estuvieron expuestos a la verdad, pero finalmente prefirieron los bienes y las comodidades materiales antes que a Dios. Esos após- tatas estaban, en efecto, mostrando lo que notamos a principios de este mes: no se puede servir a Dios y al dinero (Mateo 6:24).

Esos que amaban lo temporal y lo material «fueron traspasados de muchos dolores». La palabra «traspasados» originalmente se refería a pasar una estaca a través de un animal cuando se colocaba en un asador. Aquellos que aman el dinero más que a Dios empalan sus propias almas y terminan sintiendo mucho dolor; por ejemplo, una conciencia condenatoria, un corazón insatisfecho y una completa desilusión con la vida (ver Salmos 32:10).

Por tanto, ¿qué significa para nosotros toda esta enseñanza sobre el amor al dinero? Simplemente que debemos llevar nuestras vidas cristianas buscando a Dios, no el dinero ni las posesiones materiales. Al igual que David, debemos anhelar decir: «En cuanto a mí, veré tu rostro en justicia; estaré satisfecho cuan- do despierte a tu semejanza» (Salmos 17:15).

Sugerencias para la oración: Agradezca a Dios por todos los recursos con los que lo ha bendecido y vuelva a dedicarlos a su servicio.

Para un estudio más profundo: Lea Mateo 27:3-10 para obtener más informa- ción sobre las trágicas consecuencias del amor al dinero que sentía Judas.

* ¿Qué podemos aprender de las consecuencias de este episodio (ver Hechos 1:15-26)?

EL USO CORRECTO DE LAS POSESIONES

«No os hagáis tesoros en la tierra».

Mateo 6:19

El verdadero creyente no acumula posesiones terrenales.

Es probable que recuerde este viejo adagio: «El avaro dice que las monedas son planas para que puedan apilarse; el derrochador dice que son redondas para que puedan rodar». En Mateo 6:9 Jesús habla específicamente sobre el avaro. El verbo griego traducido como «atesorar» es *thesaurizete*, del cual obtenemos la palabra tesoro. Jesús usa la admonición «No hagáis tesoros» en un contexto que muestra que se está refiriendo a la acumulación o al acaparamiento.

El griego también transmite la idea de apilar o colocar algo horizontalmente, como se apilan las monedas. Cuando algo se amontona en un lugar es porque no se está utilizando, está en una condición pasiva. Por el contrario, cada vez que el griego expone la idea en un sentido vertical, habla de un uso activo: invertir para algún propósito u objetivo que valga la pena. Jesús se refiere aquí a la riqueza que se amontona en pilas, que está simplemente almacenada para su custodia. Se almacena así para hacer una demostración de riqueza o para crear un ambiente de indulgencia negligente (cf. Lucas 12:16-21).

Es claro en este pasaje, así como en muchos otros de las Escrituras, que Jesús no aboga por la pobreza como un medio para la espiritualidad. Solo una vez le dijo a una persona: «Vende lo que tienes, y dalo a los pobres» (Mateo 19:21). En ese caso particular, la riqueza del joven era una barrera entre él y el señorío de Cristo. Fue una prueba para ver si estaba completamente decidido a entregar el control de su vida a Cristo. Su respuesta demostró que no lo estaba (v. 22).

A diferencia del joven rico, usted es un seguidor de Cristo y debe estar totalmente comprometido con Él, cuéstele lo que le cueste. Si asume ese tipo de compromiso, primero buscará el reino de Dios en lugar de atesorar posesiones terrenales (ver Mateo 6:33).

Sugerencias para la oración: Pídale al Señor que lo ayude a vivir en forma desinteresada, no atesorando posesiones terrenales.

Para un estudio más profundo: Lea Proverbios 3:9, 13-15; 8:10, 19; 16:16. ¿Qué virtudes son mejores que las riquezas temporales?

SEA UN ADMINISTRADOR SABIO

«No os hagáis tesoros en la tierra».
Mateo 6:19

**La riqueza proviene de Dios, por eso debemos
administrarla sabiamente para Él.**

John Wesley fue un hombre piadoso que dedicó su vida a servir al Señor. Tal vez lo que no es tan conocido es que era rico y que obtenía la mayor parte de su riqueza de la publicación de sus himnos y otras obras. En un momento de su vida, regaló 40.000 libras esterlinas, una fortuna en aquellos tiempos. Cuando murió, su patrimonio estaba valorado en solo veintiocho libras esterlinas, porque había entregado casi todo a la obra del Señor.

No era malo para Wesley, ni para cualquier otro creyente, poseer posesiones o ser rico. Tanto el Antiguo como el Nuevo Testamento reconocen el derecho a las posesiones materiales, incluido el dinero, la tierra, los animales, las casas, la ropa y todo lo demás que se adquiere honestamente. Deuteronomio 8:18 dice: «Acuérdate de Jehová tu Dios, porque él te da el poder para hacer las riquezas». Dios nos da las habilidades y los recursos para obtener riquezas. Job, conocido principalmente por su sufrimiento, era un hombre acaudalado. El teólogo Gleason Archer escribió: «Job tenía fama de ser el hombre más rico de su tiempo en toda la región. Era el mayor accionista en Wall Street, por así decirlo. Por lo tanto, se podría decir que ese individuo piadoso había demostrado ser un buen hombre de negocios, un buen ciudadano y un padre ejemplar de una familia numerosa. Como tal, disfrutó de la posición más alta de cualquier hombre en su comunidad». En 1 Corintios 4:7 el apóstol Pablo pregunta: «¿Qué tienes que no hayas recibido?». La implicación es que recibimos todo, incluidas nuestras posesiones materiales, de parte de Dios.

Usted tiene razón en cuanto a mantener a su familia, hacer planes razonables para el futuro, hacer inversiones sólidas, tener dinero para llevar a cabo un negocio, dar a los pobres y apoyar la obra del Señor. Pero se equivoca si es deshonesto, codicioso, codicioso, tacaño y mezquino con las posesiones. Ganar, ahorrar y dar francamente es sabio; atesorar y gastar solo en uno mismo es imprudente y pecaminoso.

Sugerencias para la oración: Agradezca al Señor por satisfacer sus necesidades temporales.

Para un estudio más profundo: Lea 1 Timoteo 6:17. ¿Qué se les ordena a los ricos que no hagan?

* ¿Qué le proporciona Dios ricamente? ¿Por qué?

VIVA SIN PREOCUPACIONES

«No os hagáis tesoros en la tierra».
Mateo 6:19

El creyente debe usar sus posesiones desinteresadamente.

Hace algunos años tuve contacto con dos hombres muy ricos en una misma semana. Uno era un ex profesor de cierta universidad importante que a través de una serie de inversiones hizo unos cien millones de dólares. En el proceso, sin embargo, perdió a su familia, su felicidad y su tranquilidad; además de que se veía mucho más envejecido de la edad que tenía. El otro hombre, un pastor, también hizo algunas inversiones y adquirió una gran riqueza, pero no le preocupaba el dinero. Debido a su independencia financiera, le dio a su iglesia a lo largo de los años más de lo que esta le pagó por ser su pastor. Es una de las personas más felices, contentas y piadosas que he conocido. La diferencia entre los dos hombres no era su riqueza, sino sus enfoques sobre ella.

Jesús, en Mateo 6:19, enseñó la manera correcta de ver la riqueza al decir que uno no debe acumular tesoros para uno mismo. Cuando usted acumula posesiones simplemente para su peculio —sea para acumular o gastar de forma egoísta y extravagante—, las mismas se convierten en ídolos. Lo que Jesús dice es que «Las personas en mi reino no deberían acumular fortunas ni acumular cosas para sí mismas». El creyente tiene una fuente de la que fluye todo lo que satisface sus necesidades. Se llama Cristo.

¿Qué pasa con usted? ¿Anhela más extender el reino de Dios que acumular posesiones? ¿Desea invertir en la eternidad y en las causas de Dios, o está siendo avaro y mezquino? En 1 Corintios 10:31 vemos que Pablo dice: «Si, pues, coméis o bebéis, o hacéis otra cosa, hacedlo todo para la gloria de Dios». Glorifique a Dios invirtiendo en su reino y viviendo desinteresadamente.

Sugerencias para la oración: Pídale a Dios que lo ayude a usar sus posesiones desinteresadamente para su gloria.
Para un estudio más profundo: ¿Qué advertencia formula Jesús en Lucas 12:15?

MANTENGA EL TESORO SEGURO

*«No os hagáis tesoros en la tierra, donde la polilla y el orín
corrompen, y donde ladrones minan y hurtan».*
Mateo 6:19

El cielo es el único lugar seguro para un tesoro.

En Oriente durante los tiempos bíblicos, la riqueza se preservaba básicamente en tres maneras. No había papel, no había libros bancarios, no había nada que coincidiera con el tipo de sistema que tenemos hoy. La riqueza se identificaba literalmente con bienes materiales: prendas de vestir, granos y oro o metales preciosos.

Las prendas de vestir, en la Biblia, siempre fueron una expresión de riqueza. En Jueces 14:12, Sansón les dijo a los filisteos que si podían responder a su enigma, les daría «treinta vestidos de lino y treinta vestidos de fiesta». Pero hay un problema con las prendas de vestir: las polillas se las comen. ¿Alguna vez ha notado que las polillas no se comen lo que usted usa, sino solamente lo que almacena? Tendemos a acumular y a invertir gran parte de nuestro tesoro en nuestras prendas, esperando —sin pensarlo— que las polillas las destruyan.

Los granos eran otra fuente de riqueza. El rico insensato dijo que derribaría sus graneros y construiría otros más grandes para almacenar todo su grano y sus bienes (Lucas 12:18). En Mateo 6:19 la palabra griega traducida como «óxido» literalmente significa «comer». El problema con el grano es que a los ratones, las ratas, los gusanos y las alimañas de cualquier tipo les gusta comerlo.

El tercer bien material era el oro o los metales preciosos. El problema con esto es: ¿dónde puede esconderlo la persona? Podría guardarlo en su casa, pero un ladrón podría entrar y robárselo. Por lo tanto, era común hallar un lugar secreto en los campos en donde se cavaba un hoyo —en medio de la oscuridad de la noche— para enterrar ese preciado bien. Pero los ladrones acechaban por la noche y observaban dónde enterrarían los hombres su tesoro con el fin de desenterrarlo luego.

Nada de lo que usted posee está completamente a salvo de la destrucción o el robo. E incluso si mantiene sus posesiones perfectamente seguras durante toda su vida, ciertamente se separará de ellas al morir. Es por eso que Jesús dijo que uno debe acumular tesoros en el cielo «donde ni la polilla ni el orín corrompen, y donde ladrones no minan ni hurtan» (v. 20). Y usted, ¿qué hace con todo esto? ¿Está guardando su tesoro en un lugar seguro?

Sugerencias para la oración: Agradezca al Señor por proporcionarle un lugar seguro y eterno donde pueda invertir para su gloria.

Para un estudio más profundo: Lea Santiago 5:1-3. ¿Qué dice el apóstol acerca de los bienes materiales?

DÉ CON GENEROSIDAD AL SEÑOR

«Haceos tesoros en el cielo».
Mateo 6:20

El creyente debe ser generoso al dar.

La iglesia primitiva no estaba interesada en acumular grandes riquezas. En Hechos 2, por ejemplo, se registra que miles de peregrinos se reunieron en Jerusalén el día de Pentecostés. Cuando Pedro predicó el evangelio ese día, tres mil personas se convirtieron en creyentes y, poco después, se agregaron miles más a la iglesia. Los peregrinos que se convirtieron en creyentes no querían regresar a sus antiguos hogares, puesto que ahora eran parte de la iglesia. Entonces los creyentes en Jerusalén tuvieron que absorberlos. Dado que muchos de los habitantes eran indudablemente pobres, la iglesia primitiva tuvo que dar para satisfacer sus necesidades. Como resultado, los creyentes comenzaron a vender sus propiedades y sus bienes para compartirlos con los demás, según la necesidad de cada uno (ver Hechos 2:45). La iglesia primitiva ilustra con diáfana claridad lo que significa acumular tesoros en el cielo.

Al igual que la iglesia primitiva, nosotros también debemos acumular tesoros en el cielo (Mateo 6:20). ¿Qué es nuestro tesoro en el cielo? En un sentido amplio, es «una herencia incorruptible, incontaminada e inmarcesible, reservada en los cielos para vosotros» (1 Pedro 1:4). Podríamos decir que, sobre todo, nuestro tesoro en el cielo es Cristo.

En un sentido específico, Jesús se refiere en Mateo 6:20 al dinero, el lujo y la riqueza. Él afirma que acumular tesoros en el cielo implica ser generoso y estar listo para compartir las riquezas que Dios nos ha dado, en lugar de guardarlas y acumularlas. Al ser generoso, usted puede obtener el pleno potencial de todo lo que la vida eterna significa. Pablo, en 1 Timoteo 6:18-19, les dice a todos los creyentes en Cristo «que hagan bien, que sean ricos en buenas obras, dadivosos, generosos; atesorando para sí buen fundamento para lo por venir, que echen mano de la vida eterna». Cuanto más envíe usted al cielo, mayor será la gloria cuando llegue. Cuanto mayor sea la inversión, mayor será la recompensa. Haga que su objetivo sea invertir en la eternidad, donde nunca perderá su recompensa.

Sugerencias para la oración: Pídale al Señor que lo ayude a ser generoso con los necesitados.

Para un estudio más profundo: Según Gálatas 6:10, ¿a quién debemos hacer el bien?

CONSÁGRESE A DIOS

«Donde esté vuestro tesoro, allí estará también vuestro corazón».
Mateo 6:21

El creyente debe ser leal a Dios y consagrarse a Él.

El pastor británico Martyn Lloyd-Jones contaba la historia de un granjero que, un día, llegó felizmente ante su esposa y su familia para informarles que su mejor vaca había tenido un par de terneros gemelos, uno marrón y uno blanco. El granjero les dijo: «Se me ocurrió que debemos dedicarle uno de esos terneros al Señor. Así que venderemos uno y conservaremos los ingresos; el otro también lo venderemos, pero daremos las ganancias a la obra del Señor». Su esposa le preguntó cuál le iba a dedicar al Señor. Él respondió: «No hay necesidad de preocuparse por eso ahora. Los trataremos a ambos de la misma manera, y cuando llegue el momento, haremos lo que yo diga». Y se fue. Unos meses después, el granjero entró en la cocina con cara de tristeza. Cuando su esposa le preguntó qué le preocupaba, él respondió: «Tengo malas noticias. El ternero del Señor murió».

Esa historia nos hace reír pero, por desdicha, se parece mucho a la nuestra. Y es que todos tendemos a acumular tesoros en la tierra. Queremos ser ricos con nosotros mismos pero pobres para con Dios. Jesús habla de manera directa sobre ese pensamiento erróneo al decirnos: «Donde esté vuestro tesoro, allí estará también vuestro corazón» (Mateo 6:21). Su corazón y su tesoro van juntos: ambos deben estar en el cielo. Nuestro Señor está hablando de una consagración decidida a Dios, y a su causa, que no sea perturbada por el mundo.

Jesús no dice que si usted pone su tesoro en el lugar correcto, su corazón estará en el lugar correcto, sino que la ubicación de su tesoro indica dónde está su corazón. Los problemas espirituales siempre son problemas del corazón. El principio de Dios para su pueblo siempre ha sido: «Honra a Jehová con tus bienes, y con las primicias de todos tus frutos; y serán llenos tus graneros con abundancia, y tus lagares rebosarán de mosto» (Proverbios 3:9-10). Y usted, ¿qué tiene que ver con todo esto? ¿Es ese el principio por el que usted rige su vida?

Sugerencias para la oración: Pídale al Señor que lo ayude a tener una consagración leal a su reino.

Para un estudio más profundo: Lea Lucas 6:38 y 2 Corintios 9:6. ¿Cuál es el principio común en ambos versículos?

VEA CLARAMENTE

«La lámpara del cuerpo es el ojo; así que, si tu ojo es bueno,
todo tu cuerpo estará lleno de luz; pero si tu ojo es maligno,
todo tu cuerpo estará en tinieblas. Así que, si la luz que en ti
hay es tinieblas, ¿cuántas no serán las mismas tinieblas?».

Mateo 6:22-23

Dar con generosidad genera entendimiento espiritual.

Cuando la persona ve, el cuerpo se le llena con la luz que procede del mundo que perciben sus ojos. Pero si estos están oscurecidos (ciegos), no hay luz; por lo que no perciben nada. El ojo es como una ventana: si está limpia y clara, la luz inunda la casa; si la ventana se oscurece, no entra luz. En Mateo 6:22-23 Jesús hace una analogía entre el cuerpo y el ojo. Si su cuerpo —o su corazón o su mente— se enfoca en Dios, todo su ser espiritual ha de iluminarse; pero si se orienta hacia las cosas materiales y los tesoros del mundo, usted no verá espiritualmente como debería.

En el versículo 22, se dice que si su ojo es «bueno» todo su cuerpo estará lleno de luz y la luz es una de las mejores muestras de la generosidad de Dios. Y aquí sigue la analogía. Si su corazón es generoso, toda su vida espiritual se verá inundada de comprensión. En contraste con el ojo bueno está el «maligno» (v. 23). La expresión «ojo maligno» es un coloquialismo judío utilizado a menudo en el Antiguo Testamento griego y el Nuevo Testamento y que significa «contrapuesto, malo, avaro». Por eso vemos que Proverbios 28:22, por ejemplo, dice: «Se apresura a ser rico el avaro». Si usted anda afanado tras las riquezas, será un individuo poco generoso, rencoroso y egoísta.

Permítame que simplifique el pasaje de Mateo 6:22-23 a una declaración: la manera en que usted lidie con su dinero es la clave de su percepción espiritual. Si su corazón está enfocado en el cielo, tendrá un espíritu generoso. Si está dedicado a su tesoro en la tierra, será ciego debido a su avaricia. Cuán absoluta es la oscuridad de la persona que debe ver espiritualmente pero es ciego debido a su propia codicia (v. 23). El llamado de Jesús a usted y a mí es ver claramente al dedicarnos a Él y acumular tesoros en el cielo.

Sugerencias para la oración: Pídale al Señor que lo ayude a ver las oportunidades en las que pueda dar generosamente para ayudar a extender su reino.

Para un estudio más profundo: Según 2 Corintios 9:6-12, ¿cuáles son algunas de las recompensas por la generosidad?

SIRVA A SU MAESTRO

*«Ninguno puede servir a dos señores; porque o aborrecerá
al uno y amará al otro, o estimará al uno y menospreciará
al otro. No podéis servir a Dios y a las riquezas».*
Mateo 6:24

El creyente debe servir a Dios, no a las riquezas.

Al leer Mateo 6:24, mucha gente dice: «Creo que puedes servir a dos señores. Yo trabajo en dos empleos». La razón por la que dicen eso es que no entienden la palabra griega traducida como «servir». Este vocablo no tiene que ver con un empleado que labora de ocho de la mañana a cinco de la tarde, sino con un esclavo. El esclavo es alguien que está constante y completamente dedicado a su amo. Romanos 6:17-18 afirma que usted, aunque una vez fue esclavo del pecado, Dios lo liberó para que sea esclavo de la justicia. Así que solo puede servir a Dios con una devoción absoluta y exclusiva, con un solo propósito. En Mateo 6:24 Jesús dice que cualquiera que intente servir a dos señores —por ejemplo, a Dios y a las riquezas—, amará a uno y odiará al otro.

Las órdenes de estos dos señores —maestros, empleadores o amos— son diametralmente opuestas. Uno le ordena que camine por fe, el otro le dice que por vista; uno le ordena ser humilde, el otro le manda ser orgulloso; uno le ordena que ponga su afecto en las cosas de arriba, el otro le dice que en las cosas de la tierra; uno ordena mirar las cosas invisibles y eternas, el otro las cosas visibles y temporales; uno le ordena que no esté ansioso por nada, el otro que se afane por todo. De forma que, no puede obedecer ambas órdenes ni tampoco puede servir a dos señores.

En 1905, Mary Byrne tradujo un poema irlandés al que luego Eleanor Hull le puso música. Hoy conocemos el poema como el himno «Sé tú mi visión». Una estrofa de este himno nos dice cómo ver las riquezas desde una perspectiva correcta.

*Riquezas vanas no anhelo mi Dios
ni el hueco halago de la adulación…
Tú eres mi herencia, tú mi porción…
luz de los cielos sé tú mi visión;*

Que las palabras de este himno se conviertan en la canción de su corazón y la convicción de su vida.

Sugerencias para la oración: Agradezca a Cristo por ser el Maestro que lo ama a la perfección y satisface todas sus necesidades.

Para un estudio más profundo: Lea Éxodo 5. ¿Cómo representa esto el conflicto entre servir a los intereses de Dios y a los del hombre? Explique.

ENCUENTRE LA SATISFACCIÓN VERDADERA

«Porque para mí el vivir es Cristo, y el morir es ganancia».
Filipenses 1:21

La verdadera satisfacción solo se encuentra en Cristo.

Nunca ha habido una sociedad, en la historia del mundo, que haya tenido tantos bienes como la de los estadounidenses. Estamos viviendo en una riqueza que es inaudita en la historia de la humanidad. La filosofía clave detrás de todo ello es esta: solo serás realmente feliz cuando acumules suficientes bienes para satisfacer tu particular estilo de vida.

Es triste decirlo, pero los cristianos han aceptado esa filosofía. Ahora bien, no hay nada intrínsecamente malo con las posesiones, pero es incorrecto pensar que usted encontrará la verdadera felicidad en ellos. Si Dios decide darle bienes materiales, es porque a Él le agrada. Pero si usted hace de esas posesiones el amor de su vida o el propósito de su existencia, es porque ha sido cautivado por el engaño y ha desechado el verdadero contentamiento.

En Filipenses 4:11-12 el apóstol Pablo dice: «No lo digo porque tenga escasez, pues he aprendido a contentarme, cualquiera que sea mi situación. Sé vivir humildemente, y sé tener abundancia; en todo y por todo estoy enseñado, así para estar saciado como para tener hambre, así para tener abundancia como para padecer necesidad». Lo que él estaba diciendo era: «Tengo un contentamiento que no tiene nada que ver en absoluto con las posesiones».

¿Dónde, en quién o en qué encontró Pablo su contentamiento o satisfacción? En Filipenses 1:21 dice: «Porque para mí el vivir es Cristo, y el morir es ganancia». Lo encontró en Cristo, no en las posesiones materiales. El profesor Howard Vos dijo acerca de Pablo: «Cristo es todo para él, él vive solo para servir a Cristo, no tiene una concepción de la vida ajena a Cristo… las metas de Cristo, el enfoque de Cristo en cuanto a la vida, la sociedad y la misión, son suyas». Si usted quiere ser como Pablo y tener verdadera satisfacción, haga de Cristo el amor de su vida; no las posesiones materiales.

Sugerencias para la oración: Si está buscando la felicidad aparte del Señor, confiese su pecado y abandónelo. Reconozca que el contentamiento solo se encuentra en Él.

Para un estudio más profundo: Lea Eclesiastés 2:18-26. ¿A qué conclusiones llegó el predicador sobre el contentamiento cotidiano?

RECONOZCA EL SEÑORÍO DE DIOS

«De Jehová es la tierra y su plenitud;
el mundo, y los que en él habitan».
Salmos 24:1

Dios es dueño de todos y de todo.

Un día cuando John Wesley estaba fuera de su casa, alguien llegó corriendo hasta él y le dijo: «¡Su casa se incendió! ¡Su casa se incendió!». A lo que Wesley respondió: «No, no se quemó, porque yo no tengo casa. Esa en la que he estado viviendo pertenece al Señor y si se ha quemado, es una responsabilidad menos de la que debo preocuparme».

John Wesley veía sus posesiones materiales desde una perspectiva bíblica, porque la Escritura deja en claro que Dios es el dueño de todo. En 1 Crónicas 29:11 David oró: «Todas las cosas que están en los cielos y en la tierra son tuyas». Dios es el único dueño de todo, incluidos usted, su familia, su casa y su automóvil. Por lo tanto, si pierde una posesión, realmente usted no la pierde porque nunca la poseyó.

Aunque Dios es dueño de todo, confía en nosotros para que seamos sabios administradores de todo lo que nos da. El teólogo Walter Kaiser escribió: «Las cosas materiales, los bienes y los recursos naturales son en sí mismos "buenos", porque todos son hechos por Dios: ese es el estribillo constante en la narrativa de la creación de Génesis 1: "y Dios vio que era bueno"… El mal uso de los bienes proviene de las personas impías. Ellas olvidan que: (1) esos bienes son creados por Dios, (2) Dios les dio a hombres y mujeres la capacidad de obtener esas posesiones, y (3) los bienes no deben exaltarse a nivel extremo ni se deben valorar absolutamente al punto que la gente comience a adorar al reino creado en vez de al Creador mismo. Idolatrar las cosas de este mundo viola el primer mandamiento y lleva a una inversión de valores en la vida». Debemos adorar a Dios como el dueño de todas las cosas, agradecerle por lo que sea que nos confíe, y nunca permitir que nuestras posesiones sean motivo para olvidarlo.

Sugerencias para la oración: Pídale a Dios que lo ayude a recordar siempre que Él es el dueño de todo y que vea las posesiones que le da de una manera que lo honre.

Para un estudio más profundo: Lea los siguientes versículos que muestran que Dios posee todo: Éxodo 19:5; Levítico 25:23; Salmos 50:10-11; 89:11; Hageo 2:8.

ATRÉVASE A SER UN DANIEL

«Tuya es, oh Jehová, la magnificencia y el poder, la gloria, la victoria y el honor; porque todas las cosas que están en los cielos y en la tierra son tuyas. Tuyo, oh Jehová, es el reino, y tú eres excelso sobre todos».
1 Crónicas 29:11

Confíe en Dios, que controla a todos y todo.

En Daniel 6, el rey Darío eligió 120 príncipes para que lo ayudaran a gobernar su reino. Sobre los príncipes nombró a tres presidentes, siendo Daniel el primero de estos. Los príncipes y otros dos funcionarios estaban celosos de Daniel, por lo que idearon un plan contra él. Le dijeron al rey que debía hacer una ley que exigiera que cada persona hiciera sus solicitudes solamente al rey durante los próximos treinta días. Así que dijeron: «Cualquiera que en el espacio de treinta días demande petición de cualquier dios u hombre fuera de ti, oh rey, sea echado en el foso de los leones» (v. 7). El rey aprobó la idea y la convirtió en ley. Los príncipes y los dos funcionarios se fueron contentos porque sabían que Daniel oraba diariamente a su Dios (cf. v. 10).

Tan pronto como los oponentes de Daniel lo encontraron orando, informaron el asunto al rey. Aunque Darío no quería hacerle daño a Daniel, como monarca que era, no podía revertir su propia ley. Como resultado, Daniel fue arrojado al foso de los leones. A la mañana siguiente, cuando el rey fue muy temprano al foso, Daniel le dijo a Darío: «Mi Dios envió su ángel, el cual cerró la boca de los leones, para que no me hiciesen daño» (v. 22). «Y fue Daniel sacado del foso, y ninguna lesión se halló en él, porque había confiado en su Dios» (v. 23). Daniel confiaba en Dios porque sabía que tenía el control de todo.

Puesto que Dios es dueño de todo y controla a todos, no ponga su esperanza en las riquezas ni tema por sus necesidades. Dios cuidará de usted. En su libro *Confiando en Dios*, Jerry Bridges escribió: «Dios… dirige y controla todos los acontecimientos y todas las acciones de las criaturas que nunca actúan fuera de su voluntad soberana. Debemos creer esto y aferrarnos a esto… si vamos a glorificar a Dios confiando en Él». Atrévase a ser un Daniel: confíe en Dios, que controla todo y promete cuidar de usted.

Sugerencias para la oración: Agradezca al Señor por tener el control soberano de su vida.

Para un estudio más profundo: ¿Qué dice Lamentaciones 3:37-38 sobre el control de Dios?

EL SEÑOR QUE PROVEE

«Entonces alzó Abraham sus ojos y miró, y he aquí a sus espaldas
un carnero trabado en un zarzal por sus cuernos; y fue Abraham
y tomó el carnero, y lo ofreció en holocausto en lugar de su hijo.
Y llamó Abraham el nombre de aquel lugar, Jehová proveerá. Por
tanto se dice hoy: En el monte de Jehová será provisto».
Génesis 22:13-14

———

Cuando Dios provee para un creyente, está siendo fiel a su nombre.

El Antiguo Testamento le da a Dios muchos nombres, pero uno de los más hermosos es *Jehová-Jireh*, traducido en el versículo 14 del pasaje de hoy como «Jehová proveerá». Y es una característica muy notable de Dios. Nunca dudaríamos que Dios es amor ni que es grande, poderoso, santo, justo y bueno. Pero algunos se preguntan si Dios provee en verdad. Dudan y temen que Dios no satisfaga sus necesidades. Eso es exactamente a lo que el Señor se refiere en Mateo 6:25-34 cuando dice, en resumen: «No os afanéis por vuestra vida, qué habéis de comer o qué habéis de beber». El Señor sigue siendo *Jehová-Jireh*. Ese es su nombre, y es sinónimo de uno de sus atributos.

Dios es un Dios que provee, y es por eso que David dijo: «Joven fui, y he envejecido, y no he visto justo desamparado, ni su descendencia que mendigue pan» (Salmos 37:25). El mundo hurga, araña y rasga para asegurarse de tener suficiente. A diferencia del mundo, su Padre conoce sus necesidades y siempre le dará lo que necesita.

Usted no tiene que ser dueño de todo ni tiene que controlar todo para satisfacer sus necesidades. Usted puede recibir lo que Dios le da para invertir en el reino eterno y eliminar toda ansiedad en cuanto a sus necesidades. Adore a Dios con su vida y es seguro que su promesa de proveerle le alcanzará.

———

Sugerencias para la oración: 1 Timoteo 6:8 dice: «Así que, teniendo sustento y abrigo, estemos contentos con esto». ¿Es su vida caracterizada por el contentamiento? Si no es así, confiéselo al Señor y agradézcale por las muchas maneras en que Él le sustenta tan fielmente todos los días.

Para un estudio más profundo: Lea los siguientes pasajes, que muestran la fidelidad de Dios en la provisión: Deuteronomio 2:7; 1 Reyes 17:1-16; 2 Reyes 4:1-7. ¿De qué maneras Él da esa provisión?

UN PEDAZO DE PAN

«Sean vuestras costumbres sin avaricia, contentos con lo que tenéis ahora; porque él [Dios] dijo: No te desampararé, ni te dejaré».

Hebreos 13:5

Dios promete satisfacer todas sus necesidades.

En la Segunda Guerra Mundial, la muerte de muchos adultos dejó numerosos huérfanos. Al final del conflicto bélico, los aliados proporcionaron algunos campamentos para alimentar a los huérfanos y tratar de encontrar un lugar para reubicarlos. Los niños comenzaron a desarrollarse y a crecer, recibiendo la mejor comida y un excelente cuidado. Pero en uno de los campos, los funcionarios quedaron perplejos porque los niños no podían dormir. Ingerían tres buenas comidas, pero se mantenían despiertos por la noche. Las autoridades del campo llevaron a algunos médicos para estudiar a los chicos y descubrir por qué no podían dormir.

A los médicos se les ocurrió una solución. Todas las noches, cuando los más pequeños se acostaban, alguien bajaba de la hilera de camas y colocaba en cada mano un pedazo de pan. Por tanto, lo último que hacían los chicos en la noche era agarrar el trozo de pan. En cuestión de días todos pasaban la noche completa durmiendo. ¿Por qué ocurrió eso? A pesar de que se les alimentaba al máximo durante el día, la experiencia les había enseñado que no había esperanza para el mañana. Cuando tenían aquel pan en sus manos, sabían que al menos desayunarían al día siguiente.

Del mismo modo, Dios le ha dado a usted un pedazo de pan para que lo tenga a mano. Ese pan es la siguiente promesa: «Mi Dios, pues, suplirá todo lo que os falta conforme a sus riquezas en gloria en Cristo Jesús» (Filipenses 4:19). Si usted tiene ese pedazo de pan en la mano, podrá dormir.

Usted no necesita almacenar nada para el futuro. Dios es el dueño de todo lo que hay en el mundo y controla todos los bienes para proveerle puesto que usted es su hijo. La vida para el cristiano no consiste en la abundancia de las cosas que posee (Lucas 12:15), sino en contentarse con las cosas que tiene (Hebreos 13:5).

Sugerencias para la oración: Agradezca a Dios que le prometió satisfacer todas sus necesidades.

Para un estudio más profundo: En el Salmo 37:25, ¿cuál fue el testimonio de David acerca de su Señor?

CRISTIANOS MATERIALISTAS

«No os hagáis tesoros en la tierra».
Mateo 6:19

Usted no debe perseguir a Dios y a las riquezas.

La nuestra es una sociedad consumida por las cosas materiales. El estatus, el éxito y la relevancia con demasiada frecuencia se miden por las posesiones económicas de la persona. Aquellos que poseen riquezas alardean de ellas pero, por otra parte, los que no las poseen fingen tenerla. Las personas a menudo acumulan enormes deudas en su búsqueda desesperada e inútil de la felicidad a través de la acumulación de cosas materiales.

Por desdicha, esa misma mentalidad materialista afecta a la iglesia. En vez de ofrecer una alternativa —como, por ejemplo, la de ser distinta del mundo—, la iglesia se une al mundo en la búsqueda de riquezas. Lo más trágico de todo eso es que el mensaje salvador del evangelio de Jesucristo se tergiversa, y hasta se pierde, en el proceso.

No es malo tener posesiones. Job, Abraham y Salomón estaban entre los hombres más ricos de su época. Pero lo malo es codiciar y ambicionar las cosas materiales al punto de que el individuo haga de ello el objetivo principal de su vida; es decir, servir a Mamón en lugar de a Dios. «No améis al mundo», escribió el apóstol Juan, «ni las cosas que están en el mundo. Si alguno ama al mundo, el amor del Padre no está en él» (1 Juan 2:15). Santiago dirigió las siguientes palabras mordaces a los que se enfocan en cosas materiales: «¡Oh almas adúlteras! ¿No sabéis que la amistad del mundo es enemistad contra Dios? Cualquiera, pues, que quiera ser amigo del mundo, se constituye enemigo de Dios» (Santiago 4:4). Detrás de gran parte de la búsqueda de riquezas en la iglesia, lo que hay es una falta de confianza en la provisión de Dios. En vez de encontrar seguridad en su promesa de que suplirá todas nuestras necesidades (Filipenses 4:19), la buscamos en una casa, una cuenta bancaria o una cartera de acciones. Dios no nos dio el dinero y las posesiones para que no tuviéramos que confiar en Él. Nos dio todas esas cosas para que las disfrutemos (1 Timoteo 6:17) y para probar la legitimidad de nuestra espiritualidad (Lucas 16:11).

Si es usted rico o pobre, su actitud hacia sus posesiones y cómo lidia con ellas es lo que prueba su espiritualidad. ¿Cómo está usted con eso?

Sugerencias para la oración: Ore lo que dijo Agur: «No me des pobreza ni riquezas; mantenme del pan necesario; no sea que me sacie, y te niegue, y diga: ¿Quién es Jehová? O que siendo pobre, hurte, y blasfeme el nombre de mi Dios» (Proverbios 30:8-9).

Para un estudio más profundo: ¿Qué enseñan los siguientes versículos acerca de nuestra actitud hacia la riqueza: Salmos 49:5-9; 52:7; 62:10?

DEJE QUE LA NIEBLA SE ESFUME

«No os afanéis por vuestra vida, qué habéis de comer o qué habéis de beber; ni por vuestro cuerpo, qué habéis de vestir».

Mateo 6:25

La Palabra de Dios nos ordena que no nos preocupemos.

Cierta vez leí una historia que me hizo reflexionar en que la preocupación es como la niebla. Según el artículo, la densa niebla —que cubre siete cuadras de cualquier ciudad— consta de treinta metros de profundidad y equivale a menos de un vaso de agua dividida en sesenta mil millones de gotas. Es decir, que en cierta forma, unos pocos galones de agua pueden paralizar una gran ciudad. Del mismo modo, el objeto de preocupación que invade la mente de una persona suele ser bastante pequeño en comparación con la forma en que puede paralizar su pensamiento o perjudicar su vida. Alguien dijo: «La preocupación es una delgada corriente de miedo que se filtra a través de la mente y que, si se alienta, afecta de manera tan amplia que todos los demás pensamientos se agotan».

Todos debemos admitir que la preocupación es parte de la vida. La Biblia nos ordena, sin embargo, que no nos preocupemos. Violar ese mandato es pecado. Preocuparse equivale a decir: «Dios, sé que quieres decir bien con lo que dices, pero no estoy seguro de que puedas lograrlo». La preocupación es el pecado de desconfiar de las promesas y la providencia de Dios; sin embargo, es algo que hacemos todo el tiempo.

No nos preocupamos tanto por nada como por los conceptos básicos de la vida. En ese sentido, somos similares a las personas a las que Jesús se dirigió en Mateo 6:25-34. Les preocupaba tener suficiente comida y ropa. Supongo que si trataran de legitimar su preocupación, dirían: «Después de todo, no nos preocupamos por cosas extravagantes». Solo nos preocupa nuestra próxima comida, un vaso de agua y algo que ponernos». Pero no hay razón para que un creyente se preocupe por las cosas básicas de la vida, ya que Jesús dice que le proveerá todo lo que necesite. De modo que no debería atesorar posesiones materiales como protección en cuanto al incierto futuro (vv. 19-24) ni estar ansioso por sus necesidades básicas (vv. 25-34). En vez de dejar que la niebla de la preocupación lo invada, es mejor dejar que ella se esfume.

Sugerencias para la oración: «Regocijaos en el Señor siempre. Otra vez digo: ¡Regocijaos! ... Por nada estéis afanosos, sino sean conocidas vuestras peticiones delante de Dios en toda oración y ruego, con acción de gracias» (Filipenses 4:4, 6).

Para un estudio más profundo: ¿Qué consejo ofrece 1 Pedro 5:7?

EL PECADO DE LA PREOCUPACIÓN

«No os afanéis por vuestra vida, qué habéis de comer o qué habéis
de beber; ni por vuestro cuerpo, qué habéis de vestir».

Mateo 6:25

Preocuparse por el futuro es pecar contra Dios.

Alguien ha dicho: «No puedes cambiar el pasado, pero puedes arruinar un presente perfectamente bueno si te preocupas por el futuro». La preocupación arruina el presente, pero aún más importante —para el creyente— es reconocer que es pecado. Veamos por qué es eso así.

Preocuparse significa que usted está golpeando a Dios. Lo más probable es que haya voces que digan: «Ah, pero la preocupación es un pecado pequeño... hasta trivial». Pero no hay nada más falso que eso. Más importante que lo que le preocupa a usted es lo que ello le hace a Dios. Cuando usted se preocupa, lo que está diciendo —con su actitud—, en efecto, es lo siguiente: «Dios, no creo que pueda confiar en ti». La preocupación golpea la integridad y el amor de Dios por usted.

Preocuparse significa que usted no cree en las Escrituras. Es probable que usted diga: «Creo en la inerrancia de las Escrituras. Creo en la inspiración verbal y plena de cada palabra», pero vive a su manera; preocupándose por todo. Afirma que cree en la Biblia, pero le preocupa que Dios cumpla —o no— lo que dice en ella.

Preocuparse significa que usted es dominado por las circunstancias. Deje que las verdades de la Palabra de Dios, no las circunstancias, controlen su pensamiento. Al preocuparse, usted hace que las circunstancias y las pruebas de la vida sean un problema mayor que su salvación. Si usted cree que Dios puede salvarle del infierno eterno, también debe creer que Él puede ayudarle en este mundo como lo ha prometido.

Preocuparse significa que usted desconfía de Dios. Si usted se preocupa, no está confiando en su Padre celestial. Y si no confía en Él, quizás sea porque no lo conoce lo suficiente. Estudie la Palabra de Dios para descubrir quién es realmente y cómo ha sido fiel para suplir las necesidades de su pueblo en el pasado. Hacer eso le ayudará a tener confianza para el futuro. Permita que su Palabra habite abundantemente en usted para que no se vuelva vulnerable a las tentaciones de Satanás y se preocupe.

Sugerencias para la oración: Repase los cuatro puntos explicados anteriormente y confiese cualquier pecado a Dios.

Para un estudio más profundo: Lea el Salmo 55:22; 1 Pedro 5:7. ¿Qué antídoto para la preocupación dan ambos versículos?

EL DADOR DE VIDA

«No os afanéis por vuestra vida, qué habéis de comer o qué habéis de beber; ni por vuestro cuerpo, qué habéis de vestir».

Mateo 6:25

Dios le da vida al cristiano y lo sostiene.

Si usted hubiese vivido en Palestina durante la época de Jesús, es probable que le preocuparan los aspectos básicos de la vida. Eso se debe a que había tiempos en que la nieve no cubría las montañas y, como resultado, las corrientes de agua no fluían. Cuando las corrientes se secaban, el agua desaparecía. Además, a causa de ello, los cultivos sufrían alteraciones en sus ciclos de reproducción. Y en general estaban a merced de las avalanchas de insectos, enfermedades y trastornos en el clima. De modo que, como los cultivos no producían, el hambre se extendía por toda esa tierra. Entonces, como consecuencia del hambre, tampoco había ingresos. Y como no había ingresos, no se podía comprar ropa.

Cuando Jesús pronunció las palabras de Mateo 6:25 ante aquellas personas que estaban a orillas de un desierto ardiente y que dependían totalmente de los recursos naturales, debe haber sido una declaración impactante para ellos. Nuestro Señor reconoció que el hombre, en cualquier momento en que viva, se obsesiona con lo externo.

Los aspectos externos que Jesús mencionó (comida, bebida y ropa) son pertinentes al cuerpo. El mundo cree que el hombre vive a causa de su cuerpo y, por lo tanto, el hombre vive para su cuerpo. Pero Jesús preguntó: «¿No es la vida más que el alimento, y el cuerpo más que el vestido?» (v. 25). En otras palabras, su cuerpo no le da vida a usted ni tampoco lo sustenta; es Dios el que le da vida, puesto que Él es la fuente de toda vida. El argumento de Jesús parte de lo mayor a lo menor. Si Dios le da vida a usted (premisa mayor), ¿no le dará también lo que necesita para sostener su vida (premisa menor)? Dios le da vida y también sostiene su vida al proporcionarle alimento, bebida y vestido. Por lo tanto, no hay razón por la cual preocuparse.

Sugerencias para la oración: Agradezca que le dio vida y también por mantenerla.

Para un estudio más profundo: Lea 1 Reyes 19:1-8. ¿En qué manera le proveyó el Señor al profeta Elías?

UNA LECCIÓN DE LA NATURALEZA

«Mirad las aves del cielo, que no siembran, ni siegan, ni recogen en graneros; y vuestro Padre celestial las alimenta. ¿No valéis vosotros mucho más que ellas?».

Mateo 6:26

Si Dios provee para las aves, ¿cuánto más proveerá para usted?

Imagínese a nuestro Señor parado en una colina en Galilea, observando el hermoso extremo norte del mar, la brisa ondeando sobre el agua, el sol resplandeciendo en la bóveda celeste. Con todas aquellas personas que estaban reunidas allí, a sus pies. Es muy probable que, mientras Él les hablaba, vieran algunas aves volando encima de ellos, a través del cielo.

Nuestro Señor le da vida a cada pájaro que usted ve el cielo y también los sostiene a cada uno. Él no le dice a los pájaros: «Bueno, te he dado vida; ahora arréglatelas como puedas». Tampoco las aves se juntan para decir: «Tenemos que idear una estrategia para mantenernos vivas». Las aves no tienen conciencia ni procesos cognitivos, ni capacidad para razonar. Pero Dios les ha dado un instinto con el objeto de que tengan la capacidad de encontrar lo que les es necesario para vivir. Dios no solo crea vida, sino que también la sustenta.

En Mateo 6:26 Jesús le preguntó a la gente: «¿No valéis vosotros mucho más que ellas [los pájaros]?». Su argumento era deductivo, es decir, que iba de una premisa general a otra particular. Ningún pájaro fue creado a imagen de Dios ni diseñado para que fuera coheredero con Cristo por toda la eternidad. Lo que Jesús estaba diciendo, en términos sencillos, era: «Si Dios sostiene la vida de un pájaro (premisa menor), ¿no crees que cuidará de ti (premisa mayor)?». La provisión de Dios, por supuesto, no es excusa para que el hombre se arroje a los brazos de la pereza. El pájaro tiene que trabajar por su alimento, igual que usted, que tiene que trabajar por el suyo. Eso se debe a que Dios diseñó al hombre para comiera el pan con el sudor de su frente (ver Génesis 3:19). Si usted no trabaja, no come (ver 2 Tesalonicenses 3:10). Así como Dios le provee al pájaro a través de su instinto, Dios le proveerá a usted a través de su propio esfuerzo.

Sugerencias para la oración: Cuando vea las aves del cielo, recuerde las enseñanzas del Señor y agradézcale por su fidelidad con usted.

Para un estudio más profundo: Lea el Salmo 104, que habla acerca del cuidado de Dios con toda su creación.

VIVA AL MÁXIMO

«¿Y quién de vosotros podrá, por mucho que se
afane, añadir a su estatura un codo?».

Mateo 6:27

Aunque se preocupe a tal punto que muera, eso no le dará vida.

El doctor Charles Mayo, de la reconocida Clínica Mayo, escribió: «La preocupación afecta la circulación, el corazón, las glándulas y todo el sistema nervioso. Yo nunca me encontré con un hombre ni conocí a nadie que muriera por exceso de trabajo, pero he sabido de muchas personas que murieron por la preocupación». Vivimos en unos días en los que las personas se preocupan por cuánto tiempo vivirán. Esa es una práctica dañina porque puede preocuparse al punto que llegue a morir, pero eso no le da vida.

En Mateo 6:27 Jesús dijo que el afán o —lo que es lo mismo— la preocupación, no puede «añadir … un codo» a la vida de una persona. El codo era la unidad de medida que se usaba en esos tiempos y representaba la distancia desde la punta de los dedos hasta el extremo del codo, alrededor de medio metro. Lo que el Señor estaba diciendo era lo siguiente: «¿Quién de ustedes puede prolongar su vida con el hecho de preocuparse?». El ejercicio y la buena salud pueden ayudarlo a funcionar mejor mientras viva, pero es infructuoso preocuparse por tener una vida más larga.

La búsqueda por vivir más no es nueva. A principios del siglo dieciséis, el explorador español Juan Ponce de León se propuso encontrar la fuente de la juventud, un manantial cuyas aguas tuvieran el poder de restaurar esa juventud. Aunque no existe tal fuente, hay algo mucho mejor: la fuente de vida. Proverbios 14:27 dice: «El temor de Jehová es manantial de vida para apartarse de los lazos de la muerte». Al temer al Señor, usted experimentará la vida al máximo y no se preocupará. Proverbios 9:10-11 dice: «El temor de Jehová es el principio de la sabiduría, y el conocimiento del Santísimo es la inteligencia. Porque por mí se aumentarán tus días, y años de vida se te añadirán». Creo que el Señor ha determinado soberanamente la vida de cada persona, por lo que ha diseñado cuánto tiempo vivirá usted. Y le da el regalo de la vida porque le quiere para disfrutarlo al máximo temiéndole y obedeciéndole.

Sugerencias para la oración: Alabe al Señor para que le tema a Él en verdad y disfrute plenamente de la vida que le concede.

Para un estudio más profundo: Según Juan 10:10, ¿por qué vino Jesús a la tierra?

OBSERVE LAS FLORES

*«Y por el vestido, ¿por qué os afanáis? Considerad los lirios
del campo, cómo crecen: no trabajan ni hilan; pero os digo,
que ni aun Salomón con toda su gloria se vistió así como uno de ellos.
Y si la hierba del campo que hoy es, y mañana se echa en el horno,
Dios la viste así, ¿no hará mucho más a vosotros, hombres de poca fe?».*
Mateo 6:28-30

Observar las flores es una forma de recordar que Dios cuida de usted.

En Mateo 6, es probable que algunas de las personas con las que Jesús hablaba tuvieran poca ropa, tal vez no tenían más de una muda. Para asegurarles que Dios cubriría sus necesidades elementales, Jesús les pidió que observaran «los lirios del campo» (v. 28). Esa frase se usaba para hablar de las flores silvestres que adornaban las colinas de Galilea. Había muchas, incluidas las margaritas, los gladiolos, los narcisos, los lirios y las amapolas.

Observar cómo crecen las flores también es interesante. Un día las ves y al siguiente lucen un poco más grandes y hermosas, crecen libremente, de una manera grandiosa; además, florecen sin esfuerzo. Y las flores no trabajan ni hacen nada por esa belleza que muestran. No hacen hilos elegantes para adornarse, sino que tienen una textura, una forma, un diseño, una sustancia y un color que el hombre con todo su ingenio ni siquiera puede idear. Ni siquiera el rey Salomón con todos sus recursos podía hacer una prenda tan fina como el pétalo de una flor. Las flores tienen una belleza que solo Dios puede darles.

A pesar de su belleza, sin embargo, las flores no duran mucho. Están vivas hoy y mañana son arrojadas al horno (v. 30). Las mujeres, en esa parte del mundo, usaban los hornos de barro principalmente para preparar panes y otros alimentos. Si querían apresurar el proceso de cocción, encendían un fuego dentro del horno y otro por fuera. El combustible para el fuego interno era generalmente hierba seca y flores, que recolectaban las mujeres en los campos cercanos. El punto de Jesús era este: si Dios prodiga tanta belleza a una flor que hoy está lindísima y mañana se marchita, ¿cuánto más le vestirá y cuidará a usted, uno de sus propios hijos que vivirá para siempre.

Sugerencias para la oración: Pídale al Señor que lo ayude a «poner la mira en las cosas de arriba, no en las de la tierra» (Colosenses 3:2), de modo que pueda atacar la ansiedad.

Para un estudio más profundo: Según 1 Pedro 5:5, ¿cómo debe vestirse usted?

NUESTRO DIOS OMNISCIENTE

«No os afanéis, pues, diciendo: ¿Qué comeremos, o qué beberemos, o qué vestiremos? Porque los gentiles buscan todas estas cosas; pero vuestro Padre celestial sabe que tenéis necesidad de todas estas cosas».
Mateo 6:31-32

El que se preocupa es incrédulo.

Para nosotros como creyentes, la preocupación es innecesaria debido a la generosidad de Dios; es insensata, porque Dios promete proveer; es inútil, debido a nuestra incapacidad de hacer cualquier cosa y es señal de falta de fe porque al preocuparnos nos igualamos a los incrédulos. En Mateo 6:32, el término griego traducido como «gentiles» también se puede traducir como «paganos» o «idólatras» y se refiere a personas sin Dios y sin Cristo. Los gentiles se consumen buscando gratificación material porque ignoran la provisión de Dios y —por supuesto— no pueden reclamar las promesas divinas en cuanto a que nada les faltará. En vez de mirar a Dios, tratan ansiosamente de satisfacer sus necesidades por sus propios medios. Pero, para el cristiano, preocuparse por las posesiones materiales y por las cosas elementales de la vida es un pecado grave y no representa al creyente verdadero.

La fe cristiana proclama que Dios suplirá todas sus necesidades y que usted puede confiar en Él (cf. Filipenses 4:19). Preocuparse por los alimentos, el bienestar físico o la ropa es característico de una mente mundana. ¿Qué le parece a usted? ¿Enfrenta la vida como un cristiano o como un incrédulo? Cuando las cosas se le ponen difíciles o tiene dudas sobre el futuro, ¿qué hace usted? ¿Afecta su visión de la vida a su fe cristiana? Como creyente, usted debe poner todo en el contexto de su fe: cada prueba, cada pensamiento en el futuro y cada realidad presente.

La fe cristiana también afirma que «vuestro Padre celestial sabe» sus necesidades (Mateo 6:32). Si Dios conoce su vida y sus necesidades, todo lo que debe saber es que usted cuenta para Él. Y si Dios lo sabe y usted vale para Él, no hay necesidad de que se preocupe por nada. Su Padre celestial tiene todos los recursos y todo el amor para proveerle todo lo que necesite.

Sugerencias para la oración: Alabe a su Padre por conocerlo, cuidarlo y brindarle apoyo.

Para un estudio más profundo: Lea y medite en el Salmo 145. Observe especialmente lo que Dios hace en los versículos 14 al 16.

VIVA UN DÍA A LA VEZ

*«No os afanéis por el día de mañana, porque el día de mañana
traerá su afán. Basta a cada día su propio mal».*
Mateo 6:34

El creyente no debe preocuparse por su futuro.

El pastor británico Martyn Lloyd-Jones dijo: «Aunque es correcto pensar en el futuro, es muy malo ser controlado por él». Y tenía razón, porque la preocupación es una fuerza tremenda que se esforzará por derrotarlo a usted. Intentará destruirle hoy haciendo que se enoje y se ponga ansioso. Pero si no lo logra hoy, lo intentará en el futuro hasta que usted encuentre algo por lo cual preocuparse. En Mateo 6:34 Jesús afirma que usted tiene suficiente con lo cual lidiar en el presente. Aproveche los recursos que tiene hoy para satisfacer las necesidades de hoy o perderá la satisfacción de hoy

La falta de alegría también es un pecado. Muchas personas pierden el gozo a causa de la preocupación por el mañana, por lo que pierden la victoria que Dios les da hoy. Eso no es justo para Él. Dios le regala un día glorioso y feliz hoy; usted vive a la luz y la plenitud de la alegría de ese día y usa los recursos que Dios le proporciona. Entonces, no se abalance al futuro ni pierda la alegría de hoy por un mañana que puede que nunca llegue. Aprenda esta breve declaración: el miedo es un mentiroso. El miedo hará que usted pierda la alegría de hoy. Además, Dios da fuerzas para el día, cada día. No le da gracia para hoy, de modo que le alcance para mañana.

Cuando la Biblia dice: «Jesucristo es el mismo ayer, y hoy, y por los siglos» (Hebreos 13:8), significa que mañana hará lo mismo que ayer. Si tiene alguna pregunta sobre el futuro, observe el pasado. ¿Le sostuvo Dios en ese tiempo? Entonces le sostendrá en el futuro. Como no hay pasado, presente o futuro sin Él, no hay necesidad de que usted se preocupe.

Sugerencias para la oración: Alabe a Dios por ser el mismo ayer, hoy y siempre.
Para un estudio más profundo: Lea Lamentaciones 3:21-24. ¿Qué es lo que nunca cesa y nunca falla (v. 22)?

* ¿Qué dice eso acerca de Dios (v. 23)?

31 DE AGOSTO

BUSQUE EL REINO DE DIOS

«Todas estas cosas os serán añadidas».

Mateo 6:33

Dios proveerá para aquellos que buscan lo eterno.

¿A qué se refería Jesús cuando dijo que primero debemos buscar el reino de Dios? Se refería a que nuestra principal prioridad en la vida debe ser buscar lo que es eterno. Esa era la prioridad para el apóstol Pablo. En Hechos 20, Pablo estaba listo para partir a Jerusalén con el objeto de defender la fe, sin saber si podría ser encarcelado o hasta perder la vida. La perspectiva de la persecución no lo disuadió, es más, al respecto dijo: «No estimo preciosa mi vida para mí mismo» (v. 24). A él no le preocupaba cuánto tiempo viviría ni lo que comería o usaría. Al contrario, quería «terminar mi carrera y el ministerio que recibí del Señor Jesús» (v. 24).

Buscar el reino significa que uno quiere que el gobierno de Cristo se manifieste en su vida a través de la justicia, la paz y el gozo en el Espíritu Santo (Romanos 14:17). Por tanto, cuando los perdidos ven esas cualidades espirituales en su vida en vez de preocuparse, saben que el reino de Dios está allí. Ese es un testimonio atractivo que el Señor puede usar para traer a los perdidos a sí mismo. Buscar el reino de Dios significa desear extender su reino.

Buscar el reino también significa que usted anhela que Jesús regrese en su gloria milenaria. Seremos coherederos con Cristo (Romanos 8:1-7), reinaremos con Él para siempre (Apocalipsis 22:5), viviremos en un nuevo cielo y una nueva tierra por toda la eternidad (21:1), y tendremos toda la majestad y las riquezas del cielo eterno (21:1—22:5). No hay necesidad de inquietarse ni de preocuparse por las cosas materiales, ya que toda la tierra será destruida y el Señor hará una nueva.

En vez de buscar riquezas, «buscad primeramente … su justicia» (Mateo 6:33). Persiga la piedad y la santidad, y «todas estas cosas os serán añadidas» (v. 33). Dios proveerá para aquellos que llevan una vida justa.

Sugerencias para la oración: Según Mateo 6:33, ¿están sus prioridades en el orden correcto?

* Confiese y abandone cualquier pecado, y agradezca al Señor por el privilegio de servirle.

Para un estudio más profundo: Lea el Salmo 34:9-10. ¿Cuál es la promesa para aquellos que temen y buscan al Señor?

LA PRESENCIA DEL ESPÍRITU SANTO

«El que guarda sus mandamientos, permanece en Dios, y Dios en él. Y en esto sabemos que él permanece en nosotros, por el Espíritu que nos ha dado».

1 Juan 3:24

Debido a que el Espíritu Santo tiene que ver con cada área de la vida cristiana, es vital que tengamos una visión equilibrada y correcta de su función.

Las enseñanzas de la iglesia acerca de la Persona y el ministerio del Espíritu han sido seriamente distorsionadas en las últimas décadas. Algunos carismáticos han dado un énfasis indebido en ciertos dones pentecostales con el fin de que la experiencia subjetiva se eleve por encima de la verdad objetiva de las Escrituras.

Al mismo tiempo, muchos no carismáticos han reaccionado exageradamente a los excesos carismáticos casi ignorando al Espíritu Santo. Para la mayoría, no hay un estudio profundo del Espíritu que encaje con un enfoque pragmático y psicológico útil para resolver problemas espirituales.

Sin embargo, no podemos darnos el lujo de parcializarnos por ningún extremo; de lo contrario evadiremos lo que realmente significa conocer al Espíritu y ministrar por su poder. El Espíritu Santo es indispensable para salvarnos, permitirnos obedecer a Jesucristo y, en última instancia, perfeccionarnos en la gloria. Pablo instó a los creyentes de Galacia a no abandonar al Espíritu Santo sino a apoyarse completamente en Él. «¿Tan necios sois? ¿Habiendo comenzado por el Espíritu, ahora vais a acabar por la carne?» (Gálatas 3:3).

Demasiados cristianos están perdiendo el tiempo buscando seminarios, maestros falsos, consejeros e interpretaciones novedosas de viejas verdades con el objeto de descubrir «el secreto» de la vida cristiana abundante. Pero la clave para vivir así no es un misterio ni, mucho menos, es un secreto. La suficiencia de la obra del Espíritu Santo, como se revela en las páginas de la totalmente confiable Palabra de Dios, yace en toda la información y los recursos que Él nos provee, los que necesitaremos para llevar una vida espiritual fructífera y próspera.

En el versículo de hoy, el apóstol Juan habla de la presencia permanente de Cristo en la vida del creyente, la que el Espíritu Santo nos revela. Por lo tanto, el Espíritu está trabajando con el Señor Jesús para alentarle a usted, guiarle, iluminarle y capacitarle para toda buena obra (ver Juan 14:16-20; 16:13). Al comprender la función del Espíritu y permitirle que trabaje en usted cada día, comenzará a ver que su vida se parece más y más a Cristo.

Sugerencias para la oración: Ore para que Dios les otorgue a usted y a todos en su iglesia una comprensión adecuada y equilibrada de la función del Espíritu.

Para un estudio más profundo: Jesús es retratado como el Buen Pastor en Juan 10. Lea ese capítulo y enumere las características principales de Él como Pastor.

¿DOS ESPÍRITUS O UNO?

«Un cuerpo, y un Espíritu, como fuisteis también llamados
en una misma esperanza de vuestra vocación».

Efesios 4:4

Aunque existieron las distinciones ministeriales, uno y el mismo Espíritu Santo ha estado trabajando tanto en el Antiguo como en el Nuevo Pacto. La famosa transmisión de radio «La guerra de los mundos», realizada el 30 de Octubre de 1938 a las nueve de la noche como un episodio de Halloween, en la que Orson Welles y sus compañeros actores indujeron engañosamente a muchos estadounidenses a que pensaran que estaba ocurriendo una invasión real desde Marte, es un ejemplo clásico de cómo la mala comunicación puede distorsionar drásticamente el entendimiento de los hechos. Como muchos oyentes no escucharon la advertencia sobre la naturaleza ficticia de la dramatización, miles de personas creyeron que los marcianos invadían la ciudad de Nueva York y el resto de la costa este. No muchas horas después de finalizar el programa, la mayoría de la gente supo que aquello no era real.

La verdad bíblica rara vez se comunica mal con el mismo tipo de resultado sensacional. Pero eso no significa que no necesitemos corregir el pensamiento previo sobre ciertas doctrinas. Uno de esos asuntos es el Espíritu Santo. Debido a la enseñanza popular sobre las diferencias entre el Antiguo y el Nuevo Pacto, muchos cristianos han entendido que la Persona y obra del Espíritu son muy diferentes entre ambos testamentos.

Sin embargo, el apóstol Pablo deja claro en Efesios 4:4 que solo hay un Espíritu (1 Corintios 12:11, 13). Él sabía que, dado que el Espíritu Santo es Dios, también es inmutable; el mismo Espíritu ha estado trabajando a lo largo de la historia redentora. Podemos creer con certeza que el Espíritu Santo siempre será el agente salvador que atraerá a las personas al Señor. Eso es lo que Jesús le enseñó a Nicodemo sobre el nuevo nacimiento (Juan 3:5-10).

Hay distintivos importantes entre los roles del Espíritu Santo (ver Hechos 1:5) en el Antiguo y en el Nuevo Pacto. Su obra neotestamentaria es más íntima y personal para los creyentes, pero su carácter esencial siempre ha sido el mismo. Deberíamos alegrarnos de que no haya confusión entre dos espíritus, sino que hay un solo Espíritu Santo que ha estado activo en el plan de Dios, desde Génesis 1:1 directo al presente y por toda la eternidad.

Sugerencias para la oración: Agradezca al Señor por darle un entendimiento claro acerca de la unidad del Espíritu Santo.

Para un estudio más profundo: Lea Juan 3:1-15. ¿Qué debería haber entendido Nicodemo sobre el nuevo nacimiento?

* ¿Qué tan lejos llega Jesús al punto de plantear una analogía sobre el método de salvación divino?

EL ESPÍRITU DE TRANSFORMACIÓN

«Por tanto, nosotros todos, mirando a cara descubierta como en un espejo la gloria del Señor, somos transformados de gloria en gloria en la misma imagen, como por el Espíritu del Señor».
2 Corintios 3:18

La obra transformadora del Espíritu Santo es parte central de la santificación del creyente.

La fábula infantil *El patito feo* ilustra maravillosamente la obra transformadora del Espíritu Santo en los creyentes. La historia trata acerca de un joven patito muy feo que no encajaba con ninguno de los otros animales. No es hasta que se encuentra con los hermosos cisnes que su vida comienza a cambiar. Los cisnes son una atracción irresistible para el patito, algo que no puede olvidar después que se van a causa del invierno. Finalmente, en la primavera siguiente, el patito hace un descubrimiento sorprendente: a pesar de sus sentimientos de inferioridad, no es un pato sino un cisne, al igual que esas criaturas que ha admirado.

Los días inmediatamente posteriores a nuestra conversión a Cristo son a menudo similares a las experiencias finales del patito feo. Tenemos un gran sentido de indignidad pecaminosa y, sin embargo, una poderosa atracción por Jesucristo. Respondemos de esa manera porque ahora sabemos que, en cuanto al carácter, Él representa todo lo que se ideó que fuéramos. Pronto nos damos cuenta de que transformarnos a la imagen de Cristo es un proceso humillante y emocionante.

El texto de hoy, mi versículo favorito, es una excelente descripción breve de la obra transformadora del Espíritu. No vemos la gloria del Señor perfectamente de inmediato, pero comenzamos a verla con mayor claridad una vez que conocemos a Jesucristo por fe.

Pablo se refiere a nuestra santificación básica, que es un proceso progresivo por el cual el Espíritu nos cambia de un nivel de semejanza con Cristo a otro. El resultado final será nuestra posición glorificada en el cielo, que es la meta del Espíritu Santo para nosotros y la razón de nuestra esperanza. El Espíritu revela lo que seremos en Cristo: «Amados, ahora somos hijos de Dios, y aún no se ha manifestado lo que hemos de ser; pero sabemos que cuando él se manifieste, seremos semejantes a él, porque le veremos tal como él es» (1 Juan 3:2).

Sugerencias para la oración: Ore para que se concentre más en Cristo y menos en usted mismo, a medida que el Espíritu transforme su vida.

Para un estudio más profundo: Lea el Salmo 40:1-10. ¿Qué actitud general tiene David en ese pasaje?

* ¿Cuántas veces menciona a Dios allí?

EL ESPÍRITU SANTO PROMETIDO

«Y yo rogaré al Padre, y os dará otro Consolador, para que esté con vosotros para siempre: el Espíritu de verdad, al cual el mundo no puede recibir, porque no le ve, ni le conoce; pero vosotros le conocéis, porque mora con vosotros, y estará en vosotros».
Juan 14:16-17

Jesús ministró por el poder del Espíritu Santo y ha prometido el mismo Espíritu a todos los creyentes.

La fluctuante economía de la década de 1990 y el cambiante entorno laboral dejaron a muchos trabajadores con la sensación de que probablemente tendrían que cambiar de empleo varias veces en el trayecto de sus carreras.

Aunque cualquier sistema económico puede modificar su estructura y entrar en fases nuevas dejando, como resultados, a las personas con incertidumbres, las promesas de Dios siguen siendo completamente confiables. Su promesa, hecha a través de su Hijo, nuestro Señor y Salvador, de enviar el Espíritu Santo es una de ellas. Esta promesa bíblica tan importante se hizo por primera vez en el texto que hoy analizamos, la que Jesús dio a los discípulos durante la primera parte del discurso en el aposento alto. Sus palabras, pronunciadas en la víspera de su muerte, son parte del rico legado de Cristo a los cristianos de hoy.

Esta promesa consta de cuatro elementos. Primero, Jesús promete un *Ayudador sobrenatural*. Lo llamó «otro» Consolador, que significa «otro que es idéntico». Cristo nos envió exactamente el tipo de Ayudante que Él mismo era, excepto que el Espíritu vive en nosotros (Juan 14:17).

Segundo, la promesa implica *vida sobrenatural* para nosotros. Cuando somos salvos y tenemos al Espíritu Santo, nos volvemos sensibles a la obra de Cristo en el mundo, y comenzamos a ver las cosas desde una perspectiva divina (Juan 14:19).

Tercero, el Espíritu viene como un *Maestro sobrenatural* (Juan 14:26). Este es uno de los aspectos más vitales del ministerio del Espíritu porque nos recuerda nuestra completa dependencia de Cristo.

Por último, la promesa de Cristo acerca del Espíritu Santo trae una *paz sobrenatural* (Juan 14:27). Esta es una paz que trata audaz y positivamente con nuestros problemas diarios y los convierte en alegría (Filipenses 4:7).

Si conoce y ama al Señor Jesús y le está obedeciendo, la promesa del Espíritu está a su disposición para que la aplique y la disfrute (Juan 14:21; 15:5).

Sugerencias para la oración: Agradezca a Dios por la promesa del Espíritu y ore para que entienda a plenitud cada aspecto de la misma.

Para un estudio más profundo: Lea 1 Juan 5:1-7. ¿Qué dice este pasaje sobre la interrelación del amor a Dios y la obediencia a sus mandamientos?

  ✴ ¿Cuáles son las características básicas del amor y la obediencia?

LA NECESIDAD DE LA PROMESA

«Pero cuando venga el Espíritu de verdad, él os guiará a toda la verdad».
Juan 16:13

**El Espíritu Santo tiene que acompañar a los creyentes puesto
que no pueden ministrar por su propia fuerza.**

Como cristiano, usted puede ser ortodoxo y correcto en cuanto a cada detalle de la teología. Incluso podría mostrar cierta tendencia y habilidad para ministrar. Pero a menos, y hasta que, confíe en el Espíritu Santo en todo lo que haga, sus esfuerzos serán ineficaces. Piense en un automóvil nuevo que tenga una apariencia preciosa y los mejores accesorios, pero carezca de motor. Se vería genial, pero ciertamente no funcionará.

Por desdicha, esa ilustración se aplica con demasiada frecuencia a los creyentes contemporáneos. Tienden a pasar por alto o minimizar el papel del Espíritu Santo, ya sea al reaccionar exageradamente a las extravagancias carismáticas o al enfocar la mayor parte de su atención en técnicas ministeriales centradas en el hombre y en métodos «innovadores». Pero el Señor impresionó en los corazones y las mentes de los discípulos, en más de una ocasión, su necesidad del poder y los recursos del Espíritu Santo, desde tareas cotidianas rutinarias como la pesca (Lucas 5:4-9) hasta desafíos ministeriales más grandiosos como sacar un espíritu maligno del hijo de un hombre (Marcos 9:14-29).

Debido a que Dios ha prometido y enviado deliberadamente al Espíritu al interior del panorama más amplio de su soberanía, debemos tener la misma convicción sobre la necesidad del Ayudador o Consolador prometido a los discípulos poco después de que Cristo ascendió. En conclusión, observe la confianza de Pedro en el plan de Dios, como se establece en su sermón en el día de Pentecostés: «A éste, entregado por el determinado consejo y anticipado conocimiento de Dios, prendisteis y matasteis por manos de inicuos, crucificándole … Así que, exaltado por la diestra de Dios, y habiendo recibido del Padre la promesa del Espíritu Santo, ha derramado esto que vosotros veis y oís» (Hechos 2:23, 33).

Sugerencias para la oración: Confiese cualquier actitud y acción que le haya impedido ver la necesidad de confiar en el Espíritu Santo.

❋ Ore para que ande con mayor dependencia de Él esta semana.

Para un estudio más profundo: Hechos 1 marcó un tiempo de preparación para la venida del Espíritu prometido. Lea el capítulo completo y anote las formas en que los discípulos prepararon y anticiparon su fe en la promesa.

LA REALIDAD DE LA PROMESA

«Porque por un solo Espíritu fuimos todos bautizados en un cuerpo, sean judíos o griegos, sean esclavos o libres; y a todos se nos dio a beber de un mismo Espíritu».

1 Corintios 12:13

La unidad de la iglesia es la mejor prueba de que el Espíritu Santo ha venido.

Muchas personas, en la actualidad, buscan algún tipo de evidencia de la realidad en la ciencia, la tecnología, las ideas de la Nueva Era, las religiones orientales, la variedad de grupos cristianos orientados a lo sensorial o en empresas consistentes en megaiglesias «amigables con los buscadores». Pero como he dicho y escrito innumerables veces, solo las Escrituras nos señalan la realidad espiritual genuina y segura.

La promesa cumplida del derramamiento del Espíritu Santo es uno de los indicadores más verdaderos de la auténtica actividad espiritual. Y Pablo, en 1 Corintios 12:13, nos dice cómo reconocer que el Espíritu Santo realmente está ministrando en medio de nosotros. En este versículo, el apóstol plantea un comentario casi perfecto sobre lo que ocurrió —de manera tan espectacular— en Pentecostés y ha continuado de forma menos visible desde entonces: el Espíritu colocó a todos los creyentes en el Cuerpo de Cristo, y todos los creyentes ahora tienen el mismo Espíritu Santo.

El proceso de reunir creyentes en la iglesia es un ministerio combinado del Señor Jesús y el Espíritu. Al usar la frase «de un mismo Espíritu» en 1 Corintios 12:13, Pablo afirma que el Espíritu Santo fue el agente operador de Cristo cuando nos hizo hijos de Dios. Eso significa que no necesitamos buscar otros signos ni experiencias místicas para verificar la actividad del Espíritu en nosotros mismos o en los demás. Jesús quiere que simplemente comprendamos las palabras que expresó en Juan 7:37-39: «Si alguno tiene sed, venga a mí y beba. El que cree en mí, como dice la Escritura, de su interior correrán ríos de agua viva. Esto dijo del Espíritu que habían de recibir los que creyesen en él».

Cada vez que vemos personas que se salvan y luego maduran en Cristo, podemos estar seguros de que el Espíritu prometido está trabajando en ellos. La realidad de la promesa es, por lo tanto, un recordatorio constante de la fidelidad y la congruencia de un Dios soberano que está trabajando para brindarnos la mayor comodidad, alegría y seguridad espiritual de la vida.

Sugerencias para la oración: Ore para que su iglesia mantenga la unidad del Espíritu y, en consecuencia, testifique de su obra a los extraños.

Para un estudio más profundo: Haga una lista de los privilegios y beneficios que los creyentes deben saber, de acuerdo a Efesios 3:14-21, si están experimentando la unidad cristiana.

LIBRE DE CONDENACIÓN

*«Porque la ley del Espíritu de vida en Cristo Jesús me
ha librado de la ley del pecado y de la muerte».*

Romanos 8:2

**En el momento en que el Espíritu Santo nos coloca en Cristo,
también nos libera del poder del pecado y la muerte.**

La tercera estrofa del gran himno de Charles Wesley «Y puede ser» describe los pensamientos del compositor con respecto a la obra salvadora del Espíritu Santo en su vida:

> *Yacía mi espíritu, en vil pecado y en prisión;*
> *Mirar tu faz me revivió, el calabozo iluminó;*
> *Mi corazón se liberó, me levanté, te sigo yo.*

Por otra parte, Romanos 8:2 deja en claro que cada cristiano puede y debe compartir la euforia de Wesley. En el momento en que por fe abrazamos a Jesucristo, el Espíritu nos libera de la condenación espiritual. Somos, en esencia, libres para iniciar una nueva vida, diferente de todo lo que hemos conocido.

El Señor Jesús estaba seguro de que la fe salvadora obraría una transformación completa (Juan 5:24) en el creyente. Y el apóstol Pablo no deja lugar a dudas en cuanto a que toda persona a la que el Espíritu Santo ha atraído soberanamente al Cuerpo de Cristo también es liberada del poder del pecado y la muerte: «Y si morimos con Cristo, creemos que también viviremos con él; sabiendo que Cristo, habiendo resucitado de los muertos, ya no muere; la muerte no se enseñorea más de él. Porque en cuanto murió, al pecado murió una vez por todas; mas en cuanto vive, para Dios vive. Así también vosotros consideraos muertos al pecado, pero vivos para Dios en Cristo Jesús, Señor nuestro» (Romanos 6:8-11).

A medida que usted aplique activamente esta libertad que tiene en Cristo (ver Colosenses 3:3-10), tendrá la gozosa seguridad de que el Espíritu Santo —«el Espíritu de vida en Cristo Jesús»—, siempre le acompañará con el fin de permitirle vencer al pecado y obedecer a Dios.

Sugerencias para la oración: Agradezca a Dios por su gracia, la que le ha permitido lograr lo que no pudo usted: la victoria sobre la muerte espiritual.

Para un estudio más profundo: Lea Colosenses 3:3-17. ¿Qué pecados debemos eliminar?

* ¿Qué rasgos nuevos debemos adoptar?
* ¿Qué recursos nos proporciona el Señor (vv. 15-16)?

MANTÉNGASE ENFOCADO EN CRISTO

«Pero cuando venga el Consolador, a quien yo os enviaré del Padre, el Espíritu de verdad, el cual procede del Padre, él dará testimonio acerca de mí».

Juan 15:26

Después que nos atrae a Cristo, el Espíritu Santo nos ayuda a darle a Cristo la preeminencia.

En el ámbito espiritual es importante que nuestra atención se mantenga enfocada en la dirección correcta, hacia el objeto de nuestra fe: el Señor Jesucristo. El Espíritu Santo, a través del escritor de la Epístola a los Hebreos, nos ayuda a comprender de qué se trata ese enfoque: «Corramos con paciencia la carrera que tenemos por delante, puestos los ojos en Jesús, el autor y consumador de la fe» (12:1-2).

Juan 15:26 es una de las dos referencias en el Evangelio de Juan en las que el Espíritu Santo da testimonio de Cristo (ver también Juan 16:14-15). El comentarista Leon Morris nos dice: «Este testimonio no fue un fin en sí mismo. El propósito subyacente era "que todos pudieran creer a través de él"». El deseo del Espíritu siempre ha sido que las personas reconozcan la autoridad de Cristo y se sometan a su voluntad (Filipenses 2:9-13). Por eso es que Pablo nos recuerda además que «nadie puede llamar a Jesús Señor, sino por el Espíritu Santo» (1 Corintios 12:3).

En el devocional de ayer vimos que el poder y la sabiduría del Espíritu son cruciales para que cualquier individuo sea transformado de la condenación espiritual a la vida espiritual. Además de eso, es igual de necesario que confiemos en el Espíritu Santo para mantenernos enfocados en Jesucristo y en la responsabilidad constante que tenemos de obedecerle y servirle. Qué necio es para cualquiera de nosotros, que profesamos a Cristo, seguirlo dependiendo de nuestra propia fuerza y no de su gloria. Olvidamos que el Espíritu nos ha dado una visión clara de lo que implica la libertad de seguir a Jesús como Señor: «Pero cuando se conviertan al Señor, el velo se quitará. Porque el Señor es el Espíritu; y donde está el Espíritu del Señor, allí hay libertad» (2 Corintios 3:16-17).

Sugerencias para la oración: Si ha tendido a concentrarse más en sí mismo que en Cristo, confiese ese pecado y pida que Dios renueve su enfoque en su Hijo.

Para un estudio más profundo: Lea los siguientes pasajes del Evangelio de Juan e identifique el testimonio de Cristo en cada uno de ellos: 1:6-8; 5:31-37; 8:18; 10:25; 12:17.

NOS NECESITAMOS UNOS A OTROS

«Pero a cada uno le es dada la manifestación
del Espíritu para provecho».
1 Corintios 12:7

El Espíritu Santo usa a los creyentes para ministrar a otros creyentes.

En concordancia con el énfasis de la cultura moderna en la independencia personal, a menudo es fácil para uno decir lo siguiente: «Si tengo suficiente del Espíritu Santo dentro de mí, eso es todo lo que necesito para llevar mi vida cristiana». Y eso es cierto, pero debido a que usted no está santificado totalmente, no siempre permitirá que el Espíritu haga su obra por completo. Por lo tanto, Dios necesita usar a otros creyentes para ministrar la corrección, la exhortación o el aliento del Espíritu.

La Biblia es muy clara al respecto. La Epístola a los Hebreos dice que Dios quiere seguidores que no vacilen en su profesión de fe. Y un modo relevante en que los cristianos cumplirán eso es reuniéndose periódicamente y estimulándose —con seriedad— unos a otros para amar y hacer buenas obras (Hebreos 10: 23-25).

No tenemos que buscar lejos el entorno adecuado para reunirnos periódicamente y alentarnos unos a otros. Eso puede ser en cualquier iglesia fundamentada en la Biblia que esté ejerciendo sus dones espirituales. Esos dones especiales son simplemente los canales amorosos a través de los cuales el Espíritu Santo ministra a los miembros de la comunidad de creyentes. El versículo de hoy afirma que cada uno de nosotros tiene un don, verdad que se explica un poco más en el versículo 11: «Todas estas cosas las hace uno y el mismo Espíritu, repartiendo a cada uno en particular como él quiere». Aquí, el apóstol Pablo revela una forma más en la que el Espíritu Santo nos ayuda soberanamente a nosotros y a los demás a ser más maduros.

Lo notable de la obra del Espíritu a través de nosotros es que nos convertimos en extensiones de su voz. Quizás haya pensado en esa comparación en momentos en que usted les haya hablado del evangelio a los perdidos. Pero la analogía encaja igualmente bien cuando se acerca y ministra a alguien dentro de su iglesia. La idea de ser una extensión del ministerio del Espíritu Santo debería alentarlo a una mayor fidelidad al usar sus dones espirituales para ayudar a otros creyentes. Eso debería hacerle más sensible a la obra del Espíritu en su vida, a medida que otros se unen y le ministran (Colosenses 3:12-13).

Sugerencias para la oración: Pídale al Señor que lo mantenga siempre fiel a las ordenanzas de Hebreos 10:23-25.

Para un estudio más profundo: Lea 2 Corintios 8:1-7. ¿Qué tipo de ejemplo dieron los macedonios con respecto a la ayuda a otros creyentes?

❖ ¿Cómo debería motivarnos eso (v. 7)?

EMPODERADOS PARA EL SERVICIO

«Y a Aquel que es poderoso para hacer todas las cosas mucho más abundantemente de lo que pedimos o entendemos, según el poder que actúa en nosotros».

Efesios 3:20

Dios, a través del Espíritu Santo, les da a sus hijos todo el poder espiritual que necesitarán para gestionar su vida cristiana.

Es muy placentero saber que los dones espirituales no son como los juguetes cuyos paquetes dicen «se requieren baterías». Lo que el Espíritu proporciona no depende de unas baterías perecederas para obtener energía. Al contrario, cuando el Espíritu asegura nuestra nueva vida en Cristo, también nos da poder y nos fortalece con cada recurso espiritual que necesitaremos para servir a Cristo y ministrar a los demás.

El Espíritu Santo tiene un suministro infinito de fuerza y poder, como lo indica Pablo en Efesios 3:20. En el versículo 16, acababa de orar para que los efesios fueran «fortalecidos con poder en el hombre interior por su Espíritu». Pablo estaba seguro de que el Espíritu de Dios puede hacer mucho más en la vida de los creyentes que lo que la mayoría de nosotros imaginamos. Muchos de nosotros no entendemos la frase inicial del versículo de hoy —que dice: «Aquel que es poderoso»— y con ese fracaso limitamos lo que el Espíritu Santo puede hacer en y a través de nosotros.

Pablo tenía mucho más que un entendimiento teórico del infinito suministro de poder del Espíritu: lo experimentó de primera mano. Incluso cuando fue llevado al extremo física y espiritualmente, dijo: «Estamos atribulados en todo, mas no angustiados; en apuros, mas no desesperados; perseguidos, mas no desamparados; derribados, pero no destruidos» (2 Corintios 4:8-9). No podemos atribuir su perseverancia interior a ninguna otra fuente que no sea el Espíritu Santo.

No importa cuán difíciles o desalentadoras sean nuestras circunstancias, tenemos el mismo Espíritu. Si se nos impide algo, no tenemos que sentirnos frustrados. Si estamos perplejos, no tenemos que desesperarnos. Si somos perseguidos, no tenemos que enfrentarlo solos. Si nos estamos muriendo de una enfermedad física, podemos estar vivos de corazón y espíritu. Nuestra persona externa puede estar exhausta y en apuros, pero tenemos la seguridad de que nuestro ser interno se renueva diariamente con nuevas fuerzas del Espíritu Santo (2 Corintios 4:16).

Sugerencias para la oración: Agradezca a Dios hoy que, incluso antes de que se encuentre en una crisis, tiene al Espíritu Santo como fuente de fortaleza y poder para ayudarle a enfrentar el desafío.

Para un estudio más profundo: Moisés no estaba seguro de que pudiera o estuviera facultado para el ministerio de Dios. Lea Éxodo 3:1—4:17. ¿Qué excusas planteó Moisés y cómo trató Dios con ellas?

EL ESPÍRITU Y LA VOLUNTAD DE DIOS

«Y pondré dentro de vosotros mi Espíritu, y haré que andéis en mis estatutos, y guardéis mis preceptos, y los pongáis por obra».
Ezequiel 36:27

El Espíritu Santo siempre ha guiado y continuará guiando a los creyentes a conocer la voluntad de Dios.

Uno de los ministerios más útiles del Espíritu es ayudar a los creyentes a conocer y seguir la voluntad de Dios.

Ezequiel 36:27 indica claramente que el Espíritu siempre ha estado dispuesto a guiar al pueblo de Dios. E Isaías nos recuerda, siglos antes de la época de Ezequiel, que el Señor es «el que puso en medio de él su santo espíritu, el que los guió por la diestra de Moisés con el brazo de su gloria» (Isaías 63:11-12).

Los procedimientos usados en el Concilio de Jerusalén —registrados en Hechos 15— ilustran maravillosamente cómo el Espíritu guió a la iglesia del Nuevo Testamento. El concilio se reunió para determinar qué principios de conducta debía imponer la iglesia primitiva dirigida por judíos a los muchos nuevos conversos gentiles que ahora estaban en la comunidad. Después de mucha discusión en oración, el concilio tomó la importante decisión de que no era necesario adherirse a la ley de Moisés como medio de salvación.

El concilio estableció sus recomendaciones concisas en una carta que fue el resultado de un consenso dirigido por el Espíritu entre los apóstoles y los ancianos: «Porque ha parecido bien al Espíritu Santo, y a nosotros, no imponeros [a ustedes gentiles] ninguna carga más que estas cosas necesarias» (Hechos 15:28). Los líderes confiaban en que su decisión provenía de la mente del Espíritu Santo, como se refleja en las Escrituras; por lo tanto, sabían que era correcto y que concordaba con la voluntad de Dios.

La aclaración de Pablo en Romanos 8:14, que dice: «Porque todos los que son guiados por el Espíritu de Dios, éstos son hijos de Dios», nos alienta a que también nos aseguremos de que el Espíritu nos guía. Si somos fieles para escuchar, leer y estudiar la Palabra, si nos esforzamos por obedecerla y si somos sensibles al Espíritu Santo, Él nos guiará a la voluntad perfecta de Dios con nuestras vidas (ver Salmos 119:105).

Sugerencias para la oración: Si debe hacer una decisión importante, ore por discernimiento para conocer y seguir la voluntad de Dios.

  * Si no se enfrenta a ninguna decisión importante ahora, agradezca a Dios que el Espíritu siempre está presente para brindarle orientación.

Para un estudio más profundo: Lea Proverbios 3:1-6. ¿Qué dice esto acerca de la importancia de Dios y su Palabra al conocer su voluntad?

  * Memorice los versículos 5 y 6.

ENFÓQUESE EN LA ESCRITURA Y EN EL SEÑOR

«Andad en el Espíritu, y no satisfagáis los deseos de la carne».

Gálatas 5:16

**Debemos enfocarnos en Dios y en su Palabra a
medida que andemos por el Espíritu.**

La instrucción de Pablo a los gálatas en el versículo de hoy puede lucir como un tema poco útil. Sin embargo, para el apóstol este mandamiento era una verdad fundamental en cuanto a la manera en que todos los cristianos deben vivir su cotidianidad. El vocablo griego para «andar» podría traducirse como «sigue andando continuamente». La vida transcurre día tras día, por lo que los creyentes deben dar un paso cada día.

Cuando andamos por el Espíritu Santo, la principal oposición que enfrentamos proviene de nuestra propia carne (Gálatas 5:17). Por lo tanto, es crucial que poseamos una estrategia bíblica para nuestro andar espiritual y que sepamos cómo emplearla de manera práctica y efectiva. La primera parte de nuestra estrategia tiene que ser la ingesta diaria de la Palabra de Dios. El Salmo 1:2 dice: «Bienaventurado el varón que no anduvo en consejo de malos ... que en la ley de Jehová está su delicia, y en su ley medita de día y de noche». La meditación (reflexionar con paciencia y minuciosamente un pasaje de la Escritura) nos ayuda a sellar eficazmente la Palabra en nuestros corazones con el objeto de que podamos aplicarla obedientemente y ministrarla de acuerdo al Espíritu de Dios.

En segundo lugar, si queremos andar por el Espíritu, debemos enfocarnos en Dios y permitirle que renueve nuestra mente. La clave se encuentra en la instrucción familiar de Pablo: «No os conforméis a este siglo, sino transformaos por medio de la renovación de vuestro entendimiento, para que comprobéis cuál sea la buena voluntad de Dios, agradable y perfecta» (Romanos 12:2). El creyente que vive de esa manera caminará indudablemente por el Espíritu porque también será uno que adore a Dios «en espíritu y en verdad» (Juan 4:24). Como lo expresó con acierto, un maestro de la Biblia: «Búscame un adorador de Dios y te mostraré un hombre estable con su mente bajo control, listo para enfrentar la hora actual con un refrigerio de arriba».

Sugerencias para la oración: Ore para que el Señor le ayude a comenzar a quitar de su vida todo lo que le impida adorarlo de corazón.

Para un estudio más profundo: Josué 1:8; Salmos 19:7-8; Juan 8:31-32; Romanos 15: 4; 2 Timoteo 2:15 y Hebreos 4:12 se refieren a la Palabra de Dios. Léalos y escriba todo lo que dicen sobre la importancia de las Escrituras.

* ¿Qué debería motivarle a tener una mejor información de la Palabra de Dios?

EL ESPÍRITU Y LA ORACIÓN

«Sed, pues, sobrios, y velad en oración».
1 Pedro 4:7

**Dedicar tiempo a orar con Dios es otro factor
decisivo para andar por el Espíritu.**

En el tiempo que paso con la Palabra, a menudo confundo el punto en el que el estudio de la Biblia concluye y en el que empieza la meditación o el momento en que la meditación se convierte en oración. Mis devociones son definitivamente un proceso continuo en el que leo las Escrituras, medito en ellas y oro para que Dios me ayude a comprenderlas. Estoy seguro de que muchos de ustedes han tenido la misma experiencia. Debería ser así para cualquier creyente que sea fiel a pasar tiempo con el Señor diariamente.

Junto con la meditación en las Escrituras y el enfoque en Dios, la oración es un componente esencial de nuestra estrategia para andar por el Espíritu Santo. Una actitud de oración constante, inspirada en 1 Tesalonicenses 5:17 («Orad sin cesar»), nos ayudará mucho a andar al paso del Espíritu.

«Orad sin cesar», obviamente, no significa que los creyentes deben pasar cada momento en oración formal. La orden de Pablo a los tesalonicenses se refiere a la oración recurrente, no a la incesante expresión de palabras en una determinada postura.

Orar, como parte de nuestro caminar espiritual, implica llevar todas las tentaciones ante Dios y pedirle su ayuda. Significa que le agradecemos por cada experiencia buena y hermosa. Significa que le pedimos que nos permita unirnos a la lucha contra el mal. Significa que cuando tenemos la oportunidad de testificar, oramos para que Dios nos ayude a ser fieles y para que atraiga a la persona hacia Él. Y finalmente, este tipo de oración significa que recurriremos a Dios como nuestro Libertador cuando tengamos pruebas.

Por lo tanto, andar por el Espíritu es un estilo de vida de oración continua. Todos nuestros pensamientos, acciones y circunstancias se convierten en oportunidades para comunicarnos con Dios. Y si eso es cierto, obedecemos la exhortación de Pablo a los efesios: «Orando en todo tiempo con toda oración y súplica en el Espíritu, y velando en ello con toda perseverancia y súplica por todos los santos» (Efesios 6:18).

Sugerencias para la oración: Lleve una breve lista de oración con usted (en una tarjeta) hoy e intente orar varias veces durante el día.

Para un estudio más profundo: Mateo 6:1-8 habla de la oración del Señor presentada por Jesús. ¿Qué actitud general no aparece en la oración?

* Enumere las cosas específicas contra las que Cristo advierte, junto con las que recomienda en este pasaje.

LA RESTAURACIÓN ESPIRITUAL

«Hermanos, si alguno fuere sorprendido en alguna falta, vosotros que sois espirituales, restauradle con espíritu de mansedumbre».

Gálatas 6:1

Los que andan por el Espíritu deben restaurar a los creyentes que pecan.

Dios nunca tuvo la intención de que el caminar espiritual fuera un fin en sí mismo. Al contrario, lo que quiere es que los cristianos ejerzan una influencia positiva en los demás creyentes para que la iglesia sea purificada y edificada. Gálatas 6:1 revela cómo aquellos que andan por el Espíritu deben ministrar a otros dentro del cuerpo de Cristo. Pablo dice que deben restaurar a otros hermanos y hermanas que podrían haber caído en pecado.

«Sorprendido en alguna falta» indica que la persona cayó en un pecado y quedó atada por el mismo, como el animal que es capturado y queda atrapado en una trampa. Cada vez que otro creyente que conocemos es descubierto en algún pecado, sin excepción, el Espíritu Santo quiere que «ustedes, que son espirituales», busquen su restauración. El adjetivo «espirituales» no se refiere a una clase elitista de cristianos, sino que simplemente incluye a cualquiera que ande o camine por el Espíritu.

El que es espiritual y confía en la sabiduría y la guía del Espíritu, restaurará con paciencia al creyente pecador. El verbo griego traducido como «restaurar» —que aparece en Gálatas 6:1— implica fuertemente que la restauración espiritual debe ser un proceso metódico y perseverante. (El griego originalmente se refería a la reparación de redes de pesca o la realineación de un marco o una bisagra).

El versículo además indica que debemos abordar todo el proceso de restauración con «mansedumbre». Como creyentes que tienen este fruto del Espíritu (Gálatas 5:23), este enfoque debería ser casi automático para nosotros. Pero dado que somos meros pecadores salvados por gracia, necesitamos que Gálatas 6:1 y otros pasajes bíblicos nos recuerden la manera correcta de restaurar a un hermano o hermana que peca: «Mas no lo tengáis por enemigo, sino amonestadle como a hermano» (2 Tesalonicenses 3:15).

Sugerencias para la oración: Ore para que los líderes de su iglesia sean fieles en cuanto a confrontar y tratar de restaurar a los miembros que caen en pecado.
Para un estudio más profundo: Lea Gálatas 5:16-26. ¿Qué cosas, dentro del creyente, son opuestas al principio del versículo?
* Escriba dos o tres observaciones que le resulten más sorprendentes sobre los contrastes entre los rasgos de carácter —buenos y malos— que se enumeran aquí.

LLEVE LAS CARGAS DE LOS DEMÁS

«Sobrellevad los unos las cargas de los otros, y cumplid así la ley de Cristo».
Gálatas 6:2

Los que andan por el Espíritu soportan amorosamente las cargas de los demás.

El Señor Jesús presenta el amor a Dios y el amor a nuestro prójimo como el gran resumen de toda la ley (Mateo 22:37-40).

Es sensato, entonces, que el amor caracterice la vida de cualquier cristiano que ande por el Espíritu. El amor también es una parte integral de cualquier ministerio asistido por el Espíritu. Pablo nos dice en el versículo de hoy que cuando ayudamos a otros creyentes a llevar sus cargas particulares, estamos obedeciendo «la ley de Cristo» o la ley del amor, la que Santiago llama «la ley real» (Santiago 2:8).

Sin embargo, ¿qué significa exactamente Gálatas 6:2 cuando nos ordena que «sobrellevemos los unos las cargas de los otros»? El comentarista William Hendriksen nos brinda esta observación general, aunque útil: «Esto no solo significa "tolerarse mutuamente" o "soportarse mutuamente". Significa apoyarse conjuntamente —y recíprocamente— cada miembro con sus cargas».

La palabra *carga* evoca una variedad de pecados, dificultades y responsabilidades potenciales; pero Pablo estaba usando el término griego que se refiere a una carga extremadamente pesada e insoportable. Una carga que una sola persona no puede aguantar, lo que destaca nuevamente que los cristianos se necesitan unos a otros. El Espíritu Santo quiere que cada miembro de la iglesia participe en un ministerio de apoyo mutuo.

La esencia de la carga es la responsabilidad espiritual y la responsabilidad. Una de las formas más prácticas en que podemos soportar la carga de otra persona es hablar y orar periódicamente con él o ella sobre asuntos espirituales y medir el progreso de esa persona en la superación de cierto pecado o tentación.

Llevar las cargas de otro creyente es un maravilloso proceso de aprendizaje recíproco en el que ambos individuos pueden beneficiarse de la verdad de Dios y comprender más acerca de su voluntad para sus vidas (ver Gálatas 6:6). A medida que nos volvemos más sensibles y obedientes a Él, el Espíritu Santo organiza este ministerio y nos da el privilegio de instruir y defender a otros mientras seguimos andando en Él día a día.

Sugerencias para la oración: Agradezcamos a Dios por su Espíritu que nos ayuda a soportar las cargas más pesadas de los demás creyentes.

Para un estudio más profundo: Lea la Epístola a Filemón. ¿Qué hizo Pablo para sobrellevar las cargas de Onésimo?

* ¿En qué modo fue esa carta una carga —por parte de Pablo— para Filemón?

LLÉNESE DEL ESPÍRITU SANTO

«*Sed llenos del Espíritu*».

Efesios 5:18

———

Dios desea que cada aspecto del creyente esté bajo el control absoluto del Espíritu Santo.

Pleroo, palabra griega que quiere decir «sed lleno», brinda tres niveles de comprensión que ilustran lo que significa la ordenanza de Pablo en cuanto a estar llenos del Espíritu. Primero, la palabra describe la *presión* del viento que golpea las velas de un barco y mueve la nave a través del agua. Lo cual es un símbolo del Espíritu Santo que nos guía por el camino de la obediencia espiritual. Aunque nuestros propios planes y deseos no nos motiven principalmente, permitimos que la ventajosa presión del Espíritu nos mueva en la dirección correcta.

El conocido analgésico Alka-Seltzer ilustra eficazmente el segundo significado, la *absorción*. Si usted coloca dos pastillas de Alka-Seltzer en un vaso de agua, al instante se disuelven y pronto se transforman en burbujas transparentes que cubren el agua por completo y la impregnan de un sabor característico. Así es como Dios quiere que el Espíritu Santo llene nuestras vidas, para que no haya duda en la mente de los demás de que poseemos el sabor propio y penetrante del Espíritu.

El tercer y principal significado de *pleroo* es la *dominación* o *control total*. En Lucas 6:11, los escribas y fariseos «se llenaron de furor» cuando Jesús sanó a un hombre en sábado. Jesús dijo: «La tristeza ha llenado vuestro corazón» (Juan 16:6) al describir la reacción de los discípulos ante la noticia de que pronto partiría. En esos dos ejemplos, *pleroo* denota una emoción que dominaba completamente los pensamientos de las personas y excluía todo lo demás.

Con respecto a las preocupaciones terrenales, tales sentimientos abrumadores pueden ser dispendiosos, insensatos e incluso dañinos. Pero, cuando sometemos cada pensamiento, sentimiento y acción a la dominación absoluta del Espíritu Santo, somos beneficiados y mostramos que vivimos de acuerdo a la voluntad del Señor. Este sometimiento se producirá en nuestras vidas cristianas solo cuando obedezcamos otro de los mandamientos de Pablo: «La palabra de Cristo more en abundancia en vosotros» (Colosenses 3:16). En la práctica, andar lleno del Espíritu es cuestión de conocer la Palabra de Dios y obedecerla.

———

Sugerencias para la oración: Pídale a Dios que le perdone por los momentos en que no ha permitido que su Espíritu llene y controle completamente su vida.

Para un estudio más profundo: Lea y compare Isaías 6 y Apocalipsis 1:9-18. ¿Qué reacciones tuvieron el profeta Isaías y el apóstol Juan ante la noción del poder y el control abrumador de Dios?

* ¿Qué otras similitudes generales están presentes en lo que vieron ellos?

UNA CANCIÓN LLENA DEL ESPÍRITU

«Hablando entre vosotros con salmos, con himnos y cánticos
espirituales, cantando y alabando al Señor en vuestros corazones».
Efesios 5:19

Si estamos llenos del Espíritu, tendremos canciones de
alabanza en nuestros corazones y en nuestros labios.

Una vez que el cristiano sabe que debe estar lleno del Espíritu y andar por el Espíritu, todavía es justo que se pregunte: «¿Cómo puedo saber si el Espíritu Santo está realmente trabajando en mi vida?». Efesios 5:19 responde esta pregunta afirmando una de las evidencias inconfundibles de la plena operación del Espíritu en nuestras vidas: tendremos una canción en nuestros corazones.

La Biblia no nos da muchos detalles sobre el uso de la música y la canción, pero hay suficientes referencias para que su significado —para Dios y su pueblo— sea claro. Los israelitas alabaron a Dios después de que los rescató de los egipcios (Éxodo 15). El libro de Salmos está lleno de canciones y alabanzas, y concluye con una hermosa declaración que dice: «Todo lo que respira alabe a Jehová. Aleluya» (150:6).

En el Nuevo Testamento, Jesús y los discípulos terminaron la Última Cena cantando un himno (Mateo 26:30). Pablo y Silas cantaban mientras estaban encarcelados en Filipos (Hechos 16:25). Durante su visión en Apocalipsis 5, el apóstol Juan ve lo que sigue: «Y cuando [Cristo el Cordero] hubo tomado el libro, los cuatro seres vivientes y los veinticuatro ancianos se postraron delante del Cordero; todos tenían arpas, y copas de oro llenas de incienso, que son las oraciones de los santos; y cantaban un nuevo cántico» (vv. 8-9).

Ese «nuevo cántico» que Juan estaba a punto de escuchar —entonado ante el trono de Dios— no solo era nuevo cronológicamente, sino que lo era cualitativamente. Aquí, como en otras partes del Nuevo Testamento, la palabra «nuevo [o nuevas]» se usa en relación con la salvación de Dios, lo que significa que tiene mucho sentido para nosotros cantar una nueva canción, una que es mucho mejor que las canciones del mundo, si somos salvos y llenos del Espíritu Santo. Las palabras de alabanza genuinas deben surgir en nuestros corazones a menudo y en los momentos apropiados; además, deben brotar de nuestros labios para reflejar la alegría de la vida llena del Espíritu.

Sugerencias para la oración: Agradezca a Dios específicamente por algunos de sus himnos favoritos.

Para un estudio más profundo: Lea Apocalipsis 5:1-14 para conocer el contexto completo del nuevo cántico de Juan. ¿Cuál es el tema de esa canción?

＊ ¿Cuántos se han de unir a las alabanzas?

LA GRATITUD LLENA DEL ESPÍRITU

«Dando siempre gracias por todo al Dios y Padre, en
el nombre de nuestro Señor Jesucristo».

Efesios 5:20

Un sincero agradecimiento a Dios funciona en todo momento
si estamos verdaderamente llenos del Espíritu.

Estoy convencido de que la gratitud es el mayor acto de adoración personal que podemos rendirle a Dios. Y el versículo de hoy afirma claramente que el agradecimiento debe ser una respuesta completa y coherente a todo lo que Dios permite que suceda en nuestras vidas (ver 1 Tesalonicenses 5:18). Es imposible mostrar una actitud agradecida en extremo con nuestras propias fuerzas pero, al vivir en nosotros, el Espíritu Santo nos permite —con su amabilidad y su misericordia— estar agradecidos en todo momento, sin excepción.

De ello se deduce que si un creyente lleno del Espíritu puede dar gracias en todo momento, también se fortalecerá para dar «gracias *por todo*». Implícitas en las palabras de Pablo están las cosas difíciles (ver también Santiago 1:2-5; 1 Pedro 2:20-21); pero también hay docenas de bendiciones por las que no debemos descuidar el mostrar agradecimiento. Aquí hay algunos ejemplos principales: la bondad y la misericordia de Dios (Salmos 106:1), el don de Jesucristo (2 Corintios 9:15), el triunfo del evangelio (2 Corintios 2:14) y la victoria sobre la muerte (1 Corintios 15:56-57).

El cristiano lleno del Espíritu siempre mostrará su agradecimiento *en el nombre de Cristo a Dios el Padre*. No podríamos estar agradecidos si no fuera por la Persona y la obra de Jesucristo. Así que estar agradecido en su nombre simplemente significa que será congruente con su carácter y sus obras (ver Efesios 1:5-8, 11-12).

Dios es el objeto final de todas nuestras acciones de gracias y la palabra *Padre* es el nombre que destaca su benevolencia amorosa y el flujo constante de sus dones de gracia que llegan a quienes lo conocen (ver Santiago 1:17). No podemos eludir la importancia de ofrecer continuamente gracias a Dios en cada ocasión y por todo. Hebreos 13:15 nos presenta este excelente resumen: «Así que, ofrezcamos siempre a Dios, por medio de él, sacrificio de alabanza, es decir, fruto de labios que confiesan su nombre».

Sugerencias para la oración: Piense en algo por lo que no le ha agradecido a Dios en el pasado. Confiese esa negligencia y comience a agradecerle habitualmente a partir de ahora.

Para un estudio más profundo: Lea 2 Crónicas 20:1-23. ¿En qué se diferencia esa oportunidad, en la que mostró gratitud, de las que se mencionan en la lección?

* ¿Cómo mostró Josafat su confianza en Dios?

LA SUMISIÓN LLENA DEL ESPÍRITU

«Someteos unos a otros en el temor de Dios».
Efesios 5:21

Los creyentes llenos del espíritu se someterán unos a otros.

En términos mundanos, *sumisión* implica debilidad personal o dominio coercitivo que sufre una persona por parte de otra más fuerte y amenazadora. Eso no es bíblico. Martyn Lloyd-Jones describe el significado original de *sumisión* en un contexto militar, lo que nos ayuda a comprender su definición bíblica:

> *Veamos la imagen de unos soldados en un regimiento, formando una fila bajo el mando de un oficial… y si él [el soldado] actúa de acuerdo a su propia voluntad e independientemente de los demás, es declarado culpable de insubordinación, por lo que será castigado en consecuencia. Tal es la palabra que usa el apóstol; de modo que, lo que él está diciendo equivale a lo siguiente: que nosotros, los que estamos llenos del Espíritu, debemos comportarnos voluntariamente de esa manera unos con otros. Somos miembros del mismo regimiento, somos unidades en este mismo gran ejército. Debemos hacer eso voluntariamente, lo que el soldado está «obligado» a hacer.*

Además de Efesios 5:21, el Nuevo Testamento expresa repetidas veces la importancia de someterse uno al otro. Filipenses 2:3-4 nos dice cómo debe operar la sumisión mutua: «Nada hagáis por contienda o por vanagloria; antes bien con humildad, estimando cada uno a los demás como superiores a él mismo». Y Hebreos 13:17 nos ordena someternos a nuestros líderes espirituales: «Obedeced a vuestros pastores, y sujetaos a ellos».

La única forma en que podemos poseer cualquiera de esos rasgos o exhibir un comportamiento acorde al cristianismo es estar continuamente llenos del Espíritu Santo. Entonces podremos someternos voluntaria y alegremente al Señor y a los demás en amor, tal como el apóstol Juan insta: «Amados, amémonos unos a otros; porque el amor es de Dios. Todo aquel que ama, es nacido de Dios, y conoce a Dios» (1 Juan 4:7).

Sugerencias para la oración: Examine su corazón y vea si su actitud ha sido bíblicamente sumisa.

* Pídale al Espíritu de Dios que revele y corrija cualquier deficiencia pecaminosa que haya tenido al respecto.

Para un estudio más profundo: Lea Romanos 12:10; 1 Corintios 4:7; 1 Timoteo 5:21; Santiago 2:1. Enumere las comparaciones y contrastes entre estos versículos y lo que dice Filipenses 2:3-4 sobre la sumisión mutua.

CUMPLA LA LEY DE DIOS

«Para que la justicia de la ley se cumpliese en nosotros, que no andamos conforme a la carne, sino conforme al Espíritu».

Romanos 8:4

Si el Espíritu Santo reside dentro de nosotros, podremos cumplir con las demandas de la ley de Dios.

Agustín dijo una vez: «La gracia fue dada para que la ley se cumpliera». Cuando Dios nos salva, Él —por su Espíritu—, nos dota de la capacidad para obedecer su ley perfecta. Debido a que ahora vivimos «conforme al Espíritu», andando por el Espíritu y llenos del Espíritu, podemos hacer las cosas justas que requiere la ley de Dios.

¿No es maravilloso que el Señor ya no espere que su ley se cumpla solo por medio de un código de ética externo? Ahora la santidad, la justicia y la obediencia a la ley son productos internos del Espíritu Santo que mora en nosotros (ver Ezequiel 11:19-20).

La salvación de Dios es más que una transacción espiritual por la cual nos imputó la justicia de Cristo. Es más que una acción experta por la que nos declaró legalmente justos. Por grandiosas y vitales que sean esas doctrinas, no se nos aplicaron aparte de que Dios plantó su Espíritu en nuestros corazones y permitió que nuestras vidas manifestaran el fruto del Espíritu: «amor, gozo, paz, paciencia, benignidad, bondad, fe, mansedumbre, templanza» (Gálatas 5:22-23).

Necesitamos recordarnos habitualmente que el propósito de Dios con nosotros, después de que nos redimió, fue que pudiéramos tener una vida santa llena de buenas obras (Efesios 2:10; Tito 2:14). Cada vez que usted es desobediente a la voluntad y al propósito de Dios, está apagando al Espíritu Santo y luchando contra usted mismo y lo que sabe es correcto. Esa desobediencia es tan insensata como la persona que contiene la respiración sin razón y, por lo tanto, hace que sus pulmones resistan su función natural. El creyente que desobedece, sobre todo el que persiste en pecar, evita que el Espíritu lo guíe naturalmente por el camino de la santidad.

Aun cuando seamos salvos, no somos perfectos después de recibir esa gracia; es más, eso no sucederá hasta que seamos glorificados (1 Juan 3:2-3), pero el Espíritu Santo nos capacitará para vivir de manera agradable a Dios, que es el tipo de justicia que cumple su ley.

Sugerencias para la oración: Agradezca al Señor que no tiene que cumplir, por su propio esfuerzo, con las exigencias de la ley.

Para un estudio más profundo: Lea Romanos 6. ¿Qué le sucedió a su antiguo yo en el momento de su conversión?

* ¿Cómo debe afectar eso la forma en que usted vive?

EL ESPÍRITU Y LA SEGURIDAD

*«Mas vosotros no vivís según la carne, sino según el
Espíritu, si es que el Espíritu de Dios mora en vosotros. Y
si alguno no tiene el Espíritu de Cristo, no es de él».*

Romanos 8:9

El Espíritu Santo, que mora en nosotros, nos da la seguridad de la salvación.

La seguridad de la salvación es esencial para nuestra vida cristiana; no puedo imaginarme vivir sin ella. Por eso, debemos tener claridad al respecto desde un punto de vista verdaderamente *bíblico*. Esto comienza cuando el creyente genuino se da cuenta de que está en el Espíritu y que se le ha dado una nueva naturaleza (ver Juan 3:6). Si el Espíritu Santo vive en usted, ya no es controlado por las tendencias pecaminosas de la carne, como lo sugiere Pablo en Romanos 8:9. El término griego para «morar» indica que el Espíritu Santo hace su residencia en usted y en cada creyente.

Sin embargo, el versículo de hoy también señala que si alguien no tiene el Espíritu Santo dentro de él, no pertenece a Cristo. De vez en cuando, tal vez para usted sea la primera vez, debemos ser advertidos acerca de eso. Estar en el Espíritu no es simplemente profesar a Jesús, tener una apariencia piadosa o asistir a la iglesia. No importa lo que afirmemos, si no estamos cumpliendo la ley de Dios, deseando caminar por el Espíritu y buscando de todo corazón las cosas del Espíritu, Él no está —ni mora— en nosotros.

En 2 Corintios 13:5 Pablo exhorta: «Examinaos a vosotros mismos si estáis en la fe; probaos a vosotros mismos». Usted puede hacer esto buscando evidencias del Espíritu Santo en su vida. ¿Ha sentido la presencia del fruto del Espíritu en usted (Gálatas 5:22-23)? ¿Lucha con el pecado y desea liberarse de todas sus influencias (Romanos 7:14-25; Gálatas 5:16-17)? ¿Ha experimentado las acciones y actitudes que el Espíritu Santo trae a su vida diaria, como estudiamos a principios de este mes? ¿Anhela una comunión más cercana con Dios y una más profunda con otros creyentes? Si puede responder afirmativamente a estas preguntas, tiene razones firmes para asegurarse de que el Espíritu vive en usted y para saber con certeza que pertenece a Jesucristo.

Sugerencias para la oración: Agradezca a Dios por los recordatorios que su Espíritu le brinda de que pertenece a Cristo.

Para un estudio más profundo: Lea 1 Juan 5:1-12. ¿Qué indicadores nos muestra Juan que, además, nos garanticen la seguridad de la salvación?

* ¿Qué papel juega el Espíritu Santo en este pasaje?

EL ESPÍRITU Y LA ADOPCIÓN

«Porque todos los que son guiados por el Espíritu de Dios, éstos son hijos de Dios. Pues no habéis recibido el espíritu de esclavitud para estar otra vez en temor, sino que habéis recibido el espíritu de adopción, por el cual clamamos: ¡Abba, Padre! El Espíritu mismo da testimonio a nuestro espíritu, de que somos hijos de Dios».

Romanos 8:14-16

El Espíritu Santo confirma en nuestros corazones la realidad de la adopción en la familia de Dios.

En la Roma del primer siglo, no se practicaba la adopción como se hace en la actualidad. El padre a veces adoptaba a un joven ajeno a la familia como el principal heredero del nombre y patrimonio paterno. Si consideraba a sus hijos naturales indignos, buscaba a alguien que tuviera las cualidades que quería en un hijo. El adoptado tenía prioridad sobre cualquiera de los hijos sanguíneos en el proceso de herencia. De modo que el nuevo hijo recibía muchos derechos y privilegios; no era simplemente un ciudadano de segunda clase rescatado de la indigencia.

Del mismo modo, llegar a ser miembros de la familia de Dios requiere más que el proceso de nacimiento natural. Nos convertimos en hijos de Dios porque Él soberanamente eligió concedernos el renacimiento espiritual (Juan 1:12-13). Esa es la esencia de la adopción bíblica.

Por lo tanto, adopción y regeneración son términos que describen la manera en que Dios nos condujo a sí mismo (ver 2 Corintios 5:17). La regeneración nos hace hijos e hijas, y nos prepara para nuestra herencia eterna. La adopción nos califica como «hijos de Dios» y, en realidad, nos da el título de nuestra herencia. Una vez que eso ocurre, todas nuestras deudas anteriores (pecados) se anulan, y tenemos el derecho de estar en la presencia de Dios sin condenación alguna.

Todo el proceso de adopción es supervisado por el Espíritu Santo, que lo confirma en nuestros corazones. Nos transfiere de una familia extraña a la familia de Dios y, por lo tanto, «El Espíritu mismo da testimonio a nuestro espíritu, de que somos hijos de Dios» (Romanos 8:16). Si usted es cristiano puede, por el Espíritu que mora en usted, saber que es legal y eternamente hijo de Dios.

Sugerencias para la oración: Pídale al Señor que renueve su alegría y su agradecimiento a lo largo de este día, y que le recuerde las bendiciones que trae ser su hijo adoptivo.

Para un estudio más profundo: Lea Génesis 12:1-8. ¿Qué mandamientos y promesas hizo Dios?

* ¿Abraham había conocido a Dios de la misma manera antes de este pasaje?
* ¿Se relaciona la promesa de Dios con la adopción en algún sentido? Explique.

EL CIELO LE ESTÁ GARANTIZADO

*«Y si hijos, también herederos; herederos de Dios y
coheredeos con Cristo, si es que padecemos juntamente con
él, para que juntamente con él seamos glorificados».*
Romanos 8:17

**El Espíritu Santo confirma en nuestros corazones
la esperanza de la gloria eterna.**

Creo que las personas, en el mundo de hoy, saben instintivamente que no tienen acceso a la gloria (ver Romanos 1:18-21), pero exploran todos los caminos erróneos tratando de obtenerla. Buscan la gloria personal intentando desarrollar carreras exitosas, invirtiendo muchas horas en el servicio comunitario, siendo generosos con organizaciones benéficas, etc. Pero tales esfuerzos solo conducen a los celos y al orgullo. Los hombres y las mujeres no regenerados simplemente no pueden conocer la gloria que existió antes de la caída.

Sin embargo, llegará un día en que los creyentes serán transformados por completo a la semejanza de Cristo y tendrán un reflejo total de la gloria de Dios. Recibiremos una gloria perfecta y radiante que es mucho mejor que la que Adán y Eva conocieron en el jardín del Edén antes de que pecaran.

La glorificación completa la realidad de la salvación. El Señor planeó salvar a los que creen y conformarlos a la imagen de Cristo (Romanos 8:29-30) desde antes de la fundación del mundo. Por lo tanto, cada creyente vive en la esperanza de la gloria futura, una esperanza mejor resumida por los siguientes versículos: «En cuanto a mí, veré tu rostro en justicia; estaré satisfecho cuando despierte a tu semejanza» (Salmos 17:15). «Amados, ahora somos hijos de Dios, y aún no se ha manifestado lo que hemos de ser; pero sabemos que cuando él se manifieste, seremos semejantes a él, porque le veremos tal como él es» (1 Juan 3:2).

El Espíritu Santo nos guía a través de diversos niveles de gloria mientras todavía estamos en la tierra. Al considerar la gloria del Señor, el Espíritu restaura gradualmente la honra que perdimos en la caída. Nos anima restaurando nuestra dignidad. La salvación es el camino hacia la gloria, por lo que una vez que iniciemos ese camino llegaremos al objetivo final, que se está conformando completamente a la imagen y gloria de Jesucristo (2 Corintios 3:18).

Sugerencias para la oración: Ore para que el Espíritu le ayude a reconocer la gloria de Dios.

Para un estudio más profundo: Marcos 9:1-8 contiene un relato de la transfiguración de Cristo. ¿En qué manera representó ese evento un adelanto de la gloria futura?

* ¿En qué se diferenciaba de todo lo que los discípulos habían visto (v. 3)?
* ¿Cómo reflejó Pedro el asombro de los otros discípulos (vv. 5-6)?

LA INTERCESIÓN DEL ESPÍRITU

«El Espíritu mismo intercede por nosotros con gemidos indecibles».

Romanos 8:26

———

El Espíritu Santo, como comprende nuestras luchas en esta vida, ora continuamente por nosotros ante el trono del Padre.

En medio de las muchas dificultades y momentos estresantes de la vida, casi no hay nada más reconfortante que saber que uno cuenta con un amigo, alguien que está al lado de uno. En el ámbito legal, el abogado es el que argumenta formalmente su caso cuando necesita resolver una disputa judicial o financiera. Este concepto de amigo y abogado defensor yace en la esencia de la función del Espíritu Santo como nuestro *Paracleto*, uno con quien se puede contar (Juan 14:16).

Las palabras de Pablo en el pasaje de hoy nos consuelan con el conocimiento de que el Espíritu está cumpliendo la promesa de Juan 14 en cuanto a que nos acompaña y nos guía al cielo. En el proceso, el Espíritu Santo nos garantiza continuamente la seguridad de nuestra salvación e intercede por nosotros y por todos los creyentes, tal como lo hace Cristo (ver Lucas 22:31-32; Hebreos 7:25).

Nos perderíamos eternamente si el Espíritu Santo no intercediera por nosotros. Él entiende nuestras debilidades pecaminosas y sabe que, aun con nuestra propia sabiduría, ignoramos cómo orar adecuadamente por nosotros mismos o cómo mantener constantemente nuestro caminar con el Señor. Esta intercesión la hace el Espíritu Santo «con gemidos indecibles» (Romanos 8:26).

Esos «gemidos» se refieren a las comunicaciones divinas entre el Padre y el Espíritu que trascienden cualquier lenguaje humano. Son más como suspiros que no se pueden expresar con palabras. Eso significa que no podemos saber con precisión lo que dice el Espíritu Santo cuando intercede a nuestro favor, pero podemos estar seguros de que está orando por nosotros.

El noble ministerio de intercesión del Espíritu nos recuerda nuevamente cuán dependientes somos de Él para apoyarnos y ayudarnos en nuestro discipulado diario. Como dijo, una vez, el escritor cristiano A. W. Pink: «Solo por el fortalecimiento que Él [el Espíritu] nos da, es que no nos ensimismamos en las cosas que materiales y nuestros afectos son atraídos a las cosas de arriba».

———

Sugerencias para la oración: Agradezca a Dios que cuando esté perplejo o confundido e inseguro en cuanto a cómo orar, el Espíritu ya intercede por usted.

Para un estudio más profundo: El momento más notable de intercesión que tuvo Jesús con sus discípulos se registra en Juan 17. Lea este capítulo y anote los elementos que componen su lista de intercesión. ¿Cómo se aplican estos a nosotros?

LA NECESIDAD DE ENTENDER

«Estas cosas os he hablado en alegorías; la hora viene cuando ya no os hablaré por alegorías, sino que claramente os anunciaré acerca del Padre».

Juan 16:25

La enseñanza de Jesús en lenguaje alegórico reveló la necesidad de una mayor iluminación por parte del Espíritu Santo.

Jesús dejó a sus discípulos un tesoro de información valiosa que requeriría enseñanza adicional del Espíritu Santo para hacerlo entendible. El «lenguaje figurado» que nuestro Señor usó soberanamente estaba compuesto por muchas declaraciones veladas pero punzantes, llenas de un rico significado. Incluso los seguidores más cercanos de Cristo, cuando lo escuchaban por primera vez, a menudo entendían solo algunos conceptos básicos de sus enseñanzas

Jesús usó varias declaraciones veladas cuyos significados más profundos no fueron revelados hasta que el Espíritu Santo les dio a los creyentes una visión especial. Una de esas declaraciones es Juan 2:19: «Destruid este templo, y en tres días lo levantaré». La verdad que Jesús estaba enseñando, su muerte y su resurrección, se hicieron más claras en los próximos días. Juan 6:53-58 habla acerca de comer la carne de Jesús y de beber su sangre. Muchos de los judíos tomaron esa enseñanza literalmente y no entendieron que Jesús se estaba refiriendo a la comunión íntima y espiritual de los creyentes con Él mismo.

Además de esas y otras expresiones figurativas (ver Juan 6:35; 8:12) o parábolas, el Señor sabía que sus discípulos no entenderían ciertas verdades de inmediato (Juan 16:12). Eran espiritualmente ignorantes e incapaces de comprender todas las enseñanzas antes de la muerte de Cristo. Pero una vez que Él muriera y resucitara y viniera el Espíritu Santo, ellos entenderían las enseñanzas de Jesús sobre su relación con el Padre, como lo indica el final del versículo de hoy.

Cada vez que Cristo usaba el lenguaje alegórico, era lo suficientemente claro como para que lo expresado tuviera sentido, pero lo velaba algo como para que el Espíritu pudiera revelar una verdad más profunda más adelante. Tener acceso a esa verdad revelada es el privilegio bendecido que tenemos hoy, gracias al Espíritu Santo que ha venido como nuestro Maestro, tal como Jesús prometió en Juan 14:26 y 16:13. Necesitamos aprovechar al máximo el ministerio docente del Espíritu cada vez que escuchamos la Palabra expuesta, la leemos o la estudiamos por nosotros mismos.

Sugerencias para la oración: Cuando estudie la Palabra, pídale al Señor y a su Espíritu que le ayuden a comprender la mayor cantidad de verdad bíblica posible.

Para un estudio más profundo: Lea Juan 6:32-58. ¿Qué proporciona el Pan de Vida?

* ¿En qué manera es mejor que el maná?
* ¿Qué hizo que algunos judíos tropezaran con las palabras de Jesús?

EL ESPÍRITU TRAE ENTENDIMIENTO

«Estas cosas os he hablado en alegorías;
la hora viene cuando ya no os hablaré por alegorías,
sino que claramente os anunciaré acerca del Padre».

Juan 16:25

Entendemos la verdad gracias al ministerio de enseñanza del Espíritu Santo.
La Escritura aclara muy bien que los discípulos y todos los creyentes posteriores
necesitarían la asistencia divina para comprender todas las enseñanzas de Dios.
El propio Jesús lo sabía, como vimos en la lección de ayer. Y el apóstol Pablo
alude a ese hecho en 1 Corintios 2:9: «Antes bien, como está escrito: Cosas que
ojo no vio, ni oído oyó, ni han subido en corazón de hombre, son las que Dios
ha preparado para los que le aman». Ni la mente ni los sentidos físicos por sí
mismos pueden hacer que entendamos la verdad de Dios. Por eso necesitamos
el Espíritu Santo.

En Juan 16:25 Jesús dice: «La hora viene cuando ya no os hablaré por alegorías, sino ... claramente». Esa referencia es al día de Pentecostés, cuando el
Espíritu Santo fue derramado para vivir permanentemente en los discípulos
y en todos los demás creyentes. Por lo tanto, Jesús dice que el Espíritu nos
ayudará a comprender la verdad de Dios, incluidos los misterios velados y las
declaraciones alegóricas en su Palabra.

Sabemos y entendemos todo eso acerca de Dios porque su Espíritu es nuestro
maestro. El Espíritu Santo es quien conoce la mente de Dios y nos enseña las
cosas profundas de Él en las Escrituras (1 Corintios 2:10-14). Todas las epístolas del Nuevo Testamento fueron escritas para explicarnos claramente las
enseñanzas de Cristo. A veces el Espíritu nos enseña directamente a través de
la Palabra y, en otras ocasiones, usa personas para enseñarnos y desvelar lo que
antes era un misterio. Pero todo es trabajo de Él, porque es confiable, y podemos agradecerle todos los días por concedernos el entendimiento espiritual.

Sugerencias para la oración: Si hay un pasaje de las Escrituras que no ha sido
claro para usted, ore para que Dios le haga entenderlo cuando lo estudie nuevamente, o para que lo lleve a alguien que pueda ayudarlo a comprenderlo.

* Ore por un incrédulo que haya estado luchando para aceptar la verdad
de Dios. Pídale al Espíritu que atraiga a esa persona al Señor y descubra
las verdades de las Escrituras.

Para un estudio más profundo: Lea Hechos 8:26-38. ¿Qué enseña este pasaje
sobre la importancia de obedecer la dirección del Espíritu?

* ¿Cómo mostraron Felipe y el etíope diferentes aspectos de esa
obediencia?

EL ESPÍRITU REVELA EL NUEVO PACTO

«Y aun hasta el día de hoy, cuando se lee a Moisés,
el velo está puesto sobre el corazón de ellos.
Pero cuando se conviertan al Señor, el velo se quitará».
2 Corintios 3:15-16

Una de las verdades más importantes que el Espíritu
Santo nos revela es la gloria del Nuevo Pacto.

El Antiguo Testamento contiene muchas declaraciones veladas, tipos, símbolos, profecías y parábolas. Los israelitas no entendían la mayoría de esas cosas porque el Antiguo Testamento no era muy claro en su expresión. La gloria de Dios les era velada e incluso se decía que se había disipado (2 Corintios 3:13-14).

En contraste con el Antiguo Pacto, la era actual del Nuevo Pacto se caracteriza por la claridad de todos los pasajes doctrinales y prácticos clave en el Nuevo Testamento. Este progreso de la gloria velada de la era anterior a la gloria descubierta en la era actual ocurrió cuando el Espíritu Santo entró en el Libro de los Hechos. Todo lo que Dios quiere que sepamos y hagamos ahora es claramente enfocado debido al ministerio de enseñanza del Espíritu que mora en nosotros.

El Espíritu guía e ilumina a los creyentes del Nuevo Pacto al leer y estudiar la Palabra de Dios. Por lo tanto, ya no hay ninguna necesidad, por ejemplo, de descifrar las imágenes y profecías sobre Cristo. Así, Pablo puede decir: «Usamos de mucha franqueza» (2 Corintios 3:12). Luego continúa diciendo en los versículos 17-18: «Porque el Señor es el Espíritu; y donde está el Espíritu del Señor, allí hay libertad. Por tanto, nosotros todos, mirando a cara descubierta como en un espejo la gloria del Señor, somos transformados de gloria en gloria en la misma imagen, como por el Espíritu del Señor».

Esos versículos describen la esencia de la vida cristiana: crecer a la estatura de Cristo y ser como Él. La única forma de hacerlo es conocer bien la gloria revelada del Nuevo Pacto y permitir que el Espíritu Santo le transforme cada vez más a la imagen del Salvador.

Sugerencias para la oración: A medida que avance este día, pídale al Señor que le recuerde la gloria, la claridad y la libertad que tiene bajo el Nuevo Pacto.

⁎ Ore para que todas sus acciones reflejen esta verdad.

Para un estudio más profundo: Hebreos 8 inicia una discusión y un resumen acerca de la superioridad del Nuevo Pacto. Lea este capítulo y registre lo que dice son diferencias y mejoras del Antiguo al Nuevo Pacto.

⁎ ¿Quién media en el Nuevo Pacto?

UNA IGLESIA SANA

«Y él mismo constituyó a unos, apóstoles; a otros, profetas; a otros, evangelistas; a otros, pastores y maestros, a fin de perfeccionar a los santos para la obra del ministerio, para la edificación del cuerpo de Cristo».

Efesios 4:11-12

Dios le ha dado a cada creyente ciertos dones y funciones para que contribuyan con la salud de la iglesia y con la difusión del evangelio al mundo.

Dios desea alcanzar fervientemente al mundo entero con la verdad del evangelio (Hechos 1:8). Por lo tanto, el Espíritu Santo tiene miembros —especialmente energizados— del Cuerpo de Cristo, la iglesia, para cumplir el gran deseo de Dios a favor del mundo. En los tiempos del Antiguo Testamento, Israel era el agente de Dios para alcanzar a otros pueblos. Durante la historia del Nuevo Testamento, Cristo y los apóstoles fueron los vehículos de alcance que Dios usó. Hoy la iglesia es el canal que usa para hablarle al mundo acerca de su naturaleza y su verdad.

El Señor quiere que ese grupo de creyentes sea fuerte y funcione bien. Además de proporcionar los líderes talentosos mencionados en el texto bíblico de hoy, el plan de Dios es equipar a cada miembro con un don específico que ayude a la iglesia a crecer y a ser un testigo saludable en su comunidad. Así como el cuerpo humano tiene una variedad de órganos que deben funcionar e interactuar adecuadamente para mantener la vitalidad de todo el organismo, el uso constante de los dones —por parte de cada creyente— contribuye a edificar la iglesia. Los dones espirituales no se dan al azar, Dios da a los creyentes diferentes dones para que la iglesia pueda mostrar un reflejo compuesto del carácter de Cristo.

Por lo tanto, los creyentes no comenzarán a alcanzar su plena madurez espiritual a menos que todos los dones sean administrados entre los miembros de la iglesia.

Por ejemplo, si un pastor ministra predicando, su gente debe comunicarse más efectivamente. Si alguien ministra el don de la misericordia, otro creyente recibe el beneficio directo pero también aprende a mostrar misericordia. En la medida que usen los dones espirituales, todos los creyentes han de parecerse más a Cristo, por lo que manifestarán sus rasgos de carácter. Mediante este proceso, el Espíritu Santo ayuda a la iglesia a reflejar la Persona total de Cristo. ¿Cómo está usted contribuyendo con su don al plan de Dios?

Sugerencias para la oración: Ore para que los líderes y todos los miembros de su iglesia muestren un testimonio unificado y firmemente bíblico a la comunidad. *Para un estudio más profundo:* Lea Hechos 1:12-14; 2:1-4, 37-47. ¿Cómo mostraban, los primeros creyentes, su unidad?

❋ ¿Cuáles fueron los resultados del ministerio del Espíritu en Pentecostés?

LOS DONES ESPIRITUALES

«Pero a cada uno le es dada la manifestación del Espíritu para provecho».
1 Corintios 12:7

**Dios quiere que cada cristiano entienda los dones
espirituales y use los suyos sabiamente.**

El don espiritual es un canal a través del cual el Espíritu Santo ministra al Cuerpo de Cristo (1 Corintios 12:11). El día que nacimos de nuevo en la familia de Dios, su Espíritu nos entregó un don espiritual. Por lo tanto, tener un don espiritual no significa que el creyente sea «espiritual». Lo que realmente debemos preguntar es: «¿Está claro ese canal?». En términos hipotéticos, alguien podría tener todos los dones espirituales mencionados y no usar ninguno de ellos. O algún creyente podría estar abusando de algunos de sus dones. En cualquier caso, esa persona no sería espiritual.

También es incorrecto equiparar una habilidad natural o talento con un don espiritual. Alguien podría decir: «Mi don es hornear pasteles»; otro podría decir: «Soy un dotado tocando el piano». Esas son habilidades maravillosas y útiles, pero son destrezas naturales, no dones espirituales.

Pablo ilustra la diferencia entre habilidades y dones. Él pudo haber usado sus conocimientos filosóficos y literarios para escribir y pronunciar grandiosos discursos. Sin embargo, veamos lo que les dijo a los corintios: «Así que, hermanos, cuando fui a vosotros para anunciaros el testimonio de Dios, no fui con excelencia de palabras o de sabiduría. Pues me propuse no saber entre vosotros cosa alguna sino a Jesucristo, y a éste crucificado» (1 Corintios 2:1-2). El Espíritu Santo usa las habilidades de individuos como Pablo y habla a través de ellas, pero se expresa de una manera sobrenatural que no es necesariamente relacionada con las habilidades naturales de la persona.

Si confiamos en nuestra propia capacidad para producir fruto espiritual, entorpecemos lo que el Espíritu quiere hacer en nosotros. Lo mejor es que reflexionemos en lo que Pedro dice sobre el uso de su don: «Cada uno según el don que ha recibido, minístrelo a los otros, como buenos administradores de la multiforme gracia de Dios. Si alguno habla, hable conforme a las palabras de Dios; si alguno ministra, ministre conforme al poder que Dios da, para que en todo sea Dios glorificado por Jesucristo, a quien pertenecen la gloria y el imperio por los siglos de los siglos» (1 Pedro 4:10-11).

Sugerencias para la oración: Agradezca al Señor por el don espiritual que le ha dado. Pídale que lo ayude a usarlo fielmente, en todo su potencial.

Para un estudio más profundo: Lea Romanos 12:4-8 y enumere los dones espirituales mencionados allí. ¿Qué enfatiza 1 Corintios 12, especialmente los versículos 12 a 31, con respecto al uso de los diversos dones dentro de la iglesia?

USE LOS DONES ESPIRITUALES

«Y nosotros no hemos recibido el espíritu del mundo, sino el Espíritu que proviene de Dios, para que sepamos lo que Dios nos ha concedido».

1 Corintios 2:12

Los dones espirituales, para ser eficaces, deben usarse en el poder del Espíritu Santo, no en el de la carne.

Una de las batallas constantes que enfrentan todos los creyentes es evitar que ministren sus dones espirituales en el poder de la carne. Incluso aquellos de nosotros que somos llamados a ser predicadores (profetas) necesitamos someter nuestros espíritus a otros creyentes maduros (1 Corintios 14:32). Como pastor, no soy espiritual solo porque esté detrás de un púlpito y predique. Pablo nos instruye: «Asimismo, los profetas hablen dos o tres, y los demás juzguen» (1 Corintios 14:29). Los que enseñan la Palabra de Dios no son infalibles; por lo tanto, deben permitir que otros creyentes calificados verifiquen la verdad de lo que proclaman.

Cuando los cristianos confían en su propia fuerza, en su sabiduría y su deseo de ministrar, todo lo que logran es burla y desperdicio. Pero cada vez que ministran por el poder del Espíritu, el resultado es agradable a Dios y tiene un valor duradero («oro, plata, piedras preciosas, madera, heno, hojarasca. Si permaneciere la obra de alguno que sobreedificó, recibirá recompensa», 1 Corintios 3:12, 14). Esencialmente, todo lo que un creyente necesita orar es: «Espíritu de Dios, úsame», y la energía divina se activará y fluirá a través de su ministerio a los demás creyentes e incrédulos.

Usted puede usar su don espiritual de manera efectiva siguiendo fielmente tres pasos básicos: *Ore*: confiese y abandone sus pecados continuamente (1 Juan 1:9) y pídale a Dios que lo use en el poder del Espíritu Santo. *Ríndase*: determine vivir siempre de acuerdo a la voluntad de Dios, no a la del mundo (Romanos 6:16; 12:1-2). *Llénese del Espíritu*: deje que el Espíritu controle todos sus pensamientos, decisiones, palabras y acciones. Entréguele todo a Él y Él ministrará a través de usted.

Sugerencias para la oración: Confiese cada una de las veces que ha contado con su capacidad humana más que con el poder del Espíritu para ministrar a los demás.

* Ore para que esta semana Dios le dé una oportunidad para ejercer su don espiritual para la gloria de Él.

Para un estudio más profundo: Lea 1 Samuel 15:1-23. ¿De qué manera el rey Saúl usó su propia visión en vez de seguir el mandato de Dios?

* ¿Cuál puede ser la consecuencia de tal desobediencia (vv. 22-23; ver también 1 Samuel 13:8-14)?

EL PROBLEMA MÁS GRANDE DEL HOMBRE

«Por cuanto todos pecaron, y están destituidos de la gloria de Dios».
Romanos 3:23

El pecado es penetrante y mortal.

Cuando el padre de la iglesia primitiva Crisóstomo comentó: «No temo a nada más que al pecado», identificó correctamente el pecado como la mayor amenaza que cualquier persona encara. El pecado estropea todas las relaciones que las personas establecen: con otras personas, consigo mismas y, lo más importante, con Dios. El pecado causa sufrimiento, enfermedad y muerte en el ámbito físico y también produce muerte espiritual: separación eterna de Dios en el infierno.

Debido a que el pecado es tan mortal, necesitamos definirlo con mucho cuidado; ello con el fin de que podamos entenderlo y evitarlo. El apóstol en 1 Juan 3:4 resume la esencia del pecado cuando dice: «El pecado es infracción de la ley». El pecado es negarse a obedecer la ley de Dios; es rechazar las normas de Dios; es, en efecto, vivir como si Dios no existiera.

En 1 Juan 5:17, el apóstol Juan añade algo más a su definición de pecado, describiéndolo como «injusticia». Santiago lo define como no hacer lo que es bueno (Santiago 4:17). Pablo lo puntualiza como falta de fe (Romanos 14:23). El pecado es el supremo acto de ingratitud hacia el Dios «que nos da todas las cosas en abundancia para que las disfrutemos» (1 Timoteo 6:17).

El pecado contamina al pecador, lo que lleva a Pablo a referirse al primero como esa «contaminación de carne y de espíritu» (2 Corintios 7:1) de la cual los pecadores necesitan desesperadamente limpieza. Sin embargo, ningún esfuerzo humano —por mucho que sea— puede limpiar a la persona de pecado. Tal esfuerzo propio es tan inútil como intentar cambiarse el color de la piel (Jeremías 13:23). Solo a través de la muerte de Jesucristo, el sacrificio perfecto por el pecado (Hebreos 10:12), es que tenemos a nuestra disposición el perdón y la limpieza (1 Juan 1:7).

El pecado es lo único que Dios odia (cf. Jeremías 44:4) y también los creyentes (Salmos 97:10; Amós 5:15). El gran escritor puritano Thomas Watson señaló que un requisito previo para la santificación es ese odio por el pecado. Renueve su compromiso hoy para que crezca en su relación con el Señor y odie al mal (Proverbios 8:13) cada día más.

Sugerencias para la oración: Ore por los demás y por sí mismo para que no sea engañado por la sutileza del pecado (Hebreos 3:13).

Para un estudio más profundo: Identifique los pecados con los que más lucha.
  * Mediante el uso de una concordancia y otras herramientas de estudio, descubra lo que la Biblia dice acerca de esos pecados.
  * Cree un plan bíblico de ataque para combatirlos.

LA PLAGA DE LAS PLAGAS

«Pero veo otra ley en mis miembros, que se rebela contra la ley de mi mente, y que me lleva cautivo a la ley del pecado que está en mis miembros».

Romanos 7:23

El pecado es la plaga más mortífera que ha afectado a la humanidad.

A lo largo de la historia, las plagas mortales han devastado la raza humana. En solo tres años (1348-1350), la infame «Peste Negra» (un brote de peste bubónica) mató a la mitad de la población de Europa. En nuestros tiempos, enfermedades como el SIDA y ahora el COVID-19 han alcanzado proporciones pandémicas. Sin embargo, hay una plaga más mortífera que todas esas: el pecado, que ha afectado a todos los que han vivido (Romanos 3:19, 23). Y a diferencia de otras plagas, el pecado mata a todos los que infecta (Romanos 5:12).

Mientras Aun cuando el pecado, invariablemente, causa la muerte física y (aparte de la fe en Cristo) la muerte espiritual, tiene muchas otras consecuencias devastadoras. El pecado corrompe la mente (Jeremías 17:9; Efesios 4:17-19), la voluntad (cf. Jeremías 44:16-17) y los afectos (Juan 3:19; 1 Juan 2:15). El pecado pone a las personas bajo el control de Satanás (Juan 8:44; Efesios 2:2) y los convierte en objetos de la ira de Dios (Efesios 2:3). El pecado le quita la paz a la gente (Isaías 48:22) y la reemplaza con miseria (Job 5:7; Romanos 8:20).

Aunque como cristianos experimentamos el perdón de Dios, el pecado aún ejerce serias consecuencias en nuestras vidas. El pecado entristece al Espíritu Santo (Efesios 4:30), hace que Dios no conteste nuestras oraciones (1 Pedro 3:7), limita nuestra capacidad de servir a Dios (2 Timoteo 2:20-21) e incluso inhabilita a algunos para ejercer el servicio cristiano (1 Corintios 9:27). También hace que nuestra adoración sea hipócrita e inaceptable (Salmos 33:1; Isaías 1:14), hace que Dios retenga las bendiciones (Jeremías 5:25), nos roba el gozo (Salmos 51:12), nos somete a la disciplina de Dios (Hebreos 12:5-11), perturba nuestro crecimiento espiritual (1 Corintios 3:1-3) y contamina nuestra comunión con Él (1 Corintios 10:21). Y algo mucho más significativo aun, el pecado hace que nuestras vidas deshonren a Dios (1 Corintios 6:19-20).

Todo cristiano verdadero desprecia el pecado y anhela ser libre de su yugo. ¿Se da usted cuenta de la naturaleza mortal del pecado? Oro para que el grito de su corazón haga eco del de Pablo: «¡Miserable de mí!, ¿quién me librará de este cuerpo de muerte?» (Romanos 7:24).

Sugerencias para la oración: Agradezca a Dios porque le libró del pecado y ore para que le dé un aborrecimiento sagrado por todo lo que sea pecado.
Para un estudio más profundo: Lea Romanos 7—8. ¿Cómo vio el apóstol Pablo su propia lucha con el pecado?
  * ¿Cuál fue la clave para superarlo?

LA IMPORTANCIA DE LA CONFESIÓN

«Si decimos que no hemos pecado, le hacemos a él
mentiroso, y su palabra no está en nosotros».
1 Juan 1:10

La confesión es el primer paso para vencer el pecado.

A menudo es cierto que la parte más difícil de lidiar con un problema es admitir que uno lo tiene. Comenzando con Adán y Eva (Génesis 3:11-13), las personas siempre han negado la responsabilidad de sus pecados y nuestra generación no es la excepción. Reconocer que uno es pecador y que es culpable de violar la santa ley de Dios, no es algo muy popular. La gente le da al pecado una miríada de nombres distintos con la esperanza inútil de definirlo como si no existiera. Y hacen eso motivados porque saben instintivamente —o por su conciencia innata— que hay una ley moral y que hay consecuencias por violarla (Romanos 1:32).

Empero, el pueblo de Dios siempre ha reconocido la necesidad de la confesión. Después de cometer los terribles pecados de adulterio y asesinato, David reconoció ante el profeta Natán: «Pequé contra Jehová» (2 Samuel 12:13). Más tarde, clamó a Dios: «Porque yo reconozco mis rebeliones, y mi pecado está siempre delante de mí. Contra ti, contra ti solo he pecado, y he hecho lo malo delante de tus ojos» (Salmos 51:3-4). Frente a una visión de la asombrosa majestad y santidad de Dios, Isaías declaró: «¡Ay de mí! que soy muerto; porque siendo hombre inmundo de labios, y habitando en medio de pueblo que tiene labios inmundos, han visto mis ojos al Rey, Jehová de los ejércitos» (Isaías 6:5). Daniel era un hombre de integridad sin igual, pero parte de su vida de oración implicaba confesar su pecado (Daniel 9:20). Pedro, el reconocido líder de los apóstoles, le dijo a Jesús: «Apártate de mí, Señor, porque soy hombre pecador» (Lucas 5:8). El apóstol Pablo, el hombre más piadoso que jamás haya vivido (a excepción de Jesucristo), escribió sobre sí mismo lo que sigue: «Palabra fiel y digna de ser recibida por todos: que Cristo Jesús vino al mundo para salvar a los pecadores, de los cuales yo soy el primero» (1 Timoteo 1:15).

Los ejemplos de esos hombres piadosos ilustran una verdad bíblica fundamental: la confesión constante del pecado caracteriza a los cristianos verdaderos (1 Juan 1:9). Los que dicen ser creyentes pero se niegan a confesar sus pecados se engañan a sí mismos (1 Juan 1:8) y pretenden hacer de Dios un mentiroso (1 Juan 1:10).

Sugerencias para la oración: Confiese y abandone sus pecados hoy mismo y sienta la bendición del perdón de Dios (Proverbios 28:13).

Para un estudio más profundo: Lea y medite en la magistral oración de confesión que hizo Nehemías en el capítulo 1 de su libro.

DIOS ES LUZ

«Dios es luz, y no hay ningunas tinieblas en él».

1 Juan 1:5

La veracidad y la santidad de Dios son motivos poderosos para no pecar.

La luz y la oscuridad aparecen como metáforas familiares en las Escrituras. En el aspecto intelectual, la luz se refiere a la verdad y la oscuridad al error; en cuanto a lo moral, la luz se refiere a santidad y la oscuridad al mal.

En lo referente a lo intelectual, la Biblia revela a Dios como el Dios de la verdad. En Éxodo 34:6, Dios se describió a sí mismo ante Moisés como «¡Jehová! ¡Jehová! fuerte, misericordioso y piadoso; tardo para la ira, y grande en misericordia y verdad». Tanto el Salmo 31:5 como Isaías 65:16 se refieren a Él como el «Dios de verdad». En el Nuevo Testamento, Jesús se llamó a sí mismo «el camino, la verdad y la vida» (Juan 14:6).

Dios no solo es verdadero, sino que también lo es su Palabra. En 2 Samuel 7:28 David exclamó: «Ahora pues, Jehová Dios, tú eres Dios, y tus palabras son verdad». El Señor Jesús oró al Padre: «Santifícalos en tu verdad; tu palabra es verdad» (Juan 17:17). La Biblia, «la palabra de verdad» (2 Timoteo 2:15), imparte la luz del conocimiento. Y las conocidas palabras del salmista dicen: «Lámpara es a mis pies tu palabra, y lumbrera a mi camino» (Salmos 119:105).

En cuanto a lo moral, la luz describe la santidad absoluta de Dios y su separación del mal. El Salmo 5:4 dice de Él: «El malo no habitará junto a ti». «Muy limpio eres de ojos para ver el mal», dijo el profeta Habacuc a Dios, «ni puedes ver el agravio» (Habacuc 1:13). Como Dios es luz —en cuanto a que aclara la verdad y todas las cosas—, no puede mentir (Tito 1:2). Si su Palabra asegura que las cosas les irán bien a los justos (Isaías 3:10) y que el pecado trae consecuencias (Proverbios 11:5), podemos estar confiados en que eso es exactamente lo que sucederá. Debido a que Dios es luz —en cuanto a lo moral, en este contexto—, sabemos que Él no es ni la causa de ningún mal que enfrentemos, ni la fuente de nuestra tentación (Santiago 1:13).

Comprender la verdad de que Dios es luz es fundamental para lidiar con el pecado en nuestras vidas.

Sugerencias para la oración: Alabe a Dios porque ha revelado su verdad en la Biblia.

* Pídale a Dios que le dé una comprensión más profunda de su santidad al estudiar las Escrituras.

Para un estudio más profundo: Lea Proverbios 11:3; 19:3; Santiago 1:13-15. Basado en esos pasajes, ¿cómo respondería a alguien que culpa a Dios por las cosas malas que le suceden?

HIJOS DE LA OSCURIDAD

«Si decimos que tenemos comunión con él, y andamos en tinieblas, mentimos, y no practicamos la verdad».

1 Juan 1:6

Los que niegan la realidad de su pecado afirman la irrealidad de su salvación.

La nuestra es una sociedad que rechaza el concepto de la responsabilidad individual. Las personas culpan a la sociedad, a sus padres, a sus genes (a cualquier cosa menos a sus propias acciones y decisiones) de todos sus problemas. La enseñanza bíblica de que todos los individuos son responsables por la violación de la sagrada ley de Dios es objeto de burla y conceptuada como primitiva, poco sofisticada y perjudicial para una autoestima saludable.

Incluso algunos que dicen ser cristianos se niegan a reconocer su pecado. Ellos dicen: «Cometo errores. Pero soy una buena persona. ¡Seguramente Dios no me rechazará!». Esas personas son trágicamente engañadas y no tienen salvación; aquellos que no se ven a sí mismos como perdidos, no buscarán la gracia de la salvación de Dios. En palabras del Señor Jesucristo: «Los sanos no tienen necesidad de médico, sino los enfermos. No he venido a llamar a justos, sino a pecadores» (Marcos 2:17).

El apóstol Juan expone tres características de aquellos que niegan su pecado. Primero, caminan en la oscuridad (1 Juan 1:6). Eso revela que no son salvos, ya que solo aquellos que «andan en la luz» son limpiados de sus pecados por la sangre de Cristo (1 Juan 1:7).

Segundo, se engañan a sí mismos (1 Juan 1:8). La Biblia deja inequívocamente claro que todas las personas son pecadoras (2 Crónicas 6:36; Romanos 3:23); no hay excepciones (Romanos 3:12).

Tercero, difaman a Dios, haciéndolo mentiroso (1 Juan 1:10) al negar lo que su Palabra afirma: que son pecadores. Esa es una acusación seria y blasfema contra el Dios que no puede mentir (Tito 1:2), cuya palabra es verdad (Juan 17:17).

En Lucas 18, Jesús describió a dos hombres que oraban en el templo. Uno, un fariseo orgulloso y engreído que negó su pecado. El otro, un recaudador de impuestos despreciado, que gritó: «Dios, sé propicio a mí, pecador». ¿Con cuál de los dos se identifica usted?

Sugerencias para la oración: Agradezca a Dios, «que os llamó de las tinieblas a su luz admirable» (1 Pedro 2:9).

Para un estudio más profundo: Lea los siguientes pasajes: Juan 8:12; Hechos 26:18; Efesios 5:1-2, 8; Colosenses 1:12-13; 1 Tesalonicenses 5:4-5. ¿Es posible que un cristiano ande normalmente en la oscuridad (llevando una vida de pecado constante e impenitente)? Explique.

HIJOS DE LUZ

«Si andamos en luz, como él está en luz, tenemos comunión unos con otros, y la sangre de Jesucristo su Hijo nos limpia de todo pecado».
1 Juan 1:7

Dios es luz y sus hijos comparten su naturaleza.

El apóstol amado describe acertadamente, en 1 Juan 1:5, la naturaleza de Dios como «luz» (verdad y santidad). Debido a que participan de su naturaleza (2 Pedro 1:4), sus hijos también andan en la luz. Debe entenderse que no nos *convertimos* en hijos de Dios andando en la luz, sino que andamos en ella porque *somos* sus hijos. El verbo griego describe una acción continua que podría traducirse como: «Si andamos usual o constantemente en la luz». Ese es un indicador de carácter; la definición de un verdadero cristiano, así como —al contrario— andar en la oscuridad distingue a los no creyentes.

Dos beneficios importantes disfrutan los creyentes por andar en la luz. Son privilegios otorgados solamente a los cristianos; los incrédulos que piensan que los poseen se engañan a sí mismos.

Primero, los creyentes experimentan la comunión con Dios. «Unos con otros», en 1 Juan 1:7, no solo se refiere a otros cristianos. Aunque es cierto que los creyentes disfrutan de la comunión entre ellos, ese no es el tema exclusivo que este capítulo enseña. El versículo 3, deja muy claro que la comunión a la vista aquí es con Dios y con su Hijo, Jesucristo. Ese compañerismo es mutuo, «unos con otros». Los creyentes comparten una vida común con Dios, disfrutan su presencia a través del Espíritu Santo que mora en su interior y se comunican con Dios a través de la oración y la lectura de su Palabra.

Segundo, los creyentes experimentan la limpieza del pecado. «La sangre de Jesucristo su Hijo» es la que agencia esa limpieza. La sangre de Cristo representa su muerte sacrificial en la cruz, donde se hizo el pago completo por los pecados de los creyentes. Una vez más hay que señalar que andar en la luz no hace uno gane el perdón; más bien, el perdón se otorga libremente a aquellos que andan en la luz (que son los cristianos).

En vista de esas gloriosas verdades, hoy le dejaría con el desafío del apóstol Pablo: «Ahora sois luz en el Señor; andad como hijos de luz» (Efesios 5:8).

Sugerencias para la oración: Pídale a Dios que lo ayude para que «alumbre vuestra luz delante de los hombres, para que vean vuestras buenas obras, y glorifiquen a vuestro Padre que está en los cielos» (Mateo 5:16).

Para un estudio más profundo: Busque los siguientes pasajes y observe lo que cada uno enseña sobre el perdón de pecados: Efesios 1:7; Hebreos 9:14; 10:14; 1 Pedro 1:18-19; Apocalipsis 1:5-6.

EL REQUISITO DE LA LIMPIEZA

«Si confesamos nuestros pecados, él es fiel y justo para perdonar nuestros pecados, y limpiarnos de toda maldad».

1 Juan 1:9

———

La confesión constante caracteriza a los cristianos.

Ayer aprendimos que la única condición para recibir el perdón de Dios es «andar en la luz», en otras palabras, ser un verdadero cristiano (1 Juan 1:7). A primera vista, el versículo de hoy parece contradecir esa verdad al agregar una condición, a saber, la confesión de pecado. Ese no es el caso, sin embargo. Ese pasaje de Juan podría traducirse de la manera siguiente: «Si nosotros confesamos nuestros pecados, Él seguirá perdonándonos». Este versículo analiza la salvación desde la perspectiva del hombre y define a los cristianos como aquellos que confiesan sus pecados constantemente. La confesión, como la fe salvadora, no es un acto de una sola vez sino un patrón constante a lo largo de nuestras vidas.

¿Qué es la confesión? La palabra griega significa «decir lo mismo». La confesión, por tanto, es concordar con Dios acerca de nuestro pecado. La confesión afirma que Dios es justo cuando nos castiga por nuestros pecados. También nos restaura al lugar de su bendición, algo en lo que siempre es «fiel». Proverbios 28:13 refuerza esa verdad, prometiendo que «El que encubre sus pecados no prosperará; mas el que los confiesa y se aparta alcanzará misericordia».

Algunos pueden cuestionar cómo un Dios santo puede ser «justo» y aun —en casos extremos— perdonar pecados. Juan respondió a ello que el perdón viene a través de la muerte sacrificial del Señor Jesucristo. Pablo declara que «Dios puso [a Cristo] como propiciación por medio de la fe en su sangre, para manifestar su justicia ... con la mira de manifestar en este tiempo su justicia, a fin de que él sea el justo, y el que justifica al que es de la fe de Jesús» (Romanos 3:25-26).

La verdadera confesión implica tristeza porque el pecado ofende a Dios (2 Corintios 7:10), no un simple remordimiento debido a sus consecuencias negativas en la vida de uno (como fue el caso de Saúl [1 Samuel 15:24] y el de Judas [Mateo 27:3]). También implica arrepentimiento: apartarse del pecado y no abrazarlo más (cf. Hechos 19:18-19; 1 Tesalonicenses 1:9).

¿Hay algún pecado al que se haya aferrado? Si es así, confiéselo y abandónelo hoy mismo y experimente el bendito perdón de Dios.

———

Sugerencias para la oración: Alabe a Dios por ser «bueno y perdonador, y grande en misericordia para con todos los que te invocan» (Salmos 86:5).

Para un estudio más profundo: Memorice el Salmo 139:23-24, con el fin de que le recuerde la necesidad de la ayuda de Dios para confesar sus pecados.

UNA VISIÓN CORRECTA DEL PECADO

«Lávame más y más de mi maldad, y límpiame de mi pecado».

Salmos 51:2

—

La verdadera confesión implica una comprensión diáfana del pecado.

El rey David era un hombre según el corazón de Dios (1 Samuel 13:14). Sin embargo, estaba lejos de ser perfecto. No fue buen padre (1 Reyes 1:5-6), ni siempre confió en Dios (1 Samuel 21:10—22:1). No obstante, sus mayores pecados fueron su adulterio con Betsabé y el posterior asesinato del esposo de esta (2 Samuel 11—12). Después que Natán lo enfrentó, David derramó su corazón en confesión a Dios. En los siguientes tres días, aprenderemos de esa oración (Salmos 51) algunas características clave de la verdadera confesión.

La confesión, en primer lugar, implica una visión correcta del pecado. En el Salmo 51, David resumió la visión bíblica del pecado.

Primero, el pecado merece juicio. En el versículo 1, David suplicó: «Ten piedad de mí, oh Dios ... conforme a la multitud de tus piedades borra mis rebeliones». La verdadera confesión debe empezar con una admisión de culpa.

En segundo lugar, el pecado exige limpieza. En el versículo 2, David le pidió a Dios que lo limpiara de la culpa de su pecado. Puesto que el Señor es «de ojos [muy limpios] para ver el mal, ni puedes ver el agravio» (Habacuc 1:13), solo aquellos limpios de sus pecados pueden entrar en su presencia. La verdadera confesión reconoce la contaminación que causa el pecado y aboga por la limpieza de Dios (1 Juan 1:7, 9).

Tercero, el pecado es responsabilidad nuestra. A diferencia de Adán (Génesis 3:12) y Eva (Génesis 3:13), David aceptó la plena responsabilidad de su pecado. En los versículos 1 y 3 se refirió a sus pecados como «mis rebeliones». La verdadera confesión no culpa a otros por el pecado.

Cuarto, todo pecado es —en última instancia— contra Dios. David admitió eso cuando le dijo a Dios: «Contra ti, contra ti solo he pecado» (v. 4). La verdadera confesión reconoce a Dios como el supremo Legislador.

Quinto, el pecado es parte de la naturaleza humana. «He aquí, en maldad he sido formado», reconoció David en el versículo 5, «y en pecado me concibió mi madre». David aceptó la enseñanza bíblica de la depravación total: que todos los hombres heredan el pecado de Adán (Romanos 5:12). La verdadera confesión mira al interior, a la causa del pecado, no a factores externos.

¿Refleja su confesión una visión correcta del pecado?

—

Sugerencias para la oración: Alabe a Dios porque no guarda un historial de sus pecados (Salmo 130:3-4).

Para un estudio más profundo: ¿Por qué es importante reconocer el pecado (Josué 7:19)?

UNA VISIÓN CORRECTA DE DIOS

*«Contra ti, contra ti solo he pecado,
y he hecho lo malo delante de tus ojos; para que seas reconocido
justo en tu palabra, y tenido por puro en tu juicio».*
Salmos 51:4

La verdadera confesión implica una comprensión adecuada de Dios.

Hoy veremos un segundo elemento de la verdadera confesión en la oración que David hizo en el Salmo 51: la verdadera confesión requiere no solo una visión adecuada del pecado, sino también una perspectiva apropiada acerca de Dios. David nos brinda un conocimiento que consta de cuatro verdades esenciales sobre Dios.

Primero, Dios es santo. Al afirmar la omnisciencia de Dios, David declaró: «He aquí, tú amas la verdad en lo íntimo, y en lo secreto me has hecho comprender sabiduría» (v. 6). David sabía que debido a que Dios es santo, nunca está satisfecho con una simple conducta aparente.

Segundo, Dios es poderoso. David oró: «Purifícame con hisopo, y seré limpio; lávame, y seré más blanco que la nieve. Hazme oír gozo y alegría» (vv. 7-8). David creía que Dios tenía poder para cambiarlo, a diferencia de algunos que piensan que sus hábitos pecaminosos son demasiado fuertes para que Él los venza.

Tercero, Dios castigará a los creyentes por sus pecados. David le suplicó a Dios que «recreará los huesos que has abatido» (v. 8). Aludió a la forma en que los pastores, a veces, trataban a las ovejas rebeldes. Agarraban esas ovejas problemáticas y les rompían una de sus piernas. Luego les componían la pata y las cargaban mientras se sanaban por completo. Después, las ovejas permanecían cerca del pastor. Con esa pintoresca metáfora, David describió el castigo divino por su pecado.

Cuarto, Dios es un Dios que perdona. «Esconde tu rostro de mis pecados», suplicó David, «y borra todas mis maldades ... Líbrame de homicidios, oh Dios, Dios de mi salvación» (vv. 9, 14). Obviamente, David creía que Dios perdonaría su pecado, ya que en caso contrario nunca le habría pedido perdón. En Isaías 43:25, Dios mismo afirmó que es un Dios que perdona: «Yo, yo soy el que borro tus rebeliones por amor de mí mismo, y no me acordaré de tus pecados».

¿Refleja su confesión una visión correcta de Dios?

Sugerencias para la oración: Alabe a Dios por su santidad, su poder y su perdón.

Para un estudio más profundo: Lea las oraciones de los exiliados (Nehemías 9:5-38) y Daniel (Daniel 9:4-19). ¿Qué le dicen esas oraciones sobre sus puntos de vista acerca de Dios?

UNA VISIÓN CORRECTA DE UNO MISMO

«He aquí, tú amas la verdad en lo íntimo,
y en lo secreto me has hecho comprender sabiduría».

Salmos 51:6

La verdadera confesión implica una comprensión precisa de uno mismo.

El objetivo supremo perseguido por muchos en nuestra cultura narcisista es una autoestima «saludable». Incluso los cristianos han abordado el vehículo de la autoestima, malinterpretando el mandato de Jesús de «amar a tu prójimo como a ti mismo» (Mateo 19:19) como una ordenanza en pro del amor propio. Pero la Biblia en ninguna parte nos ordena que persigamos la autoestima; al contrario, nos manda que seamos santos (1 Pedro 1:16). En el Salmo 51, David da tres motivos por los cuales la santidad es imprescindible en la vida de cada cristiano.

Primero, por los incrédulos. David sabía que podía ser testigo de Dios solo si llevaba una vida santa. En el versículo 13, observó que no fue sino hasta después que Dios lo perdonó que él pudo «enseñar a los transgresores tus caminos [los de Dios]» y ver a «los pecadores» convertidos a Dios. Más tarde, el apóstol Pedro afirmó: «Vosotros sois linaje escogido, real sacerdocio, nación santa, pueblo adquirido por Dios, para que anunciéis las virtudes de aquel que os llamó de las tinieblas a su luz admirable» (1 Pedro 2:9). Nada le cierra la boca a un cristiano, con tanta fuerza, como la culpa por el pecado no confesado.

Segundo, por Dios. En el versículo 14, David reconoció que solo cuando su vida era pura podía alabar a Dios. Así que oró: «Líbrame de homicidios, oh Dios, Dios de mi salvación; cantará mi lengua tu justicia». En los versículos 16 a 17, David atestiguó que Dios desea la santidad de la vida, no la conformidad con el ritual externo, en sus hijos. Cuando los creyentes llevan vidas santas, Dios se complace; cuando pecan, lo deshonran (2 Samuel 12:14).

Tercero, por otros cristianos. El pecado de los creyentes siempre afecta, directa o indirectamente, a otros cristianos. Como monarca, el pecado de David afectó tanto a su familia como a toda la nación de Israel (2 Samuel 12:10-12). Por eso concluyó su oración de confesión pidiendo por la nación: «Haz bien con tu benevolencia a Sion; edifica los muros de Jerusalén. Entonces te agradarán los sacrificios de justicia, el holocausto u ofrenda del todo quemada; entonces ofrecerán becerros sobre tu altar» (vv. 18-19).

¿Refleja su confesión una visión correcta de usted mismo?

Sugerencias para la oración: Ore para que Dios le permita limpiarse «de toda contaminación de carne y de espíritu, perfeccionando la santidad en el temor de Dios» (2 Corintios 7:1).

Para un estudio más profundo: ¿Qué enseñan el Salmo 66:18 y 1 Pedro 3:7 acerca de la conexión entre la santidad y la oración?

MUERTO AL PECADO

*«En ninguna manera. Porque los que hemos muerto
al pecado, ¿cómo viviremos aún en él?».*

Romanos 6:2

En Cristo, los creyentes están muertos al pecado.

Como pastor, con frecuencia encuentro personas que profesan ser creyentes, pero que viven en todo tipo de pecados viles. La incongruencia de la gente que proclama que es creyente y vive en un pecado constante e impenitente no era un tema extraño para el apóstol Pablo. En Romanos 6:1 se planteó la siguiente pregunta retórica: «¿Perseveraremos en el pecado para que la gracia abunde?». En el versículo 2, respondió su propia pregunta exclamando: «En ninguna manera», la negación más fuerte y más enfática que puede existir en el idioma griego. Ello expresaba el horror y la indignación de Pablo ante la idea de que un verdadero cristiano pudiera permanecer en un constante estado pecaminoso. Que una persona afirmara que era cristiana mientras continuaba en pecado, es algo absurdo e imposible.

Pablo continúa en el versículo 2 para explicar por qué los creyentes no pueden seguir viviendo en pecado, y pregunta: «Porque los que hemos muerto al pecado, ¿cómo viviremos aún en él?». Su punto es que los creyentes, mediante la salvación, ya murieron al pecado. Por lo tanto, no pueden vivir en un estado constante de pecaminosidad, porque es imposible estar vivos y muertos al mismo tiempo. Aquellos que continúan en pecado sin arrepentirse dan evidencia de que están espiritualmente muertos, no importa lo que ellos digan.

Los incrédulos están «muertos en [sus] delitos y pecados» (Efesios 2:1), «siguiendo la corriente de este mundo, conforme al príncipe de la potestad del aire, el espíritu que ahora opera en los hijos de desobediencia» (v. 2). Los creyentes, por otro lado, han sido «librados de la potestad de las tinieblas, y trasladados al reino de su amado Hijo» (Colosenses 1:13).

Los cristianos ya no viven en la esfera del pecado, aunque todavía cometen algunos.

Tener una comprensión adecuada de la relación del creyente con el pecado es fundamental para progresar en la santidad. Consuélese hoy con la realidad de que el pecado, aunque es peligroso, es un enemigo derrotado.

Sugerencias para la oración: Alabe a Dios que, debido a su misericordia y su amor, porque nos dio vida junto con Cristo (Efesios 2:4-5). Pídale que lo ayude a andar digno de ese alto llamado (Efesios 4:1).

Para un estudio más profundo: Lea los siguientes pasajes: Juan 8:31; 2 Corintios 13:5; Santiago 2:14-26. ¿Es genuina toda profesión de fe en Jesucristo? Explique.

BAUTIZADO EN CRISTO

«¿O no sabéis que todos los que hemos sido bautizados en Cristo Jesús, hemos sido bautizados en su muerte?».

Romanos 6:3

Los creyentes están unidos con Cristo.

La persona que cree que los cristianos son libres de continuar pecando revela una esencial falta de comprensión de lo que es un cristiano. Los cristianos no son simplemente pecadores culpables declarados justos por Dios debido a que Cristo ha satisfecho las demandas de la justicia divina en su nombre. Esa verdad, que los teólogos llaman justificación, es de hecho esencial. Pero hay mucho más en la salvación que la justificación. Los creyentes también son unidos a Jesucristo.

Pablo presenta esta verdad trascendental por medio de la analogía del bautismo en agua. Algunos interpretan erróneamente este pasaje para enseñar que el bautismo mismo nos posiciona en unión con Cristo. Pero Pablo acababa de pasar tres capítulos (Romanos 3—5) enseñando que la salvación únicamente ocurre por fe en Cristo. Apenas en el capítulo 6, enseñaría acerca del bautismo. El apóstol, como lo hizo en 1 Corintios 10:1-2, usó el bautismo en un sentido metafórico. (La palabra griega traducida como «bautismo» simplemente significa «sumergir», aun cuando no necesariamente en agua).

Pablo usa otras metáforas para describir la unión de los creyentes con Cristo. En Gálatas 3:27 dice que los creyentes se han revestido de Cristo, mientras que 1 Corintios 6:17 indica que los cristianos están unidos a Él. Pero ninguna es tan gráfica como la del bautismo; dejar el ambiente de este mundo (la potestad del aire) y entrar en otro (el del agua) que simboliza a los creyentes que abandonan el reino de Satanás (Efesios 2:2) y entran al reino del Señor Jesucristo.

¿Qué hace nuestra unión con Cristo en nuestra vida cotidiana? Primero, proporciona los medios de comunión con Jesús y el Padre (1 Juan 1:3). Lo que debería motivarnos a evitar el pecado. En 1 Corintios 6:15, Pablo reprendió a los corintios por su laxa visión del pecado sexual: «¿No sabéis que vuestros cuerpos son miembros de Cristo? ¿Quitaré, pues, los miembros de Cristo y los haré miembros de una ramera? De ningún modo». Finalmente, nuestra unión con Cristo proporciona esperanza de gloria futura (Apocalipsis 3:21).

Qué bendito privilegio y cuán asombrosa responsabilidad la nuestra de estar indisolublemente unidos al Hijo de Dios (Colosenses 3:3).

Sugerencias para la oración: Alabe a Dios por todas las bendiciones que resultan de su unión con Cristo.

Para un estudio más profundo: Lea 2 Pedro 1:3-4. A la luz de nuestra unión con Cristo, ¿nos falta algo para llevar bien la vida cristiana?

VIVO EN CRISTO

«Porque somos sepultados juntamente con él para muerte por el bautismo, a fin de que como Cristo resucitó de los muertos por la gloria del Padre, así también nosotros andemos en vida nueva».

Romanos 6:4

Mediante la unión con Cristo participamos en su muerte, sepultura y resurrección.

Los fieles estamos unidos con Cristo no solo en su vida, sino también en su muerte. Cuando llegamos a la fe en Cristo, simbólicamente compartimos su muerte, muriendo al pecado y viviendo para Dios (Romanos 6:10-11).

Esa realidad tiene profundas implicaciones. Habiendo muerto a la pasada vida de pecado y resucitado para compartir una nueva vida en Cristo, los creyentes no pueden continuar con los mismos patrones de pecado antiguos. Ahora vivimos en un reino completamente diferente. Los que mueren en Cristo viven en Cristo. En palabras del gran teólogo del siglo diecinueve, Charles Hodge: «No puede haber participación en la vida de Cristo sin una participación en su muerte, y no podemos disfrutar los beneficios de su muerte a menos que seamos partícipes del poder de su vida. De modo que debemos reconciliarnos con Dios para ser santos y no podemos reconciliarnos sin llegar a ser santos».

Como resultado, los creyentes no pueden evitar «andar en vida nueva». Andar describe la conducta espiritual diaria. Los creyentes tienen una nueva dirección en la vida; ya no viven como antes de ser salvos (1 Pedro 4:3-4).

En su clásico himno «Y puede ser», Charles Wesley escribió:

Condenación, ¿por qué temer? ¡Jesús mi todo ahora es!
Es mi Cabeza viviente Él, y mi justicia firme y fiel.
Confiado al trono vengo yo por mi corona en el Señor.

¿Es esa la canción de su corazón en este día?

Sugerencias para la oración: Alabe a Dios por rescatarle del pecado y de la muerte, y por hacerle vivir con Cristo.

Para un estudio más profundo: Analice los siguientes pasajes: Gálatas 5:16; Efesios 5:2; Filipenses 3:17-18; Colosenses 1:10; 1 Juan 1:7. ¿Qué le dicen acerca del andar del cristiano?

LIBRE DE PECADO

«Sabiendo esto, que nuestro viejo hombre fue crucificado juntamente con él, para que el cuerpo del pecado sea destruido, a fin de que no sirvamos más al pecado. Porque el que ha muerto, ha sido justificado del pecado».
Romanos 6:6-7

Habiendo muerto con Cristo, los creyentes ya no están bajo el control del pecado.

Hace unos años apareció un libro con el divertido título *No va a reinar más, no más*. Aunque humorístico, ese título resume acertadamente la relación del creyente con el pecado. Aunque los cristianos todavía cometen pecados, ya no están bajo el dominio del pecado.

Cuando fuimos unidos a Cristo en su muerte (Romanos 6:5), «nuestro viejo hombre fue crucificado juntamente con él» (versículo 6). Nuestro «viejo hombre» es lo mismo que éramos antes de la salvación: unos seres perdidos en el pecado y destinados al infierno. Esa es la naturaleza no regenerada que heredamos de Adán (Romanos 5:12; 1 Corintios 15:22).

Algunos argumentan que los creyentes ahora tienen una naturaleza antigua y nueva, una especie de doble personalidad espiritual. El conflicto entre esas dos naturalezas, creen, es responsable de las luchas de la vida cristiana, ya que el creyente se esfuerza por crucificar a su antiguo yo. Pero note que Pablo no nos ordena crucificar nuestro viejo yo; nos dice que eso ya sucedió (ver Gálatas 2:20; Colosenses 3:9-10).

La expresión «para que el cuerpo del pecado sea destruido» aborda esta misma verdad desde una perspectiva ligeramente diferente. Eso se refiere a la estrecha conexión entre el cuerpo y el pecado (Romanos 8:10, 13) y describe el dominio absoluto del pecado en la vida del incrédulo. Esa dominación se rompe con la salvación.

Sin embargo, Pablo no está enseñando que la naturaleza de pecado de los creyentes haya sido erradicada y, por lo tanto, ya no pecan. La palabra griega traducida como «destruido» no solo significa «devastado» sino también «inoperante» o «privado de su fuerza, influencia o poder». Los cristianos ya no son esclavos del pecado; su tiranía en nuestras vidas se ha roto.

Anímese en su batalla contra el pecado en este día porque, aun cuando sigue siendo un enemigo peligroso, el pecado ya no es su amo.

Sugerencias para la oración: Alabe a Dios por librarle del poder del pecado.

❋ Ore para que le libere de la presencia del pecado en su vida.

Para un estudio más profundo: Lea los siguientes pasajes: Romanos 6:19; 12:1-2; 1 Corintios 6:19-20. ¿Cuál es su papel en la batalla contra el pecado?

❋ ¿Qué pasos puede dar para vencer el pecado que hay en usted?

MUERTOS CON CRISTO

«Y si morimos con Cristo, creemos que también viviremos con él;
sabiendo que Cristo, habiendo resucitado de los muertos, ya no muere;
la muerte no se enseñorea más de él. Porque en cuanto murió, al pecado
murió una vez por todas; mas en cuanto vive, para Dios vive».

Romanos 6:8-10

Dios nos libera del pecado a través de la muerte de su Hijo.

Como buen maestro, el apóstol Pablo entendió que las verdades importantes deben repetirse. Así, en el pasaje de hoy, repite y expande la trascendental verdad que presentó anteriormente en Romanos 6: los creyentes mueren con Cristo. A través de esa muerte, el dominio del pecado sobre nosotros es destruido.

El fundamento sólido que establece el perdón del creyente, en cuanto al pecado, constituye la victoria de Cristo sobre el pecado y la muerte. Cuando nuestro Señor resucitó, demostró con ello que había destruido el poder del pecado y de la muerte (Romanos 4:25; 1 Corintios 15:54-57). Y, puesto que, los creyentes se identifican con Cristo en su muerte y su resurrección (Romanos 6:3-5), nosotros también compartimos su victoria.

Que Cristo fue el sacrificio perfecto por el pecado es una verdad esencial del Nuevo Testamento. El Libro de Hebreos expresa esa importante realidad repetidas veces; aunque, en ninguna parte de manera más clara y contundente que en 10:10-14: «En esa voluntad somos santificados mediante la ofrenda del cuerpo de Jesucristo hecha una vez para siempre. Y ciertamente todo sacerdote está día tras día ministrando y ofreciendo muchas veces los mismos sacrificios, que nunca pueden quitar los pecados; pero Cristo, habiendo ofrecido una vez para siempre un solo sacrificio por los pecados, se ha sentado a la diestra de Dios, de ahí en adelante esperando hasta que sus enemigos sean puestos por estrado de sus pies; porque con una sola ofrenda hizo perfectos para siempre a los santificados».

Cristo «murió al pecado» no solo para destruir su poder, sino para pagar su castigo —la muerte (Romanos 6:23)— a favor nuestro. «Llevó él mismo nuestros pecados en su cuerpo sobre el madero», escribió Pedro, «para que nosotros, estando muertos a los pecados, vivamos a la justicia; y por cuya herida fuisteis sanados» (1 Pedro 2:24).

Los creyentes están muertos al poder y la pena del pecado. «Gracias doy a Dios, por Jesucristo Señor nuestro» (Romanos 7:25).

Sugerencias para la oración: Alabe a Dios por enviar a su Hijo a cargar con sus pecados (2 Corintios 5:21).

Para un estudio más profundo: Memorice 1 Corintios 6:20 con el objeto de que lo ayude a motivarse a glorificar a Dios con su vida.

PUEDES CONTAR CON ESO

«Así también vosotros consideraos muertos al pecado, pero vivos para Dios en Cristo Jesús, Señor nuestro».
Romanos 6:11

Actúe apegado a lo que sabe que es verdad.

Un principio bíblico fundamental es que las personas deben comprender la verdad antes de poder experimentarla en sus vidas. Dicho de otra manera, el deber siempre se basa en la doctrina. Los primeros diez versículos de Romanos 6 sientan las bases de la verdad sobre las cuales los creyentes pueden edificar sus vidas. Pablo exhorta a los cristianos varias veces (vv. 3, 5, 6, 8) a comprender la verdad de su unión con Cristo en su muerte y su resurrección. Ahora nos exhorta a actuar en consecuencia.

«Consideraos» traduce una palabra griega que significa «calcular», «deducir», «tener en cuenta». Pablo insta a los creyentes a llegar a una convicción firme en cuanto a su muerte al pecado a través de la unión con Cristo.

¿Por qué quienes cuestionan la liberadora verdad de que en Cristo están muertos al pecado? Algunos son víctimas de una visión inadecuada de la salvación, ya que la ven como un simple cambio posicional y legal ante Dios. Sin embargo, la salvación implica mucho más; genera una transformación completa del ser. Aquellos que creen que su vida cristiana es una batalla constante entre sus viejas y nuevas existencias, no podrán considerarse muertos al pecado. Las acusaciones de Satanás (Apocalipsis 12:10) y la conciencia también hacen que sea muy difícil para algunos convencerse de su muerte al pecado. Pero la mayor dificultad que enfrentan los cristianos para creer que el pecado es un enemigo derrotado es la batalla constante que mantienen contra él. Esa lucha hace difícil creer que estamos realmente muertos al poder del pecado (Romanos 7:15-24). Sin embargo, la Biblia enseña que la santidad de Cristo imputada a los creyentes nos ha liberado del dominio del pecado. Por lo tanto, los cristianos pueden decidir no pecar y no verse forzados a hacerlo.

Considérese muerto al pecado y disfrute las bendiciones del triunfo sobre la tentación (1 Corintios 10:13), sobre el pecado (que nunca puede hacerle perder la salvación, Hebreos 7:25) y la muerte (Juan 11:25-26).

Sugerencias para la oración: Agradezca a Dios por su gracia salvadora en Jesucristo.

Para un estudio más profundo: Lea los siguientes pasajes: Oseas 4:6; Isaías 1:3; Colosenses 3:8-10. ¿Qué enseñan esos versículos sobre la importancia del conocimiento doctrinal en la vida cristiana?

RÍNDASE A DIOS

*«No reine, pues, el pecado en vuestro cuerpo mortal, de modo que
lo obedezcáis en sus concupiscencias; ni tampoco presentéis vuestros
miembros al pecado como instrumentos de iniquidad, sino presentaos
vosotros mismos a Dios como vivos de entre los muertos, y vuestros
miembros a Dios como instrumentos de justicia. Porque el pecado no se
enseñoreará de vosotros; pues no estáis bajo la ley, sino bajo la gracia».*
Romanos 6:12-14

Los creyentes deben rendirse a Dios, no pecar contra Él.

Tres palabras clave en Romanos 6 definen la relación del creyente con el pecado: «saber» (vv. 3, 6, 9), «considerar» (v. 11) y «presentar» (v. 13). Las primeras dos hablan de entender y creer que estamos muertos al pecado. La tercera exige de nosotros una obediencia activa en nuestras vidas basada en esa verdad. Como estamos verdaderamente muertos al pecado, no debemos permitir que él sea la fuerza dominante en nuestras vidas. El pecado es un monarca destronado, pero todavía está presente en este mundo caído y desea tener al creyente a su alcance. Consciente de eso, Pablo exhorta a los cristianos: «No reine, pues, el pecado en vuestro cuerpo mortal, de modo que lo obedezcáis en sus concupiscencias». Y agrega: «El pecado no se enseñoreará de vosotros; pues no estáis bajo la ley». Pedro se hizo eco de ese pensamiento en 1 Pedro 2:11: «Amados, yo os ruego como a extranjeros y peregrinos, que os abstengáis de los deseos carnales que batallan contra el alma».

¿Cómo evita el creyente que impere el pecado en su vida? Por un lado, los creyentes derrotan al pecado al no presentar sus «miembros [sus cuerpos] al pecado como instrumentos de iniquidad». Debemos asegurarnos de que nuestros pensamientos, palabras y acciones no se utilicen con fines injustos. Por otro lado, debemos ceder todas nuestras facultades a Dios como «instrumentos de justicia». Hacer ambas cosas requiere autodisciplina, como lo expresó Pablo en 1 Corintios 9:27: «[yo] golpeo mi cuerpo, y lo pongo en servidumbre, no sea que habiendo sido heraldo para otros, yo mismo venga a ser eliminado».

Ríndase al pecado y sufrirá el castigo y el lamento; ríndase a Dios y disfrutará la alegría y la bendición. ¿Cuál de las dos cosas elegirá hoy?

Sugerencias para la oración: ¿Hay algún aspecto de su vida (pensamientos, palabras, acciones, hábitos) en que el pecado aún reine? Si es así, confiéselo a Dios y pida su ayuda para romper el control del pecado en esa área.

Para un estudio más profundo: Memorice Romanos 12:1 para que le ayude a recordar la importancia de rendir su cuerpo a Dios.

¿LIBERTAD O LICENCIA?

«¿Qué, pues? ¿Pecaremos, porque no estamos bajo la ley, sino bajo la gracia? En ninguna manera. ¿No sabéis que si os sometéis a alguien como esclavos para obedecerle, sois esclavos de aquel a quien obedecéis, sea del pecado para muerte, o sea de la obediencia para justicia?».
Romanos 6:15-16

La libertad del pecado no implica licencia para pecar.

Desde los tiempos de Pablo hasta ahora, el evangelio de la gracia ha sido acusado de proporcionar licencia para pecar. Si la salvación es el don de la gracia de Dios, argumentan los legalistas, aparte de las obras humanas, ¿qué motivará a las personas a tratar de que sus vidas sean santas? Frente a tal oposición, Pablo nunca contendió con el vital tema de la salvación por gracia y nosotros tampoco podemos hacerlo. La Biblia enseña una salvación que es enteramente por la gracia gratuita de Dios a través de la fe y en la que las obras humanas no juegan ningún papel.

Empero, hay una segunda forma en que la doctrina de la salvación por gracia puede degenerar. En base a los temores de los legalistas, algunos creen que —dado que la gracia de Dios cubre todos sus pecados— pueden vivir como lo deseen. En el pasaje de hoy, Pablo aborda ese error.

La sola idea de que un cristiano viviera en pecado persistente y habitualmente, horrorizaba a Pablo. A la hipotética pregunta que lanzó el propio apóstol —«¿Pecaremos, porque no estamos bajo la ley, sino bajo la gracia?»—, él mismo respondió de manera enfática: «En ninguna manera». Igual que en el versículo 2, el apóstol usó la modalidad más fuerte de negación en el idioma griego. En nuestra lengua española, lo que Pablo decía era simplemente: «¡Ridículo! ¡Imposible! ¡Absolutamente no!». Él persistió apuntando a la evidente verdad de que nadie puede servir a dos señores. Todos somos siervos del pecado o siervos de Dios; no hay una tercera opción. Y aquel a quien las personas habitualmente rinden su obediencia es su verdadero amo, cualquiera sea su afirmación.

No se deje engañar por quienes afirman que, dado que los cristianos son perdonados, pueden pecar cuando y como quieran. Tales personas no saben nada de la gracia de Dios; la cual, lejos de darnos licencia para pecar, nos enseña «que, renunciando a la impiedad y a los deseos mundanos, vivamos en este siglo sobria, justa y piadosamente» (Tito 2:12).

Sugerencias para la oración: Alabe a Dios por su gracia, que siempre es mayor que su pecado (Romanos 5:20).

Para un estudio más profundo: Lea Josué 24:14-27; Mateo 4:8-11 y 1 Tesalonicenses 1:8-9. Pase algún tiempo en oración, pidiéndole a Dios que lo ayude a renovar su compromiso de servirle.

SIERVOS DE LA JUSTICIA

«Pero gracias a Dios, que aunque erais esclavos del pecado, habéis obedecido de corazón a aquella forma de doctrina a la cual fuisteis entregados; y libertados del pecado, vinisteis a ser siervos de la justicia».
Romanos 6:17-18

La verdadera libertad se obtiene cuando se es siervo de Jesucristo.

Una vez conocí a un hombre que, aun cuando estaba convencido intelectualmente de que el evangelio era verdadero, se negaba a entregar su vida a Jesucristo. Cuando le pregunté por qué, respondió: «Porque no quiero renunciar a mi libertad». Él entendía claramente que la fe salvadora genuina requiere sumisión al señorío de Cristo. Pero fue trágicamente engañado al pensar que los no cristianos son libres, pero no lo son. Los incrédulos son esclavos del pecado (Juan 8:34). Solo los cristianos tienen verdadera libertad (Juan 8:31-32), la libertad para *no* pecar.

Pablo les recordó a los cristianos romanos que antes de ser salvos, «eran esclavos del pecado». La manera como el apóstol usa el tiempo imperfecto indica que los romanos, como todos los incrédulos, habían estado en una condición continua de esclavitud al pecado. Todo ser humano que ha nacido —desde que Adán y Eva hundieron a la raza humana en pecado— está esclavizado al pecado excepto, por supuesto, Jesucristo.

Cuando la persona conoce a Cristo, la transformación es tal que le «obedece de corazón», como señala Pablo. El acto inicial de obediencia que hace el cristiano —arrepentirse y creer en el mensaje del evangelio (Marcos 1:15)—, es el primer paso en un camino de obediencia para toda la vida. En palabras del apóstol Pedro, los cristianos son aquellos que han «purificado [sus] almas por la obediencia a la verdad» (1 Pedro 1:22).

Lo paradójico es que son solo aquellos que se han hecho siervos de Jesucristo los que son verdaderamente libres. Solo ellos son libres de hacer lo correcto; incluso las «buenas acciones» de los incrédulos son pecaminosas, ya que no se hacen para glorificar a Dios. La libertad cristiana no es libertad para elegir pecar, sino libertad para optar por no hacerlo.

Renueve hoy su compromiso de ser un siervo obediente de Dios, consciente de que «usted no es suyo. Porque ha sido comprado por precio» (ver 1 Corintios 6:19-20).

Sugerencias para la oración: Alabe a Dios por liberarle de la esclavitud del pecado.

* Pídale que le muestre aquello que no le ha cedido por completo.

Para un estudio más profundo: Memorice Mateo 5:6; 1 Timoteo 6:10-12; y Hebreos 12:14.

* Pídale a Dios que lo ayude a modelar su vida conforme a Jesucristo.

SIRVA A UN NUEVO AMO

«Hablo como humano, por vuestra humana debilidad; que así
como para iniquidad presentasteis vuestros miembros para servir
a la inmundicia y a la iniquidad, así ahora para santificación
presentad vuestros miembros para servir a la justicia».

Romanos 6:19

El cristiano debe vivir conforme a su nueva naturaleza.

Es una verdad obvia que, en el ámbito espiritual, nadie permanece quieto. El pecado lleva a más pecado, mientras que una vida pía conduce a más piedad. Todos los incrédulos son esclavos del pecado, por lo que no tienen más remedio que pecar; ceder al pecado es algo natural para ellos. Están interiormente llenos de «impureza» y, por lo tanto, son propensos externamente al «desenfreno». Están constantemente en una espiral descendente; el pecado los lleva a pecar más, lo que —a su vez— conduce a aún mayores transgresiones. En última instancia, el pecado arrastra a la persona a las profundidades del infierno.

Para los cristianos, sin embargo, la espiral es ascendente. Al haberse convertido en nuevas criaturas por la salvación (2 Corintios 5:17), los creyentes ya no son siervos del pecado. La vida cristiana es un proceso de alineamiento con el estilo de vida con la naturaleza. A medida que los creyentes «presentan sus miembros para servir a la justicia», el resultado inevitable es una mayor «santificación». La disminución de la frecuencia del pecado, por lo tanto, es una señal segura de un creyente maduro.

Pablo sabía muy bien —debido a su propia experiencia— que el cuerpo del creyente es un campo de batalla. En su autobiografía espiritual escribió: «Así que, queriendo yo hacer el bien, hallo esta ley: que el mal está en mí. Porque según el hombre interior, me deleito en la ley de Dios; pero veo otra ley en mis miembros, que se rebela contra la ley de mi mente, y que me lleva cautivo a la ley del pecado que está en mis miembros. ¡Miserable de mí! ¿quién me librará de este cuerpo de muerte?» (Romanos 7:21-24).

¿Cómo le va en la batalla diaria contra el pecado? Si las victorias son pocas y distantes entre sí, quizás haya olvidado la exhortación de Pablo en cuanto a «que presentéis vuestros cuerpos en sacrificio vivo, santo, agradable a Dios, que es vuestro culto racional» (Romanos 12:1).

Sugerencias para la oración: Ore con el salmista: «Ordena mis pasos con tu palabra, y ninguna iniquidad se enseñoree de mí» (Salmos 119:133).

Para un estudio más profundo: Identifique un área en la que carezca de autocontrol. Use una concordancia para ver lo que Proverbios enseña acerca de su problema.

EL PRECIO DEL PECADO

«Porque la paga del pecado es muerte, mas la dádiva de
Dios es vida eterna en Cristo Jesús Señor nuestro».
Romanos 6:23

Cristo pagó una deuda que no debía para liberarnos
de una deuda que no podíamos pagar.

En el ámbito científico existen leyes universales como, por ejemplo, la ley de la gravedad. Ellas están supeditadas a la creación por el Creador omnisciente que las mantienen funcionando con normalidad.

Así como Dios ha hecho leyes ineludibles para gobernar la dimensión física, también ha decretado principios espirituales universales. La más significativa de esas leyes espirituales es que el pecado tiene que pagarse con la muerte; es decir, el precio del pecado es la muerte misma. La palabra griega traducida como «paga» se usaba comúnmente para hablar de compensar con algo por un servicio prestado. Cuando Dios condena a los pecadores al infierno, simplemente les está dando la compensación que se han ganado y que exige su justicia.

En agudo contraste con la inexorable ley del pecado y de la muerte está la amorosa «dádiva de Dios», que es «vida eterna en Cristo Jesús Señor nuestro». La vida eterna no es una paga o salario, sino un regalo; y, por lo tanto, no se puede ganar. Las buenas obras, la asistencia a la iglesia ni los rituales religiosos le dan derecho a nadie. Después de contar sus antecedentes religiosos, credenciales insuperables en el judaísmo del primer siglo (Gálatas 1:14), Pablo descartó todo eso como «pérdida por amor de Cristo» (Filipenses 3:7).

El don gratuito de la vida eterna solo se obtiene a través de «Cristo Jesús Señor nuestro». En Hechos 4:12, Pedro declaró que «en ningún otro hay salvación; porque no hay otro nombre bajo el cielo, dado a los hombres, en que podamos ser salvos». Y en Juan 14:6 Jesús dijo simplemente: «Yo soy el camino, y la verdad, y la vida; nadie viene al Padre, sino por mí».

«¡Gracias a Dios por su don inefable!» (2 Corintios 9:15).

Sugerencias para la oración: ¿Ha perdido contacto con la realidad de que «la ley del Espíritu de vida en Cristo Jesús me ha librado de la ley del pecado y de la muerte» (Romanos 8:2)? Si es así, pase un tiempo en oración hoy, agradeciendo a Dios por darle vida eterna.

Para un estudio más profundo: ¿Qué enseñan los siguientes pasajes acerca de la posibilidad de ganarse la vida eterna: Romanos 3:28; Gálatas 2:16; 3:11; Filipenses 3:9; Tito 3:5?

MUERTO A LA LEY

«Así también vosotros, hermanos míos, habéis muerto a la ley
mediante el cuerpo de Cristo, para que seáis de otro, del que
resucitó de los muertos, a fin de que llevemos fruto para Dios».

Romanos 7:4

La ley ya no puede castigar a los que han muerto con Cristo.

Es una verdad axiomática que las leyes no se aplican a las personas muertas. Ningún policía emitiría una multa a un conductor ebrio fallecido en un accidente. Tampoco Lee Harvey Oswald fue juzgado por matar al presidente Kennedy, ya que él mismo fue asesinado por Jack Ruby. En Romanos 7:2-3, Pablo usa el matrimonio para ilustrar esa verdad: «Porque la mujer casada está sujeta por la ley al marido mientras este vive; pero si el marido muere, ella queda libre de la ley del marido. Así que, si en vida del marido se uniere a otro varón, será llamada adúltera; pero si su marido muriere, es libre de esa ley, de tal manera que si se uniere a otro marido, no será adúltera». El punto de Pablo es simple: la muerte concluye el matrimonio porque las leyes pertinentes al mismo no se aplican a los muertos.

El mismo principio es válido en el ámbito espiritual. Puesto que los creyentes han muerto con Cristo (Romanos 6:3-7), la ley ya no puede condenarlos; ya no tiene autoridad sobre ellos. El uso de la voz pasiva por parte de Pablo («habéis muerto») indica que los creyentes no se hacen muertos a la ley; fueron hechos muertos a la ley a través de un acto divino.

La única provisión para pagar la pena que requiere la ley es la muerte del Señor Jesucristo en la cruz. A los corintios, Pablo les escribió: «Al que no conoció pecado, por nosotros lo hizo pecado, para que nosotros fuésemos hechos justicia de Dios en él» (2 Corintios 5:21). El apóstol repitió esa verdad en Gálatas 2:19-20: «Porque yo por la ley soy muerto para la ley, a fin de vivir para Dios. Con Cristo estoy juntamente crucificado, y ya no vivo yo, mas vive Cristo en mí; y lo que ahora vivo en la carne, lo vivo en la fe del Hijo de Dios, el cual me amó y se entregó a sí mismo por mí».

Sugerencias para la oración: Agradezca a Dios porque ya no está bajo la condena de la ley (Romanos 8:1).

Para un estudio más profundo: Lea Romanos 3:20; 7:12; Gálatas 3:24-25. Dado que la ley no puede salvar a nadie, ¿cuál es su propósito?

UNIDO A CRISTO

«Para que seáis de otro, del que resucitó de los muertos,
a fin de que llevemos fruto para Dios».
Romanos 7:4

El creyente ya no está casado con la ley, ahora está casado con Jesucristo.

De las muchas metáforas del Nuevo Testamento utilizadas para describir la iglesia, la más íntima es la de la novia de Cristo. Pablo describe esa relación en Efesios 5:24-27: «Así que, como la iglesia está sujeta a Cristo, así también las casadas lo estén a sus maridos en todo. Maridos, amad a vuestras mujeres, así como Cristo amó a la iglesia, y se entregó a sí mismo por ella, para santificarla, habiéndola purificado en el lavamiento del agua por la palabra, a fin de presentársela a sí mismo, una iglesia gloriosa, que no tuviese mancha ni arruga ni cosa semejante, sino que fuese santa y sin mancha». Al describir a Cristo como «el que resucitó de los muertos», Pablo enfatiza la unión del creyente con Jesús no solo en su muerte sino también en su resurrección (Romanos 6:4-5). Por lo tanto, nuestro vínculo matrimonial con el Salvador viviente durará siempre.

El resultado de nuestra unión con Cristo es «que llevemos fruto para Dios». La meta de la vida de cada creyente es glorificar a Dios dando fruto. No existe un cristiano que no dé fruto, porque el resultado inevitable de la salvación es una vida transformada. Jesús continúa ese proceso de transformación a lo largo de nuestras vidas, podándonos continuamente para que podamos producir aún más fruto para su gloria (Juan 15:1-2).

El fruto espiritual puede definirse como cualquier acto justo que glorifique a Dios. Puede consistir en actitudes piadosas, producidas por el Espíritu (Gálatas 5:22-23), alabanza a Dios (Hebreos 13:15), guiar a otros a Cristo (Romanos 1:13), dar a los necesitados (Romanos 15:26-28), y una vida justa (Filipenses 1:11). Qué gran privilegio es el nuestro, ser eternamente «espíritu» (1 Corintios 6:17) con el Señor de la gloria.

Sugerencias para la oración: Ore para que Dios le permita hacer todas las cosas para su gloria (1 Corintios 10:31).

Para un estudio más profundo: Lea la lista del fruto del Espíritu que Pablo presenta en Gálatas 5:22-23. Usando una concordancia, un diccionario bíblico u otras herramientas de referencia, estudie cada aspecto del fruto enumerado.

* Busque maneras de implementar lo que aprende en su vida diaria.

EL CUARTETO TEMIBLE

«Porque mientras estábamos en la carne, las pasiones pecaminosas que eran por la ley obraban en nuestros miembros llevando fruto para muerte».

Romanos 7:5

Cuatro términos clave caracterizan a aquellos que no están en Cristo.

En nuestro mundo caído y maldito, las catástrofes son el pan de cada día. Incendios, inundaciones, terremotos, erupciones volcánicas, tsunamis, huracanes, tornados y otros desastres naturales ocurren en cualquier lugar y momento. A esas calamidades naturales se suman los provocados por el hombre, como guerras, actos terroristas, accidentes aéreos, ferroviarios, naufragios, etc.

Sin embargo, mucho más grande que cualquiera de esos desastres, y algo que afecta a todos, fue la entrada del pecado en la raza humana. El pecado hace que los hombres caídos estén espiritualmente muertos; separa al individuo de la comunión con Dios y lo consigna al castigo eterno en el infierno.

En el versículo de hoy, Pablo presenta cuatro palabras que describen el estado degenerado del hombre: *carne, pecado* [pasiones pecaminosas], *ley y muerte.* Esas cuatro palabras se interconectan: la carne produce pecado, el cual es estimulado por la ley, lo que resulta en muerte. Consideremos cada uno individualmente.

El término *carne* se usa de dos maneras en las Escrituras. A veces se emplea en un sentido físico para hablar de la existencia humana. El apóstol amado lo usó para describir la encarnación de Cristo en Juan 1:14 y 1 Juan 4:2. Pero en el aspecto moral, «carne» representa el cuerpo no redimido del creyente (Gálatas 5:13; Efesios 2:3). Aun cuando los creyentes ya no están «en la carne» (Romanos 8:9) como los incrédulos, ella todavía está en nosotros. Es el asiento de la tentación, la cabeza de playa desde la cual Satanás lanza sus ataques.

El *pecado* (o «pasiones pecaminosas») energiza la carne, lo que a su vez produce más pecado. Esas «pasiones pecaminosas», dice Pablo, «fueron despertadas por la ley»; están expuestas por la *ley* porque la naturaleza rebelde del hombre caído hace que este desee hacer lo que está prohibido. El resultado final de esta espiral descendente es la «*muerte*», tanto física como espiritual.

Qué Dios tan misericordioso al que servimos, que «aun estando nosotros muertos en pecados, nos dio vida juntamente con Cristo» (Efesios 2:5).

Sugerencias para la oración: Ore por los incrédulos que le rodean, a fin de que Dios abra sus corazones para responder al evangelio (Hechos 16:14).
Para un estudio más profundo: ¿Qué enseñan los siguientes pasajes sobre el cristiano y la ley? Romanos 8:2-4; 10:4; Gálatas 3:13; 5:18; Filipenses 3:9.
* ¿Significa eso que los creyentes pueden vivir como quieran? (Ver 1 Corintios 9:21).

EL CORAZÓN DEL EVANGELIO

«Concluimos, pues, que el hombre es justificado por fe sin las obras de la ley».
Romanos 3:28

Al estar muerto en pecado, el hombre no puede salvarse a sí mismo.

Como hemos visto este mes, el problema más serio que enfrenta la raza humana no es la destrucción del medio ambiente, el crimen ni la amenaza de una guerra nuclear; es el pecado. Los primeros nos amenazan con la muerte física, los otros con la muerte espiritual. Por lo tanto, se deduce que la noticia más grande jamás conocida es que «Cristo Jesús vino al mundo para salvar a los pecadores» (1 Timoteo 1:15). El infierno puede ser el destino del hombre, pero ese no es el deseo principal de Dios. Pedro señala que el Señor «es paciente para con nosotros, no queriendo que ninguno perezca, sino que todos procedan al arrepentimiento» (2 Pedro 3:9).

Debido a su gran amor por los pecadores, Dios envió a su Hijo «en propiciación por nuestros pecados» (1 Juan 4:10). Como el don salvador de Dios es otorgado por la fe, no es sorprendente que la justificación por la fe sea el tema de Romanos (ver Romanos 1:16-17). El apóstol muestra que todos los hombres son culpables ante Dios y que necesitan justificación (capítulos 1 y 2). Luego describe la justificación en los capítulos 3 y 4. Después presenta los resultados de la justificación en los capítulos 5 y 6.

Dos palabras clave están asociadas con la justificación en Romanos: *gracia* y *fe*. En Romanos 3:24, Pablo afirma que somos «justificados gratuitamente por su gracia, mediante la redención que es en Cristo Jesús», mientras que en el versículo 28 dice: «Concluimos, pues, que el hombre es justificado por fe sin las obras de la ley». La promesa de justificación a Abraham, señala Pablo, fue «por fe, para que sea por gracia» (Romanos 4:16). La fe y la gracia se ven vinculadas nuevamente a la justificación en Romanos 5:1-2: «Justificados, pues, por la fe, tenemos paz para con Dios por medio de nuestro Señor Jesucristo; por quien también tenemos entrada por la fe a esta gracia en la cual estamos firmes, y nos gloriamos en la esperanza de la gloria de Dios».

En estos tiempos de vacilación doctrinal, oro para que usted se mantenga firme en su compromiso con la doctrina de la justificación solo por gracia a través de la fe sola.

Sugerencias para la oración: Agradezca a Dios por su misericordia y amor al salvarlo cuando estaba muerto en pecado (Efesios 2:4-5). Pídale que lo ayude a andar digno de su salvación (Efesios 4:1).

Para un estudio más profundo: Lea Romanos 1 al 6, y observe lo que enseña sobre el estado perdido del hombre y la provisión de salvación por parte de Dios.

LA LEY REVELA EL PECADO

«¿Qué diremos, pues? ¿La ley es pecado? En ninguna manera.
Pero yo no conocí el pecado sino por la ley; porque tampoco
conociera la codicia, si la ley no dijera: No codiciarás».

Romanos 7:7

La santa norma de Dios expone el corazón rebelde del hombre.

Hasta ahora, en Romanos, Pablo nos ha dicho lo que la ley no puede hacer: no puede salvarnos (capítulos 3—5) ni santificarnos (capítulo 6). En este punto, el apóstol anticipa y responde una pregunta que surge de manera natural: ¿Cuál era, entonces, el propósito de la ley? ¿Fue malo? En los próximos días consideraremos tres objetivos importantes que cumplió la ley.

Primero, la ley revela el pecado. El pecado es una violación del estándar justo de Dios (1 Juan 3:4); si no existiera tal parámetro, no habría pecado. En Romanos 3:20, Pablo dijo que «por medio de la ley es el conocimiento del pecado». Romanos 4:15 agrega: «donde no hay ley, tampoco hay transgresión», y Romanos 5:13 revela que «donde no hay ley, no se inculpa de pecado».

A la pregunta «¿La ley pecado es pecado?» Pablo responde enfáticamente: «En ninguna manera». Esa pregunta es tan absurda como blasfema; una ley malvada nunca podría proceder de un Dios santo. Pablo continúa diciendo: «Yo no conocí el pecado sino por la ley». La ley enfrentó al orgulloso fariseo Saulo de Tarso con su pecado absoluto, revelando su necesidad de un Salvador y preparando su corazón para un encuentro transformador con el Señor Jesucristo en el camino a Damasco.

El mandamiento específico que cita Pablo, el mandato contra la codicia, es revelador. La codicia es una actitud interna, no un acto externo. Esa fue la constatación de que la ley de Dios aplicada a sus actitudes, no solo a su comportamiento externo, fue lo que devastó a Pablo. Se vio obligado a darse cuenta de que toda su justicia externa no valía nada porque su corazón no estaba bien.

Oro para que usted también sea obediente «de corazón a aquella forma de doctrina a la cual fuisteis entregados» (Romanos 6:17).

Sugerencias para la oración: Ore con el salmista: «Examíname, oh Dios, y conoce mi corazón; pruébame y conoce mis pensamientos; y ve si hay en mí camino de perversidad, y guíame en el camino eterno» (Salmos 139:23-24).
Para un estudio más profundo: Lea Isaías 1:14-20; Amós 5:21-27; Mateo 23:25-28.
¿Qué piensa Dios acerca de la mera conformidad externa a su ley?

LA LEY DEL PECADO

«Mas el pecado, tomando ocasión por el mandamiento, produjo
en mí toda codicia; porque sin la ley el pecado está muerto».
Romanos 7:8

Cuando el pecador se enfrenta a la santa ley de Dios,
es motivado no a obedecerla, sino a violarla.

Es un hecho perverso y propio, de la caída naturaleza humana, que la forma más segura de hacer que una persona haga algo es decirle que no la haga. Cuando la gente ve un letrero que dice: «¡Manténgase alejado de la hierba!» o «¡No toque las flores!» su primer impulso es, a menudo, hacer lo contrario: pisotear la hierba y agarrar algunas flores.

Lo mismo sucede en el ámbito espiritual. La ley de Dios revela lo que es bueno y lo que es malo, pero los hombres pecaminosos eligen hacer lo que es malo. En su clásica alegoría *El progreso del peregrino*, Juan Bunyan describe en forma vívida la verdad aparentemente paradójica de que la ley no restringe el pecado sino que lo agita. En la casa de Intérprete, a Cristiano se le mostró una gran sala llena de polvo. Un hombre con una escoba, que representa la ley, apareció y comenzó a barrer. La nube de polvo resultante casi ahogó a Cristiano. El punto de Bunyan era que, así como barrer una habitación polvorienta no elimina el polvo sino que lo agita, la ley no restringe el pecado, sino que simplemente lo agrava.

¿Significa eso que la ley es mala? Ciertamente no. «La ley es santa» (Romanos 7:12) ya que deriva de un Dios santo. Y hace bien a los pecadores al exponer sus pecados y revelarles su necesidad de un Salvador. La ley, por tanto, no es la culpable, sino el pecado.

Pablo, utilizándose a sí mismo como ilustración, señala que «el pecado, tomando ocasión por el mandamiento, produjo en mí toda codicia». El vocablo «ocasión» viene de una palabra griega usada en términos militares para hablar de una base de operaciones desde la cual se podrían lanzar ciertos ataques. El pecado utilizó la ley, especialmente el conocimiento del bien y el mal que generó, para lanzar sus ataques contra Pablo.

No tenga miedo, cuando evangelice, de confrontar a los pecadores con las demandas de la santa ley de Dios. Ellos deben enfrentar su total incapacidad para satisfacer sus demandas antes de que reconozcan su necesidad de un Salvador.

Sugerencias para la oración: Ore para que Dios le ayude a discernir la sutileza de los ataques del pecado contra usted.

Para un estudio más profundo: Lea 2 Reyes 17:13-16. ¿Acaso, el conocimiento de los israelitas en cuanto a la ley de Dios les impidió pecar?

LA LEY DEVASTA AL PECADOR

«Y yo sin la ley vivía en un tiempo; pero venido el mandamiento, el pecado revivió y yo morí. Y hallé que el mismo mandamiento que era para vida, a mí me resultó para muerte; porque el pecado, tomando ocasión por el mandamiento, me engañó, y por él me mató».

Romanos 7:9-11

La ley destruye todos los intentos del hombre por justificarse.

El antiguo dicho que reza «la ignorancia es complaciente» rara vez complace y, en el ámbito espiritual, es mortal. Como fariseo, una de las estrellas en ascenso del judaísmo del primer siglo (Gálatas 1:14), Pablo se jactaba de que vivió un tiempo sin la ley. Sin embargo, cuando fue declarado culpable de su total pecaminosidad por la ley, Pablo «murió»; es decir, su falsa sensación de seguridad y autosatisfacción se hizo añicos. La enormidad de su culpa se hizo evidente para él, por lo que se dio cuenta de que no podía salvarse. Reconoció que estaba «débil» (Romanos 5:6) y que necesitaba desesperadamente al médico divino (Mateo 9:12).

Para su consternación, Pablo descubrió que «el mismo mandamiento que era para vida, a mí me resultó para muerte». La ley se estableció para proporcionar bendición y gozo (Proverbios 3:1-2) al guiar a los hombres en el camino de la justicia. Sin embargo, ese propósito no se puede lograr en los incrédulos, ya que carecen de la capacidad para cumplir con la ley. Incapacitados para recibir bendiciones debido a su desobediencia, se enfrentan a las maldiciones. La ley, en vez de proporcionarle a Pablo una vida rica y significativa, lo devastó.

Pablo se dio cuenta además de que había sido engañado por el pecado. Se había considerado «irreprensible» (Filipenses 3:6), haciendo la obra de Dios al perseguir a los cristianos (cf. Juan 16:2). Pero más que satisfacción, solo encontró miseria, desilusión y desengaño.

Al igual que Pablo, millones de personas están trágicamente engañadas. La artimaña del pecado los lleva a pensar que pueden agradar a Dios y obtener su bendición por sus buenas obras o su participación en las actividades religiosas. Esa confianza en la justicia propia es el sello distintivo de toda religión falsa. Pero aquellos que confían en sí mismos no verán la necesidad de un Salvador, por lo que se perderán eternamente. ¿En qué está confiando usted?

Sugerencias para la oración: Pídale a Dios que lo ayude a obedecer sus mandamientos.

Para un estudio más profundo: Lea Hebreos 3:13. ¿Están los creyentes también en peligro de ser engañados por el pecado?

EL CREYENTE Y EL PECADO INTERNO

«Porque sabemos que la ley es espiritual; mas yo soy carnal, vendido al pecado. Porque lo que hago, no lo entiendo; pues no hago lo que quiero, sino lo que aborrezco, eso hago. Y si lo que no quiero, esto hago, apruebo que la ley es buena. De manera que ya no soy yo quien hace aquello, sino el pecado que mora en mí».

Romanos 7:14-17

Los cristianos han sido liberados del poder del pecado, pero no de su presencia.

Romanos 7:14-25 es quizás el pasaje más autobiográfico que existe en toda la Escritura. En este conmovedor relato, Pablo describe con un lenguaje vívido y sorprendente su batalla contra el pecado que mora en su interior. Tan poderoso es ese lenguaje que algunos creen que se refiere a la vida de Pablo antes de su conversión. Pero el apóstol se describe a sí mismo como alguien que busca obedecer la ley de Dios y que odia el mal (vv. 15, 19, 21), que su pecado lo humilla y lo quebranta (v. 18), y que reconoce a Jesucristo como Señor y le sirve con su mente (v. 25). Ninguna de esas cosas caracteriza a un incrédulo.

La palabra «porque» indica que Pablo no está comenzando un nuevo tema, sino que continúa con el pensamiento expresado en la primera parte de Romanos 7, que la ley revela nuestro pecado. La ley no es el problema, ella revela el problema: el pecado. El apóstol, luego, hace la sorprendente declaración de que él es «carnal, vendido al pecado». «Carnal» es nuestra humanidad no redimida, esa parte de nosotros que todavía es pecaminosa y lucha contra nuestras nuevas naturalezas. Las palabras de Pablo no significan que Dios solo lo había salvado parcialmente; más bien, enfatizan que el pecado sigue siendo una fuerza poderosa en la vida de los creyentes y que no se puede jugar con él.

Los cristianos están bajo el ataque del exterior, de Satanás y del malvado sistema mundial. Pero también tenemos una «quinta columna»: la carne dentro de nosotros, ayudando e incitando esos ataques. Pelea contra ella hoy «no proveyendo para los deseos de la carne» (ver Romanos 13:14).

Sugerencias para la oración: «Velad y orad, para que no entréis en tentación; el espíritu a la verdad está dispuesto, pero la carne es débil» (Mateo 26:41).

Para un estudio más profundo: ¿Qué enseñan los siguientes pasajes: Salmos 51:1-5; Isaías 6:5; 1 Juan 1:8-10, sobre la posibilidad de que el creyente sea «vendido al pecado»?

LA SOLUCIÓN AL DILEMA DEL PECADO

«¡Miserable de mí! ¿quién me librará de este cuerpo de muerte?
Gracias doy a Dios, por Jesucristo Señor nuestro».
Romanos 7:24-25

Los cristianos han sido liberados del poder del pecado
y algún día serán liberados de su presencia.

El piadoso escritor puritano Thomas Watson dijo, cierta vez, que una señal segura de la santificación es detestar y aborrecer al pecado. Era su odio al pecado lo que hizo que Pablo llorara mientras terminaba su autobiografía espiritual: «¡Miserable de mí! ¿quién me librará de este cuerpo de muerte?». Ese clamor expresa la angustia y la frustración que el apóstol sufrió en su batalla espiritual. El salmista David expresó esa misma frustración en el Salmo 13:1-2: «¿Hasta cuándo, Jehová? ¿Me olvidarás para siempre? ¿Hasta cuándo esconderás tu rostro de mí? ¿Hasta cuándo pondré consejos en mi alma, con tristezas en mi corazón cada día?».

Cuando exclamó: «¿Quién me librará de este cuerpo de muerte?», Pablo se refería a su cuerpo físico, que estaba sujeto al pecado y a la muerte. Ahí es donde se despliega la batalla contra el pecado. El verbo traducido como «librar» se usaba para referirse a un soldado que rescata a un compañero herido en medio de la batalla. Pablo anhelaba ser rescatado de su pecadora e irredenta carne.

La historia, sin embargo, no termina con Pablo frustrado y desesperado. Seguro de su eventual triunfo sobre el pecado, el apóstol dice: «Gracias doy a Dios, por Jesucristo Señor nuestro». Como continúa explicando en Romanos 8:18-19, 22-23 (y en 1 Corintios 15:53, 57), los creyentes algún día recibirán sus cuerpos glorificados y entrarán en la presencia de Cristo, para nunca más volver a luchar con el pecado. Pablo argumenta sobre esa gloriosa verdad en Filipenses 3:20-21: «Mas nuestra ciudadanía está en los cielos, de donde también esperamos al Salvador, al Señor Jesucristo; el cual transformará el cuerpo de la humillación nuestra, para que sea semejante al cuerpo de la gloria suya, por el poder con el cual puede también sujetar a sí mismo todas las cosas».

¡Qué triunfante esperanza tenemos los cristianos!

Sugerencias para la oración: Agradezca de antemano a Dios por el cuerpo glorificado que algún día disfrutará.

Para un estudio más profundo: Lea 1 Juan 3:2-3. ¿Está fijando su esperanza en su glorificación cuando Cristo regrese?

＊ ¿Tiene esa esperanza un efecto purificador en su estilo de vida actual?

VENZA LA TENTACIÓN

«Porque no tenemos un sumo sacerdote que no pueda
compadecerse de nuestras debilidades, sino uno que fue tentado
en todo según nuestra semejanza, pero sin pecado».
Hebreos 4:15

Jesucristo nos proporciona el ejemplo perfecto para vencer la tentación.

Quizás haya escuchado un chiste que dice: «Puedo resistir cualquier cosa, ¡menos la tentación!». Desafortunadamente, eso es muy a menudo cierto en nuestras vidas. Aprender a resistir con éxito la tentación es de vital importancia, ya que pecamos solo cuando cedemos a la tentación.

Los cristianos a lo largo de la historia han reconocido la importancia de resistir la tentación. Uno de los primeros creyentes escribió: «Vuele en todas las ocasiones en que surja la tentación y, si aún es tentado, vuele aún más lejos. Si no hay escapatoria posible, entonces termine de correr, muestre una cara audaz y tome la espada de dos filos del Espíritu». El deseo de escapar de la tentación ha llevado a muchos —en la historia de la iglesia— a intentar hazañas heroicas pero, en última instancia, inútiles frutos de abnegación ascética. ¡Tan desesperado se volvió un monje que se arrojó a un matorral de espinos! Por desdicha, eso no le trajo el alivio de la tentación que buscaba con tanta desesperación.

La manera de resistir con éxito la tentación fue modelada por nuestro Señor Jesucristo cuando fue tentado. Primero debemos entender el plan de ataque de nuestro enemigo y, en segundo lugar, hacer uso de nuestros recursos espirituales.

Satanás hizo un asalto triple a Jesús, las mismas tres formas en que nos tienta hoy. Primero, lo tentó a dudar de la bondad de Dios al ordenar que las piedras se convirtieran en pan (Mateo 4:3). Eso implicaba que a Dios no le importaba mucho Jesús como para satisfacer sus necesidades físicas. Segundo, tentó a Jesús a dudar del amor de Dios, sugiriéndole que probara ese amor saltando del pináculo del templo (Mateo 4:5-6). Finalmente, tentó a Jesús a transigir en cuanto a la verdad de Dios, prometiéndole el reino sin la cruz, si Jesús lo adoraba (Mateo 4:8-9).

A cada una de las tentaciones de Satanás, Jesús respondió: «Escrito está» (Mateo 4:4, 7, 10). De ese modo nos mostró el recurso infalible para vencer la tentación: la Palabra de Dios (cf. Efesios 6:17). ¿Le supera la tentación? Entonces siga el ejemplo de nuestro Señor y ¡tome la espada del Espíritu hoy!

Sugerencias para la oración: Ore para que Dios le haga estar alerta a los ataques de Satanás.

Para un estudio más profundo: Haga una lista de versículos específicos que pueda usar para combatir las tentaciones concretas que enfrente.

VIVA DE UNA MANERA SABIA

«¿Quién es sabio y entendido entre vosotros? Muestre por la buena conducta sus obras en sabia mansedumbre».
Santiago 3:13

La sabiduría es el arte de vivir habilidosamente.

La mayoría de los filósofos, a lo largo de la historia, han creído que si alguien debe adquirir algo, debería ser sabiduría; puesto que ella permitirle obtener cualquier otra cosa. Esa filosofía coincide con lo que afirma Dios en la Escritura. Proverbios 4:7 dice: «Sabiduría ante todo; adquiere sabiduría; y sobre todas tus posesiones adquiere inteligencia». Muchas personas afirman ser sabias, pero también es cierto que ningún necio en nuestro mundo es un insensato confeso; cada uno cree que es sabio. El mundo ofrece un mar de opiniones, pero la conclusión es que la opinión de nadie vale más que la de cualquier otra persona.

La única perspectiva confiable acerca de la sabiduría, sobre quién es sabio y quién no, es la de Dios. En Santiago 3:13, se nos presenta la reflexión divina sobre el asunto al preguntar primero: «¿Quién es sabio y entendido entre vosotros?». El término griego traducido como «sabio» es *sophos*. Los griegos lo usaban para referirse al conocimiento especulativo, la teoría y la filosofía. Pero los hebreos entendían sabiduría con un significado más profundo: aplicando hábilmente el conocimiento a la cuestión de la vida práctica.

Dios también preguntó: «¿Quién es sabio y entendido entre vosotros?». La palabra griega traducida como «comprensión» se usa solo en el Nuevo Testamento y se refiere a un especialista o un profesional altamente capacitado para aplicar su conocimiento a situaciones prácticas. En otras palabras, Dios pregunta: «¿Quién de ustedes tiene habilidad? ¿Quién de ustedes es realmente un profesional y especialista en el arte de vivir?».

El único que puede vivir habilidosamente es el que vive de acuerdo a la sabiduría de Dios. Él les da su sabiduría a todos los que reciben su salvación y obedecen su Palabra. ¿Qué pasa con usted? ¿Está viviendo habilidosamente? Si es así, su vida manifestará un buen comportamiento y un espíritu manso (Santiago 3:13). Decida vivir de acuerdo a la sabiduría de Dios, no a las opiniones del mundo.

Sugerencias para la oración: Pídale a Dios que le ayude a vivir habilidosamente cada día al obedecer su Palabra.

Para un estudio más profundo: Como cristiano, usted es responsable de apropiarse diariamente de la sabiduría de Dios. Para ayudarle a hacerlo, comience un programa diario de lectura en Proverbios. Lea un capítulo al día y deje que la sabiduría de Dios penetre en cada aspecto de su vida.

DEMUESTRE QUE ES SABIO

*«¿Quién es sabio y entendido entre vosotros? Muestre por la
buena conducta sus obras en sabia mansedumbre».*

Santiago 3:13

La sabiduría divina produce una vida transformada.

El que posee una sabiduría magnánima la mostrará en su vida. Es por eso que Santiago dice: *«Muestre por la buena conducta sus obras en sabia mansedumbre»* (3:13, énfasis agregado). La frase «muestre por la buena conducta» es una orden para que la persona exhiba la sabiduría y la comprensión particular. Ese es el objetivo de Santiago 2:14-26, resumido en el versículo 26: «La fe sin obras está muerta». Si una persona afirma que tiene fe debe comprobarlo con sus obras. Del mismo modo, Santiago dice que si uno afirma ser sabio, debe demostrarlo. Desde la perspectiva de Dios, la sabiduría es manifestada por la forma en que la persona conduce su vida.

¿Cómo mostrará una persona que tiene sabiduría verdadera? Por su «buena conducta» (3:13). La palabra griega traducida como «buena» significa «encantadora», «hermosa», «atractiva», «noble» o «excelente». El término traducido como «conducta» habla del estilo de vida o la actividad de uno. Si una persona realmente tiene sabiduría divina y fe viva, lo demostrará por su buena conducta y un excelente estilo de vida.

Santiago lo aclara de manera específica cuando dice: «Muestre por la buena conducta *sus obras*» (v. 13, énfasis agregado). El apóstol se enfoca en los detalles. La sabiduría de Dios afecta no solo su conducta general, sino también lo que hace concretamente. Cada acto de una persona es congruente con la forma en que conduce toda su vida. Si es una vida basada en la sabiduría de Dios, cada aspecto de su ser lo revelará. El patrón general de su vida y las cosas específicas que hace reflejarán el trabajo, la manera y la voluntad de Dios. Tómese el tiempo para examinar su vida y ver si su conducta demuestra que posee la verdadera sabiduría de Dios.

Sugerencias para la oración: Una persona sabia manifestará un buen comportamiento. Lea el Salmo 119:33-40 y haga tuya la oración del salmista.

Para un estudio más profundo: Su conducta revelará si está viviendo sabiamente. ¿Qué dicen los siguientes versículos sobre cómo se debe vivir: Filipenses 1:27; 1 Timoteo 4:12; 1 Pedro 2:12 y 2 Pedro 3:11?

MANIFIESTE UNA ACTITUD SABIA

«¿Quién es sabio y entendido entre vosotros? Muestre por la buena conducta sus obras en sabia mansedumbre».

Santiago 3:13

Una persona sabia es un individuo gentil.

El creyente demostrará que posee la sabiduría de Dios no solo por su conducta, sino también por su actitud. La sabiduría verdadera se caracteriza por la gentileza y es lo opuesto a la autopromoción y la arrogancia. La gentileza es el rasgo que caracterizó a nuestro Señor. En Mateo 11:29 dice: «Llevad mi yugo sobre vosotros, y aprended de mí, que soy manso y humilde de corazón». Además, es un rasgo que distingue a todos los miembros de su reino. En Mateo 5:5, el Señor dice: «Bienaventurados los mansos [gentiles], porque ellos recibirán la tierra por heredad». La «mansedumbre» también es un fruto del Espíritu (Gálatas 5:23).

El vocablo traducido como «mansedumbre» proviene de la palabra griega *praus*, que también se puede traducir como «manso» o «sumiso». *Praus* a menudo se usa para referirse a una voz afable, una brisa suave o un animal dócil. También se usaba con respecto a los caballos cuando estaban heridos. Los griegos caracterizaban la mansedumbre como el poder que controla; en el caso del creyente, eso significa estar bajo el control de Dios. Es liberarse de la malicia, la amargura o cualquier deseo de venganza. La única forma de definir verdaderamente la mansedumbre es en el contexto de las relaciones porque se refiere a cómo tratamos a los demás. Eso debe caracterizar nuestra relación con el hombre y con Dios.

¿Qué hay de su actitud? ¿Se caracteriza por la mansedumbre, la humildad, la gentileza y la mansedumbre, o tiende usted a mostrar una actitud arrogante y egoísta hacia los demás?

Sugerencias para la oración: Cristo es el ejemplo perfecto de la gentileza. Agradézcale por ese atributo y pídale que le ayude a ser como Él.

Para un estudio más profundo: En 1 Tesalonicenses 2:7, ¿qué analogía usa Pablo para caracterizar su ministerio?

❖ Lea también 2 Timoteo 2:24 y Tito 3:2. ¿Con quién debemos ser gentiles?

SEA SABIO EN LA ADVERSIDAD

*«¿Quién es sabio y entendido entre vosotros? Muestre por la
buena conducta sus obras en sabia mansedumbre».*

Santiago 3:13

La sabiduría nos enseña cómo manejar la adversidad.

En su maravilloso comentario sobre la Epístola de Santiago, Robert Johnstone
escribió lo siguiente acerca de la mansedumbre:

> Que *«los mansos hereden la tierra»* —*que carguen con las faltas y
> modelen un amor «abnegado»*—, *en un mundo que cree en la prepo-
> tencia y la autopromoción* —*que arrincona a los más débiles contra
> la pared*—, *no parece ser más que una paradoja absoluta, aunque sea
> una declaración del Señor del cielo. El hombre del mundo desea que se
> le cuente cualquier cosa menos que se le hable de «mansedumbre» o
> «pobreza de espíritu». Es probable que considere que una descripción
> como esa equivale a una acusación de falta de hombría.*
>
> *Ah, hermanos, esto se debe a que hemos asimilado la concepción de
> masculinidad que pregona Satanás, no la de Dios. Un hombre nos ha
> sido mostrado por Dios, en quien su ideal de hombría estaba encarna-
> do; que cuando fue vilipendiado, no vilipendió en retribución; cuando
> sufrió, no amenazó, sino que se entregó a aquel que juzga con rectitud
> y pronunció la siguiente oración por los que lo clavaron en el madero:
> «Padre, perdónalos; porque no saben lo que hacen». El mundanal espí-
> ritu de ira, por tanto, tiene que ser una locura; mientras que un espí-
> ritu de mansedumbre como el de Cristo, en medio de controversias,
> oposiciones y pruebas de cualquier tipo, no puede haber evidenciado
> en manera más segura que «Jesús es Dios para sabiduría de su pue-
> blo»* (La Epístola de Santiago [Minneapolis: Klock & Klock, 1978],
> 272-273).

Johnstone reconoció hace más de cien años lo que necesitamos saber hoy:
que la sabiduría del hombre es arrogante, engreída y egoísta, mientras que la
sabiduría de Dios es humilde, mansa y abnegada.

El contraste entre la falsa sabiduría y la verdadera sabiduría es claro como el
agua. Asegúrese de lidiar con la adversidad en una manera cristiana, consciente
de que cada detalle de su vida está bajo el control soberano de Dios.

Sugerencias para la oración: Agradezca al Señor por su ejemplo al responder
ante la adversidad (ver 1 Pedro 2:21-24).

Para un estudio más profundo: Lea Filipenses 2:1-11, aplicando el ejemplo de
Cristo a su vida (vv. 1-5).

VIVA A PLENITUD

«Teme a Dios, y guarda sus mandamientos».
Eclesiastés 12:13

Vivir apartados de Dios es inútil.

El Libro del Eclesiastés es muy mal entendido. Es una obra difícil de leer, simplemente porque no es fácil de entender. Todo en él parece incorrecto y como si no encajara con el resto de las Escrituras. Pero es parte de la literatura sapiencial del Antiguo Testamento porque es una declaración de la sabiduría humana. Eclesiastés nos dice cómo percibe el hombre su mundo, Dios y las realidades de la vida. La mayoría de los estudiosos creen que Eclesiastés fue escrito por Salomón. Discuten si lo escribió antes de ser un verdadero creyente o después. Puede haberlo escrito en retrospectiva o puede haberlo hecho en algún momento antes de entender la transformadora verdad de Dios.

Eclesiastés es un libro fascinante porque revela la necedad, la inutilidad, la insensatez y la frustración de la sabiduría humana, lo que Santiago llama «terrenal, animal, diabólica» (Santiago 3:15). En Eclesiastés 1:16, Salomón se dice a sí mismo: «He aquí yo me he engrandecido, y he crecido en sabiduría sobre todos los que fueron antes de mí en Jerusalén». Ese versículo me muestra que cuando Dios inicialmente le dio sabiduría a Salomón, se la concedió a nivel humano. Le dio sabiduría para tomar decisiones y juicios exitosos como rey. Pero aunque la sabiduría divina estaba a su disposición, creo que Salomón optó por seguir la sabiduría humana la mayor parte de su vida. Sabiduría que nunca fue capaz de responder sus últimas preguntas.

La suma de la perspectiva de Salomón sobre la sabiduría humana se encuentra en Eclesiastés 4:2-3: «Y alabé yo a los finados, los que ya murieron, más que a los vivientes, los que viven todavía. Y tuve por más feliz que unos y otros al que no ha sido aún». Ese es un deseo de muerte y es el fin lógico de la sabiduría mundana: la futilidad.

Por dicha, Salomón al fin abrazó la sabiduría verdadera. En el epílogo de su libro, dijo: «El fin de todo el discurso oído es este: Teme a Dios, y guarda sus mandamientos; porque esto es el todo del hombre» (12:13). ¿Qué puede entonces satisfacer su corazón y hacer que la vida valga la pena? La sabiduría de Dios. Solamente.

Sugerencias para la oración: Pídale a Dios que le ayude a seguir sus caminos para tener una vida bendecida y plena.
Para un estudio más profundo: Lea Proverbios 3:13-26, y observe cómo contrastan los beneficios de la sabiduría verdadera con lo que experimentó Salomón.

EN BUSCA DE LA SABIDURÍA

«¿Dónde se hallará la sabiduría?».
Job 28:12

La sabiduría se encuentra en una Persona, no en un lugar.

En la antigüedad, los hombres perforaban un pozo en lo profundo de una montaña o en el suelo, se suspendían con una soga y colgaban del pozo mientras trataban de encontrar algo de metal o piedras preciosas para extraer. En el Antiguo Testamento, Job describió el proceso de esta manera: «Abren minas lejos de lo habitado, en lugares olvidados, donde el pie no pasa. Son suspendidos y balanceados, lejos de los demás hombres» (Job 28:4). El minero buscó «y sus ojos vieron todo lo preciado» (v. 10).

El hombre hace grandes esfuerzos en busca de metales preciosos. «Pero», dice Job, «Mas ¿dónde se hallará la sabiduría? ¿Dónde está el lugar de la inteligencia? No conoce su valor el hombre, ni se halla en la tierra de los vivientes ... No se dará por oro, ni su precio será a peso de plata» (vv. 12-13, 15). Nada en el mundo puede comprar sabiduría y no se puede encontrar en las cosas del mundo.

Entonces, ¿de dónde viene la sabiduría? Job dice: «Porque encubierta está a los ojos de todo viviente, y a toda ave del cielo es oculta. El Abadón y la muerte dijeron: Su fama hemos oído con nuestros oídos. Dios entiende el camino de ella, y conoce su lugar» (vv. 21-23). Si está buscando sabiduría, acuda a Dios. Él sabe dónde está la sabiduría «Porque él mira hasta los fines de la tierra, y ve cuanto hay bajo los cielos ... Y dijo al hombre: He aquí que el temor del Señor es la sabiduría, y el apartarse del mal, la inteligencia» (vv. 24, 28).

¿Qué es la sabiduría verdadera? Temer a Dios y apartarse del mal. La sabiduría no es una cuestión de cuánto sepa usted, sino de si ama al Señor su Dios y se aparta del pecado. Solo cuando persiga a Dios conocerá la sabiduría verdadera.

Sugerencias para la oración: Pídale a Dios que lo ayude a ataviar su vida con los ornatos de su sabiduría verdadera y que tenga un testimonio interesante que atraiga a otros a Cristo.

Para un estudio más profundo: Lea los siguientes versículos y observe cómo, tanto el Antiguo como el Nuevo Testamento, nos dicen que Dios es la fuente de la verdadera sabiduría: Job 9:4; Salmos 104:24; Proverbios 3:19-20; Romanos 11:33; Efesios 3:10; 1 Timoteo 1:17.

CONOZCA A DIOS

«El temor del Señor es la sabiduría».

Job 28:28

Ser sabio comienza con conocer a Dios.

El temor al Señor es la idea más elemental relacionada con la sabiduría y es la clave para entenderla. El Libro de Proverbios nos enseña especialmente que el temor del Señor está inextricablemente vinculado a la sabiduría: «El principio de la sabiduría es el temor de Jehová; los insensatos desprecian la sabiduría y la enseñanza» (Proverbios 1:7). *Conocimiento, sabiduría, instrucción* y *comprensión* a menudo se usan como sinónimos en Proverbios. El vínculo entre el temor del Señor y la sabiduría también es evidente en Proverbios 9:10: «El temor de Jehová es el principio de la sabiduría, y el conocimiento del Santísimo es la inteligencia». Como la sabiduría y la comprensión son paralelas, también lo son el temor al Señor y el conocimiento del Santo. Conocer a Dios y temer a Dios es lo mismo.

¿Qué significa temer a Dios? Es una confianza reverencial o, simplemente, otra forma de describir la fe salvadora. Comenzamos a ser sabios cuando reverenciamos a Dios y confiamos en Él. Cuando un santo del Antiguo Testamento quería evangelizar, solo tenía que decir: «¡Temed a Dios!».

Cuando uno lee en la Biblia sobre personas que temen a Dios o que temer a Dios está relacionado con la sabiduría, eso significa que una persona ni siquiera puede comenzar a ser sabia hasta que se convierta por primera vez. Temer a Dios es el inicio de una vida de fe. Mientras la persona solo tenga sabiduría humana, no puede conocer a Dios ni la sabiduría verdadera.

El temor del Señor constituye su entrada a la sabiduría. Ello prolongará su vida, satisfará su vida, enriquecerá su vida: ese temor es su vida (cf. Proverbios 10:27; 14:27). Abrirá el flujo continuo de la sabiduría de Dios para usted. La importancia de cualquier cosa en esta vida está ligada a la sabiduría de Dios, la que por sí sola le dará los valores adecuados, la orientación, la instrucción y la perspectiva en la vida. Aplique la sabiduría divina a su vida cada día y disfrute de todos los beneficios que ella le ofrece.

Sugerencias para la oración: Alabe a Dios por su sabiduría, mediante la cual usted es tan bendecido.

Para un estudio más profundo: La sabiduría de Dios enriquece nuestra vida y nos da los valores e instrucciones adecuados. Lea Proverbios 10:1-12 y observe cómo es eso.

SOMÉTASE A LA SABIDURÍA

*«El principio de la sabiduría es el temor de Jehová; buen
entendimiento tienen todos los que practican sus mandamientos».*
Salmos 111:10

La fe salvadora es una fe obediente.

La sabiduría de Dios generada por el temor del Señor conduce a la obediencia. Cuando tememos al Señor, nos sometemos a su sabiduría y nos comprometemos a guardar sus mandamientos. En el Nuevo Testamento, Jesús expresó lo mismo: «Si me amáis, guardad mis mandamientos» (Juan 14:15). No siempre somos tan obedientes como deberíamos serlo, pero el patrón de nuestras vidas pasa de la desobediencia a un corazón sumiso y obediente. El apóstol amado dice en 1 Juan 2:3: «Y en esto sabemos que nosotros le conocemos, si guardamos sus mandamientos». Si una persona afirma ser cristiana, pero no es obediente, lo que dice es una insensatez.

Desde una perspectiva proactiva, temer al Señor implica obedecer sus mandamientos; pero, por el lado contrario, implica apartarse del mal. Job 28:28 declara: «He aquí que el temor del Señor es la sabiduría, y el apartarse del mal, la inteligencia». La sabiduría equivale a entender y temer al Señor a apartarse del mal. Proverbios 8:13 dice: «El temor de Jehová es aborrecer el mal». Obedecer los mandamientos del Señor y huir del mal son dinámicas que funcionan en el alma de alguien que realmente teme a Dios. El temor al Señor no es un sentimiento que uno intenta generar dentro de sí mismo; es el resultado de creer en el Dios verdadero y llevar una vida de amor y obediencia a Él. ¿Y qué con usted? ¿Se caracteriza su vida por obedecer la Palabra de Dios?

Sugerencias para la oración: Jesucristo pagó el precio de su pecado y lo introdujo en una relación con Dios. Honre su obra obedeciendo la Palabra de Dios y pídale que le ayude a ver el mal desde una perspectiva divina.

Para un estudio más profundo: Lea los siguientes versículos: Deuteronomio 6:1-2, 13-15, 24; 8:6; 10:12-13; 13:4; 17:19; 28:58-59; 31:12. ¿Qué caracteriza la vida de una persona que teme al Señor?

CONOZCA LAS RESPUESTAS CORRECTAS

«¿No ha enloquecido Dios la sabiduría del mundo?».
1 Corintios 1:20

Conocer a Cristo hace al creyente más sabio que el mundo.

Lawrence Toombs, en un artículo que escribió en 1955, titulado: «Antiguo Testamento: Teología y literatura sapiencial», afirmó: «La sabiduría se encuentra en Dios y en ningún otro lugar. Y, a menos que esa búsqueda de la sabiduría ponga al hombre de rodillas —maravillado y reverente—, y le haga entender su propia impotencia para hacerse sabio, la sabiduría seguirá siendo para él un libro cerrado» (*The Journal of Bible and Religion*, 23:3 [julio de 1955], 195). Es maravilloso tener el libro de la sabiduría de Dios abierto ante nosotros como creyentes.

A través del libro de la sabiduría divina es fácil, para cualquier creyente, analizar al mundo. Las personas que no tienen antecedentes bíblicos tienen dificultades para resolver cuestiones controvertidas como la pena capital, el aborto o la homosexualidad. Pero la Biblia tiene respuestas claras para esas cuestiones aparentemente complejas: si usted le quita la vida a alguien, debe morir (Génesis 9:6); la vida dentro del útero es una persona hecha por Dios (Salmos 139:13); y la homosexualidad no es un estilo de vida alternativo sino un condenado pecado sexual como el adulterio o la fornicación (1 Corintios 6:9-10; Romanos 1:26-27).

Como cristiano creyente en la Biblia, usted no puede ser considerado «noble» ni «poderoso» según los estándares del mundo (1 Corintios 1:26) y puede ser visto como la escoria o basura del mundo (1 Corintios 4:13); pero usted tiene las respuestas a las preguntas importantes. Debido a la obra soberana y amorosa de Dios, usted ha sido introducido en la sabiduría de Dios por temor al Señor. El apóstol Pablo dijo: «Mas por él estáis vosotros en Cristo Jesús, el cual nos ha sido hecho por Dios sabiduría» (1 Corintios 1:30). Una vez que usted teme a Dios, su sabiduría fluye continuamente hacia usted. Pablo les dijo a los colosenses que en Cristo «están escondidos todos los tesoros de la sabiduría y del conocimiento» (2:3). Y, puesto que Cristo habita en usted, usted tiene la misma sabiduría de Dios.

Sugerencias para la oración: Alabe al Señor por el privilegio de conocerlo a Él y su voluntad a través de su Palabra y su Espíritu.
* Ore para que pueda manifestar la sabiduría del Dios vivo de manera que el mundo vea a Cristo en usted.
Para un estudio más profundo: Lea 1 Corintios 1:18-31. ¿Cómo contrasta el apóstol Pablo la sabiduría de Dios con la del mundo?

VIVA PARA LOS DEMÁS

«Si tenéis celos amargos y contención en vuestro corazón,
no os jactéis, ni mintáis contra la verdad».
Santiago 3:14

La persona sabia vive para Dios y los demás, no para sí misma.

Tras haber tratado sobre la sabiduría espiritual en el versículo anterior, Santiago comienza a analizar la sabiduría mundana en el versículo 14. La sabiduría mundana no es ni parecida a la de Dios. No tiene relación con Él, no es obediente a Él y no tiene conocimiento de su verdad.

¿Cuál es la motivación de alguien que vive de acuerdo a la sabiduría mundana? «Celos amargos y contención». La palabra griega traducida como «amargo» también significa «duro, severo» y se usa para hablar de agua amarga, no potable. La expresión «celos amargos» sugiere la idea de un egoísmo severo y amargo que produce una actitud resentida hacia los demás. Las personas con celos amargos viven en un mundo que se enfoca en ellas mismas. Reaccionan de manera celosa hacia cualquiera que amenace su territorio, sus logros o su reputación. Les molesta cualquiera que amenace con aglomerar su porción en este mundo. Consideran a las personas que difieren de ellos como enemigos implacables. Y son muy celosos de cualquiera que tenga éxito.

El término griego que traduce la palabra «contención» se refiere a una ambición personal que promueve la rivalidad, el antagonismo o un espíritu alborotador. Esa es otra forma de señalarse a uno mismo. La persona que sigue la sabiduría humana empieza con unos «celos amargos», los cuales promueven una actitud competitiva y conflictiva. Por eso, la «contención» genera un espíritu alborotador y amargo hacia los demás. Santiago dice que la sabiduría impía es egocéntrica y su objetivo es la gratificación personal a cualquier costo.

Y usted, ¿qué cree al respecto? ¿Es motivado por los celos y la ambición egoísta? Sea sincero al evaluarse. Haga un análisis serio de su corazón y pregúntese: *¿Estoy sirviendo a los demás o trato de alcanzar mis propios deseos a expensas de los demás?*

Sugerencias para la oración: Pídale a Dios que lo convenza de pecado cuando se presente ante Él y ante los demás.

* Arrepiéntase de cualquier situación actual en la que se esté dejando influir por los celos y las ambiciones personales.

Para un estudio más profundo: Lea los siguientes versículos: Génesis 37:4; 1 Samuel 18:8; Lucas 15:25-30; 22:24. ¿Cuál fue el pecado mencionado en cada ejemplo?

* Lea y estudie 1 Corintios 13:4-7 con el fin de aprender cómo se oponen las cualidades del amor a la sabiduría humana.

SEA FRANCO

«Si tenéis celos amargos y contención en vuestro corazón,
no os jactéis, ni mintáis contra la verdad».

Santiago 3:14

La humildad es el sello distintivo de una persona sabia.

Santiago afirma que si una persona tiene una motivación egocéntrica en la vida, debe dejar de jactarse con arrogancia. Debería dejar de afirmar que posee una sabiduría verdadera. ¿Por qué? Porque lo que está haciendo es mentir «contra la verdad». En el versículo 13, Santiago indica que si una persona afirma tener la sabiduría de Dios, debe mostrarla. Si ve que está motivado por el egocentrismo y el orgullo, debe dejar de jactarse de tener la sabiduría de Dios. El hecho es que está mintiendo contra lo que obviamente es cierto. Así que deje de decir que tiene lo que no posee.

«La verdad» se refiere al evangelio salvador. Santiago 1:18 —«El, de su voluntad, nos hizo nacer por la palabra de verdad»— y el versículo 19 —«si alguno de entre vosotros se ha extraviado de la verdad, y alguno le hace volver»— vinculan la verdad con el evangelio. Cualquiera que diga que tiene la sabiduría de Dios, pero vive motivado por «celos amargos y contención», obviamente está mintiendo frente al evangelio. Ninguna pretensión jactanciosa referente a poseer la sabiduría divina convence cuando sale de un corazón totalmente motivado por la sabiduría humana.

Santiago le insta a hacer un análisis de su corazón. Mírese usted mismo. ¿Qué le motiva? ¿Le motivan las cosas que honran a Dios? ¿Es motivado por el amor a los demás? ¿Es motivado por la humildad y la generosidad? No hay algo que caracterice más al hombre no redimido que su orgullo. Y no hay nada más característicamente evidente, en una persona redimida, que su humildad.

Sugerencias para la oración: Pídale a Dios que le ayude a tener una actitud humilde y que le haga más consciente de cómo puede servirle a Él y a los demás todos los días.

Para un estudio más profundo: La persona sabia trata de ser humilde. Para ayudarle a manifestar humildad en su vida, medite en los siguientes versículos: Proverbios 16:19; 22:4; Isaías 57:15; Miqueas 6:8; Mateo 18:4; Santiago 4:10; 1 Pedro 5:5.

* Memorice al menos un versículo del Antiguo Testamento y uno del Nuevo Testamento entre los sugeridos.

IDENTIFIQUE LA SABIDURÍA FALSA

«Esta sabiduría no es la que desciende de lo alto,
sino terrenal, animal, diabólica».
Santiago 3:15

La sabiduría verdadera es de Dios; la falsa es del diablo.

La sabiduría que es celosa y contenciosa no «desciende de lo alto». Esos rasgos son elementos constitutivos de una sabiduría que no proviene de Dios, la fuente de la sabiduría verdadera (cf. 1:5, 17). La sabiduría humana, más que de lo alto, es «terrenal» (3:15). Es limitada a la esfera del tiempo y el espacio, y está marcada por la maldición de la propia caída del hombre, que se caracteriza por el orgullo y el egocentrismo. Todo lo que el mundo inicia en el camino de la supuesta verdad es egocéntrico. El sistema finito del hombre no regenerado requiere una sabiduría terrenal y nada más.

La sabiduría del hombre también es «animal» (v. 15), lo que significa que es «carnal» y se refiere a la humanidad, a la fragilidad del hombre. En 1 Corintios 2:14 dice: «El hombre natural no percibe las cosas que son del Espíritu de Dios». El hombre natural es sensual. Todos sus sentimientos, impulsos y apetitos están enmarcados en un sistema caído y corrupto. Toda la sabiduría del hombre proviene de su corazón no santificado y su espíritu no redimido.

Además de ser terrenal y natural, la sabiduría humana es «diabólica» (Santiago 3:15). Este es el único lugar en el Nuevo Testamento donde la palabra griega traducida como «diabólica» aparece en su forma adjetivada. La sabiduría humana, en realidad, es generada por los demonios, los cuales han sido esclavos del mismo sistema malvado que el hombre. Satanás y sus agentes se disfrazan de ministros de luz cuando en realidad son ministros de la oscuridad (2 Corintios 11:14-15).

La sabiduría del mundo es engendrada por demonios, refleja la humanidad del hombre y no va más allá de la caída de la humanidad. Dado que es así, asegúrese de fortalecerse «en el Señor, y en el poder de su fuerza» (Efesios 6:10). No permita que Satanás y el mundo le engañen con su supuesta sabiduría.

Sugerencias para la oración: Ore para «que seáis llenos del conocimiento de su voluntad en toda sabiduría e inteligencia espiritual, para que andéis como es digno del Señor» (Colosenses 1:9-10).

Para un estudio más profundo: De acuerdo a 2 Corintios 10:3-5 y Colosenses 2:8, ¿cómo debe luchar el creyente contra Satanás y su sabiduría diabólica?

LOS RESULTADOS DE LA SABIDURÍA FALSA

«Donde hay celos y contención, allí hay perturbación y toda obra perversa».

Santiago 3:16

La falsa sabiduría destruye vidas.

El reconocido teólogo del siglo dieciocho, Jonathan Edwards, dijo lo siguiente sobre el efecto de la Caída en el hombre:

El pecado, como un astringente poderoso, contrajo el alma de los hombres a las dimensiones más ruines del egoísmo; por lo que Dios fue abandonado y las demás criaturas también; de modo que el propio hombre se ensimismó tanto que quedó totalmente gobernado por principios y sentimientos estrechos y egoístas. El amor propio se convirtió en el amo absoluto de su alma, en tanto que los principios más nobles y espirituales de su ser agarraron alas y se fueron volando.

Edwards concuerda con lo que Santiago afirma: el hombre es egocéntrico, perverso, contencioso (cf. Santiago 3:14, 16). Donde existe egoísmo, habrá resultados negativos. Uno de esos es la «perturbación» (v. 16) y se refiere al desorden que surge de la inestabilidad y el caos. La sabiduría terrenal nunca producirá armonía ni amor puesto que es orgullosa y autocomplaciente. Destruye la intimidad, el amor, la unidad y el compañerismo y, además trae discordia y caos. Puede ver el resultado de la sabiduría terrenal en todas partes. La ira, la amargura, las demandas y los divorcios son solo parte de su legado.

«Toda obra perversa» (v. 16) también es un resultado de la sabiduría terrenal. La frase habla de algo sin valor o vil. El erudito griego R. C. Trench dijo que esa frase considera el mal, «no tanto en lo activa o pasiva que sea la malignidad, sino más bien en su infructuoso resultado —su inutilidad— y en cuanto a la imposibilidad de sacar alguna ganancia real de ella». La palabra griega traducida aquí como «obra» implica que la falsa sabiduría no produce nada de valor práctico. En el mejor de los casos, produce cosas sin valor; en la peor de las circunstancias, cosas viles; más aun, todo lo que genera es perverso

¿Qué tipo de vida prefiere usted? ¿Uno que se caracterice por el amor y la unidad o por la inestabilidad y el caos? ¿Una vida a plenitud, sensata o vacía? Si quiere una vida satisfactoria y que tenga un valor eterno, ¡opte por la sabiduría divina!

Sugerencias para la oración: Agradezca a Dios por darle su Palabra para que pueda saber cómo vivir sabiamente y evitar los resultados negativos de la sabiduría del hombre.

Para un estudio más profundo: Seguir la sabiduría humana solo lleva al mal. Memorice Proverbios 4:27 para que recuerde mantenerse en el camino de la sabiduría verdadera.

EL MOTIVO DE LA SABIDURÍA VERDADERA

«La sabiduría que es de lo alto es primeramente pura».
Santiago 3:17

La pureza es necesaria para una vida sabia.

La persona cuya vida se caracteriza por la sabiduría verdadera tratará de ser pura. La palabra griega traducida como «pura» en Santiago 3:17 se refiere a integridad espiritual y sinceridad moral. Es liberarse de los celos amargos, la ambición egoísta y la autopromoción arrogante. Cristo es el ejemplo perfecto de pureza (1 Juan 3:3).

El verdadero creyente tiene deseos puros. La parte más profunda de él desea hacer la voluntad de Dios, servir a Dios y amar a Dios. En Romanos 7:15-21 el apóstol Pablo testifica que cuando pecaba, estaba haciendo lo que no quería hacer. En el Salmo 51:7, David grita: «Purifícame con hisopo, y seré limpio; lávame, y seré más blanco que la nieve». El verdadero creyente odia su pecado. Lo que surge de lo más íntimo de su ser es un anhelo por lo que es limpio, puro, santo y honesto.

La pureza de corazón es lo que motiva a alguien que trata de llevar una vida de sabiduría piadosa (cf. Salmos 24:3-4). Dios dice que «quitaré el corazón de piedra de en medio de su carne, y les daré un corazón de carne» (Ezequiel 11:19); ese nuevo corazón será consumido por la pureza más que por el ego. Usted todavía peca porque su nuevo corazón está encarcelado en su antigua carne. Pero su nuevo corazón lucha contra su carne. Es por eso que Pablo dijo: «Porque según el hombre interior, me deleito en la ley de Dios; pero veo otra ley en mis miembros, que se rebela contra la ley de mi mente, y que me lleva cautivo a la ley del pecado que está en mis miembros» (Romanos 7:22-23).

En el Sermón del Monte, Jesús dijo: «Bienaventurados los de limpio [puro] corazón, porque ellos verán a Dios» (Mateo 5:8). Entre tanto que persevere en la batalla contra el mundo, la carne y el diablo, anímese recordándose usted mismo que un día la lucha terminará. El apóstol Juan lo dijo de esta manera: «Sabemos que cuando él se manifieste, seremos semejantes a él, porque le veremos tal como él es» (1 Juan 3:2).

Sugerencias para la oración: Lea el Salmo 51:1-17 y haga suya la oración de David.

Para un estudio más profundo: De acuerdo a Mateo 5:48 y 1 Pedro 1:15-16, ¿cuál es el estándar de pureza que Dios requiere?

LAS CUALIDADES DE LA SABIDURÍA VERDADERA

«La sabiduría que es de lo alto es primeramente pura,
después pacífica, amable, benigna, llena de misericordia y
de buenos frutos, sin incertidumbre ni hipocresía».
Santiago 3:17

La sabiduría verdadera se evidencia en la actitud de la persona.

¿Qué es la sabiduría verdadera? Santiago responde a esa pregunta en el versículo 17 señalando las características o cualidades de la sabiduría verdadera. Después de la pureza, la siguiente cualidad es «pacífica», que significa «amante de la paz» o que «promueve la paz». Se refiere a alguien que no crea confusión ni desorden. No se promociona a sí mismo ni compromete la verdad, sino que hace las paces.

La sabiduría verdadera también es «amable». Una persona amable se somete a humillaciones, deshonra, maltrato y persecución con una actitud de acatamiento, cortesía, amabilidad, paciencia y consideración. No mostrará odio, malicia ni venganza.

La sabiduría verdadera también se caracteriza por ser «benigna». Eso se refiere a alguien que está dispuesto a ceder ante otros con bondad, que es fácil de convencer con argumentos piadosos. Este término se usaba en referencia a la persona que voluntariamente se sometía a la disciplina o que observaba los estándares legales y morales, y se sometía de manera espontánea a ellos.

«Llena de misericordia» se refiere a alguien que muestra preocupación por las personas que sufren y se apresura a perdonar. Muestra amabilidad y compasión hacia los demás.

Los «buenos frutos» tienen que ver con todas las buenas obras en general o con una amplia variedad de obras espirituales. El cristiano muestra la autenticidad de su salvación a través de sus buenas obras, obras que son producidas por la fe (Santiago 2:14-20) y que llaman «fruto del Espíritu» (Gálatas 5:22-23) o «fruto de justicia» (Filipenses 1:11). «Sin incertidumbre» se refiere a alguien que es congruente y no vacila. No está dividido en su compromiso, no hace distinciones injustas y es sincero en su fidelidad a Dios.

«Sin hipocresía» es el clímax de la sabiduría verdadera y habla de alguien que es completamente genuino. No es falso ni tiene dos caras. Una persona verdaderamente sabia manifiesta un comportamiento sincero.

Si la sabiduría verdadera es parte de su vida, será evidente en su comportamiento. Refleje las cualidades de ella para que otros vean a Cristo en usted.

Sugerencias para la oración: Pídale a Dios que lo ayude a desarrollar las cualidades de la sabiduría verdadera. Y asegúrese de ser motivado por un corazón puro.
Para un estudio más profundo: Lea Mateo 5:1-16, y observe el paralelismo de las palabras de Cristo y las que aparecen en Santiago 3:17.

LOS RESULTADOS DE LA SABIDURÍA VERDADERA

«El fruto de justicia se siembra en paz para aquellos que hacen la paz».
Santiago 3:18

Una vida sabia es una vida justa.

El ministro puritano Richard Baxter dijo una vez: «La sabiduría es honorable porque es la habilidad de hacer el bien». Al igual que Baxter, Santiago también ve una conexión entre la sabiduría y hacer el bien. Santiago 3:18 está en tiempo presente y literalmente dice: «El fruto de la justicia está siendo sembrado en paz por los que hacen la paz». A primera vista, parece extraño que Santiago diga que «se está sembrando el fruto de la justicia» porque por lo general se siembra la semilla. Pero el fruto cosechado también se convierte en semilla para la próxima cosecha. Otra vez se siembra el fruto de justicia en paz por quienes hacen la paz.

Donde existe sabiduría verdadera, hay justicia verdadera. Y eso se convierte en semilla que genera más justicia. Esa es la ley de sembrar y cosechar. Es un ciclo continuo: un acto justo cosechado en el campo de la sabiduría verdadera se convierte en la semilla para hacer crecer otro acto justo. Aquellos que hacen la paz reciben el beneficio de ella y la justicia florece en un clima de paz. La conclusión es que los pacificadores no se preocupan por ellos mismos.

La vida de un granjero ilustra lo que dice Santiago. Las semillas que un agricultor planta en la primavera son las que cosecha en el otoño. Del mismo modo, al sembrar acciones justas cada día de su vida, usted puede estar seguro de lo que cosechará: una vida que refleje la sabiduría verdadera. ¡Haga que su objetivo sea vivir con rectitud!

Sugerencias para la oración: Adore al Señor por ser justo y pídale que le ayude a obedecer su Palabra y a tener una vida justa.

Para un estudio más profundo: Santiago sigue una línea clara de pensamiento: si uno profesa ser cristiano, debe demostrarlo viviendo como tal. Según 1 Juan 3:7-10, ¿qué prueba que una persona es un verdadero creyente?

CÓMO VIVIR EN UN MUNDO INSENSATO

«Alta está para el insensato la sabiduría».
Proverbios 24:7

El insensato quiere su propio camino.

No hay duda en mi mente de que vivimos en un mundo de necios. De hecho, todos los nacidos en este mundo llegan con una necedad congénita, también conocida como naturaleza pecaminosa. Proverbios 22:15 dice: «La necedad está ligada en el corazón del muchacho». Como vivimos en un mundo de insensatos, echemos un vistazo a algunas de sus características

El necio niega a Dios. El Salmo 14:1 dice: «Dice el necio en su corazón: No hay Dios. Se han corrompido, hacen obras abominables; no hay quien haga el bien». A eso lo llamo ateísmo práctico. El necio vive como si no hubiera Dios, negándolo con sus acciones.

El necio se convierte en su propio dios. Proverbios 12:15 dice: «El camino del necio es derecho en su opinión». Ningún hombre puede vivir sin dios. No se trata de si adora. Se trata de a quién adora. Si una persona no adora al Dios verdadero, adorará a un dios falso, lo que inevitablemente será un reflejo de sí mismo. Se convierte en el que determina la verdad y el error, articulando sus propios estándares de vida.

El necio se burla del pecado. Proverbios 14:9 dice: «Los necios se mofan del pecado». Como el necio hace sus propias reglas, quiere justificar su comportamiento para asegurarse de que todo le va a salir bien al final. Intenta eliminar el pecado junto con sus consecuencias.

El necio, por tanto, comienza viviendo como si no hubiera Dios, sustituyéndose a sí mismo como deidad y determinando su propio estilo de vida. Luego niega la existencia del pecado porque no puede tolerar la culpa.

Cuando Dios lo salvó, usted dejó las insensateces y se convirtió en su hijo sabio. Anímese, sabiendo que Dios continuará ayudándole a crecer en sabiduría a través de su comprensión y la obediencia a su Palabra.

Sugerencias para la oración: Ore por la salvación de un miembro de la familia, amigo o vecino que esté viviendo en forma insensata.

Para un estudio más profundo: Lea Mateo 7:24-27. ¿Cuál es la diferencia entre un hombre sabio y un hombre necio?

LAS PALABRAS DEL NECIO

«Plata escogida es la lengua del justo; mas el
corazón de los impíos es como nada».
Proverbios 10:20

———

El necio desea contagiar su insensatez a los demás.

Proverbios 1:7 dice: «El principio de la sabiduría es el temor de Jehová; Los insensatos desprecian la sabiduría y la enseñanza». Sabiduría, como se define en el Libro de Proverbios, es vivir según los estándares divinos, lo que implica aceptar la verdad divina. Pero el necio rechaza eso. En 1 Corintios 2:14 dice que «el hombre natural no percibe las cosas que son del Espíritu de Dios, porque para él son locura». Para el necio, la necedad es sabiduría y la sabiduría es necedad.

Que un insensato rechace la sabiduría de Dios es evidente por la forma en que habla. Proverbios 15:2 dice: «La lengua de los sabios adornará la sabiduría; mas la boca de los necios hablará sandeces». En otras palabras, el insensato se apresura a expresar sus opiniones. Así como una fuente amarga produce agua amarga y un árbol podrido produce fruta podrida, así también el necio produce necedad, hablando bajo su propia autoridad y generando sus propias opiniones. El mundo está lleno de opiniones de insensatos: necios que han negado a Dios en su vida, que se han convertido en sus propios dioses y que se burlan de la realidad y las consecuencias del pecado.

El necio no solo se apresura a expresar sus opiniones, sino que también propaga su necedad entre los demás. Proverbios 16:22 dice que la instrucción de los necios es locura. El insensato contamina al resto de la sociedad con la misma necedad que condena su propia alma. Deja la necedad como un legado para sus hijos, sus amigos y todos aquellos que caen bajo la influencia de su locura.

A diferencia de los necios, usted como creyente cuenta con la bendición de tener el Espíritu de sabiduría que lo habita y que ilumina la manera en que entiende su Palabra. Sus palabras a los demás se basan en la sabiduría de las Escrituras, no en especulaciones vacías. Al recordar la Palabra de Dios en todas las circunstancias, usted puede pronunciar palabras que son «como manzanas de oro con figuras de plata» (Proverbios 25:11).

———

Sugerencias para la oración: Agradezca a Dios por enseñarnos cómo debemos hablar y cómo no hablar, a través de su Palabra.
Para un estudio más profundo: ¿Qué dice Colosenses 4:6 acerca de nuestro discurso?
* ¿Qué idea agrega cada uno de estos versículos: Mateo 12:36; Marcos 9:50; Efesios 4:29?

DIFERÉNCIESE DEL MUNDO

*«Mirad, pues, con diligencia cómo andéis,
no como necios sino como sabios».*

Efesios 5:15

Vivir sabiamente hará que se distinga del mundo.

Caminar en sabiduría es un elemento del peregrinaje digno que Pablo ha estado describiendo desde el comienzo de Efesios 4. Él dice, en el versículo 1 lo que sigue: «Os ruego que andéis como es digno de la vocación con que fuisteis llamados» y luego describe ese andar digno con las siguientes características: es un andar *humilde* (4:1-3), un andar *unido* (4:4-16), un andar único (4:17-32), un andar *amoroso* (5:1-7), un andar *iluminado* (5:8-14) y un andar *sabio* (5:15-17). El punto que Pablo plantea al describir los diversos elementos del andar digno es que los cristianos son diferentes del mundo. El mundo no puede ser humilde porque todos luchan por sus derechos. El mundo no puede estar unido porque celebra y exalta las diferencias. El mundo no puede ser único porque está atrapado en su propia autodestrucción. El mundo no puede amar porque no tiene la vida de Dios, la fuente del verdadero amor. El mundo no puede conocer la luz porque se encuentra en oscuridad. Y el mundo no puede ser sabio porque la sabiduría de Dios está oculta de la mente del hombre. Como dice Pablo en 2 Timoteo 3:7, «siempre están aprendiendo, y nunca pueden llegar al conocimiento de la verdad».

Percátese de que ser diferente del mundo es una ventaja para su testimonio cristiano, no un obstáculo. Cuando otros lo vean obedeciendo las Escrituras, cuando lo vean andando con sabiduría, notarán que usted no es como ellos. Esa diferencia puede crear oportunidades para hablarles sobre su Salvador. Jesús dijo: «Así alumbre vuestra luz delante de los hombres, para que vean vuestras buenas obras, y glorifiquen a vuestro Padre que está en los cielos» (Mateo 5:16). Siga andando en sabiduría y deje que otros se sientan atraídos por la luz de Cristo.

Sugerencias para la oración: Pídale a Dios que lo ayude a ser un testigo cuyo testimonio brilla intensamente para Cristo.

Para un estudio más profundo: ¿Cómo dice 1 Pedro 2:12 que se debe vivir? ¿Por qué?

ACTÚE CON RESPONSABILIDAD

*«Mirad, pues, con diligencia cómo andéis,
no como necios sino como sabios».*
Efesios 5:15

Cada creyente es responsable de andar sabiamente.

Creo que en el instante en que un individuo es salvo, Dios deposita suficiente sabiduría en él para hacerlo absolutamente responsable de su comportamiento. Alguien puede decir: «¡Espera un minuto! ¿Cómo puede un creyente nuevo andar en sabiduría? ¿No es poco tiempo para aprender tanto? ¿Acaso no se han guardado mucho tiempo algunos cristianos sabios?».

Preguntas como esas menosprecian lo que expone Efesios 5:15. La primera palabra de este versículo nos lleva de vuelta a la invitación de Pablo a ser salvos en el versículo 14: «Despiértate, tú que duermes, y levántate de los muertos, y te alumbrará Cristo». En otras palabras, Pablo dice: «Puesto que eres salvo, debes andar en sabiduría». Cuando usted recibió a Cristo, simultáneamente obtuvo sabiduría y con ella, por lo tanto, la responsabilidad de andar sabiamente. En 1 Corintios 1:30 dice: «Mas por él [Dios] estáis vosotros en Cristo Jesús, el cual nos ha sido hecho por Dios sabiduría, justificación, santificación y redención». En el mismo instante de la salvación usted es hecho sabio, justo y santificado. No es un canje en el que da algo primero y recibe esas cosas después. Colosenses 2:3 indica: «En quien [Cristo] están escondidos todos los tesoros de la sabiduría y del conocimiento». Usted está en Cristo, y todos los tesoros de la sabiduría y el conocimiento están en Él; en consecuencia, usted está «completo en Él» (v. 10).

Si es redimido, tiene sabiduría. No tiene que esperar cinco, diez o cuarenta años, hasta que se haya salvado. Ya usted no es un necio, ahora es sabio. Y en base a ello, Pablo dice: «Anda como sabio. Vive de acuerdo a la sabiduría que posees».

Sugerencias para la oración: Agradezca a Dios por bendecirle con su gran salvación para que pueda andar sabiamente.

Para un estudio más profundo: Lea Efesios 1:7-8. ¿Qué recibió en el momento de su salvación (v. 7)?

  * ¿En qué maneras se le prodigaron las riquezas de la gracia de Dios (v. 8)?
  * Según Tito 2:11-12, ¿qué le enseña la gracia de Dios?

CREZCA EN SABIDURÍA

«Creced en la gracia y el conocimiento de
nuestro Señor y Salvador Jesucristo».
2 Pedro 3:18

Crecer en sabiduría significa crecer en semejanza a Cristo.

Es probable que usted pregunte: «¿No deberían los creyentes adquirir más sabiduría?». Sí, claro que debemos hacerlo. No importa cuánta sabiduría de Dios tengamos, siempre debemos tener hambre de más. La Biblia nos dice que tenemos todos los principios que necesitamos para caminar con sabiduría y, sin embargo, aún hay mucho más a nuestra disposición. Debemos «crecer en la gracia y el conocimiento de nuestro Señor y Salvador Jesucristo» (ver 2 Pedro 3:18), y debemos conformarnos cada vez más a la imagen de Cristo mediante la obra transformadora del Espíritu de Dios. Nuestra sabiduría debería aumentar, al igual que nuestra piedad; con ese fin se nos dan los principios básicos de la salvación. Aunque una persona no conozca todas las verdades de la Biblia, el Espíritu de Dios —que reside en ella desde el instante de la salvación— la convencerá de justicia y de pecado.

¿Qué hace usted si quiere más sabiduría? Primero, *adore.* Proverbios 9:10 dice: «El temor de Jehová es el principio de la sabiduría». Haga que su meta sea tener pasión por la adoración a lo largo de cada día y ser fiel en asistir a la casa del Señor periódicamente (ver Hebreos 10:25). Segundo, *ore.* Santiago 1:5 dice: «Y si alguno de vosotros tiene falta de sabiduría, pídala a Dios, el cual da a todos abundantemente y sin reproche, y le será dada». Ore constantemente y pídale a Dios más de su sabiduría. Tercero, *reciba instrucción.* El apóstol Pablo alentó a «amonestar a todo hombre, y enseñar a todo hombre en toda sabiduría» (ver Colosenses 1:28). Si quiere más sabiduría, una buena manera de obtenerla es recibir instrucciones de alguien que sea sabio. Finalmente, *estudie las Escrituras.* En 2 Timoteo 2:15, Pablo dice: «Procura con diligencia presentarte a Dios aprobado, como obrero que no tiene qué avergonzarse, que usa bien la palabra de verdad». Establezca un tiempo de estudio bíblico periódico y permita que el Espíritu Santo le enseñe.

Y usted, ¿qué hace al respecto? ¿Está creciendo en sabiduría? Si no, convierta eso en su prioridad.

Sugerencias para la oración: Pídale a Dios que lo ayude a crecer en sabiduría.
Para un estudio más profundo: Haga que su objetivo diario sea implementar las cuatro formas mencionadas en la lección de hoy para crecer en sabiduría.

CAMINE CON SABIDURÍA

«Mirad, pues, con diligencia cómo andéis,
no como necios sino como sabios».
Efesios 5:15

Caminar sabiamente es un paso en la dirección correcta.

A veces, un soldado tiene la ingrata tarea de limpiar los campos minados del territorio enemigo. Si conoce el procedimiento, sabe su trabajo. Es una tarea tediosa y peligrosa. Para proceder de manera ordenada, el soldado marca las áreas que se consideran peligrosas y las que han sido despejadas. Sobre todo, se asegura de tener cuidado por donde camina.

En el ámbito espiritual, Pablo les dice a los creyentes en Efesios 5:15 que anden con diligencia. El término griego traducido como «diligencia», en la primera parte de la frase del versículo, se refiere a mirar cuidadosamente de lado a lado y estar alerta a lo que esté sucediendo. Necesitamos estar extremadamente alertas porque el mundo por el que estamos caminando es un campo minado de pecado y tentación. Por lo tanto, debemos andar con cuidado, cabalmente y con precisión. El cristiano sabio traza cuidadosamente su curso de acuerdo a los principios de vida diseñados por Dios. No tropieza con los obstáculos que Satanás pone en su camino ni cae en el enredo del sistema mundial. Es diligente, es «cuidadoso».

La palabra griega traducida como «andar» se refiere a la «conducta diaria», al «patrón diario» o a la «vida cotidiana». El patrón diario de nuestras vidas debe reflejar sabiduría. Los griegos veían la sabiduría principalmente como conocimiento intelectual. Tendían a usar teorías que carecían de implicaciones prácticas. Para ellos, los sabios eran los intelectuales y los filósofos. La mente hebrea, sin embargo, definía la sabiduría únicamente en términos de comportamiento. Cuando una persona se convierte en cristiana, es más que un cambio de teoría: es un cambio en la forma en que vive.

Lo que Pablo dice en el versículo 15 es algo como lo siguiente: «Si eras un necio, pero te hicieron sabio en Cristo, entonces anda sabiamente». En otras palabras, debemos practicar nuestra posición, vivir de acuerdo con lo que somos. Cuando nos convertimos en cristianos, pasamos de la locura a la sabiduría. ¡Por lo tanto, tenemos que actuar así!

Cuídese de no actuar neciamente y de pisar las minas de Satanás. Su transformación espiritual requiere que viva con cuidado.

Sugerencias para la oración: Agradezca al Señor por ayudarlo a obedecer su Palabra y evitar las minas destructivas de Satanás.

Para un estudio más profundo: Lea Tito 3:1-8. ¿Qué debe tener cuidado de hacer (v. 8)? ¿Por qué?

EL PAPEL DEL NECIO

«He aquí yo he hecho neciamente».

1 Samuel 26:21

El cristiano no debe actuar como un necio.

En Deuteronomio 32:6 Moisés miró a los belicosos hijos de Israel que le habían fallado a Dios tantas veces y dijo: «¿Así pagáis a Jehová, pueblo loco e ignorante?». Los hijos de Israel se estaban haciendo los necios. Por desdicha, el pueblo de Dios hoy sigue siendo necio.

Una forma de hacerlo es a través de la *incredulidad*. En el camino a Emaús, Jesús se apareció a dos discípulos que no creían que había resucitado de entre los muertos. Jesús les dijo: «¡Oh insensatos, y tardos de corazón para creer todo lo que los profetas han dicho!» (Lucas 24:25). No creer en Dios y en su Palabra es jugar el papel del necio.

Otra forma en que los creyentes se hacen necios es a través de la *desobediencia*. En Gálatas 3:1, el apóstol Pablo dice: «¡Oh gálatas insensatos! ¿quién os fascinó para no obedecer a la verdad, a vosotros ante cuyos ojos Jesucristo fue ya presentado claramente entre vosotros como crucificado?». Y en el versículo 3 dice: «¿Tan necios sois? ¿Habiendo comenzado por el Espíritu, ahora vais a acabar por la carne?». Ellos comenzaron bien, pero fueron desobedientes y quedaron atrapados en las obras de la ley.

Otra forma en que los cristianos caen en la necedad es al *desear cosas erróneas*. Pablo, en 1 Timoteo 6:9, dice: «Los que quieren enriquecerse caen en tentación y lazo, y en muchas codicias necias y dañosas». Si desea cosas erróneas, usted es un necio.

Por último, puede hacerse el necio *haciendo las cosas mal*. Santiago 3:13-17 dice que hay dos clases de sabiduría. La sabiduría divina genera «buena conducta» (v. 13), pero la sabiduría insensata produce «celos y contención» (v. 16). Por lo tanto, una persona egocéntrica es necia.

Es triste ver a tantos cristianos hechos los necios. Eso no tiene ningún sentido. ¿Por qué los cristianos deben vivir como personas ciegas, ignorantes y necias cuando tienen la sabiduría de Dios?

Pablo dice al final de Romanos: «Quiero que seáis sabios para el bien, e ingenuos para el mal» (16:19). Si tiene que ser necio, séalo (por ignorancia, sin estar familiarizado) con el mal.

Sugerencias para la oración: Haga de la exhortación de Pablo en Romanos 16:19 su oración.

Para un estudio más profundo: Lea Proverbios 2:1-22 como recordatorio de los beneficios que recibirá al seguir la sabiduría verdadera en lugar de hacerse el necio.

DISCIPLÍNESE CON UN PROPÓSITO

«El ejercicio corporal para poco es provechoso, pero la piedad para todo aprovecha, pues tiene promesa de esta vida presente, y de la venidera».
1 Timoteo 4:8

La piedad debe ser la prioridad del creyente.

Me asombra lo dedicadas que pueden ser las personas a lo que creen que es importante. Hay muchos, fuera del cristianismo, que viven apegados con rigidez a diversas reglas insensatas. Las personas en los países totalitarios, por ejemplo, viven rígidamente apegadas a reglas que niegan la verdad bíblica. Andan con cautela y siguen las órdenes al pie de la letra.

Algunos fanáticos sectarios son tan rígidos y andan con tanto apego a los principios que les dictan que si se les dice que no pueden casarse o no pueden estar con sus cónyuges, se conforman y responden a ciegas. Están hechos para vivir la abstinencia de las relaciones físicas, seguir dietas estrictas, ayunar, etc. Algunos intentan alcanzar la espiritualidad a través de actos tan disciplinados como acostarse sobre una cama de clavos o caminar sobre brasas.

Otros, como los atletas, pasan por una tremenda autodisciplina a través de dietas, carreras, entrenamiento con pesas y otros ejercicios que implican un gran sacrificio.

Las personas disciplinadas en cosas que, en última instancia, no tienen sentido pueden ser laxas en las cosas que valen. Conozco personas que corren cinco kilómetros todos los días pero que no se molestarán en leer la Biblia periódicamente. Conozco otras que no pueden disciplinarse para nutrirse de la Palabra de Dios, pero se ajustan rigurosamente a una dieta. Muchos cristianos adoran la buena forma física y la salud, y están tan conformes con el sistema mundano que son descuidados y perezosos para conformarse a Cristo.

Si usted es un cristiano sabio, seguramente se disciplinará con la piedad. Sabrá lo que agrada a Dios, vigilará las trampas de Satanás, resistirá al diablo, vencerá la tentación y será selectivo con su comportamiento. En otras palabras, no andará como un necio; andará con sabiduría, viviendo según los estándares de Dios.

Sugerencias para la oración: Agradezca a Dios por su Hijo, el ejemplo perfecto de disciplina espiritual y piedad. Pídale a Dios que le ayude a ser como Él.
Para un estudio más profundo: Según 1 Timoteo 4:7, ¿cuál es el propósito de la disciplina espiritual?
 * De acuerdo a 2 Pedro 1:3, ¿qué nos ha otorgado el poder de Dios?

FINALICE LA CARRERA

«Aprovechando bien el tiempo, porque los días son malos».
Efesios 5:16

Dios espera que el creyente use su tiempo sabiamente.

Muchas personas nunca terminan lo que comienzan. Hay sinfonías inacabadas, pinturas a medio hacer y esculturas sin terminar (algunas veces porque el compositor o artista murió). Hay relaciones que nunca se convierten en todo lo que podrían ser, ministerios que nunca se hacen realidad, sueños que siempre siguen siendo sueños y esperanzas que siempre siguen siendo esperanzas. Para muchas personas, la vida puede ser una sinfonía inconclusa o un sueño sin realidad. Pero no tiene por qué ser así. Creo que la respuesta se puede encontrar en la frase «aprovechando bien el tiempo» (Efesios 5:16).

Si alguna vez vamos a convertir nuestros sueños en realidades y nuestras esperanzas en hechos, para terminar nuestras sinfonías, pintar nuestros cuadros y esculpir nuestras esculturas, solo será cuando hayamos aprovechado al máximo nuestro tiempo. Creo que en la eternidad pasada, Dios prescribió el tiempo específico que debemos vivir. Y solo a medida que maximicemos ese tiempo podremos mantener su cumplimiento potencial.

El apóstol Pablo sabía directamente la importancia de redimir el tiempo. En Hechos 20:24 dice: «De ninguna cosa hago caso, ni estimo preciosa mi vida para mí mismo, con tal que acabe mi carrera con gozo, y el ministerio que recibí del Señor Jesús». En otras palabras, Dios nos ha dado un límite de tiempo y, dentro de ese marco temporal, ha definido un curso. Pablo, en efecto, dijo: «Quiero terminar el curso específico y el ministerio específico en el tiempo específico que se me ha dado». Al final de su vida, Pablo pudo decir: «He acabado la carrera» (2 Timoteo 4:7). Terminó la carrera porque aprovechó al máximo su tiempo.

Creo que Dios nos ha dado soberanamente, a usted y a mí, un período específico de tiempo. Él conoce el principio y el final porque predeterminó ambas cosas. Asegúrese de terminar su carrera prescrita andando sabiamente y viviendo para su gloria.

Sugerencias para la oración: Agradezca al Señor por darle soberanamente un estímulo para correr en la vida.

* Ore para que la perfecta voluntad de Dios se refleje en su vida mientras participa en la carrera.

Para un estudio más profundo: Lea 1 Pedro 1:17-19. Según el versículo 17, ¿cómo va a vivir «durante el tiempo de su estadía en la tierra»? ¿Por qué?

APROVECHE LAS OPORTUNIDADES

«Aprovechando bien el tiempo, porque los días son malos».
Efesios 5:16

Aproveche las oportunidades para glorificar a Dios todos los días.

En una de las ciudades de la antigua Grecia había una estatua tallada por Lisipo, un famoso escultor griego del siglo cuarto antes de Cristo. La efigie tenía alas en sus pies y un gran mechón de pelo en la frente, aunque estaba calva en la parte posterior de la cabeza. Así es como se describió:

> *¿Quién... fue tu escultor? Lisipo... ¿Y quién eres tú? Ocasión [u oportunidad], el todopoderoso... ¿Por qué tienes alas... en tus pies? Porque floto en las alas del viento... Y tu cabello, ¿por qué crece en la frente? Para que el que se encuentre conmigo, aproveche... ¿Y por qué la parte posterior de tu cabeza es calva? Porque nadie puede agarrarme por detrás, por mucho que lo desee, una vez que mis pies alados hayan pasado por él.*

Ese personaje ficticio sabía cómo aprovechar al máximo cada oportunidad. En la vida real, el apóstol Pablo le insta a usted a que se beneficie de las oportunidades «aprovechando bien el tiempo» (Efesios 5:16). La palabra griega traducida como «tiempo» no es el vocablo griego *cronos*, que se refiere al tiempo en términos de un reloj o calendario. Es la palabra *kairos*, que significa «eras», «épocas» o «períodos». Aprovechar bien su tiempo es otra forma de decir que debe aprovechar al máximo sus oportunidades, mismas que puede aprovechar Dios para su gloria.

El salmista tenía la perspectiva correcta cuando oró: «Enséñanos de tal modo a contar nuestros días, que traigamos al corazón sabiduría» (Salmos 90:12). La sabiduría cuenta los días, ve el tiempo limitado y compra la oportunidad. No sea necio: evite las oportunidades para hacer el mal, pero aproveche las que sean para el bien.

Sugerencias para la oración: Ore con el Salmo 90:12 y aplíqueselo a usted mismo.

Para un estudio más profundo: En Colosenses 4:5, ¿qué les dice Pablo, a los creyentes, que hagan?

VIVA LOS DÍAS DIFÍCILES

«Aprovechando bien el tiempo, porque los días son malos».
Efesios 5:16

Los días malos requieren buen comportamiento.

Los días en que vivimos están ciertamente llenos de maldad. Lea cualquier periódico y sabrá a qué me refiero. ¿Se imagina cómo se le rompe el corazón de Dios que creó un mundo perfecto, lleno de todo lo bueno, para luego verlo convertido en algo tan corrupto, libertino y vil como lo es hoy? ¿Se imagina cómo debe ser para Dios ver a los cristianos que, en medio de este mundo malvado, tienen la oportunidad de hacer el bien y, sin embargo, las evitan? Los días son malos y Dios nos da esas oportunidades para hacer que sucedan cosas valiosas, para llenar al menos un momento de cada día con algo bueno, algo justo, algo para Él.

«Porque los días son malos», dice el apóstol Pablo en Efesios 5:16, es importante andar sabiamente y aprovechar bien nuestro tiempo. Cuando surjan oportunidades para mostrar bondad, debemos aprovecharlas. Cuando Dios nos brinde una ocasión para glorificarlo (lo que a su vez nos traerá una bendición), debemos aprovechar la oportunidad por el bien de su nombre. Debemos aprovecharla en medio de un día malo.

Cuando pienso en cómo se siente el corazón de Dios por el mal de un mundo que hizo para su propia gloria, me digo a mí mismo: *Si Dios me da una pequeña oportunidad para hacer algo bueno —en medio de un día malo—, algo que lo honre o que lo glorifique, voy a aprovecharla.* Como los días son malos, y parece que la bondad es tan escasa, usted y yo debemos aprovechar cada oportunidad que podamos para manifestar la bondad de Dios.

Sugerencias para la oración: Pídale al Señor que le ayude a ver más oportunidades que pueda aprovechar para manifestar la bondad de Dios que usted disfruta.

Para un estudio más profundo: Según Génesis 6:5, ¿qué vio el Señor en los días de Noé?

* ¿Qué efecto tuvo eso en Dios (v. 6)?
* Según Hebreos 11:7, ¿qué hizo Noé?
* ¿Qué influencia tuvo Noé en el mundo?

SIENTA LA URGENCIA

«Has dejado tu primer amor».
Apocalipsis 2:4

La persona sabia ama a Cristo supremamente.

Como los días eran malos, el apóstol Pablo quería que la iglesia en Éfeso aprovechara al máximo su tiempo y anduviera sabiamente (Efesios 5:15-16). Un poco más de treinta años después de que Pablo escribió su carta a la iglesia de Éfeso, el apóstol Juan les escribió más, diciendo: «Has dejado tu primer amor … Recuerda, por tanto, de dónde has caído, y arrepiéntete, y haz las primeras obras; pues si no, vendré pronto a ti, y quitaré tu candelero de su lugar, si no te hubieres arrepentido» (Apocalipsis 2:4-5). Pero los efesios no se arrepintieron y el candelabro fue quitado. Su tiempo fue más corto de lo que creían, porque el mal era muy grande. Su iglesia cayó presa del tiempo en que vivieron y, al no sentir la urgencia de volver a su primer amor, finalmente desapareció.

Creo que debemos tener un sentido de urgencia en los malos días en que vivimos. No sé lo que le va a pasar al cristianismo en Estados Unidos, pero le he pedido a Dios que si se necesita persecución para llevarnos al lugar donde tengamos control de lo que deberíamos ser, entonces que suceda. En muchos casos, a lo largo de la historia, la iglesia ha prosperado mejor bajo la persecución que bajo la riqueza. Como dijo una vez el padre de la iglesia, Tertuliano: «La sangre de los mártires es la semilla de la iglesia».

No estoy pidiendo específicamente que la iglesia sea perseguida. Estoy diciendo que a veces no percibimos la urgencia de nuestro mal día porque estamos atrapados en el sistema mundanal y las líneas de la convicción no están claramente trazadas. Es un mal día en el que vivimos y el tiempo es corto. Tenemos que darnos cuenta de que «los malos hombres y los engañadores irán de mal en peor» (2 Timoteo 3:13). La situación no va a mejorar. El mundo es más oscuro y más descarado con sus vicios que nunca. Debemos tener un sentimiento de urgencia y redimir el tiempo.

Sugerencias para la oración: En el Salmo 145, el rey David expresó su amor por el Señor. Haga de ese salmo su oración y una expresión de su amor a Dios.
Para un estudio más profundo: Lea en Apocalipsis 2—3 lo que el Señor dice a las siete iglesias en Asia, y observe lo que aprueba y lo que desaprueba.

UNA VIDA SIN MEZQUINDADES

«Aprovechando bien el tiempo, porque los días son malos».
Efesios 5:16

El tiempo dirá si usted es desinteresado o egoísta.

En 1842 Robert Murray M'Cheyne, pastor de la Iglesia de San Pedro en Dundee, Escocia, escribió una carta pastoral a un individuo que no era creyente. Lo siguiente es un extracto de su carta:

> *Estaba leyendo esta mañana (Lucas 2:29), lo que el viejo Simeón dijo cuando tomó al niño Jesús en sus brazos: «Ahora, Señor, despides a tu siervo en paz, conforme a tu palabra; porque han visto mis ojos tu salvación». Si te aferras firmemente al Señor Jesús, podrás decir lo mismo... Dios te está llevando al mismo lugar donde está el Redentor, un Salvador crucificado, humillado, despreciado, escupido. ¿Puede ser este el Salvador del mundo? Sí, querida alma; arrodíllate y llámalo tu Redentor. Murió por ti y por mí.*

M'Cheyne vivió desinteresadamente, sin mezquindades, cuidando el bienestar espiritual de los creyentes y los no creyentes. Debido a problemas de salud, murió a los veintinueve años después de ministrar, tras unos siete años y medio. Su legado espiritual y su apasionado amor, tanto por el Señor como por las personas, continúa sirviendo como un ejemplo inspirador para los creyentes de hoy.

La vida de M'Cheyne ilustra lo que el apóstol Pablo les estaba diciendo a los creyentes efesios: aprovechen bien el tiempo. En Efesios 5:16, el término griego traducido como «aprovechar bien» significa «cómpratelo para ti mismo». Eso no significa que deba acumular su tiempo para su propio uso; más bien, debe comprar para usted un tiempo que le dé gloria a Dios. Cada día trae nuevas oportunidades que debemos aprovechar para Dios: oportunidades para el bien, para la justicia, para la santidad.

Así como M'Cheyne, compre oportunidades diariamente para la gloria de Dios y el bien de los demás. Comprométase a ministrar a las necesidades espirituales de los creyentes y los no creyentes. Al hacerlo, hará que su tiempo cuente para la eternidad.

Sugerencias para la oración: Pídale a Dios, por su divina gracia, que lo ayude a ser desinteresado y a servir a los demás de manera efectiva.

Para un estudio más profundo: Lea los siguientes versículos: Gálatas 6:10; 1 Corintios 10:24; Filipenses 2:3-4. ¿Cómo dicen esos pasajes que uno debe vivir?

CONOZCA LA VOLUNTAD DE DIOS

«No seáis insensatos, sino entendidos de cuál sea la voluntad del Señor».
Efesios 5:17

La voluntad de Dios se revela en su Palabra.

¿Cómo puede un cristiano caminar sabiamente y conocer la voluntad de Dios para su vida? La voluntad de Dios se nos revela explícitamente en las páginas de las Escrituras. La voluntad de Dios es que seamos:

Salvos: «Porque esto es bueno y agradable delante de Dios nuestro Salvador, el cual quiere que todos los hombres sean salvos y vengan al conocimiento de la verdad» (1 Timoteo 2:3-4; compárese con 2 Pedro 3:9).

Llenos de Espíritu: «Por tanto, no seáis insensatos, sino entendidos de cuál sea la voluntad del Señor. No os embriaguéis con vino, en lo cual hay disolución; antes bien sed llenos del Espíritu» (Efesios 5:17-18).

Santificados: «La voluntad de Dios es vuestra santificación» (1 Tesalonicenses 4:3).

Sumisos: «Por causa del Señor someteos a toda institución humana, ya sea al rey, como a superior, ya a los gobernadores, como por él enviados para castigo de los malhechores y alabanza de los que hacen bien. Porque esta es la voluntad de Dios» (1 Pedro 2:13-15).

Sufridos por su causa: «Porque mejor es que padezcáis haciendo el bien, si la voluntad de Dios así lo quiere, que haciendo el mal» (1 Pedro 3:17).

Agradecidos: «Dad gracias en todo, porque esta es la voluntad de Dios para con vosotros en Cristo Jesús» (1 Tesalonicenses 5:18).

Es probable que usted diga: «Esos son buenos principios, pero no me dicen a dónde debo ir, a qué escuela o con quién debería casarme». Pero si usted es salvo, lleno del Espíritu, santificado, sumiso, sufrido y agradecido, ¡puede hacer lo que quiera! A eso se refería el salmista cuando dijo: «Deléitate asimismo en Jehová, y él te concederá las peticiones de tu corazón» (Salmos 37:4). ¿Significa eso que Él cumple los deseos? Sí, pero antes de que los cumpla, los pone en su corazón. Si está llevando una vida santa, Él le dará los deseos correctos y luego los cumplirá.

Sugerencias para la oración: Agradezca a Dios por revelar su voluntad en su Palabra para que usted pueda vivir sabiamente, no neciamente.

Para un estudio más profundo: Cristo actuó solo de acuerdo a la voluntad de su Padre. Lea los siguientes versículos y observe cómo fue eso: Mateo 26:42; Juan 4:34; 5:30; 6:38.

LA ENCARNACIÓN DE CRISTO

*«El cual, siendo en forma de Dios, no estimó el ser igual a Dios como cosa
a que aferrarse, sino que se despojó a sí mismo, tomando forma de siervo,
hecho semejante a los hombres; y estando en la condición de hombre, se
humilló a sí mismo, haciéndose obediente hasta la muerte, y muerte de cruz».*
Filipenses 2:6-8

Cristo es el ejemplo perfecto de humildad.

En su libro *Los milagros*, el erudito inglés C. S. Lewis utilizó la siguiente analogía para describir la encarnación de Cristo:

> *Uno puede pensar en un buzo, primero reduciéndose a la desnudez,
> luego mirando al aire, después desapareciendo en un chapuzón, esfumado, moviéndose a través de la tibia agua verde en dirección a la
> oscura agua fría, descendiendo a través de la creciente presión hacia
> la muerte, región llena de limo y cosas viejas descompuestas; y luego,
> otra vez, de vuelta al color y la luz, con sus pulmones a punto de estallar, hasta que —de repente— vuelve a salir a la superficie, sosteniendo
> en su mano el preciado objeto que bajó a buscar. Él y el objeto recuperado cobran color ahora que han salido a la luz: abajo, en la oscuridad, donde estaba apenas unos instantes, también perdió su color.*

Así fue como Lewis ilustró la encarnación, el milagro central del cristianismo, que también se aborda en Filipenses 2:5-8. En esos versículos, se muestra que Jesús es el modelo perfecto de humildad, la ilustración perfecta de las instrucciones de Pablo en los versículos 3-4. No hizo nada por egoísmo ni presunción, sino que consideró a los demás como más importantes que Él mismo.

Debemos imitar el perfecto ejemplo de humildad que modeló Cristo. Santiago 4:10 dice: «Humillaos delante del Señor, y él os exaltará». Y usted, ¿qué piensa al respecto? ¿Muestra usted una humildad cristiana a la que Dios se deleite en honrar y exaltar?

Sugerencias para la oración: Agradezca al Señor por Cristo, cuya vida ejemplifica el patrón perfecto de humildad que se debe seguir.

* Piense en las áreas de su vida en las que es especialmente propenso a exaltarse a expensas de los demás.
* Reconozca su pecado ante Dios y pídale que le ayude a ser humilde en esas áreas.

Para un estudio más profundo: Lea Isaías 14:12-17 y Ezequiel 28:12-19, pasajes que hablan de la caída de Lucifer desde su posición exaltada en la presencia de Dios. Escriba las maneras en que su actitud es opuesta a la de Cristo en Filipenses 2:5-8.

LA DEIDAD DE CRISTO

«[Cristo] siendo en forma de Dios».

Filipenses 2:6

Cristo posee la naturaleza misma de Dios.

En la segunda parte de la reconocida obra *El progreso del peregrino*, de Juan Bunyan, Cristiano y sus hijos viajan hacia el País Celestial. Durante su peregrinación, Intérprete les presenta a uno de sus sirvientes varones, cuyo nombre es Gran Corazón. Cuando Cristiano le pide a Gran Corazón que explique la naturaleza del perdón de Cristo, parte de su respuesta es la siguiente: «Él [Cristo] tiene dos naturalezas en una Persona, fácil de distinguir pero imposible de dividir. Hay una justicia que pertenece a estas dos naturalezas, y cada justicia es esencial para esa naturaleza, de modo que uno podría eliminarla tan fácilmente como separar su justicia de ella». Bunyan estaba afirmando, a través de su personaje Gran Corazón, lo que las Escrituras dicen acerca de Cristo: que Él es Dios.

El apóstol Pablo declaró la misma verdad, diciendo que Cristo «siendo en forma de Dios» (ver Filipenses 2:6). En los manuscritos más antiguos, aparece la palabra «existió» en lugar de «siendo». Para ello se usó el vocablo griego traducido como *huparcho* (que significa «existió»), el cual no es el verbo común que define el «ser» (*eimi*). *Huparcho* enfatiza la esencia de la naturaleza de una persona: su estado o condición continua. Expresa lo que uno es, inalterable e inalienablemente, por naturaleza. El punto de Pablo era que Jesucristo existe de manera inalterable y continua en forma de Dios.

Aclarar el significado de la palabra griega traducida como «forma» (*morphe*) es crucial para una comprensión adecuada de este versículo. Según los respetados eruditos griegos Moulton y Milligan, *morphe* «siempre significa una forma que expresa verdadera y plenamente el ser que subyace». Esa palabra describe el ser esencial o la naturaleza, en este caso el ser esencial de Dios.

Al usar la palabra *morfe*, en Filipenses 2, Pablo decía que Jesús poseía la naturaleza inmutable y esencial de Dios. Esa interpretación de la primera frase del versículo 6 se fortalece con la segunda oración, que dice que Jesús era igual a Dios. Ser en forma de Dios habla de la igualdad de Cristo con Dios.

Quizás, así como Gran Corazón, usted conozca a alguien que necesita estar basado en las doctrinas fundamentales de la Palabra de Dios. Así como Gran corazón ayudó a Cristiano, usted también puede ayudar a alguien a aprender acerca de la deidad de Cristo y de otras grandes verdades de la Palabra de Dios.

Sugerencias para la oración: Ore porque se le presente una oportunidad para enseñarle a alguien la doctrina básica de la naturaleza de Cristo.

Para un estudio más profundo: Memorice Colosenses 2:9, un versículo que prueba la deidad de Cristo.

DEFENSA DE LA DEIDAD DE CRISTO

«[Cristo] siendo en forma de Dios».

Filipenses 2:6

La Escritura aclara muy bien que Cristo es Dios.

La deidad de Cristo es la esencia de la fe cristiana. Inevitablemente, cuando las personas atacan la fe cristiana, atacan la deidad de Cristo. Sin embargo, las Escrituras aclaran que tales ataques son infundados. El apóstol Juan dijo: «En el principio era el Verbo, y el Verbo era con Dios, y el Verbo era Dios» (Juan 1:1). Bajo la inspiración del Espíritu Santo, el apóstol amado inició su evangelio afirmando la deidad de Cristo. Juan volvió a declaró la deidad de Cristo cuando escribió: «Todas las cosas por él fueron hechas, y sin él nada de lo que ha sido hecho, fue hecho. En él estaba la vida, y la vida era la luz de los hombres» (vv. 3-4). En Juan 8:58 Jesús dijo: «Antes que Abraham fuese, yo soy». Jesús se llamó a sí mismo con el nombre de Dios, que dijo: «YO SOY EL QUE SOY» (Éxodo 3:14).

En Colosenses 1:15-17, el apóstol Pablo escribió acerca de la deidad de Cristo con las siguientes palabras: «Él es la imagen del Dios invisible, el primogénito de toda creación. Porque en él fueron creadas todas las cosas, las que hay en los cielos y las que hay en la tierra, visibles e invisibles; sean tronos, sean dominios, sean principados, sean potestades; todo fue creado por medio de él y para él. Y él es antes de todas las cosas, y todas las cosas en él subsisten». Cristo es Dios, el Creador. El escritor de Hebreos dice: «[Cristo es] el resplandor de su gloria, y la imagen misma de su sustancia» (1:3). El cristianismo comienza con el reconocimiento de que Jesucristo es, en esencia, el Dios eterno.

Siempre que alguien le confronte atacando la deidad de Cristo, asegúrese de defender la fe, «la palabra fiel tal como ha sido enseñada, para que también pueda exhortar con sana enseñanza y convencer a los que contradicen» (Tito 1:9).

Sugerencias para la oración: En el centro de la defensa de la Palabra de Dios hay una interpretación precisa de las Escrituras. Pídale que lo ayude a interpretar su Palabra con precisión (ver 2 Timoteo 2:15).

Para un estudio más profundo: Juan 1:1 dice: «En el principio era el Verbo», que sin duda recordó a los lectores de Juan Génesis 1:1: «En el principio Dios creó los cielos y la tierra». ¿Qué comprueban los siguientes versículos acerca de Cristo: 1 Corintios 8:6; Efesios 3:19; Hebreos 1:1-2?

LA IGUALDAD DE CRISTO CON DIOS

«[Cristo] no estimó el ser igual a Dios como cosa a que aferrarse».
Filipenses 2:6

**Cristo es igual a Dios pero cedió, voluntariamente,
sus privilegios divinos por nuestro bien.**

En el tiempo en que Cristo vivió, aun sus peores enemigos, los líderes religiosos apóstatas, sabían lo que decía de sí mismo. Juan 5:18 indica: «Por esto los judíos aun más procuraban matarle, porque no sólo quebrantaba el día de reposo, sino que también decía que Dios era su propio Padre, haciéndose igual a Dios». En Filipenses 2:6, Pablo certifica la afirmación de Cristo en cuanto a su igualdad con Dios. La palabra griega traducida como «igual» (*isos*) describe cosas que son exactamente iguales en tamaño, cantidad, calidad, carácter y número. Isomorfo (forma igual), isométrico (medidas iguales) y triángulo isósceles (un triángulo con dos lados de igual medida) son todos términos castellanos que describen la igualdad. Cristo es igual a Dios y existe en forma de Dios. Una interpretación literal del texto griego en nuestro idioma es: «No consideraba el ser igual a Dios», una afirmación tremenda de la deidad de Cristo.

El primer paso en la humillación de Cristo fue que no se aferró a que era igual a Dios. Aunque tenía todos los derechos, privilegios y honores de la Divinidad, Cristo no los aprovechó. La palabra traducida como «aferrarse» originalmente tenía que ver con «robo» o «una cosa incautada por hurto». Con el paso del tiempo, llegó a significar cualquier cosa que se agarra, abraza, aprieta, aferra o aprecia. Pablo quiso decir que aunque siempre fue Dios, Cristo se negó a aferrarse a su posición con todos sus derechos y honores. Estaba dispuesto a renunciar a todo ello por una temporada.

La encarnación expresa la humildad y la naturaleza desinteresada de la Segunda Persona de la Trinidad. Cristo esquivaba a los miserables pecadores que lo odiaban y voluntariamente cedió sus privilegios para darse a sí mismos por ellos. Sigamos su ejemplo siendo humildes y viviendo desinteresadamente por los demás.

Sugerencias para la oración: Agradezca al Señor por su ejemplo de humildad y generosidad.

Para un estudio más profundo: Lea Juan 10:38; 14:9. ¿Qué dijo Cristo acerca de su relación con el Padre?

＊ En Juan 20:28, ¿cómo se dirigió Tomás a Cristo?

CRISTO SIGUE SIENDO DIOS

«El cual, siendo en forma de Dios, no estimó el ser igual a Dios
como cosa a que aferrarse, sino que se despojó a sí mismo».

Filipenses 2:6-7

Cristo se despojó a sí mismo sin retener jamás su deidad.

Observe el contraste en Filipenses 2 entre los versículos 6 y 7: Cristo no pensó que la igualdad era algo que debía entenderse, sino que se despojó a sí mismo. Pablo usó la conjunción contrastante «sino» para mostrar que ser igual a Dios no llevó a Cristo a aprovecharse de todo eso, sino a despojarse.

El verbo griego traducido como «despojó» *(kenoo)* es la raíz de la que obtenemos el término teológico *kenosis*, la doctrina del autodespojo de Cristo como parte de su encarnación. El verbo expresa la renuncia a sí mismo de Cristo, su negativa a aferrarse a sus ventajas y privilegios como Dios.

¿De qué se despojó Cristo? Seguro que no fue de su deidad. Él coexiste con el Padre y el Espíritu. Que se vuelva menos que Dios significaría que la Trinidad dejaría de existir. Cristo no podría ser menos que lo que realmente es.

El profesor Paul Enns, en su obra *Moody Handbook of Theology*, explica el despojo de Cristo de esta manera: «El despojo no fue una resta sino una adición. Las siguientes frases (Filipenses 2:7-8) explican el despojo: "(a) tomando forma de siervo, y (b) hecho semejante a los hombres, (c) estando en la condición de hombre, (d) se humilló a sí mismo, haciéndose obediente hasta la muerte". Cristo, al "despojarse" estaba adquiriendo una naturaleza adicional, una naturaleza humana con sus limitaciones. Él nunca retuvo su deidad». Cristo no cambió la deidad por la humanidad; Él conservó su naturaleza divina.

En su himno «¡Oíd! Los ángeles mensajeros cantan», Charles Wesley presentó muy acertadamente las verdades de la deidad de Cristo al escribir:

> *Velado en la carne, la Divinidad ve; salve Deidad encarnada, Complacido como hombre, con hombres en los cuales morar, Jesús, nuestro Emmanuel.*

Que esas palabras se conviertan en la canción de su corazón.

Sugerencias para la oración: Agradezca al Señor por despojarse en beneficio de usted.

Para un estudio más profundo: Lea 2 Corintios 8:9. ¿Por qué Cristo se hizo «pobre»?

* Vea Romanos 8:3. ¿Por qué envió Dios a «su propio Hijo en semejanza de carne de pecado»?

EL DESPOJO DE CRISTO

«[Cristo] se despojó a sí mismo».
Filipenses 2:7

Cristo renunció a sus privilegios divinos.

Aunque Cristo no renunció a su deidad, se despojó a sí mismo en ciertas maneras. Una de esas formas fue renunciar a su *gloria celestial*. Es por eso que Juan 17:5 registra el momento en que Jesús oró: «Ahora pues, Padre, glorifícame tú al lado tuyo, con aquella gloria que tuve contigo antes que el mundo fuese». Cristo renunció a la gloria de una relación cara a cara con Dios por el lodo de esta tierra. Renunció a la presencia de los ángeles que lo adoraban por las escupidas de los hombres.

Cristo también se despojó de su *autoridad independiente*. Se sometió por completo a la voluntad del Padre y aprendió a ser siervo. Filipenses 2:8 dice que Él fue obediente, y vemos eso ilustrado cuando dijo en el huerto: «No sea como yo quiero, sino como tú» (Mateo 26:39). Él vino a hacer la voluntad de su Padre, no la suya (Juan 5:30).

Otra forma en que Cristo se despojó fue al dejar de lado las *prerrogativas de su deidad*: el despliegue voluntario de sus atributos. No renunció a su deidad, pero sí abandonó el ejercicio libre de sus atributos, limitándose a decir que ni siquiera Él sabía el momento de su segunda venida (Mateo 24:36).

Cristo también se despojó de sus *riquezas personales*. «Nuestro Señor Jesucristo, que por amor a vosotros se hizo pobre, siendo rico, para que vosotros con su pobreza fueseis enriquecidos» (2 Corintios 8:9). Cristo era pobre en este mundo; poseía muy poco.

Por último, Cristo se despojó de una *relación favorable* con su Padre. «Al que no conoció pecado, por nosotros [Dios] lo hizo pecado, para que nosotros fuésemos hechos justicia de Dios en él» (2 Corintios 5:21). Como resultado, nuestro Señor clamó en la cruz: «Dios mío, Dios mío, ¿por qué me has desamparado?» (Mateo 27:46).

Aunque Cristo renunció a todos esos privilegios, nunca dejó de ser Dios. En cualquier momento pudo haber destruido a sus enemigos de la faz de la tierra, pero no lo hizo. Voluntariamente se despojó por usted y por mí.

Sugerencias para la oración: Cristo se sometió completamente a la voluntad de su Padre. Pídale a Dios que la voluntad perfecta del Señor se refleje también en usted.

Para un estudio más profundo: De vez en cuando los hombres vislumbraban la gloria de Cristo. Lea Lucas 9:28-36 como un ejemplo, recordándose que Cristo se despojó a sí mismo de la manifestación externa continua y el disfrute personal de la gloria celestial.

CRISTO ES SIERVO

«Tomando forma de siervo».
Filipenses 2:7

Cristo se sometió a la voluntad del Padre.

Cuando Cristo se despojó a sí mismo, no solo renunció a sus privilegios sino que también se convirtió en siervo. Primero, fue siervo por naturaleza. Pablo usó la palabra griega *morphe* («forma») nuevamente para indicar que la servidumbre de Cristo no era simplemente aparente sino en esencia. No era como una capa que se podía poner y quitar. Cristo fue verdaderamente un siervo. El único otro uso de *morfe* en el Nuevo Testamento está en Marcos 16:12. Allí Jesús aparece en un *morfe* de resurrección, una forma que expresa completamente la naturaleza de un cuerpo resucitado. En Filipenses 2, Cristo se muestra como un verdadero siervo, haciendo la voluntad del Padre. Además, se sometió al Padre y a las necesidades de los hombres. Jesús era todo lo que representaba Isaías 52:13-14: el Mesías en función de siervo.

Segundo, Cristo era un siervo por posición. Como Dios, Cristo posee todo. Pero cuando vino a este mundo, tomó prestado todo: un establo donde nacer, un lugar para recostar la cabeza, un bote para cruzar el mar de Galilea y predicar, una bestia para viajar a la ciudad cuando fue acogido triunfalmente como Rey de reyes y Señor de señores, y una tumba donde ser enterrado. La única persona que ha vivido en esta tierra que tenía derecho a todos sus placeres terminó sin nada y se convirtió en sirviente. Aunque era el heredero legítimo del trono de David y era Dios en carne humana, no tenía ventajas ni privilegios en este mundo. Poseía poco, pero servía a todos.

Cristo, el siervo perfecto, dijo a sus discípulos: «El que quiera ser el primero entre vosotros será vuestro siervo» (Mateo 20:27). Y usted, ¿qué piensa acerca de todo eso? ¿Está buscando la grandeza y que otros le sirvan o está siendo realmente grande al servir a Dios y a los demás? Haga su meta personal el hecho de convertirse en un verdadero servidor.

Sugerencias para la oración: Pídale al Señor que lo ayude a ser como Cristo, un verdadero siervo de Dios.

Para un estudio más profundo: ¿Qué puede usted aprender de Lucas 2:41-52 sobre la sumisión y la humildad de Cristo?

LA IDENTIFICACIÓN DE CRISTO CON LOS PECADORES

«Hecho semejante a los hombres».
Filipenses 2:7

Cristo fue completamente Dios y completamente hombre.

En su *Teología sistemática,* Charles Hodge escribió: «Las Escrituras enseñan que Cristo tenía una naturaleza humana completa. Es decir, tenía un cuerpo verdadero y un alma racional. Por cuerpo verdadero se entiende un cuerpo físico que en todo lo esencial era como los cuerpos de los hombres comunes. No es menos claro que Cristo tenía un alma racional. Pensaba, razonaba y sentía».

La evaluación de Hodge es correcta, porque a Cristo se le dieron todos los atributos esenciales de la humanidad. Él era más que Dios en un cuerpo. Se convirtió en el Dios-hombre, siendo completamente Dios y completamente hombre. Como hombre, Jesús nació y creció en sabiduría y madurez física (Lucas 2:52). Hebreos 2:14 dice: «Por cuanto los hijos participaron de carne y sangre, él también participó de lo mismo». Cristo tenía la misma carne y la misma sangre que nosotros. Cuando vino al mundo, vino en carne humana normal; con todos los efectos de la caída. Conocía la tristeza, el sufrimiento, el dolor, la sed, el hambre y la muerte. Sintió todos los efectos de la Caída sin conocer ni experimentar el pecado de ella.

Hebreos 2:17 señala la manera en que la humanidad de Cristo tiene una relación directa con la de usted: Jesús «debía ser en todo semejante a sus hermanos, para venir a ser misericordioso y fiel sumo sacerdote». Para que Cristo sintiera lo que usted siente, necesitaba ser hecho como usted. Así que experimentó todas las pruebas y tentaciones que usted padece, pero nunca se rindió al pecado. Por eso es un Sumo Sacerdote tan fiel y comprensivo. Anímese, porque «no tenemos un sumo sacerdote que no pueda compadecerse de nuestras debilidades, sino uno que fue tentado en todo según nuestra semejanza, pero sin pecado» (Hebreos 4:15).

Sugerencias para la oración: Agradezca a Cristo por ser su fiel Sumo Sacerdote.
Para un estudio más profundo: ¿Qué características humanas mostró Cristo en los siguientes versículos: Mateo 4:2; 9:36; 23:37; Juan 4:6-7; 11:34-35; 19:30?

LA APARIENCIA DE CRISTO

«Estando en la condición de hombre».

Filipenses 2:8

Muchos ven a Cristo solo como hombre, pero Él es Dios.

Después de ganar una medalla de oro en los Juegos Olímpicos de 1924 en París, el corredor escocés Eric Liddell sirvió como misionero en China; donde murió en un campamento para prisioneros durante la Segunda Guerra Mundial. Los prisioneros amaban a Eric, porque les servía de una manera muy generosa. Fue solo en su funeral que supieron por primera vez que era un héroe olímpico. No habían tenido ni idea siquiera de su identidad completa.

La mayoría de las personas tampoco se dan cuenta de la identidad completa de Cristo, porque solo es considerado «en condición de hombre» (ver Filipenses 2:8). A primera vista, esa frase parece una repetición del final del versículo 7, «hecho semejante a los hombres». Podríamos parafrasear el versículo 8 para leer: «Se descubrió que aparecía como un hombre». La diferencia entre eso y el versículo 7 es un cambio de enfoque. En el versículo 8 vemos la humillación de Cristo desde el punto de vista de quienes lo vieron. Cristo era el Dios-hombre, pero cuando la gente lo miraba, veía la «condición» (en griego, apariencia, *schema* o figura, «forma externa») de un hombre. Lo que Pablo estaba insinuando era que aunque Cristo parecía ser hombre, había mucho más en Él que no podía verse naturalmente.

Que Cristo se hiciera hombre ya era una muestra suficientemente de su humildad. El hecho de que no lo reconocieran, para Él debe haber sido humillante. Hizo muchos milagros y enseñó con autoridad, sin embargo, las respuestas típicas eran: «¿No decimos bien nosotros, que tú eres samaritano, y que tienes demonio?» (Juan 8:48) y «¿No es éste Jesús, el hijo de José, cuyo padre y madre nosotros conocemos? ¿Cómo, pues, dice éste: Del cielo he descendido (Juan 6:42). Debido a que sus mentes estaban oscurecidas por el pecado, las personas reconocían su humanidad pero no podían ver su deidad. No podían reconocer quién era realmente. No solo trataban al Rey de reyes como un hombre sino como el peor de los hombres: como un criminal.

A diferencia de las personas que no reconocen la verdadera identidad de Cristo, honrémoslo nosotros a través de una vida de adoración y obediencia.

Sugerencias para la oración: Adore a Cristo por lo que realmente es: Rey de reyes y Señor de señores. Alábele por esta verdad en su tiempo de oración.

Para un estudio más profundo: Cristo no solo fue completamente hombre sino también completamente Dios. Lea los siguientes versículos en los cuales el propio Cristo da testimonio de que Él es Dios: Lucas 22:69-70; Juan 10:30, 37-38; 12:45; 14:7-10. ¿Qué más se debe encontrar en estos versículos?

LA HUMILDAD DE CRISTO

*«Se humilló a sí mismo, haciéndose obediente
hasta la muerte, y muerte de cruz».*
Filipenses 2:8

En vez de afirmar sus derechos divinos, Cristo se sometió a la cruz.

Aunque la gente no reconoció la deidad de Cristo y lo trató como un criminal, Él no se defendió. Al contrario, «se humilló a sí mismo». Considere el juicio que le hicieron. No dijo una palabra para defenderse, sino que lo enfrentó con una humillación extraordinaria. Se burlaron de él, lo golpearon, le trasquilaron la barba, pero no dijo una sola palabra. Guardó silencio y aceptó el abuso de los hombres en cada fase de aquella farsa de juicio. No exigió sus derechos sino que «se humilló a sí mismo».

Con humildad, Cristo fue «obediente hasta la muerte» (v. 8). En ningún momento nuestro Señor dijo: «¡Alto! Es suficiente. Basta», ni en medio de aquella terrible prueba, ni cuando se burlaban de Él, ni cuando se vio obligado a caminar semidesnudo por la ciudad de Jerusalén cargando una cruz sobre su espalda, ni siquiera en la cruenta cruz. Cristo estaba dispuesto a descender al fango cenagoso de la muerte para poder sacarnos de la muerte a la vida.

Cristo sufrió no solo la muerte sino también la muerte en la cruz: la muerte más insoportable, vergonzosa, degradante, dolorosa y cruel jamás ideada. El pueblo judío odiaba la crucifixión debido a lo que dice Deuteronomio 21:23: «Maldito por Dios es el colgado». El Dios que creó el universo sufrió la máxima degradación humana: colgado y desnudo con el cielo como escenario y ante un mundo mordaz, fijado a un madero con clavos en sus manos y en sus pies.

El predicador estadounidense de principios del siglo diecinueve, Gardiner Spring, escribió: «La cruz es el emblema de la paz, pero también es emblema de la ignominia y el sufrimiento: así fue para el Salvador, así es para sus seguidores». Cristo dijo que sus discípulos deben tomar su cruz y seguirlo (Mateo 16:24). De acuerdo con el ejemplo de Cristo, ¿ha tomado usted la cruz, viviendo para la honra y la gloria de aquel que fue colgado en ella?

Sugerencias para la oración: Pídale al Señor que le ayude a seguir el ejemplo de abnegación de Jesús.

Para un estudio más profundo: Lea Mateo 27:11-50 y observe la obediencia de Cristo.

LAS INSONDABLES MANERAS DE DIOS

*«Estando en la condición de hombre, se humilló a sí mismo,
haciéndose obediente hasta la muerte, y muerte de cruz».*

Filipenses 2:8

La humillación de Cristo muestra la sabiduría de Dios.

En algún lugar a lo largo del camino del descenso de Cristo, uno pensaría que se habría dicho a sí mismo: ¿Valdrá la pena, realmente, *redimir a estas personas? ¡Esto es demasiado degradante y humillante!* Pero la gracia y el amor de Dios por los pecadores fue tal que Cristo descendió para morir por usted y por mí. Al final del planteamiento doctrinal de Pablo sobre la salvación en Romanos, dijo: «¡Oh profundidad de las riquezas de la sabiduría y de la ciencia de Dios! ¡Cuán insondables son sus juicios, e inescrutables sus caminos!» (11:33). Estaba asombrado con el plan de salvación de Dios, algo que ningún ser humano habría ideado.

Si nosotros hubiéramos planeado la encarnación, probablemente hubiéramos querido que Cristo naciera en un palacio. Su familia habría sido rica y prominente, y habría sido educado en las mejores universidades con profesores especializados y los mejores tutores. Habríamos organizado actividades para que todos le mostraran su cariño, lo veneraran, lo honraran y lo respetaran. Habría estado en los lugares destacados más destacados y conocido a las personas más prominentes de este mundo.

No lo habríamos hecho nacer en un establo con una familia pobre. No habría pasado su juventud en un taller de carpintería en una ciudad lóbrega. En vez de una banda inaudita de seguidores, nos habríamos asegurado de que solo tuviera a las mejores personas como sus discípulos, y los habríamos sometido a extensas y rigurosas pruebas para obtener el privilegio de pertenecer a su comitiva.

Ni pensar en que permitiríamos que lo humillaran. Habríamos encarcelado o ejecutado a cualquiera que lo escupiera, le arrancara la barba, se burlara de él o lo lastimara. Nuestro plan para el Mesías habría sido muy diferente del que Dios concibió y, como resultado, nadie podría haberse salvado. Por tanto, no es de extrañar que el salmista dijera: «Tus juicios, abismo grande» (Salmos 36:6). Los caminos de Dios son inescrutables, sus verdades profundas. Y su plan para redimirnos fue cumplido por la humillación de Cristo.

Sugerencias para la oración: Daniel oró: «Sea bendito el nombre de Dios de siglos en siglos, porque suyos son el poder y la sabiduría» (Daniel 2:20). Así como Daniel, adore al único Dios sabio que le salvó.

Para un estudio más profundo: Lea 1 Pedro 2:21-24. ¿Qué le dejó Cristo a usted (v. 21)?

LA EXALTACIÓN SIGUE A LA HUMILDAD

«Por lo cual Dios también le exaltó hasta lo sumo, y le dio un nombre que es sobre todo nombre, para que en el nombre de Jesús se doble toda rodilla de los que están en los cielos, y en la tierra, y debajo de la tierra; y toda lengua confiese que Jesucristo es el Señor, para gloria de Dios Padre».
Filipenses 2:9-11

Dios exaltará a los humildes.

Después de sondear las profundidades de la humillación de Cristo (Filipenses 2:5-8), Pablo ahora se eleva a las alturas de su exaltación (vv. 9-11). Al igual que Pablo, el apóstol Pedro afirmó que el gran tema de la profecía del Antiguo Testamento eran los sufrimientos de Cristo y la gloria que le seguiría (1 Pedro 1:11). Con respecto a Cristo, el escritor de Hebreos dice que «por el gozo puesto delante de él sufrió la cruz, menospreciando el oprobio, y se sentó a la diestra del trono de Dios» (Hebreos 12:2). Cristo entendió sus sufrimientos a la luz de su exaltación.

El propósito de Pablo en Filipenses 2 no era simplemente detallar la humillación y la exaltación de Cristo, sino usar esas verdades como una ilustración práctica para los creyentes. Estaba invocando a la unidad producida por la humildad (vv. 2-4), con Cristo como el sublime ejemplo de humildad (vv. 5-11). Pero más allá de la humillación de Cristo, Pablo también afirma que fue exaltado. La implicación es que cuando nos humillamos voluntariamente como lo hizo Cristo, Dios nos levanta. Como dice Santiago 4:10: «Humillaos delante del Señor, y él os exaltará».

Es cierto que el hombre que se humilla es a quien Dios exalta y el hombre que se exalta a sí mismo es a quien Dios humillará. En la esfera divina ocurre lo contrario. Cuando uno da es que recibe, cuando uno sirve es que es servido, cuando uno pierde la vida es que se encuentra la vida y cuando uno muere a sí mismo es que vive en verdad. Estos principios se suceden tan seguramente como la noche al día.

Al igual que Cristo, usted será exaltado en el cielo algún día. Medite en esa verdad y anímese a medida que avanza enfrentando las pruebas terrenales.

Sugerencias para la oración: Agradezca al Señor por la exaltación que le espera en el cielo.

Para un estudio más profundo: Lea los siguientes versículos: Mateo 23:12; Lucas 14:11; 18:14; 1 Pedro 5:6. ¿Qué principio enseñan todos ellos?

ELEMENTOS DE LA EXALTACIÓN DE CRISTO

«Dios también le exaltó hasta lo sumo».
Filipenses 2:9

———

Cristo siguió el camino hacia la gloria para que podamos seguirlo.

Puesto que Cristo se humilló a sí mismo, el Padre lo exaltó maravillosamente. Su exaltación incluye los elementos de la resurrección y su coronación: su exaltación a la diestra de Dios. El apóstol Pedro dijo que Jesús fue «resucitado» y «exaltado a la diestra de Dios» (Hechos 2:32-33). Pedro y los otros apóstoles predicaron: «El Dios de nuestros padres levantó a Jesús, a quien vosotros matasteis colgándole en un madero. A éste, Dios ha exaltado con su diestra por Príncipe y Salvador, para dar a Israel arrepentimiento y perdón de pecados» (5:30-31). Por lo tanto, el Nuevo Testamento afirma tanto la resurrección como la coronación de Cristo (ver también Efesios 1:20), así como el perdón de los pecados que viene con la intercesión de Cristo por su pueblo.

Pablo describió la coronación de Cristo afirmando que fue puesto «sobre todo principado y autoridad y poder y señorío, y sobre todo nombre que se nombra, no sólo en este siglo, sino también en el venidero» (v. 21). El elemento final se describe en Hebreos 4:14: «[Tenemos] un gran sumo sacerdote que traspasó los cielos, Jesús el Hijo de Dios». Eso alude a la ascensión de Cristo. Y afirma que está «viviendo siempre para interceder por ellos [los creyentes]» (7:25).

La exaltación de Cristo implica varios hechos clave: resurrección, ascensión, coronación e intercesión. Cristo se levantó de entre los muertos y ascendió al cielo. Luego se sentó en el trono de Dios para interceder como Sumo Sacerdote de su pueblo.

Como creyente, usted debe seguir a Cristo en su exaltación. Él le levantará de la tumba y usted ascenderá al cielo. Allí será coronado, porque se sentará con Cristo en su trono. Ya no necesitará el ministerio intercesor de nuestro Señor, porque el trabajo transformador ya estará completo.

———

Sugerencias para la oración: Agradezca a Cristo por establecer el camino hacia la gloria y siga ese camino.

Para un estudio más profundo: Medite en Apocalipsis 22:1-5. ¿Qué le ayuda en este pasaje a pensar en su gloria futura?

RESURRECCIÓN Y ASCENSIÓN DE CRISTO

«Dios también le exaltó hasta lo sumo».
Filipenses 2:9

La resurrección y la ascensión de Cristo fueron los dos primeros pasos de su exaltación.

El primer paso en el progreso de Cristo de la humillación a la exaltación fue su resurrección. En Hechos 13, Pablo predicó sobre la resurrección de Cristo, declarando: «[Dios] resucitando a Jesús ... Y en cuanto a que le levantó de los muertos para nunca más volver a corrupción, lo dijo así: Os daré las misericordias fieles de David. Por eso dice también en otro salmo: No permitirás que tu Santo vea corrupción. Porque a la verdad David, habiendo servido a su propia generación según la voluntad de Dios, durmió, y fue reunido con sus padres, y vio corrupción. Mas aquel a quien Dios levantó, no vio corrupción. Sabed, pues, esto, varones hermanos: que por medio de él se os anuncia perdón de pecados, y que de todo aquello de que por la ley de Moisés no pudisteis ser justificados, en él es justificado todo aquel que cree» (vv. 33-39). La muerte y la resurrección de Cristo proporcionaron el perdón y la libertad del pecado, la ley y la muerte.

Hechos 1:9-11 registra el segundo paso en la exaltación de Cristo. Después de que Cristo terminó sus instrucciones finales a sus discípulos: «Y habiendo dicho estas cosas, viéndolo ellos, fue alzado, y le recibió una nube que le ocultó de sus ojos. Y estando ellos con los ojos puestos en el cielo, entre tanto que él se iba, he aquí se pusieron junto a ellos dos varones con vestiduras blancas, los cuales también les dijeron: Varones galileos, ¿por qué estáis mirando al cielo? Este mismo Jesús, que ha sido tomado de vosotros al cielo, así vendrá como le habéis visto ir al cielo». Hechos 2:33 dice que el resultado de su ascensión fue la exaltación a la diestra de Dios.

Antes de ascender, Cristo pronunció estas últimas palabras a sus discípulos: «Me seréis testigos» (Hechos 1:8). Hasta que Él venga nuevamente, seamos testigos y mantengamos un testimonio auténtico por el bien del evangelio.

Sugerencias para la oración: Alabe a Dios «según su grande misericordia nos hizo renacer para una esperanza viva, por la resurrección de Jesucristo de los muertos» (1 Pedro 1:3).

Para un estudio más profundo: De acuerdo a Juan 16:7, ¿por qué es una ventaja para usted la ascensión de Cristo?

CORONACIÓN E INTERCESIÓN DE CRISTO

«Dios también le exaltó hasta lo sumo».

Filipenses 2:9

Cristo es el soberano del universo y fiel sumo sacerdote.

Cristo fue exaltado no solo en su resurrección y su ascensión, sino también en su coronación. Marcos 16:19 declara: «Y el Señor, después que les habló [a los discípulos], fue recibido arriba en el cielo, y se sentó a la diestra de Dios». En la Escritura, la mano derecha es un símbolo de poder y autoridad. ¿Cuál es el alcance de la autoridad de Cristo? Efesios 1:20-22 afirma: «[Dios] resucitándole de los muertos y sentándole a su diestra en los lugares celestiales, sobre todo principado y autoridad y poder y señorío, y sobre todo nombre que se nombra, no sólo en este siglo, sino también en el venidero; y sometió todas las cosas bajo sus pies, y lo dio por cabeza sobre todas las cosas a la iglesia». Cristo es el soberano del universo.

Además de su coronación, Cristo es exaltado en su intercesión por los creyentes. Se presenta ante el Padre como el Sumo Sacerdote de su pueblo. Su primer acto fue enviar el Espíritu Santo (Hechos 2:33). Nuestro querido Sumo Sacerdote «fue tentado en todo según nuestra semejanza» (Hebreos 4:15), y «puede también salvar perpetuamente a los que por él se acercan a Dios, viviendo siempre para interceder por [nosotros]» (7:25). La obra intercesora de Cristo nos otorga fe, arrepentimiento y perdón (ver Hebreos 4—9).

El pastor puritano Thomas Watson dijo: «Si usted tuviera un amigo en un tribunal que, cuando lo interroguen —por morosidad o deudas—, deba suplicarle al juez —en representación de usted—, y le arregle sus problemas, ¿no lo amaría con intensidad? ¡Con qué frecuencia Satanás presenta sus acusaciones contra nosotros en el tribunal celestial! Pero, ahora Cristo está a la par del Juez; sentado a la diestra de su Padre, suplicando siempre por nosotros para hacer las paces con Dios. ¡Ah, cómo deberían llenarse nuestros corazones de amor por Cristo!».

¿Cuán intenso es su amor por Jesucristo, nuestro fiel Abogado?

Sugerencias para la oración: «Acerquémonos, pues, confiadamente al trono de la gracia, para alcanzar misericordia y hallar gracia para el oportuno socorro» (Hebreos 4:16). Ore por una nueva manera de apreciar a nuestro Señor.

Para un estudio más profundo: ¿Qué dicen 2 Corintios 5:21 y Hebreos 2:17 acerca de Cristo como nuestro Sumo Sacerdote?

AL VER LA MAJESTAD DE CRISTO

«Habiendo [Cristo] efectuado la purificación de nuestros pecados por medio de sí mismo, se sentó a la diestra de la Majestad en las alturas».
Hebreos 1:3

Dios ha exaltado a Cristo por encima de todos y sobre todo.

Cristo en su majestuosa gloria es «heredero de todo» (Hebreos 1:2). Por eso es su derecho tener el título de propiedad de la tierra, mencionado en Apocalipsis 5:1-7. Ahí abre el libro y toma posesión de lo que es legítimamente suyo como heredero de todas las cosas.

Hebreos 1 describe además a Cristo como «el resplandor de su gloria [la de Dios], y la imagen misma de su sustancia, y quien sustenta todas las cosas con la palabra de su poder, habiendo efectuado la purificación de nuestros pecados por medio de sí mismo, se sentó a la diestra de la Majestad en las alturas, hecho tanto superior a los ángeles, cuanto heredó más excelente nombre que ellos. El Hijo, superior a los ángeles Porque ¿a cuál de los ángeles dijo Dios jamás: Mi Hijo eres tú, yo te he engendrado hoy, y otra vez: Yo seré a él Padre, y él me será a mí hijo? Y otra vez, cuando introduce al Primogénito en el mundo, dice: Adórenle todos los ángeles de Dios. Y cuando nuevamente trae al primogénito al mundo, dice: Que todos los ángeles de Dios lo adoren» (vv. 3-6; compárese con el v. 13). Debido a que Cristo es el Hijo único de Dios, los ángeles están llamados a adorarlo.

El Padre dijo del Cristo exaltado: «Tu trono, oh Dios, por el siglo del siglo; cetro de equidad es el cetro de tu reino. Has amado la justicia, y aborrecido la maldad, por lo cual te ungió Dios, el Dios tuyo, con óleo de alegría más que a tus compañeros» (vv. 8-9). Cristo es el Dios eterno y justo. También es el Creador que vive para siempre y permanece igual (vv. 10-12).

Si usted ve a Cristo en su majestad como lo hizo el escritor de Hebreos, querrá pronunciar también la letra del himno de Charles Wesley: «Regocíjate, el Señor es rey»:

Jesús el Salvador reina. Dios de verdad y de amor. Cuando purgó nuestras manchas, Él tomó su trono celeste. ¡Alza tu corazón, alza tu voz! Regocíjate, otra vez digo: ¡Regocíjate!

Sugerencias para la oración: Tanto los ángeles como los redimidos adoran al Cristo exaltado. Use el Salmo 103 como base de su oración para adorar al Rey de reyes.
Para un estudio más profundo: Hebreos 1:10 muestra que Cristo es el Creador. Basado en esto y en el Salmo 148, ¿qué honra se le debe presentar?

EL SIGNIFICADO DE LA EXALTACIÓN DE CRISTO

«Dios también le exaltó hasta lo sumo».
Filipenses 2:9.

El Padre exaltó al Hijo como el Dios-hombre.

La pregunta que a menudo me viene a la mente con respecto a la exaltación de Cristo es cómo podría ser exaltado Jesús dado que Él ya es Dios. Encontramos la respuesta en la oración sumosacerdotal de Jesús en Juan 17, en la que le pidió al Padre que le devolviera la gloria que tenía con Él antes de que el mundo comenzara (v. 5). La petición de Cristo muestra que renunció a algo que Dios le devolvería. Cristo renunció a su gloria en la encarnación. Más allá de la glorificación, en su exaltación, Cristo obtendría más de lo que había recibido antes.

¿Cómo es eso posible? Es que Dios lo tiene todo. Cristo no volvió a hacerse Dios ni a ser más perfecto; Él ya era el Dios Altísimo: Rey de reyes y Señor de señores. Pero como Dios-hombre —una nueva condición para Él—, sufrió cosas y se le dieron cosas que de otro modo no habría tenido si no se hubiera convertido en Dios-hombre. Por ejemplo, nunca habría tenido el privilegio de ser el Sumo Sacerdote intercesor de su pueblo si no hubiera sido afectado por las enfermedades ni tentado en todo como los demás. Si no se hubiera convertido en Dios-hombre, nunca se habría sido nuestro sustituto para llevar nuestros pecados en su propio cuerpo, en la cruz. Como Dios era incapaz de elevarse puesto que es el Altísimo, pero como Dios-hombre podía ser elevado de la degradación más baja al más alto grado de gloria. Por tanto, en cierto sentido, recibió privilegios del Padre que no tenía antes, privilegios que obtuvo debido a su encarnación.

Al ascender, Cristo se sentó a la diestra del Padre. Fue elevado a esa posición como Dios-hombre, una posición que era suya solo por su encarnación. Así entró en los derechos y privilegios no solo de Dios como Dios, sino de Dios como Dios-hombre. Su exaltación no tuvo que ver con su naturaleza o posición eterna en la Trinidad, sino con respecto a su nuevo carácter como Dios-hombre.

Sugerencias para la oración: Agradezca al Padre por exaltar a su Hijo a su lugar legítimo en el cielo.

Para un estudio más profundo: De acuerdo a Hechos 5:31, ¿de qué maneras exaltó Dios a Cristo a su diestra? ¿Por qué?

PRIVILEGIOS DE LA EXALTACIÓN DE CRISTO

«Dios también le exaltó hasta lo sumo, y le dio un
nombre que es sobre todo nombre».
Filipenses 2:9

Cristo es exaltado como profeta, sacerdote y rey.

La exaltación de Cristo fue la retribución a su humilde encarnación. El que era pobre se hizo rico; el que fue rechazado fue aceptado; el que aprendió a obedecer regresó a una posición de poder que insta a todos los demás a obedecerle. El comentarista William Hendricksen escribió: «Como rey, habiendo logrado y comprobado su triunfo sobre sus enemigos con su muerte, resurrección y ascensión, ahora tiene en sus manos las riendas del universo y gobierna todas las cosas en interés de su iglesia (Efesios 1:22-23). Como profeta, a través de su Espíritu conduce al suyo a toda verdad. Y como sacerdote (Sumo Sacerdote, según el orden de Melquisedec), en base a la expiación realizada, no solo intercede sino que realmente vive para para interceder siempre por aquellos que "se acercan a Dios a través de él". Dios mismo fue la fuente de la exaltación de Jesús».

En Filipenses 2:9, el apóstol Pablo dice que Dios «le dio un nombre que es sobre todo nombre». La palabra griega traducida como «dio» significa «dar con gracia» o «de todo corazón». Cristo cumplió tan completa y perfectamente el plan redentor de Dios que este derramó de todo corazón y con gracia los dones de la exaltación. Aunque no podía ser hecho más que Dios, ahora disfruta de todos los privilegios de Dios, así como todos los privilegios del Dios-hombre, que ahora es.

El ministro puritano Thomas Watson escribió en su obra *Un cuerpo de la divinidad*: «La exaltación de Cristo es nuestra exaltación… Así como Cristo es exaltado muy por encima de todo el cielo, seguro que instituirá a los creyentes en toda esa gloria con la que está adornada su naturaleza humana. Juan 17:22». ¡Anímese, porque Cristo también le exaltará a usted!

Sugerencias para la oración: 1 Corintios 15:24-26 muestra que Dios ha exaltado a Cristo como Soberano sobre todo. De acuerdo a ese tema, use el Salmo 99 como fundamento para su propia oración con el fin de alabar a Cristo.

Para un estudio más profundo: Según Romanos 14:9, ¿por qué se humilló Cristo?

   * ¿Qué le ha dado el Padre al Hijo como parte de su exaltación (Juan 5:22)?

EL NUEVO NOMBRE DE CRISTO

«Dios también le exaltó hasta lo sumo, y le dio un nombre que es sobre todo nombre».

Filipenses 2:9

Dios exaltó a Cristo al darle un nuevo nombre.

En el versículo de hoy surge una pregunta: ¿Cuál es el nombre por sobre todo nombre? Para ser coherente con las Escrituras, debe ser un nombre que vaya más allá de simplemente distinguir a una persona de otra. Tiene que ser un nombre que describa la naturaleza de Cristo, que revele algo de su ser interior. Solo un nombre así haría que Él se clasificara claramente por encima de todos los demás. Pablo no se refería a un nombre comparativo, sino a un nombre superlativo, uno que pondría a Cristo por encima y más allá de toda comparación.

El cambio de nombre en la Escritura indica el comienzo de una relación única. Cuando Dios estableció su pacto con Abram, cambió su nombre a «Abraham» (Génesis 17:5). Cuando Dios estableció una relación especial con Jacob, le dio el nombre de «Israel» (Génesis 32:22-32). En el Nuevo Testamento, Jesús llamó a un hombre llamado Simón para que lo siguiera, al que le dio un nuevo nombre: Pedro (Mateo 16:18). Esos nombres se daban para señalar una etapa definida en la vida de la persona. Dios ha hecho eso a lo largo de la historia redentora. Filipenses 2:9 afirma que Dios le dio un nombre a Cristo. Él ya tenía muchos nombres: Jesús, Cristo, Hijo del Hombre, Hijo de Dios, Mesías; sin embargo, recibió un nuevo nombre.

Algunos suponen que el nuevo nombre es Jesús porque el versículo 10 dice: «Para que en el nombre de Jesús se doble toda rodilla». Pero ese no era un nombre nuevo; le fue otorgado al nacer (ver Mateo 1:21). Tampoco el nombre de Jesús está por encima de cualquier otro nombre (ha habido mucha gente llamada Jesús). El único nombre mencionado en Filipenses 2:9-11 que está por encima de cada nombre es Señor. En el versículo 11, Pablo dice: «Toda lengua confiese que Jesucristo es el Señor». Ese es el único nombre que Dios le dio a Cristo y que está por encima de todo nombre. Señor es el que tiene el control.

Exaltemos a Cristo nuestro Señor ofreciéndole alabanzas y llevando una vida santa.

Sugerencias para la oración: Agradezca a Cristo por ser el Señor del universo y el Señor de su vida.

Para un estudio más profundo: Lea el Salmo 2. ¿Cuáles son los aspectos clave?

⁕ ¿Están todos contentos con la posición de Cristo?

LA AUTORIDAD DEL NOMBRE DE CRISTO

*«Por lo cual Dios también le exaltó hasta lo sumo, y le dio un nombre
que es sobre todo nombre, para que en el nombre de Jesús se doble
toda rodilla de los que están en los cielos, y en la tierra, y debajo
de la tierra; y toda lengua confiese que Jesucristo es el Señor».*
Filipenses 2:9-11

El nombre de Cristo lo muestra como gobernante soberano.

El nombre «Señor» es un sinónimo que se usa en el Nuevo Testamento para Jehová, que es el nombre de Dios en el Antiguo Testamento), y que muestra a Dios como gobernante soberano. La palabra Señor viene de una raíz que significa: gobierno basado en el poder y la autoridad. Aunque siempre fue evidente que Cristo era el Señor vivo, fue en su exaltación que se le dio formalmente el nombre de Señor, un título que es suyo como Dios-hombre. En la tierra era conocido por muchos nombres, pero ahora lleva el nombre que es sobre todo nombre: Señor.

Filipenses 2:10 no dice que cada rodilla se doblará ante el nombre Jesús, sino ante el nombre *de* Jesús. Además, el nombre de Jesús inmediatamente otorgado por el Padre fue «Señor». Por otro lado, no es el nombre Jesús lo que hace que la gente se doblegue, ese es el nombre de su encarnación, sino el nombre *Señor*.

Que el nombre mencionado en el versículo 9 es Señor lo confirma la alusión de Pablo a Isaías 45:21-23, que dice: «¿Quién hizo oír esto desde el principio, y lo tiene dicho desde entonces, sino yo Jehová? Y no hay más Dios que yo; Dios justo y Salvador; ningún otro fuera de mí. Mirad a mí, y sed salvos, todos los términos de la tierra, porque yo soy Dios, y no hay más. Por mí mismo hice juramento, de mi boca salió palabra en justicia, y no será revocada: Que a mí se doblará toda rodilla, y jurará toda lengua». Dios dijo a través de Isaías que Él es soberano, el Señor de todos. A eso se refería Pablo cuando dijo que cada rodilla se doblaría y cada lengua confesaría (o admitiría) que Jesucristo es el Señor. Solo Dios es el Señor.

Sugerencias para la oración: En su oración en Efesios 1:17-23, Pablo menciona que el nombre de Cristo está por sobre todos los demás nombres (vv. 20-21). Use su oración como modelo cuando ore por otros creyentes.

Para un estudio más profundo: Lea los siguientes versículos: Lucas 2:11; Juan 13:13; Hechos 10:36; Romanos 14:9-11; 1 Corintios 8:6. ¿Qué dicen sobre el señorío de Jesús?

JESÚS ES SALVADOR Y SEÑOR

«Por lo cual Dios también le exaltó hasta lo sumo, y le dio un nombre que es sobre todo nombre, para que en el nombre de Jesús se doble toda rodilla de los que están en los cielos, y en la tierra, y debajo de la tierra; y toda lengua confiese que Jesucristo es el Señor».

Filipenses 2:9, 11

El Jesús que es Salvador no puede separarse del Jesús que es Señor.

La Escritura no habla nunca de que algún ser humano haga a Jesús Señor. Es Dios quien lo hizo Señor (Hechos 2:36). Sin embargo, a menudo leemos declaraciones como esta: «Es imperativo confiar en Cristo como Salvador personal y nacer de nuevo. Pero esa es solo la primera decisión. Confiar en Cristo como Salvador y luego hacerlo Señor son dos decisiones separadas y distintas. Ambas pueden ser cercanas o distantes en el tiempo. La salvación siempre debe preceder al señorío. Pero es posible ser salvo sin hacer de Cristo el Señor de su vida». En efecto, eso significa que Cristo no es Señor a menos que le demos permiso, una aseveración absolutamente antibíblica. Para que usted sea salvo debe confesar a Jesús como Señor.

Jesús es llamado Señor en todo el Nuevo Testamento. Omitir el señorío de Cristo en las invitaciones a la salvación daría como resultado la eliminación de numerosos pasajes de la Escritura. El sermón de Pedro en Hechos 2 —«Todo aquel que invocare el nombre del Señor, será salvo» (Hechos 2:21)—, tendría que ser modificado. El método de Pablo y Silas para presentar el evangelio: «Cree en el Señor Jesús, y serás salvo» (Hechos 16:31), debería ser corregido.

La centralidad del señorío de Cristo es clara en el evangelio del Nuevo Testamento. El Jesús que es Salvador no puede separarse del Jesús que es Señor. Dios no puede separarse de su autoridad, dominio o gobierno. Cuando reconocemos que Jesús es Dios, lo que queremos decir es que Él es todo lo que Dios es.

Sugerencias para la oración: Adore al Señor Jesucristo con el Salmo 8, un salmo mesiánico, como base de su oración.

Para un estudio más profundo: Jesús es llamado Señor más de setecientas veces en el Nuevo Testamento. Use una concordancia bíblica electrónica o impresa como una forma útil para verificar algunas de estas muchas referencias a Cristo como Señor.

SOMÉTASE A CRISTO COMO SEÑOR

«Por lo cual Dios también le exaltó hasta lo sumo, y le dio un nombre que es sobre todo nombre, para que en el nombre de Jesús se doble toda rodilla de los que están en los cielos, y en la tierra, y debajo de la tierra; y toda lengua confiese que Jesucristo es el Señor».
Filipenses 2:9, 11

Recibir a Cristo como Salvador implica someterse a su autoridad como Señor.

¿Es Jesús Señor? Según la declaración del Padre, lo es. No podemos conocerlo de otra manera que no sea como Señor. Es por eso que el primer credo en la historia de la iglesia, dado en Filipenses 2:11, dice: «Jesucristo es el Señor». Todo cristiano debe reconocer eso. Esa es la piedra angular de la fe cristiana, la sustancia misma de lo que creemos. No lo hacemos Señor después de la salvación. Cada vez que escucho a alguien decir: «Tienes que hacer que Jesús sea el Señor», me desagrada mucho. Nosotros nunca haremos Señor a Jesús, Dios ya lo hizo.

Jesucristo es Señor y Salvador, y aquellos que lo reciban deben aceptarlo por lo que realmente es. El puritano John Flavel lo expresó de esta manera: «La oferta del evangelio de Cristo incluye todos sus obras y la fe del evangelio simplemente las recibe; someterse a Él, así como ser redimido por Él; imitarlo en la santidad de su vida, así como cosechar los aprestos y los frutos de su muerte. Debe ser una recepción completa del Señor Jesucristo».

En cierta forma similar, A. W. Tozer dijo: «¡Instar a los hombres y mujeres a creer en un Cristo dividido es una mala enseñanza, ya que nadie puede recibir la mitad de Cristo, ni un tercio de Cristo, ni una cuarta parte de la Persona de Cristo! No somos salvos por creer en una tarea ni en una obra». Jesús es el Señor y si usted lo rechaza como Señor, no puede llamarlo Salvador. Si realmente lo ha recibido, su vida se caracterizará por la sumisión a su autoridad.

Sugerencias para la oración: Tómese el tiempo para reconocer el señorío de Cristo en su propia vida.
Para un estudio más profundo: Lea Romanos 10:9-13. ¿Qué debe confesar un pecador para ser salvo?
  * Según 2 Corintios 4:5, ¿qué mensaje predicó Pablo?

REACCIONE A LA EXALTACIÓN DE CRISTO

«Para que en el nombre de Jesús se doble toda rodilla de los que están en los cielos, y en la tierra, y debajo de la tierra; y toda lengua confiese que Jesucristo es el Señor».

Filipenses 2:10-11

La respuesta adecuada a la exaltación de Cristo es adorarlo.

Filipenses 2:10-11 brinda la única respuesta adecuada a la exaltación de Cristo: todos deben inclinarse ante Él y reconocerlo como Señor. El versículo 10 comienza con la palabra griega *hina* («para»), que indica el propósito o el resultado. El propósito expreso de Dios es que la exaltación de Cristo dé como resultado que lo adoremos. Podríamos traducir la oración como sigue: «Se le dio el nombre que es sobre todo nombre para que, en el nombre de Jesús, cada rodilla se doble y cada lengua confiese que Jesucristo es el Señor». La razón por la que Cristo recibió el nombre Señor fue para ponerlo como autoridad suprema y hacer que todos se postren ante Él. El modo subjuntivo usado aquí implica que cada rodilla se *inclinará*.

Cristo debe ser reconocido como Señor porque Él es Dios. Por la gracia de Dios, algunos pueden reconocer el señorío de Cristo por elección. Otros se inclinarán ante Él porque se ven obligados a hacerlo. Las frases «doble toda rodilla» (v. 10) y «toda lengua confiese» (v. 11) son tomadas de Isaías 45:23. Isaías, capítulos 45 a 46, establece claramente que Dios es Señor y soberano. Él tiene el control de todo. En Filipenses, Pablo afirma la misma verdad sobre Jesucristo: toda rodilla se doble y toda lengua confiese que Jesucristo es el Señor.

Conocemos a Cristo como Señor y también como Jesús, los nombres de su exaltación y su humillación respectivamente. Pero debe ser conocido con ambos nombres para apreciarlo por completo. Uno recibe el don de la salvación al recibir al Salvador humillado y al inclinar la rodilla ante un Dios majestuoso y soberano.

Sugerencias para la oración: El Salmo 89 se enfoca en el reinado de Cristo. Inclínese ante Él en calidad de Rey exaltado usando los versículos 8-18 como fundamento de su propia oración de adoración.

Para un estudio más profundo: Lea Apocalipsis 5:11-14. ¿Qué es digno de recibir Cristo?

* En el versículo 13, ¿quién es el que habla?
* ¿Cuál fue la respuesta de los cuatro seres vivientes y los ancianos (v. 14)?

UN LLAMADO A LA ADORACIÓN

«Para que en el nombre de Jesús se doble toda rodilla de los
que están en los cielos, y en la tierra, y debajo de la tierra;
y toda lengua confiese que Jesucristo es el Señor».
Filipenses 2:10-11

Todos los seres racionales reconocerán a Cristo como Señor.

Filipenses 2:10-11 afirma que todo el universo inteligente está llamado a adorar a Cristo. Se especifican como «los que están en los cielos, y en la tierra, y debajo de la tierra» (v. 10). *«Los que están en el cielo»* consisten en dos grupos: los santos ángeles de Dios y los espíritus de los creyentes redimidos (que esperan la resurrección de sus cuerpos). Los que están en el cielo ya reconocen que Jesús es el Señor. A lo largo de su estadía en el cielo, han estado adorando al Señor de la gloria.

«Los que están… en la tierra» (v. 10) también constan de dos grupos: los obedientes y los desobedientes. Los obedientes se refiere a nosotros. Por la gracia de Dios, nos hemos sometido a Cristo como Señor y Salvador (cf. Romanos 10:9). Los desobedientes también se inclinarán ante Jesucristo, pero por obligación (cf. 2 Tesalonicenses 1:7-9). Cuando Jesús regrese para juzgar la tierra, eliminará a los malvados de la tierra, los arrojará al infierno y establecerá su reino.

«Los que están… debajo de la tierra» (Filipenses 2:10) se refiere al infierno, el lugar del castigo eterno, que está ocupado por todos los condenados, tanto demonios como personas no salvas. También reconocerán el señorío de Cristo, pero no disfrutan de su reinado, sino que cargan con la perpetua ira de Él.

Jesucristo es el Señor del universo. Por lo tanto, «toda lengua confiese que Jesucristo es el Señor» (v. 11). Confesar significa «reconocer», «afirmar» o «aceptar». Con «toda lengua», Pablo no se refería a cada lengua física de cada persona, sino a cada idioma. Otra forma de expresar la idea es decir que todos los seres racionales reconocerán su señorío.

La historia avanza hacia el día en que Jesús será reconocido por todos como el gobernante supremo del universo. Él ya está sentado en ese trono de poder, pero aún no ha puesto al universo completamente bajo su autoridad. Vivimos en días de gracia, durante los cuales Él continúa llevando hombres y mujeres a reconocerlo como Señor en una manera espontánea, no por la fuerza. Alégrese de que Él todavía brinda esa oportunidad.

Sugerencias para la oración: Ore por los familiares y amigos perdidos con el objeto de que se sometan a Cristo voluntariamente.

Para un estudio más profundo: En el Salmo 2:12, ¿qué advertencia extiende el Señor?

EL PROPÓSITO DE LA EXALTACIÓN DE CRISTO

«Dios también le exaltó hasta lo sumo … para la gloria de Dios Padre».
Filipenses 2:9, 11

Cuando el Hijo es glorificado, también lo es el Padre.

El propósito de la exaltación de Cristo es glorificar a Dios. Filipenses 2:11 dice que Jesús será reconocido como Señor «para la gloria de Dios Padre». En Isaías 45:5 Dios declara: «Yo soy Jehová, y ninguno más hay; no hay Dios fuera de mí». Nadie puede compararse ni ser comparado con Dios. Él no le pide consejo a nadie. Él lo sabe todo y hace exactamente lo que quiere. Todos sus propósitos se cumplen.

A la luz de lo que Dios afirma que es, uno podría suponer que sería blasfemo que todos se inclinaran ante Jesucristo y lo confesaran como Señor. Honrar así a Cristo parecería ponerlo en competencia con el Padre.

Sin embargo, el misterio de la Trinidad es que cuando el Hijo es glorificado, el Padre también es glorificado. La gloria perfecta dada al Hijo es la misma gloria perfecta dada al Padre. Juan 5:23 dice que el Padre ha dado todo juicio al Hijo «para que todos honren al Hijo como honran al Padre. El que no honra al Hijo, no honra al Padre que le envió». Es por eso que el Padre dijo acerca de Jesús: «Este es mi Hijo amado, en quien tengo complacencia; a él oíd» (Mateo 17:5). Cuando usted cree en Jesucristo y lo confiesa como Señor, exalta no solo al Hijo sino también al Padre. No hay competencia en la Trinidad. El Padre es exaltado por lo que logra en el Hijo. Los dos son uno.

Qué alegría saber que al confesar a Jesús como Señor glorificamos a Dios. Sigamos glorificándolo como Señor y llevando frutos espirituales en nuestras vidas (ver Juan 15:8).

Sugerencias para la oración: Jesús dijo: «Y todo lo que pidiereis al Padre en mi nombre, lo haré, para que el Padre sea glorificado en el Hijo» (Juan 14:13). Cualquier cosa que pida en el nombre de Cristo, hágalo reconociendo su soberanía y deseando que Dios sea glorificado.

Para un estudio más profundo: ¿Qué muestran Romanos 9:5; 1 Corintios 15:28 y Juan 13:31-32 acerca de la gloria del Padre y del Hijo?

EN DEFENSA DE LA FE

*«Él [Cristo] es la imagen del Dios invisible, el primogénito de toda creación.
Porque en él fueron creadas todas las cosas, las que hay en los cielos y
las que hay en la tierra, visibles e invisibles; sean tronos, sean dominios,
sean principados, sean potestades; todo fue creado por medio de él y
para él. Y él es antes de todas las cosas, y todas las cosas en él subsisten;
y él es la cabeza del cuerpo que es la iglesia, él que es el principio, el
primogénito de entre los muertos, para que en todo tenga la preeminencia;
por cuanto agradó al Padre que en él habitase toda plenitud».*
Colosenses 1:15-19

El creyente debe defender la fe.

A pesar del diligente trabajo de Epafras, la iglesia colosense estaba en peligro.
Había surgido una grave herejía, y Epafras estaba tan preocupado que viajó a
Roma para visitar a Pablo en la cárcel. La iglesia colosense aún no había sido
infectada por esa herejía, por lo que Pablo les advierte de los peligros.

Los herejes, negando la humanidad de Cristo, lo veían como uno de los
muchos seres espirituales descendentes que emanaron de Dios. Enseñaban una
forma de dualismo filosófico, cuya proposición era que el espíritu era bueno y
que la materia era mala. Por lo tanto, una buena emanación como Cristo nunca
podría asumir un cuerpo compuesto de materia malvada. La idea de que Dios
mismo podría convertirse en hombre era absurda para ellos. Por lo tanto, los
falsos maestros también negaban su deidad.

Según los herejes, Cristo tampoco era apropiado para la salvación. Decían
que esta requería un conocimiento superior, místico y secreto, superior al evangelio de Cristo. Además, la doctrina implicaba adorar las buenas emanaciones
(o ángeles) y guardar las leyes ceremoniales hebreas.

Para colmo, el aspecto más serio de la herejía colosense era su rechazo a la
deidad de Cristo. Antes de abordar los otros asuntos, Pablo hace una defensa
enfática de esa doctrina crucial. En Colosenses 1:15-19, el apóstol revela la verdadera identidad de nuestro Señor al verlo en relación con Dios, el universo y
la iglesia. Es probable que usted haya conocido personas que niegan la deidad
de Cristo, pero no sabe qué decirles con certeza. En los próximos devocionales,
permita que Pablo sea su guía para que le muestre cómo confrontar a los herejes
o fanáticos sectarios en una manera bíblica. Al seguir su ejemplo, podrá defender nuestra preciosa fe.

Sugerencias para la oración: Pídale al Señor que le enseñe su Palabra y cómo
refutar las enseñanzas falsas.

Para un estudio más profundo: En el versículo 3 de Judas, ¿qué exhortación da
Judas a los creyentes?

DIOS SE VUELVE VISIBLE

«Él [Cristo] es la imagen del Dios invisible».

Colosenses 1:15

En Cristo, el Dios invisible se hizo visible.

A veces escucho diversos predicadores en la radio o los veo en la televisión, y me siento tremendamente frustrado. Y es porque muchos de ellos presentan una imagen confusa de quién es realmente Cristo. Como hay tantos que distorsionan la fe cristiana, cada creyente debe tener el deseo de defenderla. El apóstol Pablo ciertamente tenía ese anhelo. Como los herejes de Colosas veían a Jesús como un espíritu menor que emanaba de Dios, Pablo refutó eso con una descripción poderosa de la Persona que es realmente Jesús.

Pablo lo describe como «la imagen del Dios invisible» (Colosenses 1:15). La palabra griega traducida como «imagen» (*eikon*) significa «semejanza». Aunque el hombre es también es *eikon* de Dios (1 Corintios 11:7), no es una imagen perfecta de Él. Los humanos están hechos a imagen de Dios en el sentido de que tienen una personalidad racional. Al igual que Dios, poseen intelecto, emoción y voluntad, por lo que son capaces de pensar, sentir y elegir. Sin embargo, los humanos no estamos hechos moralmente a imagen de Dios: Él es santo y nosotros somos pecadores. Tampoco somos creados a su imagen esencialmente, ya que no poseemos sus atributos divinos.

A diferencia del hombre, Jesucristo es la imagen perfecta y absolutamente exacta de Dios. No se convirtió en imagen de Dios al encarnarse, porque lo ha sido desde toda la eternidad. Hebreos 1:3 dice que Cristo «es el resplandor de la gloria [de Dios] y la imagen misma de su sustancia». Cristo refleja los atributos de Dios y es exactamente la semejanza de Dios. Por eso el propio Cristo pudo decir: «El que me ha visto a mí, ha visto al Padre» (Juan 14:9).

Al usar el término *eikon*, Pablo enfatiza que Jesús es tanto la representación como la manifestación de Dios. Él es la revelación completa, final y absoluta de Dios. Es Dios en carne humana. Esa fue su afirmación (Juan 8:58), y es el testimonio unánime de la Escritura (cf. Colosenses 2:9; Tito 2:13). Pensar algo menos acerca de Él es una blasfemia y evidencia una mente cegada por Satanás (2 Corintios 4:4).

Sugerencias para la oración: Agradezca al Señor por quitar su ceguera espiritual para que «resplandezca la luz del evangelio de la gloria de Cristo, el cual es la imagen de Dios» (2 Corintios 4:4).

Para un estudio más profundo: Según Romanos 8:29, ¿qué ha predestinado Dios para todos los creyentes?

LA HERENCIA DE CRISTO

«Él [Cristo] es ... el primogénito de toda creación».
Colosenses 1:15

Cristo es el heredero excelso sobre toda la creación.

El pastor puritano Thomas Manton dijo una vez: «Las herejías son como las modas, pasan rápido; pero, en el transcurso de unos años, los errores anticuados reviven nuevamente con otros nombres, y la gente los sigue porque los desconocen». Manton tenía razón: las falsas doctrinas se repiten a través de los siglos, solo para reaparecer bajo diferentes nombres. Desde los arrianos de la iglesia primitiva hasta los testigos de Jehová en nuestros días, los herejes han tratado de negar la deidad de nuestro Señor. Uno de los versículos favoritos de tales herejes sectarios es Colosenses 1:15, que se refiere a Cristo como el «primogénito». Argumentan que ahí se habla de Cristo como un ser creado y que, por lo tanto, no podría ser el Dios eterno. Esa interpretación tergiversa completamente el significado de *prototokos* («primogénito») e ignora el contexto.

Aunque *prototokos* puede significar primogénito en un sentido cronológico (Lucas 2:7), se refiere principalmente a posición o rango. Tanto en la cultura griega como en la hebrea, el primogénito era el hijo que tenía derecho a la herencia. No era necesariamente el primero en nacer. Aunque Esaú nació primero cronológicamente, fue Jacob quien fue el primogénito y el que recibió la herencia. Jesús es el que tiene derecho a la herencia de toda la creación (cf. Hebreos 1:2).

El contexto de Colosenses 1:15 también refuta la idea de que el vocablo «primogénito» describe a Jesús como un ser creado. Si Pablo estuviera enseñando aquí que Cristo es un ser creado, concordaría con el punto central de los falsos maestros colosenses. Lo que iría en contra de su propósito al escribir Colosenses, que era refutarlos. Además, Pablo acababa de terminar de describir a Cristo como la imagen perfecta y completa de Dios (v. 15). En los siguientes versículos se refiere a Cristo como el Creador de todas las cosas (v. 16) y «él es antes de todas las cosas» (v. 17). Lejos de ser una emanación que procede de Dios, Cristo es el heredero excelso sobre toda la creación. Además, Él existe antes de la creación y es exaltado por sobre todo lo creado.

Sugerencias para la oración: Use el Salmo 93 como fundamento de su oración para adorar a Cristo, que tiene una posición eminente sobre toda la creación.
Para un estudio más profundo: Lea Apocalipsis 4:8-11. Según el versículo 11, ¿qué es digno de recibir Cristo? ¿Por qué?

CRISTO ES EL CREADOR

«En él [Cristo] fueron creadas todas las cosas, las que hay en los cielos y las que hay en la tierra, visibles e invisibles; sean tronos, sean dominios, sean principados, sean potestades; todo fue creado por medio de él y para él».

Colosenses 1:16

Cristo creó a todos y todo.

El enorme tamaño del universo es asombroso. El sol, por ejemplo, podría contener 1.3 millones de planetas del tamaño de la Tierra dentro de él. La galaxia a la que nuestro sol pertenece, la Vía Láctea, contiene cientos de miles de millones de estrellas. Y los astrónomos estiman que hay millones, o incluso miles de millones, de galaxias.

¿Quién creó este increíble universo? Según los falsos maestros de Colosas, no fue Cristo. Lo veían como la primera y más importante de las emanaciones de Dios; estaban convencidos de que tenía que ser un ente menor que —en definitiva— era creado por el universo material. Creyendo que la materia es mala, argumentaron que ni el Dios bueno ni una buena emanación habrían creado el universo.

No obstante, el apóstol Pablo rechazó esa blasfemia e insistió en que Cristo hizo todas las cosas, tanto en los cielos como en la tierra, visibles e invisibles. Cuando menciona tronos, dominios, gobernantes y autoridades (v. 16), se está refiriendo a los diversos rangos de ángeles. Lejos de ser un ángel, como enseñaban los falsos maestros, Cristo creó a los ángeles (cf. Efesios 1:21). La relación de Jesús con el mundo invisible, como la que tiene con el mundo visible, prueba que Él es Dios, el Creador del universo.

El hombre ciertamente está interesado en saber sobre el universo que Cristo creó. Eso es evidente, por ejemplo, por las exploraciones que realiza en el espacio. Las cápsulas espaciales tripuladas que fotografían la tierra y que se elevan sobre el horizonte lunar y los satélites que nos transmiten imágenes de planetas en los bordes exteriores de nuestro sistema solar, nos dejan asombrados y maravillados. Aun más sorprendente es, no que el hombre haya ido al espacio, sino que Dios vino a la Tierra. En Cristo, el Dios invisible que creó a todos y a todo se hizo visible para el hombre. Lo triste es que mientras el hombre mira al espacio, se niega a mirar al Hijo; que vino desde el cielo a la tierra.

Sugerencias para la oración: Adore a Cristo por su asombrosa obra creadora.
Para un estudio más profundo: Lea el Salmo 19:1-6. ¿Qué testimonio da este pasaje acerca del Creador?

SOSTENER EL UNIVERSO

«Y él [Cristo] es antes de todas las cosas, y todas las cosas en él subsisten».
Colosenses 1:17

El Cristo eterno sostiene su creación.

Cuando el universo empezó, Cristo ya existía. El apóstol Juan habló de la existencia eterna de Cristo de la siguiente manera: «En el principio era el Verbo, y el Verbo era con Dios, y el Verbo era Dios. Este era en el principio con Dios. Todas las cosas por él fueron hechas, y sin él nada de lo que ha sido hecho, fue hecho» (Juan 1:1-3). El propio Cristo testificó de la misma verdad cuando les dijo a los judíos: «Antes que Abraham fuese, yo soy» (Juan 8:58). Lo que estaba diciendo era que Él es Yahweh o Jehová, el Dios eternamente existente. El profeta Miqueas dijo de Él: «Sus salidas son desde el principio, desde los días de la eternidad» (Miqueas 5:2). Apocalipsis 22:13 lo describe como «el Alfa y la Omega, el primero y el último, el principio y el fin». Cristo tiene preeminencia sobre toda la creación porque «él es antes de todas las cosas» (Colosenses 1:17). Él ya existía cuando el universo llegó a existir porque Él es el Dios eterno.

Debido a que creó el universo, Cristo sostiene todo lo que ha creado (v. 17). Mantiene el delicado equilibrio necesario para la existencia de la vida. Él es el poder que subyace tras cada consistencia en el universo y el que mantiene en movimiento todas las entidades del espacio. Él es la energía que impulsa al universo.

Cristo, sin embargo, no siempre sostendrá nuestro universo actual. Un día en el futuro, disolverá los cielos y la tierra. El apóstol Pedro describe ese día, cuando «los cielos pasarán con grande estruendo, y los elementos ardiendo serán deshechos, y la tierra y las obras que en ella hay serán quemadas» (2 Pedro 3:10). Hasta ese momento, podemos estar agradecidos de que Cristo continúe sosteniéndolo.

Qué alentador saber que el Dios eterno que sostiene todo el universo también nos cuida. Ningún detalle de su vida es demasiado pequeño para que a Él le preocupe; ninguna circunstancia es demasiado grande para su control soberano.

Sugerencias para la oración: Agradezca al Señor por cuidar los detalles de su vida a la vez que controla el universo.

Para un estudio más profundo: Según Hebreos 1:3, ¿qué defiende Dios en ese pasaje? ¿Cómo?

LA PREEMINENCIA DE CRISTO

«Y él [Cristo] es la cabeza del cuerpo que es la iglesia, él que es el principio, el primogénito de entre los muertos, para que en todo tenga la preeminencia; por cuanto agradó al Padre que en él habitase toda plenitud».

Colosenses 1:18-19

Cristo tiene preeminencia en todo.

El apóstol Pablo presenta cuatro grandes verdades en Colosenses 1:18 acerca de la relación de Cristo con la iglesia. La primera es que Cristo es la *cabeza de la iglesia*. Este concepto considera a la iglesia como un organismo vivo, inseparablemente unido por el Cristo viviente. Él controla cada parte de ella dándole vida e instrucción (ver 1 Corintios 12:12-20).

Cristo es también la *fuente de la iglesia*. La palabra griega traducida como «principio» (*arche*) se usa aquí en dos sentidos: fuente y primacía. La iglesia tiene sus orígenes en Jesús. Dios «nos escogió en él antes de la fundación del mundo» (Efesios 1:4). Como cabeza del Cuerpo, Jesús ocupa el puesto principal o el rango más alto en la iglesia. Como principio, Él es su creador.

Otra verdad es que Cristo es el *primogénito de la muerte*. De todos los que han resucitado de entre los muertos o lo serán, Cristo es el más alto en jerarquía. Además, es Cristo el que causará la resurrección de los demás (Juan 5:28-29; 6:40).

Por último, Cristo es el único *preeminente*. Como resultado de su muerte y su resurrección, Jesús ha llegado a tener el primer lugar en todo. Pablo declara que esa verdad es tan decisiva, que destruye cualquier argumento que pretenda afirmar que Jesús no es más que solo otra emanación de Dios.

Luego, Pablo resume su defensa diciendo que toda la plenitud de la deidad habita solamente en Cristo (Colosenses 1:19). Eso no tiene que ver con diversos espíritus, como decían los falsos maestros. Más bien, en Cristo, y solo en Él, los creyentes están «completos» (2:10).

¿Cuál debería ser su respuesta a las gloriosas verdades acerca de Cristo en Colosenses 1:15-19? Anímese a meditar en la gloria de Cristo como se revela en este pasaje. Hacerlo le ayudará a transformarse a la imagen de Cristo y le preparará para contemplar su gloria en el cielo.

Sugerencias para la oración: Agradezca al Señor por cada una de las verdades discutidas en este devocional.

Para un estudio más profundo: De acuerdo a Juan 1:16, ¿qué ha recibido usted?

John MacArthur es pastor y maestro de Grace Community Church en Sun Valley. También es presidente de The Master's College and Seminary. Su estilo popular de exposición y enseñanza de la Biblia puede escucharse a diario en su programa radial de difusión internacional *«Gracia a vosotros»*.

Es un prolífico autor con muchos éxitos de ventas:

El pastor como líder,
El pastor en la cultura actual,
El pastor como predicador,
El pastor como teólogo,
El pastor y el Supremo Dios de los cielos,
El pastor y la inerrancia bíblica
Biblia Fortaleza.

La biblioteca del
PASTOR

Un llamado a LIDERAR enfocado en la BIBLIA
¿Cómo les va a los líderes en cuanto a lo que necesita su iglesia?

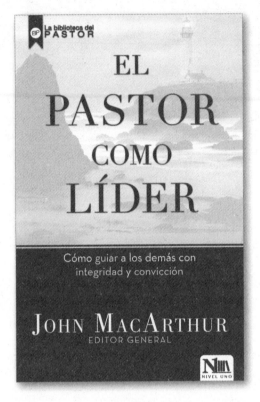

El pastor como líder es una colección de los mejores mensajes sobre liderazgo, expuestos en la *Conferencia de Pastores*, actividad auspiciada por la reconocida congregación Grace Community Church, que pastorea John MacArthur. Los mensajes son un aporte de John Piper, Albert Mohler, Steven J. Lawson, entre otros, sobre temas como:

- Las características del líder fiel
- El líder como modelo de pureza e integridad
- La necesidad de la oración
- La respuesta adecuada a la oposición y al sufrimiento
- La humildad del líder

Cada uno de los principios del liderazgo que presenta este libro sigue el modelo que nos enseñó el propio Cristo, el mejor líder de quien se pueda aprender.

Respuestas bíblicas a temas candentes de hoy, por las voces más confiables.

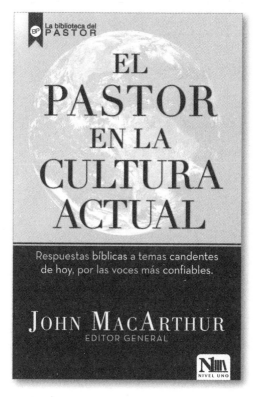

Uno de los mayores desafíos que enfrentan los cristianos de hoy es la poderosa influencia del pensamiento secular. Los puntos de vista persuasivos pero contrarios a la Biblia, nos llegan constantemente y desde todas las direcciones. Utilizando la Biblia como fundamento podrá formar la perspectiva cristiana sobre temas clave como...

- el activismo político
- el matrimonio homosexual
- Dios y el problema del mal
- los desastres y las epidemias
- el culto a la celebridad
- la eutanasia y el suicidio
- la inmigración
- el ambientalismo
- el entretenimiento y el escapismo
- el aborto, la anticoncepción, el alquiler de vientres

Se incluye también una guía de referencias de temas con versículos de la Biblia relativos a cada uno de ellos. Es una guía que le servirá como herramienta para hallar las ideas correctas y las respuestas de la Biblia a las preguntas y cuestiones más candentes.

La fiel predicación de la Palabra es el elemento más importante del ministerio pastoral

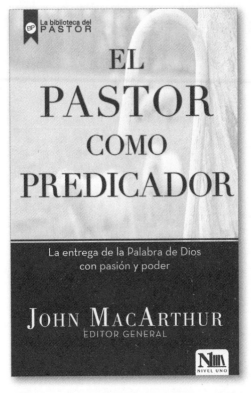

Las Escrituras afirman una declaración simple y directa que establece la más alta prioridad para cada pastor: «Prediquen la Palabra». Esta enorme responsabilidad merece el mejor esfuerzo de cada ministro. En *El pastor como predicador*, una compilación de potentes mensajes de la conferencia anual de pastores de la Iglesia Grace Community, podrá repasar las bases que necesita conocer todo ministro, como...

- Enfoque y propósito de la predicación bíblica
- El carácter del predicador fiel
- Claves de la predicación efectiva
- Cómo predicar en el poder del Espíritu

El suyo es un privilegio santo y singular, con el increíble potencial de transformar vidas. Este libro le dará lo que necesita para cumplir con excelencia ese llamado.

Aplique la verdad de Dios con exactitud.
Sepa lo que cree y enseña.

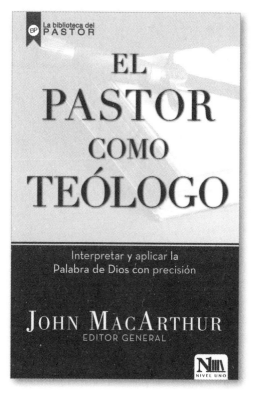

El pastor como teólogo brinda una colección de invaluables mensajes seleccionados del reconocido evento internacional «Conferencia de Pastores», auspiciado por la congregación Grace Community Church. El pastor John MacArthur y otros respetados maestros tratan asuntos teológicos clave acerca de:

- La justificación por la fe sola
- La Gran Comisión
- La creación en seis días literales
- El alcance de la expiación
- Premilenialismo

Conocer lo que usted cree y por qué lo cree es absolutamente decisivo para enseñar bien. Estudie las doctrinas principales del cristianismo y capacítese para proclamar la Palabra de Dios con exactitud.

Un compendio de reflexiones acerca de una de las doctrinas centrales de la Iglesia: la CRISTOLOGÍA.

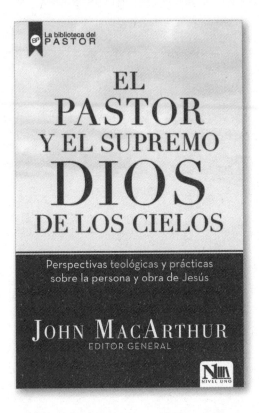

Cada estudio no solo aclara un aspecto de la persona y obra de Cristo, sino que también demuestra cómo se aplica todo ello a la vida de la Iglesia. Después que lean *El pastor y el supremo Dios de los cielos*, los lectores podrán:

- Tener un entendimiento más profundo de la naturaleza de Jesús y de su obra redentora.
- Inspirarse para adorar a Cristo con mayor pasión.
- Motivarse y capacitarse para defender la visión de Cristo.
- Capacitarse para enseñar y predicar mejor de Jesús.
- Familiarizarse con los debates actuales de la cristología.

El cristiano que desee un mayor aprecio por la obra de nuestro Señor y Salvador, que quiera adorarlo en espíritu y en verdad, se deleitará con el estudio de *El pastor y el supremo Dios de los cielos*.

NO HAY OCUPACIÓN MÁS GRANDE QUE CONOCER y AMAR A CRISTO PROFUNDAMENTE.

Un llamado a todos los cristianos a que usen las escrituras en una forma que honre a dios, que nos la dio desde el principio.

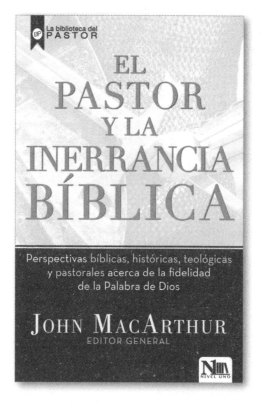

Los cristianos son llamados a mantenerse firmes en cuanto a la inerrancia de las Escrituras. Por desdicha, cada vez más y más personas —no solo ajenos a la iglesia sino también militantes de ella—, rechazan la absoluta veracidad de la Palabra de Dios.

Es de suma importancia que nos comprometamos con una visión elevada de la Escritura, ¿por qué? Porque Dios se dio a conocer en ella. La Biblia refleja y revela el carácter de su Autor. Es por eso que, los que niegan su veracidad, se arriesgan a sufrir las consecuencias.

La absoluta credibilidad de las sagradas Escrituras debe ser defendida en cada generación, contra toda crítica. Eso es lo prodigioso de esta obra. Debemos poner mucha atención a esta novedosa defensa.

—R. C. Sproul,
expresidente del Consejo Internacional de la Inerrancia Bíblica

¿Está perdiendo la capacidad de reconocer el pecado?

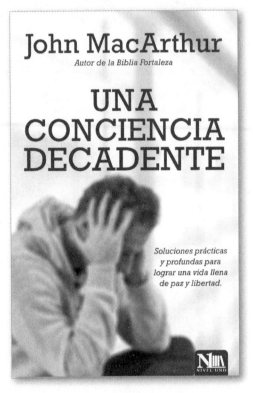

En este libro desafiante aunque convincente, John MacArthur le anima a enfrentar a —y no huir de— la cultura que carece de responsabilidad moral. Con una verdad bíblica sólida, este libro muestra por qué y cómo lidiar con el pecado, si es que quiere vivir de una manera que complazca a Dios. John MacArthur le ofrece soluciones —con una profunda claridad y perspicacia—, para lograr una santidad que le lleve de una vida signada por la culpa y la negación a una existencia llena de paz y libertad.

«Con la clarinada de un profeta, MacArthur nos señala algo que hemos olvidado: el valor y la importancia de una conciencia limpia».

—**Greg Laurie**, pastor principal de la congregación Harvest Christian Fellowship

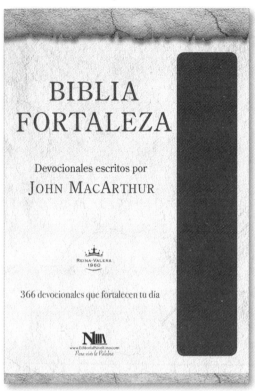

- 366 devocionales que fortalecen tu día
- Sugerencias para la oración
- Textos bíblicos para un estudio profundo de las Escrituras
- Letras de Jesús en rojo
- Más de 1000 promesas señaladas con el ícono de una torre

Siempre he creído que el primer paso para ser autodisciplinado es comenzar dando pequeños pasos, establecer un objetivo alcanzable y esforzarte por alcanzarlo. Así avanzarás en aras de conquistar objetivos más grandes. El estudio de la Biblia debes acompañarlo de mucha meditación e investigación en la Palabra de Dios y bastante oración.

Es mi oración que seas uno «que mira atentamente en la perfecta ley, la de la libertad, y persevera en ella, no siendo oidor olvidadizo, sino hacedor de la obra» (Santiago 1:25). ¡Que esta *Biblia Fortaleza* te inspire en esa búsqueda maravillosa de la Palabra de Dios y fortalezca el fundamento de tu fe!

John MacArthur

Editorial Nivel Uno

Te invitamos a que visites nuestra página
web donde podras apreciar la pasión por
la publicación de libros y Biblias:

www.EditorialNivelUno.com

 @EDITORIALNIVELUNO

 @EDITORIALNIVELUNO

@EDITORIALNIVELUNO

Para vivir la Palabra